Anonymous

Jahrbuch für Volks- und Jugendspiele

14. Jahrgang (1905)

Anonymous

Jahrbuch für Volks- und Jugendspiele
14. Jahrgang (1905)

ISBN/EAN: 9783744680615

Hergestellt in Europa, USA, Kanada, Australien, Japan

Cover: Foto ©ninafisch / pixelio.de

Weitere Bücher finden Sie auf **www.hansebooks.com**

Walter Simon

Jahrbuch
für Volks= und Jugendspiele

In Gemeinschaft mit den Vorsitzenden
des Zentralausschusses zur Förderung der
Volks= und Jugendspiele in Deutschland

E. von Schenckendorff   und   Dr. med. **F. A. Schmidt**
Görlitz, Mitglied des Preußischen Landtags   Sanitätsrat in Bonn a. Rh.

herausgegeben von

Professor **H. Wickenhagen** in Berlin

Vierzehnter Jahrgang: 1905

Druck und Verlag von B. G. Teubner in Leipzig 1905

Zur Einführung.

Der XIV. Band des Jahrbuches für Volks- und Jugendspiele tritt hiermit in die Öffentlichkeit, um Rechenschaft darüber abzulegen, was während des letzten Jahres in der Verbreitung eines edlen, deutschen Freilichtturnens erreicht worden ist. Der Leser wird mit dem, was ihm vorgelegt werden kann, zufrieden sein. Immer weiteren Kreisen, das ist das Endergebnis, erschließt sich das Verständnis für die Segnungen des Frisch, Frei, Fromm, Froh in der Worte bester Deutung. Angenehm berührt es, daß unser Bewegungsspiel, besonders in den dichtbevölkerten Industriegebieten und in einzelnen Großstädten, wo es so recht am Platze, zusehends tiefere Wurzeln schlägt und hier nun auch eine wichtige Kulturarbeit übernimmt. — Auch die Neigung, das Volksfest zu veredeln und mit einem gesunden Inhalt zu versehen, ist im Wachsen begriffen; desgleichen hat sich das Urteil über das, was aus der breiten Masse des Übungsstoffes volkstümlich oder gekünstelt, turnerisch brauchbar oder verwerflich ist, in weiten Kreisen geklärt.

Von einer Zunahme der Wanderlust zur Erweckung der Freude an heimischem Wesen läßt sich leider wenig berichten; wirkliche Erfolge werden erst dann zu verzeichnen sein, wenn durch behördliche Erlasse den Schulleitungen eine größere Freiheit des Anordnens zugestanden wird. Nicht allein für die geistige und leibliche Gesundung unserer Jugend, sondern auch für ihre Wehrbarmachung ist die Gang-, Marsch- und Lauftüchtigkeit von unschätzbarem Werte. Das Jahrbuch hat dieser Wahrheit mit dem, was es bringt, Rechnung tragen wollen, mögen nun alte und vielgebrauchte Sätze, wie der eines Physiologen „Der Mensch atmet durch die Füße" oder der des Heerführers „Die Stärke eines Heeres liegt in den Beinen der Soldaten" als übertrieben gelten oder nicht.

Erfreulich ist es, daß der Wert des Wasserturnens von Jahr zu Jahr mehr erkannt wird; schenken doch die großen Städte der Einführung eines pflichtmäßigen Schwimmunterrichtes immer höheres Interesse, während daneben im Kreise der gereifteren Jugend der Rudersportler emsig und mit gutem Erfolge bemüht ist, neue Freunde anzuwerben. An vielen Orten hat sich dieser Zweig der Gymnastik durch mustergültige Einrichtungen eine bleibende Heimat gesichert.

Ein Mißstand ist auch jetzt noch nicht beseitigt: vielfach ruht der Bestand unserer Schöpfungen auf den Schultern eines Mannes bzw. eines kleinen Verbandes; so sind denn die Aufgaben und Opfer zuweilen recht schwer, und wir dürfen bei der Jahresabrechnung verdienstvollen Arbeitern ein Wort der Ehrung nicht schuldig bleiben. Würde nicht durch die löblichen Bestrebungen der deutschen Turnerschaft, der akademischen Turnvereine und durch die praktischen Arbeiten des Zentralausschusses, unter denen die Spielkurse besonders hervorgehoben zu werden verdienten, Ersatzleute gewonnen, wir wären schlimm daran! Der Wunsch nach neuzeitlichen Einrichtungen in unserer Turnlehrerausbildung, nach einer planmäßigen staatlichen Überwachung der vaterländischen Körpererziehung durch Fachleute — Inspektoren — wird immer deutlicher vernehmbar, so deutlich, daß man fühlt: die Erfüllung kann nicht ausbleiben; und fast will's scheinen, als ob wir schon im nächsten Jahrbuche Günstiges berichten könnten.

Einen Helfershelfer hat uns das Jahr 1904 zugeführt, stumm zwar, aber eindringlicher mahnend als menschliche Kraft es vermag: es ist der eherne Guts Muths der alten Kaiserstadt Quedlinburg, der in sonnigen Maientagen zu einem der Unsrigen geweiht ward. Mit dem Denkmal dieses Mannes haben unsere Bestrebungen Gestalt angenommen; sie sind zu etwas Konkretem geworden, was sich aus dem nationalen Kulturleben nicht mehr wegschaffen läßt. Guts Muths sollte auch unsere Gedanken ins Ausland, nach dem Platze der großen Völkerprüfung von St. Louis, hinübertragen; das Modell seines Denkmals bildete den Mittelpunkt der deutschen Turn-Ausstellung. Er hat unsere Sache vertreten zu unserer und — zu des Vaterlandes Ruhm und Ehre! Deutsche Bildung und Erziehung hat drüben die neidlose Bewunderung aller Völker und Länder erregt; — kann es ein glänzenderes Zeugnis für die Richtigkeit auch unserer Pläne und Ziele geben?

„Das Turnen, sagt der alte Jahn, aus kleiner Quelle entsprungen, wallt jetzt als freudiger Strom durch Deutschlands Gaue und, fährt er in zuversichtlichem Tone fort, es wird künftig eine verbindende See werden, ein gewaltiges Meer, das schirmend die heilige Grenzmark umwogt." Sollten wir der Verwirklichung dieses großzügigen Gedankens nicht mit den Jahren ein gut Stück näher gekommen sein? — So sei denn auch fernerhin einer guten Sache unsere Kraft geweiht!

Berlin-Friedenau, im April 1905.

Der Herausgeber.

Inhaltsverzeichnis.

I. Abhandlungen.

I. Abhandlungen.

1.

Walter Simon.

Wer die stattliche Reihe der dreizehn Bände unseres Jahrbuches über-
blickt und sich vergegenwärtigt, über welche Fülle von redlicher, erfolgreicher Arbeit sie berichten, der wird freudig anerkennen, wie Großes und
Vielseitiges seit |1892 zur Erweckung der Lust an Übung und Stählung
des Körpers unter unserer Jugend geleistet ist, der wird aber auch der
Männer dankbar gedenken, die, jeder an seinem Platze und mit den Gaben,
die ihm verliehen waren, dafür tätig gewesen sind, sei es durch Verbreitung des Gedankens in Wort und Schrift, durch Beschaffung von Geldmitteln, durch schöpferische Mitarbeit an der Ausgestaltung des Spiel- und
Sportwesens oder durch Anleitung der Jugend.

Eine hervorragende Stellung unter den ersten Namen, die hier zu
nennen wären, gebührt dem Manne, dessen unermüdlichem, selbstlosem
Wirken es der ferne Osten unseres Vaterlandes zu verdanken hat, daß
seine Hauptstadt mit ihren Einrichtungen für die Pflege körperlicher
Übungen weit günstiger gelegene und wohlhabendere Städte überflügelt
hat, dem Stadtrat a. D. Professor Dr. Walter Simon zu Königsberg i. Pr.

Sein Name ist in diesen Blättern schon oft mit rühmender Dankbar-
keit erwähnt; wie der diesjährige Band des Jahrbuches seinem Bildnis
einen Ehrenplatz einräumt, so sei auch sein Leben und Wirken in Kürze
hier geschildert.

Walter Simon ist am 30. April 1857 in Königsberg als Sohn des
Geheimen Kommerzienrats Moritz Simon geboren. Ausgebildet auf dem

Altstädtischen Gymnasium daselbst bezog er Ostern 1876 die Universität, um sich juristischen, medizinischen und philosophischen Studien zu widmen und erwarb die Doktorwürde bei der philosophischen Fakultät der Universität Jena. Seit 1892 lebt er in seiner Vaterstadt, der er eine Zeitlang als unbesoldeter Stadtrat seine Dienste widmete. Im Jahre 1899 wurde er in Anerkennung seiner Verdienste um die Förderung der Wissenschaft auf verschiedenen Gebieten zum Professor ernannt.

Wie vielseitig Simons Wirken zur Unterstützung gemeinnütziger Unternehmungen aller Art, für Gewerbfleiß, Kunst und Wissenschaft sich bisher entfaltet hat, kann hier nur kurz angedeutet werden; es ist bemerkenswert nicht nur wegen des hochherzigen, uneigennützigen Gemeinsinns, dem es entspringt, sondern auch wegen der ungemein glücklichen Gedanken, durch die es geleitet ist.

Von bedeutenden Stiftungen der Wohltätigkeit, wie die seit 10 Jahren von Walter Simon betriebene Kindervolksküche, abgesehen, seien nur erwähnt die Begründung einer Volksbibliothek, die Einführung des Skioptikons zu unterrichtlichen Zwecken in Königsberg, die Unterstützung der Elternabende, die Veranstaltung von Sonder-Freivorstellungen des Stadttheaters für die Jugend der Volksschulen, die Verteilung von Vervielfältigungen des Gräf'schen Bildes „Vaterlandsliebe im Jahre 1813" an 102 ländliche Schulen und eine Stiftung zur Fortbildung von Volksschullehrern.

Der Förderung der Kunst dienten: die Aussetzung von Preisen für eine Volksoper, sowie für die beste Komposition des Goethe'schen Liedes „Meine Göttin", die Ausschmückung des Sitzungssaales der Stadtverordneten zu Königsberg durch Gemälde („Kant und seine Tischgesellschaft" von Dörstling und „Der Empfang Martin Opitz' durch Simon Dach in der Kürbislaube" von Dettmann), der des Kunstgewerbes: die Stiftung einer künstlerisch ausgeführten Uhr und eines monumentalen Kaiserpokals mit Darstellungen aus der Geschichte Königsbergs für denselben Raum. Zur Erweckung des Kunstsinnes bei der Jugend und in weiteren Kreisen suchte Simon mit Albien durch die Herausgabe einer Schrift „Anleitung zur Betrachtung wertvoller Gemälde des Königsberger Stadtmuseums" beizutragen.

Von literarisch-wissenschaftlicher Bedeutung sind ferner die ebenfalls seiner Anregung und Unterstützung zu verdankenden Werke: Armstedt und Fischer: Heimatkunde von Königsberg i. Pr., Königsberg, Kommissionsverlag von Wilhelm Koch 1895; das Elbinger altpreußische Vokabular

von Bezzenberger und Simon, ebenda 1897; Königsberger Stuckdecken von
Czihak und Simon 1899; die Ruhmeskarte Deutschlands, Verlag von
Flemming, Glogau 1904; die Musterausgabe der Psalmen Davids in der
Übersetzung Martin Luthers, gedruckt bei W. Drugulin in Leipzig, Kommissionsverlag von Wilhelm Koch 1899; endlich die Bujack-Publikationen
über prähistorische Forschungen. Hierher gehört auch die Anregung der
Untersuchungen und Ausgrabungen zur Feststellung der Lage Vinetas,
sowie die Stellung von Preisaufgaben auf dem Gebiete der Elektrizitäts-
forschung, über die Bedeutung des von der Geschichte verliehenen Bei-
namens „der Große" und einer „Geschichte der Selbstbiographie", angenommen von der Berliner Akademie 1905. Eine Zusammenstellung
von Simons Leistungen für die Volksschule findet man in Hollack und
Tromnen Geschichte der Königsberger Volksschule 1899.

Das wärmste Interesse aber wandte und wendet Simon jederzeit der
Fürsorge für die gesunde leibliche Entwickelung unserer Jugend
zu; ihr galten seine glücklichsten und bedeutendsten Leistungen.

Rühmlichst bekannt und auch in dem Jahrbuche wiederholt erwähnt
ist die Schenkung des im Juli 1892 eröffneten Walter Simon-Platzes,
eines 6,83 ha großen, der Königsberger Schuljugend gewidmeten Spielplatzes, und die jährliche Veranstaltung von Frühlingsspielfesten, für deren
jährliche Kosten er die Zinsen eines Kapitals von 10 000 M. bestimmte
(vgl. den 3. Jahrgang 1894, S. 93 ff.).

Von nicht geringerer Bedeutung ist die Begründung einer Schwimm-
und Badeanstalt für Volksschüler zur Pflege des Wasserturnens unter
der männlichen und weiblichen Schuljugend, über deren Einrichtung und
Betrieb Herr Rektor Dobrick im 8. Jahrgange 1899, S. 146 ff. ausführlich
Bericht erstattet hat. Die im Jahre 1894 von Simon gestiftete und drei
Jahre lang auf alleinige Kosten des Stifters in Betrieb erhaltene Anstalt
ist seitdem von einem Verein übernommen. Welchen Umfang sie gewonnen
und wie segensreich sie gewirkt hat, mag man daraus entnehmen, daß
schon im ersten Sommer 40 500 Freibäder genommen und 212 Schulkinder
zu Freischwimmern ganz unentgeltlich ausgebildet wurden. Diese Zahlen
haben sich seither auf mehr als das Doppelte gesteigert und beliefen sich
im Durchschnitt der ersten zehn Jahre auf 93 808 Bäder (1224 täglich)
und die Ausbildung von 445 Freischwimmern in jedem Sommer.

Als neueste, seinen früheren Stiftungen durchaus ebenbürtige Leistung
Walter Simons trat im vergangenen Sommer die Anlage des Schüler-
Ruderheims hinzu, über die unten in einem besonderen Aufsatze dieses

1*

Bandes berichtet ist. Simon beabsichtigt neuerdings diese in Königsberg
so bewährte Einrichtung auch für andere Städte der Provinz ins Leben
zu rufen. Möchte die Freude an dem Gedeihen der so reichen und in so
mannigfacher Art gestreuten Saat und an dem Reifen der schönsten Frucht
zum Heile unseres Vaterlandes auf lange Jahre hin der Lohn für solches
Wirken sein, dessen Andenken nicht nur in der dankbaren Heimatstadt,
sondern weit über ihren Bezirk hinaus bei allen, die je davon berührt
wurden, sicherlich fortleben wird!

2.

Wie kann die Freude am deutschen Volkslied bei unserer Jugend gefördert werden?

Von Realgymnasialdirektor Prof. Johannes Dollert in Degesack (Bremen).

Vor kurzem wurde in einem Rundschreiben, das von medizinischer
Seite an die Lehrerkollegien höherer Schulen erging, die Frage gestellt, ob
sie es für angebracht hielten, die Singstunden ganz aus ihrem Lehrplan
zu streichen. Die Absicht, welche diese Anfrage hervorgebracht hat — eigentlich war es nicht eine Frage, ob, sondern mehr ein Vorschlag, daß — war
gewiß gut; es sollte der stark arbeitenden Jugend mehr freie Zeit geschafft
werden. Daß aber gerade das Singen die Kosten dafür tragen sollte, war
grundverkehrt. Ganz abgesehen davon, daß das Singen eine vorzügliche
körperliche Übung ist und als solche keineswegs aus dem viel zu sehr auf
rein geistige Förderung zugeschnittenen Lehrplan ausgeschaltet werden darf,
ist die Musik einmal das Charisma, die besondere Gottesgabe, die unserem Volk in die Wiege gelegt ist, und es wäre eine Sünde wider unser
eigenes Wesen, wenn wir gerade sie künstlich vernachlässigen wollten. Der
alte Spruch, daß ein jeder die Beschäftigung, das Handwerk, die Kunst
treiben soll, für die er begabt ist (ἔρδοι τις, ἥν ἂν εἰδείη τέχνην, quam-
quisque novit artem, in hac se exerceat), gilt nicht nur für den Einzel-
menschen, sondern auch für das Volk. Wir sind ohne Frage die aller-
musikalischsten in der Welt: so haben wir dies unser Pfund nicht zu ver-
graben, sondern treu zu hüten und zu mehren. Wer aber an das Singen
tastet, der rührt an die tiefste Wurzel aller Musik. Also: Hände weg!

Was soll unsere Jugend singen? Es werden wohl alle Fachmänner
darüber einig sein (und es ist oft genug mit großer Deutlichkeit und Wärme

ausgesprochen), daß von allem Singbaren in erster Linie unsere Volkslieder stehen müssen, die geistlichen und die weltlichen. Wir haben einen solchen Reichtum von ihnen und ihre Schönheit ist so groß, daß wohl auch in dieser Hinsicht kein anderes Volk uns den Vorrang streitig machen kann.

Aber nun heißt es, nach dieser herrlichen Fülle auch wirklich die Hand ausstrecken, hineingreifen in den Korb, der von den köstlichsten Früchten bis zum Rande beschwert ist. Das tropfenweise Verzapfen der Schönheit, wie es nur zu oft in unseren Singstunden Brauch ist, kann unmöglich ein nachhaltiges Interesse und rechte Freude hervorbringen: nein, es muß das Volkslied viel gesungen werden und dazu richtig. Der Singlehrer, der die Aufgabe seines Unterrichts darin sieht, bei den Schulfestlichkeiten mit eingequälten Motetten, vielstimmigen Chören u. dgl. zu glänzen, wandelt auf Irrpfaden: er plagt seine Schüler meist das ganze Jahr hindurch mit diesen häufig recht schwierigen Dingen, paukt sie womöglich bis zum Auswendigkönnen der einzelnen Stimmen ein, weil die Mehrzahl der Kinder nicht recht nach Noten singen gelernt hat, und macht ihnen so die Singstunde, die eine Freuden- und Erholungsstunde sein sollte, zur Langweile, ja zum Ekel. Als ob nicht auch zwei- und dreistimmige Lieder gut klängen, wenn sie nur richtig und mit Verständnis vorgetragen werden!

Natürlich verstehen wir unter dem Wort „Volkslieder" nicht einzig und allein solche, deren Worte und Weisen nicht auf bestimmte Verfasser sich zurückführen lassen, sondern auch die große Schar derjenigen, die, wenngleich von bekannten Dichtern und Tonsetzern herrührend, durch ihre Schönheit allbekannt und volkstümlich geworden sind. Wir rechnen unter sie ebensowohl das uralte deutsche Hero- und Leanderlied „Es waren zwei Königskinder" oder „Schönster Herr Jesu", deren Ursprung im Dunkel liegt und liegen wird, wie „Ich weiß nicht, was soll es bedeuten", mit welchem Heinrich Heine und Friedrich Silcher einen Meisterwurf getan haben (wenn auch der Anfang der Weise offenbar an einen der deutschen Tänze von Schubert angelehnt ist) oder „Es braust ein Ruf wie Donnerhall" von Max Schneckenburger und Karl Wilhelm.

Nun ist es ja keine Frage: wenn viel Volkslieder gesungen werden sollen, so ist dafür auch die nötige Zeit zu beschaffen. Mit den paar Singstunden, zumal in den höheren Schulen, ist nicht allzuviel anzufangen. Vor 100 und 200 Jahren war das freilich anders, da standen tägliche Singübungen im Lehrplan, ja in der Reformationszeit fiel stellenweise der Rechenunterricht mit dem musikalischen zusammen. Damals war auch der Kantor nicht, wie es heute meist zu sein pflegt, ein unstudierter Mann, sondern ein akademischer Magister, der im Lehrerkollegium die nächste Stelle nach dem Direktor inne hatte und sein Stellvertreter war. Daher denn jener nicht seltene Wechsel zwischen geistlichem Amt und Kantorat. Man wußte damals, instinktmäßig möchte ich sagen, unseres Volkes hohe musikalische Begabung besser zu pflegen als heute, wo vor lauter Fremdsprachen und Mathematik und einem erschreckenden Vielerlei von anderen Dingen keine Zeit mehr für sie übrig bleibt. Und der Unterschied in den Ergebnissen ist handgreiflich. Im 16., 17. und 18. Jahrhundert konnte unsere Jugend (und damit unser Volk) wirklich singen: wir wissen, wie hervorragendes sie a capella geleistet haben, wir sehen die Menge und Schwierigkeit der Kompositionen, die sie bewältigen konnten. Heute ist es gar viel stiller geworden unter unserer Jugend, und ihr Können ist bedeutend zurückgegangen, wo nicht etwa alter Überlieferung gemäß (Thomasschule in Leipzig, Graues Kloster in Berlin u. a.) besonderer Nachdruck auf die Musik gelegt wird. Dazu kommt noch eins: alle Welt, Berufene und leider auch recht Unberufene schelten in den lautesten Tönen über die Vernachlässigung der „Kunst" in der Schule, verlangen Erziehung zum Verständnis der Schönheit u. dgl.; fast alle aber meinen damit nur die bildende Kunst, also die Kunst des Auges. Der Zeichenunterricht hat nun, zumal auf den Realanstalten, einen höchst erfreulichen Aufschwung genommen, er hat seine feste große Stundenzahl bekommen und damit seine segenreiche Wirkung entfalten können. Wer denkt aber an das Ohr? Seine Pflege sollte uns Deutschen doch viel näher liegen, weil unsere Hauptbegabung uns zu den redenden Künsten, Dichtung und Musik, weist, nicht aber zu den bildenden, in denen wir bis heute nicht das Oberste erreicht haben. Hier heißt es, das eine tun und das andere nicht lassen. Käme doch für unseren gesamten Musikunterricht in den Schulen ein Erretter, der ihn mit starker Hand wieder an den Platz stellte, der ihm gebührt, ihm vor allen Dingen den genügenden Ellbogenraum verschaffte! Wie würde das auch der Pflege unseres Volksliedes zugute kommen!

Wer singt eigentlich heute noch? Ich meine aus Herzensbedürfnis, aus unbewußtem Drang, so, „wie der Vogel singt, der in den Zweigen wohnet"? Doch nicht etwa die eben gewesenen „höheren Mädchen", die nach ihrem bleichsüchtigen Schulunterricht und dem Horizonterweiterungsjahr in der englischen oder französischen Pension sofort mit Daccais Solfeggien, mit den obligaten „Albums" aus Schubert, Schumann, Franz oder neuerdings gar mit Brahms, H. Wolf und R. Strauß die Mitbewohner des Hauses elenden? Oder etwa die große Schar derjenigen, die im Arion, in der Apolonia, Kalliope und anderen wohlbenamsten Vereinen von dem schweißtriefenden Dirigenten sich ihre Singstimme einbleuen lassen, um bei der Aufführung „mitwirken" zu können? Ach nein, sie treiben alle zu viel Kunstmusik, die Kunstmusik aber ist Stadtkunst; wer noch die rechte, un= verfälschte Freude am Volkslied hören will, der muß auf das Dorf gehen, wo an den Sommerabenden die Mädchen einherziehen, Arm in Arm, oft in breiter Kette, welche den ganzen Weg sperrt, aber immer laut singend; die Burschen schließen sich ihnen bald an, und so bildet sich in dieser Ge= stalt gar schnell ein Chor, den eigentlich ganz andere Interessen zusammen= geführt haben, der aber sein Innenleben im Liede ausströmt. Wird es draußen zu kalt, so wird in den Spinnstuben gesungen, ohne Ziererei, ohne Kunst, häufig viel zu hoch für die Stimmen, aber mit Lust und Liebe. Wie das Dorf uns unsere gesamte Volkskraft erhält, wie aus diesem quellenden Born immer wieder das stagnierende Blut der städtischen Bevöl= kerung erneuert wird, so ist das Dorf auch der Erhalter unseres Volks= liedes. Die Stadt redet, das Dorf singt; die Stadt ist mundfertig und wortgewandt, das Dorf redefaul, aber reich an Sang und Klang. Es ist eine von meinen frühesten Kindheiterinnerungen, an die ich gern zurück= denke, wie ich, der Pastorensohn auf dem Dorfe, während des Krieges von 1864 einmal in die Werkstatt unseres Schusters trat: da saß der Mann, ein junger, aufgeweckter Mensch, auf seinem Schemel, einen Schuh zwischen seinen Knien, mit seinem Hammer schlug er die Holzstifte in die Sohle und sang im Takt dazu: „Schleswig=Holstein, stammverwandt, wanke nicht mein Vaterland"; schließlich geriet er in eine Art Begeisterung, sang statt „stammverwandt" „stampf' an die Wand" und trat jedesmal dabei wuchtig an die geweißte Wand. In dem saß Liebe zum Vaterland und deutsches Singblut.

Es wäre unrecht, an dieser Stelle nicht auch der Soldaten und der Studenten (einschließlich der oberen Klassen der höheren Schulen) zu ge= denken. Bei ihnen herrscht noch die schöne „Einfalt" (ich meine das Wort im biblischen Gebrauch) des Sinnes, die zum Singen führt, sie besitzen noch die lebendige Empfänglichkeit der Seele für Freude und Schmerz, für Lust und Leid, für das Schöne und Häßliche, für Menschengröße und Schicksalhärte, ihnen sind zumeist Heimat und Vaterland, Volkstum und Volksehre, Gott und Religion, Treue und Falschheit, Liebe und Haß noch keine leeren Begriffe geworden, wie leider so vielen unserer Volksgenossen. Darum singen sie auch mit frischer Begeisterung — ihr Herz ist voll und ihr Mund strömt über im Liede. Man mag über die Studentenkommerse und -Kneipen denken, wie man will, man mag das viele Trinken noch so scharf verurteilen und mit ihm den unschönen Zwang des erstickenden Komments: die schärfsten Gegner müssen doch anerkennen, daß in den rauchigen Wirtshausstuben sehr viel geleistet worden ist für die Erhaltung unserer Volkslieder und noch wird, wenngleich mich dünken will, daß die heutige mehr praktische Richtung unseres gesamten Volkslebens, die Nüchtern-heit, die (englische) Freude am Gelderwerb, der Drang zu politischer Tätigkeit auch bei unserer akademischen Jugend sich zeigt und ihr hier und da den liederfrohen Mund schließt.

Wenn wir unseren Volksliedern wieder zu neuem, frischem Leben ver-helfen wollen, so müssen wir sie pflegen, wo wir nur können. Sie fein säuberlich auf den Dörfern zu sammeln und in mehr oder weniger dicken Bänden, mit oder ohne sachliche, geschichtliche, musikalische, ästhetische Er-läuterungen herauszugeben, ist zwar recht verdienstlich, genügt aber nicht. Was schwarz auf weiß zu lesen und zu singen steht, ist damit noch lange nicht Allgemeingut geworden. Da sind erst wieder zweite und dritte Hände nötig, um auszuwählen, zuzubereiten, vorzulegen. Es ist deutlich, welch dankbare Aufgabe den musikalisch Gebildeten auf dem Lande, also haupt-sächlich den Lehrern, vielleicht auch manchen Pfarrherren zufällt. Sie müssen mit Verständnis und Sorgfalt das Wertvolle aus der großen Menge des Vorhandenen heraussuchen, durch ihren Einfluß, der meist nicht un-bedeutend zu sein pflegt, dahin wirken, daß sich eine Art Kunstgeschmack bildet, der am Edlen Freude hat, das Häßliche und Gemeine aber ver-wirft, durch eigenes Interesse und Beispiel den Sinn für das Volkslied selber in seiner überaus großen Mannigfaltigkeit beleben und erhalten. Sie müssen selber zu singen verstehen und gerne singen: bald wird es rund um sie in ähnlichen Weisen klingen. Und wo viel gesungen wird, da ist auch die Möglichkeit neuer Schöpfungen nicht ausgeschlossen; es wird dort eine Art musikalischer Humus geschaffen, aus dem stärker begabte Persönlichkeiten mit eigenen Empfindungen und Erfindungen hervorwachsen können. Denn daß das Neuschaffen auf diesem Gebiet aufgehört hat, ist nicht wahr. Wäre das der Fall, so wäre unser Volk am Ende seiner dichterischen und musikalischen Kraft angekommen.

Auch in der Stadt fällt natürlich dem Lehrer in dieser Hinsicht der Hauptanteil zu: und zwar besonders dem Singlehrer, wie schon erwähnt wurde. Er hat dafür zu sorgen (z. B. in Verbindung mit dem deutschen Lehrer), daß ein ordentlicher Vorrat von Volksliedern den Kindern dar-

geboten und zueigen gemacht wird. Worte und Weisen müssen fest eingeprägt werden, und je mehr der jugendliche Sinn in sie hineinwächst,
desto größer wird seine Freude an ihnen, desto schärfer das Verständnis,
desto freier der Geschmack. Aber die ganze Schule sollte mit dem Singlehrer Hand in Hand gehen. In dem englischen und französischen An-
fangsunterricht (nach der neuen Methode) werden jetzt nicht selten kleine
Volkslieder in der Fremdsprache gesungen: wäre es ein großes Unrecht,
wenn bei der Durchnahme der Lorelei der deutsche Lehrer die Weise an-
stimmen ließe? Es gibt eine ganze Reihe von Liedern im Kanon unserer
Gedichtsammlungen, die sich in gleicher Weise behandeln lassen. Ganz
besonders verlangt die Turnstunde den Gesang. Ich will damit beileibe
nicht der neumodischen Art, die von Süden zu uns herweht, das Wort
reden, nach welcher womöglich jede Körperübung von der Musik begleitet
sein müßte (ich halte das für durchaus falsch), aber meines Erachtens
sollte keine Turnstunde ohne einen vaterländischen Gesang vergehen —
stelle man ihn an den Anfang oder das Ende des Unterrichts oder ver-
wende man ihn meinetwegen auch zu einem Reigen. Ich habe es selber
erfahren, wie die Schüler, die sich der neu von mir eingeführten Sitte
anfangs widerwillig gegenüberstellten, nach ganz kurzer Zeit unsere herrlichen Vaterlandslieder — wie groß ist ihre Zahl! — mit wahrer Begeisterung sangen. Die Turnstunde (ich rechne selbstverständlich auch die
Spielstunde dem Turnen zu) muß nach Jahns Vorbild immer vaterländisch
bleiben, ein jeder muß vor Augen haben, daß die Ausbildung seines
Körpers dem Gesamtvolk zugute kommt, und ich wüßte wahrlich keine
bessere Gelegenheit Deutschland „hoch in Ehren" zu preisen mit dem gewaltigen Marschlied, als nach anstrengenden Körperübungen, über die
der Schüler wie über einen Feind siegreich gewesen ist. Wer wollte gar
auf Wanderungen, auf Turnfahrten, bei Schulfesten, bei völkischen Gedenk-
feiern auf unser Volkslied verzichten? Schaffe man nur genug zum Singen
herbei: unsere Jugend will gar gerne singen!

Und man sei gegenüber dem Inhalt unserer Volkslieder nicht zimperlich
und altjüngferlich! Der berüchtigte „Onkel", der drunten aus der Mühle
verschwunden ist, ist zwar schon lange dem Fluch der Lächerlichkeit ver-
fallen, aber er ist doch noch da, wenn vielleicht auch nicht leiblich, so
doch in täuschend ähnlicher Gestalt. Namentlich Lehrer von Mädchenschulen leisten in prüdem und albernem Herauskorrigieren von allem
irgendwie „Anstößigen" Unglaubliches. Als ob damit etwas erreicht würde!
Im Gegenteil! Gewöhnlich wissen die Kinder schon den eigentlichen Text,

den sie häufig schon gesungen haben, ohne sich viel dabei zu denken: die
Veränderung im Liederbuch macht sie erst aufmerksam, daß da wohl irgend
etwas Verdächtiges vorhanden sei — und nun beginnt das Suchen, das
geheimnisvolle und ungesunde Forschen nach dem Verbotenen. Ist es
denn schlimm, wenn die Kinder singen „Muß i denn, muß i denn zum
Städtele hinaus", in welchem so einfach und so schön die treue Liebe
eines Wandernden geschildert wird, und muß dafür immer „Nachtigall,
Nachtigall, o wie sangst du so schön" mit den beiden entsetzlich falschen
Betonungen eingesetzt werden? Die Kinder haben ganz unbewußt ein
feines Verständnis für tiefe und treue Liebe, und ich halte es geradezu
für eine Albernheit, diesen edelsten und gewaltigsten Naturdrang, dem
wir die schönsten Lieder in Wort und Weise verdanken, gewissermaßen
als nicht vorhanden anzusehen, während doch fast jedes Märchen, das
den Kindern unbedenklich in die Hand gegeben wird, von glücklicher oder
unglücklicher Liebe, von Prinz und Prinzessin, Braut und Bräutigam,
Hochzeit und Eheglück berichtet. Noch törichter erscheinen solche Verball-
hornungen der Liederbücher auf höheren Knabenschulen. In der Tertia
wird Ovid gelesen, in der Sekunda Virgil, in der Prima Horaz. Gegen
sie sind unsere derbsten Volkslieder fast alle harmlos zu nennen. Über
die oft geradezu erschreckenden „Nuditäten" im Pentateuch, den israelitischen
Königsbüchern, dem Schirhaschirim will ich nichts sagen, Homer aber
und Sophokles, dazu die ganze erotische Poesie der Griechen, die teilweise
wenigstens den Schülern bekannt wird, Aristophanes und hier und da
auch Plato bringen Dinge, die wir kaum anders nennen können als —
sagen wir es offen — unanständig. Noch naturalistischer ist die bildende
Kunst der Alten, und doch verlangt man (mit Recht) ihre Berücksichtigung
in den Schulen. Das sind klaffende Widersprüche, die nicht vorhanden
sein sollten; Rückkehr zur Natur täte uns gar sehr not. Wir brauchen
vernünftige Liederbücher und vernünftige, geschmackvolle Singlehrer. Freilich sollten diese eine andere Ausbildung erhalten als die
unzureichende auf dem Seminar: entsprechend den Zeichenlehrern müßten
sie mehrere Jahre an akademischen Hochschulen unter wissenschaftlich und
praktisch gleich tüchtigen Professoren studieren und dann ihre Befähigung
zum Musikunterricht in einer Prüfung erweisen. So erst würde eine
Besserung der jetzigen Verhältnisse möglich werden.

Denn es steht nicht gut mit unserem Liedersingen, auch nicht mit dem
unserer geistlichen Lieder, der Choräle, die ebenso zu den Volksliedern
gehören, wie die weltlichen.

Erstlich herrscht, auch bei denen, die Bescheid wissen sollten, recht häufig eine starke Unkenntnis der Weisen. Die Choralbücher sind dicke behagliche Bände mit reichem Inhalt, aber Pfarrer und Lehrer kennen nur die allerwenigsten, und auch diese wenigen meist nur in verdorbener Gestalt. Das ist ein längst eingewurzeltes Übel, und darum sind auch die Melodienangaben in den Gesangbüchern oft so sehr töricht. Man kennt die eigenen Weisen nicht und setzt andere bekannte dafür ein, sie mögen passen oder nicht. Man kann es, um nur ein paar Beispiele an- zuführen, nicht anders denn als Böotismus bezeichnen, wenn zu dem ge- waltigen Adventslied „Mit Ernst o Menschenkinder" die fröhliche Morgen- weise „Aus meines Herzens Grunde" vorgeschrieben wird oder zu dem Morgenlied „Dir dank ich für mein Leben" die Melodie „Nun ruhen alle Wälder", die, wenn auch ursprünglich zu „Innsbruck, ich muß dich lassen" gehörig, uns doch mit P. Gerhardts unvergleichlichem „Nun ruhen alle Wälder" fest zu einer Einheit zusammengeschmolzen ist (Lamprecht hat in seiner Deutschen Geschichte Gerhardts Lied doch verglichen und zwar mit M. Claudius „Der Mond ist aufgegangen" und einem Abend- lied von — R. Dehmel! Ein Beispiel dafür, daß auch hochgelehrte Leute nicht immer imstande sind, echte Diamanten von böhmischen zu unterscheiden), und wer für das siegesfreudige Osterlied „Ich weiß, daß mein Erlöser lebt" die gottergeben sanfte Sterbemelodie „Was Gott tut, das ist wohlgetan" bestimmt, beweist damit seine völlige Verständnis- losigkeit für musikalische Charakteristik. So werden den Dichtungen un- passende Kleider angezogen! Aber dieser Fehler ist ungemein weit ver- breitet, und nur wenig Gesangbücher dürften frei von ihm sein. Das ist aber einer von den Gründen, der unser Choralsingen überhaupt lang- weilig macht, während doch durch die begleitende Musik eine heilige Freude erzeugt werden sollte.

Ferner: Die kirchlichen Festzeiten haben alle ihren eigenen Charakter in Liedern und Weisen, d. h. wenigstens bei den Gemeinden, die gute Gesangbücher haben, und es wäre sehr zu wünschen, daß auch der Sing- unterricht der Schulen sich nach dem Gang des Kirchenjahres richtete. Ich weiß, wie wir als Kinder uns jedesmal gefreut haben, wenn im Winter die Weihnachtslieder, gegen Ostern (nach den so todestraurigen Passions- gesängen) die triumphierenden Auferstehungslieder an die Reihe kamen. Es ist ein starker Fehler, solche zu bestimmten Festen gehörigen Weisen in andere Zeiten zu verschleppen: das ist ein törichtes Nivellieren, ein Beseitigen der Ursprünglichkeit, der Eigenart. Gerade so sündigt, wer so gewaltige Weisen wie z. B. „Ein feste Burg", „Lobe den Herren, o meine Seele", „Heut' triumphieret Gottes Sohn", „Nun preiset alle", „Jerusalem, du hochgebaute Stadt", auch zu anderen Texten singen läßt, die vielleicht irgendein wohlgesinnter, aber unmusikalischer Dichter auf denselben Rhythmus verfertigt hat. Sie gehören eben nur zu diesem einen Liede, gerade wie die Schubertsche unsterbliche Erlkönigkomposition nur zu Goethes unsterblicher Ballade, und wer sie weiter verwendet, entwertet, ja entheiligt sie. Das sollte man in der Kirche und in der Schule bedenken!

Weiter: Will man wirkliche Freude mit dem Choralsingen erzielen, so muß man in die früheren Zeiten unseres Kirchenliedes zurückgehen: die neuere Zeit (18. und 19. Jahrhundert) hat fast nichts an musikalisch Wertvollem für den Choral geliefert, während Luther — Walthers, Gerhardt — Crügers Zeit reich ist an wahren Kleinodien: kennte man sie nur! Und viele Weisen stammen aus noch älteren Zeiten — aber wer kennt und singt sie? Wie selten hört man „Der Tag der ist so freudenreich" (Dies est laetitiae), „Mitten wir im Leben sind" (media in vita sumus), „Christ ist erstanden", „Erstanden ist der heil'ge Christ" (surrexit Christus hodie), „Komm Gott Schöpfer heiliger Geist" (veni creator spiritus) und so viele andere, die als Perlen unseres Kirchengesanges hochgehalten werden sollten, jetzt aber in den Choralbüchern und auch dort nicht immer (denn auch die meisten Choralbücher sind schlecht, ja ganz schlecht) ein verstaubtes Dasein führen.

Und schließlich noch ein Grund, der die Freude an den Chorälen allmählich weggenommen hat, so daß sie keine Macht mehr in unserem Volksleben bedeuten, daß man sie außerhalb der Kirche fast gar nicht mehr hört, daß sie fast ein fossiles Dasein führen, wenn ich so sagen darf: geschmacklose Leute haben nun schon seit langer Zeit unseren herrlichen Weisen den Rhythmus, d. h. den pochenden Lebenspuls, herausgerissen, alles in die unrhythmische und darum langweilige Vierviertelform gezwängt. Nun schleppt unser Kirchengesang sich hin in unsagbarer Langsamkeit und vernichtender Gleichförmigkeit. Und doch hat eine sehr große Zahl unserer allerschönsten Melodien in der Urform einen frischen und ausgesprochenen Rhythmus, einen Wechsel von langen und kurzen Noten, viele stehen im Dreivierteltakt, ja, nicht selten wechselt gleicher und ungleicher Takt, wie in „Herzlich tut mich erfreuen" („O Haupt voll Blut und Wunden"). Muß denn zu Gott stets in den steifleinenen, gleichmäßigen Rhythmen gesprochen werden? Das heißt doch wirklich, die Gefühle uniformieren! Man sollte sich dem Rhythmus wieder zuwenden, wie das mit so großem Erfolge die bayerische und nach ihr etliche andere Landeskirchen getan haben. Trotz der Gegnerschaft vieler, auch Fachmänner, schreitet glücklicherweise die Bewegung für den rhythmischen Gesang vorwärts, und ich hoffe noch zu erleben, daß überall in Deutschland die Choräle so gesungen werden, wie sie komponiert sind. Jeder kann sich überzeugen, wie viel lebensvoller, wie viel kräftiger, mit einem Worte, wie viel schöner Rhythmik ist als Unrhythmik, er braucht nur einmal dorthin zu gehen, wo rhythmisch gesungen wird (in Berlin gibt es auch solche Kirchen, z. B. wenigstens zu Büchsels Zeit die Matthäuskirche) oder sich in Layriz, Tucher, Zahn, dem bayerischen Choralbuch u. a. umzusehen. Mit dem Rhythmus kommt Leben und Freude!

So hat auch die Kirche dem Volksliede gegenüber ihre Pflichten, und zwar ganz besonders ernste! Es wäre sehr zu wünschen, daß sie sie besser erfüllte als sie tut! In unserer unkirchlichen und gottlosen Zeit muß alles angewendet werden, was zum Gotteshause hinzieht, Dichtung aber und Musik — wie schön hat Luther davon geredet! — sind dabei am wenigsten zu entbehren.

Endlich aber fällt bei der Pflege des geistlichen wie weltlichen Volksliedes dem Hause eine bedeutende Rolle zu. Die Choräle gehören in die tägliche Hausandacht: welcher Hausvater, welche Mutter darauf hält, daß sie regelmäßig stattfindet und nicht nur eine hörende und betende, sondern auch eine singende ist, der vermittelt all den Seinen einen reichen und unvergänglichen Schatz, und in dessen Hause hallt es wirklich, auch außerhalb der Andacht, von „geistlichen, lieblichen Liedern". Luther ist wie in so vielem, so auch in dieser Beziehung das Muster und Vorbild des evangelischen Christen und Hausvaters. Das geistliche Lied soll aber das weltliche nicht verdrängen: nein auch dieses muß fleißig gesungen, sorgfältig gepflegt werden, daß seine schlichte Schönheit in Wort und Weise sich schon dem jugendlichen Sinne tief einprägt. Es ist nicht geraten, daß die Hausmusik, deren Übung ich nicht genug empfehlen kann, sich nur mit instrumentalen Werken befaßt. Vor allem weiteren sollte sie auf das Singen, das ein- und mehrstimmige, den rechten Nachdruck legen; das ist die naturgemäßeste und einfachste Art aller Musik. Erst später sollen auch die Instrumente in ihr Recht treten und uns die Herrlichkeiten vermitteln, welche unsere Großmeister in ihren Kompositionen für Klavier, für Streichinstrumente und für die Vereinigung beider geschaffen haben.

Diese Art der Musikpflege ist zugleich das beste Mittel, den jugendlichen Geschmack zu bilden und zu festigen gegen Triviales, Gemeines, Über-

triebenes. Täglich bringt dergleichen an die Ohren unserer Kinder im
Gassenhauer, im Leierkastengedudel (erbärmliches italienisches Mascagni-
fabrikat), in Couplets, leider zuweilen auch noch in der Militärmusik,
obwohl die von unserem Kaiser — besonderen Dank ihm dafür — auf
andere Bahnen gelenkt ist. Wie leicht setzt sich Schlechtes und Unschönes
in dem jugendlichen Sinne fest, wenn nicht tief drinnen die seelischen Anti-
toxine erzeugt werden. Wer an der schlichten Schönheit unseres Volksliedes groß geworden ist, der ist auch gefeit gegen die maßlose, gänzlich
ausartende Gestalt unserer neuesten Instrumentalmusik, die durch den äußer-
lichen Glanz einer pompösen Instrumentation ihre innere Armut zu ver-
decken sucht, die die Melodie, die Linie im Bilde, herabgewürdigt hat zum
trostlosen Motiv und die Harmonie, die Farbe, zum übelsten Mißklang,
zum qualvollen Mischmasch unmöglichster Zusammenstellungen. So wird
unser Volkslied zu einem rechten Gesundbrunnen für einfaches und wahres
Kunstgefühl. Darum auch aus diesem Grunde: „Pflege sein!"

3.

Wohnungsgesetz und Spielplatzfrage.

Von Prof. Dr. Konrad Koch in Braunschweig.

Indem die preußische Regierung im vorigen Jahre den Entwurf zu
einem Wohnungsgesetze veröffentlichte, gab sie den Anlaß zu einem leb-
haften Meinungsaustausche zwischen den Vertretern der sich auf diesem
Gebiete gegenüberstehenden Ansichten und Interessen. In den Tagen vom
16. bis 19. Oktober trat dann in Frankfurt a. M. der zahlreich besuchte
I. Allgemeine deutsche Wohnungskongreß zusammen, der freilich weniger
eine Verständigung, als eine zum Teil sehr erbitterte Aussprache der sich
entgegenstehenden Meinungen herbeiführte. Immerhin bleibt aber doch
das als ein wesentlicher Erfolg des Kongresses übrig, daß allgemein anerkannt wurde, ein wie großer Bruchteil unseres deutschen Volkes sehr
schlimm unter der Wohnungsnot zu leiden hat, und wie dringend im Interesse der Volksgesundheit eine Wohnungsreform nötig ist.

Auf nicht wenig Gebieten der Volkswohlfahrtspflege hat sich eine
Beseitigung oder doch eine Linderung des Wohnungselendes als dringend
nötig erwiesen. Zahlreiche soziale Übelstände treten auf, wesentlich als
eine Folge des raschen Anwachsens der Großstädte und des Zusammen-
drängens von großen Menschenmengen auf einen geringen Raum. Neben

den schlimmen Schädigungen, vor allem der Gesundheit und der Sittlichkeit, die durch das enge Zusammenwohnen der Familien in Mietskasernen verursacht werden, erscheint es auf den ersten Blick als eine wenig bedeutende Begleiterscheinung, daß es der großstädtischen Jugend sehr an Plätzen zum Spielen und zur Erholung gebricht, und es herrscht vielfach die Meinung, als ob solche Plätze doch sich wohl noch am leichtesten entbehren ließen. In der Tat aber ist die Spielplatzfrage geradezu von ausschlaggebender Bedeutung, und die Anlage und Einrichtung von ausreichenden Erholungsstätten für Jugend und Volk erweist sich immer mehr nach den verschiedensten Seiten hin als dringend nötig. Schon hat darum die einsichtsvolle Fürsorge von staatlichen und städtischen Behörden, wie auch eine großherzige Wohltätigkeit einzelner eine Anzahl von Plätzen für diese Zwecke neu eröffnet oder wieder zugänglich gemacht. Es hat sich indes als eine unleugbare Tatsache ergeben, daß all solche Einzeltätigkeit trotz des begeisterten Eifers Ausreichendes für die Bedürfnisse der Gesamtheit nicht zu leisten vermag, sondern daß gegenüber der immer mehr um sich greifenden Bauwut, wie auch gegenüber dem Bestreben der Besitzer des Grund und Bodens, möglichst viel Gewinn aus ihm zu erzielen, nur gesetzliche Bestimmungen eine hinlänglich kräftige Gewähr bieten können. Sonst wird kaum irgendein Grundbesitzer, sei es ein einzelner, sei es eine größere Gesellschaft, oder sei es der Fiskus selbst, bei der Verfügung über seine Grundstücke, wenn irgendein neues Baugelände aufgeschlossen wird, je auf die rechtzeitige Sicherung von ausreichenden Spielplätzen die nötige Rücksicht nehmen.

Wenn der Zentralausschuß für Volks- und Jugendspiele die Forderung erhebt, daß in ein Gesetz zur Verbesserung der Wohnungsverhältnisse in Preußen die nötigen Bestimmungen aufgenommen werden, um die Anlage von Spielplätzen und Erholungsstätten auf jeden Fall andauernd zu sichern, so berechtigt ihn dazu besonders der erfreuliche Erfolg seiner bisherigen Tätigkeit. Dieser Erfolg berechtigt ihn nicht nur dazu, nein, er verpflichtet ihn geradezu zu solcher Forderung. In den beiden letzten Jahrzehnten hat die Spielbewegung sichtlich nahezu unser ganzes deutsches Volk ergriffen. Wir sehen jetzt wieder wie in alten Zeiten bei Frühlingsanfang die fröhliche Jugend zum Ballspiel ins Freie hinauseilen; im Sommer und Herbst tummeln sich im regen Wetteifer Knaben und Mädchen, Jünglinge und Jungfrauen auf den grünen Rasenflächen bis tief in den Winter hinein, ja den ganzen Winter hindurch lockt der Fußball Tausende kräftiger Spieler zu munterem Spiel, und sie werfen ihn erst dann in die Ecke, wenn

fie die glatte Eisbahn oder die glänzende Schneefläche zum luftigen Winter-
fport übergehen läßt. Ja, die früher viel beklagte Stubenhockerei unferer
Jugend ift zum Glück für deren Gefundheit im Hinfchwinden begriffen
und wird hoffentlich baldigft ganz verfchwinden im Laufe der Jahre, fobald es eben möglich wird, die gefamte Jugend aus den dumpfen Stuben
in Gottes freie Natur hinauszuführen. Noch fehlt dafür aber der erforderliche Platz, — ich möchte fagen, faft überall, jedenfalls in fämtlichen größeren
Städten Deutfchlands.

Die Vereine zur Pflege des Tennis, die fich zumeift aus den begüterten Ständen zufammenfetzen, find in den letzten Jahren damit vorgegangen, fich felbft geeignete Plätze für ihren Spielbetrieb zu erwerben
und herzuftellen, was ihnen um fo leichter wird, weil fie auch die Unkoften
einer regelmäßigen, längeren Fahrt auf der elektrifchen Bahn zu einem etwas
ferner liegenden Spielplatze weniger zu fcheuen haben. Die nicht fo be-
mittelten Fußballvereine haben fchon mit größeren Schwierigkeiten zu
kämpfen, wenn fie fich eigene Spielplätze verfchaffen wollen; immerhin
finden auch fie bisher noch leichter irgendwo ein Unterkommen. Aber
die große Menge der Schuljugend, fowie diejenige der fchulentlaffenen
Jugend, die doch ihrer bei weitem größten Mehrzahl nach nicht folchen
Vereinen beizutreten imftande ift, wird fich ftets auf die allgemein zu-
gänglichen, freien Plätze angewiefen fehen, und diefe find felbft in einer
Stadt wie Berlin, die fo ausgedehnte Plätze in verhältnismäßiger Nähe
liegen hat, heutzutage fchon faft fämtlich überfüllt. Für die Jugend der
unbemittelten Stände find aber die Spiele in freier Luft am nötigften.
Die wenigen, meift befchränkten Schulfpielplätze find nicht entfernt ausreichend. Um fo mehr müffen fich die Vertreter der heutigen Spielbewegung
berechtigt und verpflichtet fühlen, dafür zu forgen, daß auf die Herftellung
von großen Spielplätzen überall rechtzeitig Bedacht genommen wird.

Die bedeutenden Fortfchritte der Spielbewegung um die Jahrhundert-
wende erklären fich zum großen Teil daraus, daß die Einficht vom Werte
kräftiger Leibesübungen in weiten Kreifen unferer Bevölkerung fchnell
zugenommen hat. Deutfchland hat in der letzten Hälfte des vorigen Jahrhunderts den Übergang aus einem Ackerbauftaate zu einem Induftrie-
ftaate durchgemacht. Damit ift der größere Teil feiner Bevölkerung von
der Natur mehr oder weniger abgefperrt und unterliegt dem fchädlichen
Einfluffe des Mangels an frifcher Luft und kräftiger Bewegung in ihr,
den fchlimmen Folgen dauernden Aufenthaltes in engen Arbeits- und
Wohnräumen. Solange ein Volk wefentlich Ackerbau treibt, bietet ihm

das tägliche Leben genügend Gelegenheit und Veranlassung zu reichlicher
Betätigung seiner Körperkräfte im Freien. Freilich ist diese Betätigung
wesentlich einseitiger, als sie auf der vorhergehenden Kulturstufe der Jagd-
und Hirtenvölker war. Indes haben vor diesen die Ackerbauer die gleichmäßigere Ernährung und besser geordnete Lebensweise voraus. Der Übergang aber zur höchsten Stufe der Kulturentwickelung, der zum Industrie-
staate, beraubt die Mehrzahl der Staatsangehörigen gänzlich der Gelegenheit
zu kräftiger Tätigkeit im Freien und übt dadurch auf ihre ganze leibliche
und geistige Gesundheit einen schädigenden Einfluß aus. Unsere begüterten
Volksklassen haben, wie leicht begreiflich, zuerst diese Schädigungen empfunden
und sind auch eher in der Lage gewesen, ihren heranwachsenden Söhnen
und Töchtern den nötigen Ersatz zu bieten, wie das durch die Einführung
der Schulspiele an den höheren Schulen und die Begründung der obengenannten Spielvereine gelungen ist. Selbstverständlich aber dürfen sich
diese Veranstaltungen nicht auf einzelne Klassen der Bevölkerung beschränken,
sondern dem ganzen Volke und zunächst dessen Jugend, der männlichen
wie der weiblichen, muß die Möglichkeit zu regelmäßiger, ausgiebiger Bewegung in frischer Luft verschafft werden. Damit wird für sie auf dem
Spielplatze eine stets reichlich sprudelnde Quelle reinster Lebensfreude er-
schlossen und gleichzeitig eine sehr heilsame Maßregel zum Besten des leiblichen und seelischen Wohles des Volkes getroffen.

Vor 50 Jahren noch wäre in Deutschland eine solche Fürsorge für
die Jugendspielplätze nahezu überflüssig gewesen. Inzwischen haben
sich leider die Verhältnisse sehr zu ungunsten der Stadtjugend geändert.
Wer die damaligen Verhältnisse einigermaßen noch in Erinnerung hat,
wird mit lebhafter Freude an jene Zeiten und an das reiche Spielleben
der Jugend von damals zurückdenken. Uneingeschränkt durfte diese selbst
in einer größeren Mittelstadt die hinter den Wohnhäusern liegenden, meistens
ziemlich umfangreichen Höfe zu unserem guten, alten Ballspiel benutzen.
Zur Zeit von Frühlingsanfang nahm dieses Spiel die Sinne und Herzen
aller kräftigen Jungen ganz in Anspruch; sie gönnten sich nach Schulschluß
kaum die Zeit, die Bücher fortzustellen, um gleich auf den Hof hinaus
zu eilen und jedes freie Viertelstündchen draußen Ballschlagen zu üben.
Die wärmere Jahreszeit führte sie dann in größeren Haufen zu gemein-
schaftlichem Spiele auf die weiten, brachliegenden Anger des Gemeindelandes
oder in den Wald, um dort stundenlang das Lieblingsspiel „Räuber und
Soldaten" zu treiben. Und bei unsicherem Wetter boten im Notfalle sogar
die verhältnismäßig verkehrsarmen Straßen der Stadt ein gern benutztes

Spielfeld, namentlich zu den manchmal recht erbitterten Kämpfen zwischen der Jugend verschiedener Stadtteile, zu diesen Kämpfen, die ihren Höhepunkt im Winter erreichten bei den großen Schneeballschlachten, an die jeder einstige Teilnehmer wohl noch mit herzlichem Vergnügen zurückdenken wird. Aller dieser schönen Jugendlust haben die veränderten Wohnungsverhältnisse der neueren Zeit ein Ende gemacht: die Höfe hinter den Häusern sind mit Lagerräumen besetzt, das Gemeindeland ist aufgeteilt und der frühere Anger zum Korn- oder Rübenbau in Benutzung genommen, die Straßen und freien Plätze in der Stadt sind durch den gesteigerten Verkehr oder durch Schmuckanlagen den Spielen der Jugend entzogen. Kurz, die städtische Jugend ist der alten Spielplätze beraubt.

In England, wo sich der Übergang vom Ackerbau zur Industrie schon einige Jahrzehnte früher vollzogen hat, hat man diese schlimme Einbuße, wie sie die Stadtjugend erlitten hat, von vornherein nicht gleichgültig angesehen. An anderer Stelle[1]) habe ich nachgewiesen, daß gerade deshalb sich dort die Spielbewegung ebenso viel früher als bei uns entwickelt hat, und daß manche englischen Gemeinwesen seit jener Zeit unter dem Aufwande von großen Geldopfern auf die Schaffung von ausreichenden Spielplätzen in den Städten bedacht gewesen sind. Es wird in Deutschland über die außerordentliche Vorliebe und über den großen Eifer der Engländer für ihre kräftigen Nationalspiele auch heute noch von mancher Seite gern gespöttelt. Doch es bricht sich auch bei uns unaufhaltsam die Erkenntnis Bahn, daß solche kräftige Spiele in der Tat eine sehr ernste Bedeutung haben und nicht bloß ein lebhaftes Interesse, sondern auch die Aufwendung großer Geldsummen durchaus verdienen. Die leitende städtische Behörde Londons, der sogenannte Grafschaftsrat, geht in dieser Beziehung unter den englischen Städten mit dem besten Beispiele voran; seine Zusammensetzung ist allerdings auch eine solche, daß man von ihm in jedem Falle eine volle Rücksichtnahme auf die wahren Bedürfnisse der großen Masse der Bevölkerung erwarten darf. So hat diese Behörde zudem auch wiederholt in ihren betreffenden Berichten ausdrücklich erklärt, daß sie die Fürsorge für Spielplätze und Volkserholungsstätten und für deren Betrieb zu ihren angenehmsten und liebsten Pflichten zählt. Einen besonderen Schutz genießen in England die sogenannten offenen Plätze von seiten der Gesetzgebung; es entspricht altgermanischen Rechtsgrundsätzen, daß freie Plätze, die einmal der allgemeinen Benutzung des Volkes überlassen ge-

---

1) K. Koch, Das heutige Spielleben Englands. Verlag von B. Göritz, Braunschweig 1895.

wesen sind, dieser Benutzung von ihrem Besitzer nicht willkürlich dürfen entzogen werden. In Deutschland findet sich höchstens neuerdings eine ähnliche Bestimmung in den Verträgen, welche die Stifter von Spielplätzen mit dem betreffenden Stadtmagistrate abschließen. Sonst geht man leider hier zu Lande über das jahrelang hindurch ausgeübte und so erworbene gute Recht der Jugend auf die Benutzung solcher freier Plätze ohne weiteres zur Tagesordnung über.

Die Zunahme der Vorliebe für kräftige leibliche Bewegung im Freien wird zum Teil durch einen gewissen Wohlstand bedingt. Zu einer besseren Lebensführung gehört — diese Erkenntnis ist jetzt fast allgemein auch bei uns zu Lande verbreitet — doch notwendig, daß man seinen Körper stets möglichst spannkräftig und leistungsfähig zu machen und zu erhalten sucht, ihn kräftig durcharbeitet und so seine sämtlichen Funktionen gehörig anregt und in Ordnung erhält. Es ist nicht zufällig, daß wir für die verschiedenen Liebhabereien auf diesem Gebiete den Ausdruck von den Eng- ländern entlehnt haben. Nur der kann sich einen kostspieligen Sport aus- suchen, dem es an den dazu nötigen Mitteln nicht fehlt. Aber auch die nicht so gut gestellte männliche und weibliche Jugend kann sich den wesent- lichen Vorteil eines herrlichen Sportes sichern, wenn sie in ihren Frei- stunden das kräftige Ballspiel mit regelmäßigem Eifer betreibt. Der Kulturmensch in den Großstädten des 20. Jahrhunderts vermag ohne einen solchen Sport kein rechtes Leben zu führen, ja kaum seine tägliche Pflicht zu erfüllen. Als Rousseau vor anderthalb Jahrhunderten seinen Warnungs- ruf: „Zurück zur Natur" erschallen ließ, dachte er anscheinend mehr oder weniger daran, daß es der Menschheit irgend möglich werden würde, die drückende Last der Kultur von sich ganz abzustreifen. Das war aber nur ein leerer Traum und nicht einmal ein schöner. Der Mann von heute muß lernen, unter dem schweren Drucke der immer noch gesteigerten An- sprüche und Leiden der Kultur trotzdem aufrechten Hauptes vorwärts zu schreiten. Eine Leistung, zu der er nie imstande sein wird, wenn er nicht durch Turnen und Spielen im Freien sich an Leib und Seele möglichst frisch und gesund erhält.

Bei unseren verfahrenen sozialen Verhältnissen läßt sich kaum eine schönere und zweckmäßigere Art der Wohltätigkeit denken, als die, welche der am meisten unter den traurigen Wohnungsverhältnissen leidenden Jugend der ärmeren Bevölkerung durch die Eröffnung weiter Spiel- und Erholungs- räume erwiesen wird. Diese Wohltat übt nicht den geringsten lästigen Druck auf die Empfänger aus, und sie kann von ihnen nicht bloß einfach

2*

paſſiv hingenommen werden, ſondern ſie ſtellt entſprechende Forderungen
an deren Selbſttätigkeit und verbreitet, je mehr dieſe ſich ſteigert, um ſo
mehr Segen um ſich. Aber die Sorge für Spielplätze darf nicht Sache
der Wohltätigkeit bleiben. Schon hat ſich dieſe auch auf anderen Gebieten
organiſiert zur Volkswohlfahrtpflege und entwächſt damit dem Bereiche
der Einzelperſonen oder der einzelnen Gemeinden und wird zu einer Angelegenheit des Staates und des Reiches. Auch laſſen ſich die ſehr bedeutenden Schwierigkeiten, die jedem Fortſchritte auf unſerem Gebiete überall
entgegenſtehen, kaum anders als mit ſolcher Hilfe überwinden. Und jedenfalls iſt es in letzter Linie Sache des Reiches ſelbſt, dafür Sorge zu
treffen, daß eine geſunde, kräftige Generation heranwächſt, die ſich als
wehrhaft gegen äußere Feinde und leiſtungsfähig für die Arbeiten des
Friedens bewährt. Die Fürſorge für ein richtiges Erholungsleben des
Kindes iſt aber in doppelter Beziehung von der allergrößten Wichtigkeit,
einmal wird dadurch den ſchlechten Einflüſſen der ungenügenden Wohnungen
entgegengearbeitet, und dann wird es durch die Gewöhnung an heilſame
Freuden vor manchen ſchlimmen Verſuchungen der Großſtadt einigermaßen
geſchützt.

Gegen die beiden ſchlimmen Volkskrankheiten unſerer neueſten Zeit,
die Tuberkuloſe und die Nervoſität, wird man nur dann mit Erfolg an-
kämpfen können, wenn man außer auf Abwehr der ſchädigenden Einflüſſe
auch auf eine Kräftigung der Generation hinarbeitet, um ſie gegen jene
widerſtandsfähiger zu machen. Die bedrohliche Ausdehnung beider Krankheiten iſt weſentlich auf die Schuld der ungünſtigen Wohnungsverhältniſſe
und der ungeſunden Lebensweiſe unter ihnen zu ſetzen. Namentlich iſt
es die Tuberkuloſe, die unter der in ungenügenden, ungeſunden Räumen
dicht zuſammenwohnenden Bevölkerung heute weit ſchlimmer wütet, als
jene ſo gefürchteten Volkskrankheiten früherer Zeit. Kräftige Bewegung
in freier Luft iſt am beſten imſtande, den Körper gegen eine Anſteckung
und Erkrankung zu ſichern.[1] „Der Menſch atmet durch ſeine Füße." Dieſes
geiſtreiche Wort eines neueren franzöſiſchen Phyſiologen ſpricht knapp und
bündig die immer mehr ſich beſtätigende Bemerkung der Ärzte aus, daß
in unſerem meiſt ſitzenden, ungenügend ſich bewegenden Geſchlechte die
Atmungswerkzeuge ſelten zur nötigen vollen Tätigkeit kommen, ja ſich überhaupt ſelten vollkommen ausbilden können. Auf grünem Plane bei friſchem
Spiele weiten ſich die Lungen der Jugend, die Bruſt tritt in volle Tätig-

---

1) Vgl. H. A. Schmidt, Körperpflege und Tuberkuloſe. Verlag von R. Voigtländer, Leipzig 1902.

zeit und dehnt sich kräftig aus, wie es die Natur gewollt hat. Je eifriger und energischer ein Spiel betrieben wird, um so mehr tritt diese so günstige Wirkung ein, und ohne Zweifel liegt hierin gerade ein sehr wesentlicher Vorzug des Fußballspieles, das seit 30 Jahren auf deutschen Boden verpflanzt ist und sich hier immer mehr frei macht von den Roheiten und Übertreibungen, mit denen es zum Teil unsere Stammesvettern jenseits des Kanales und noch mehr die Nordamerikaner zu spielen sich gewöhnt haben. Die vielen Tausende deutscher Knaben und Jünglinge, die leidenschaftlich Fußball treiben, haben gerade in der rauhen Jahreszeit — das Spiel wird den ganzen Winter hindurch gespielt, solange nicht Schnee und Eis die Erde deckt — den köstlichsten Gewinn für ihre Gesundheit und den herrlichsten Genuß an reiner Lebensluft.

Der ungünstige Einfluß des großstädtischen Lebens hat auch auf das Erholungsleben des Volkes sich erstreckt. Die früheren, einfacheren Vergnügungen, wie sie eine mehr ländliche Umgebung gestattet, sind ihm mehr oder weniger unzugänglich geworden, und statt deren bieten sich ihm verfeinerte, weniger natürliche Genüsse, die je mehr sie auf den Nervenkitzel berechnet sind, um so größere Anziehungskraft ausüben. Am meisten leidet darunter die heranwachsende Jugend, deren aufkeimende Unternehmungslust sich leider zu leicht auf falsche Bahnen lenken läßt. Einen vollen Ersatz für die verlorenen Spiel- und Erholungsplätze wird man der eng zusammengepferchten Großstadtbevölkerung nie bieten können. Aber als das erstrebenswerte Ziel müssen wir hinstellen, daß an den Sonntagen wenigstens alle Familien, auch die ärmsten, die Möglichkeit erlangen, sich im Freien zu ergehen, wo dann die männliche und weibliche Jugend sich gehörig umhertummelt und ausarbeitet, während die Erwachsenen mit teilnehmender Freude ihrem Spiele zuschauen. Dieses hohe Ziel zu erreichen, wird freilich einen sehr großen Kraftaufwand erfordern. Die geringste Schwierigkeit liegt darin, die großen Volksmassen zu solchen regelmäßigen Wallfahrten ins Freie zu veranlassen; wer nur Augen hat zu sehen, der weiß ganz genau, daß der Sinn für diese Art Naturgenuß in unserer großstädtischen Bevölkerung schon hinreichend stark ist, um jede Gelegenheit, die sich ihr dafür bietet, völlig auszunützen. Aber der Sieg über die Geldinteressen aller Art, die im Wege stehen, wird sich so leicht nicht erringen lassen. Darum sollten auch die verwandten Bestrebungen, die auf eine Bekämpfung der Trunksucht und der Unsittlichkeit im Volke abzielen, sich der Mitarbeit an diesem Werke nicht entziehen, denn ohne Frage wird die Erreichung auch ihrer Ziele bedeutend gefördert, wenn es gelingt, die

ganze Volksmenge zu solcher Erholung in freier Luft hinauszuführen und
dort ihren Geschmack an reinen, natürlichen Vergnügungen zu wecken und
zu befriedigen.   Wir kommen damit einem schon im Herzen des Volkes
wieder erwachten gesunden Triebe entgegen und dürfen um so sicherer auf
das Gelingen unserer Bestrebungen hoffen.

Wenn jetzt die Fürsorge für das Erholungsleben zunächst der Jugend
und auch des Volkes überhaupt von seiten der Wohlfahrtspflege immer
mehr unternommen wird, liegt darin ohne Zweifel ein Beweis echt
christlicher Gesinnung, die voll Achtung vor jeder einzelnen Persönlichkeit
dieser die Gelegenheit zu einer vollen Entfaltung zu sichern bestrebt ist.
Im Arbeits= und Geschäftsleben allein wird sich der einzelne vielfach nur
als ein sehr abhängiges Mitglied einer großen Gemeinschaft vorkommen
und namentlich seiner oft sehr einseitigen Tätigkeit kaum recht froh werden
können.   Nichts Herrlicheres gibt es da für die frische Jugend zumal, wenn
sie in den arbeitsfreien Tagen und möglichst in jeder Feierstunde sich im
freien Spiele auf grüner Flur austoben kann nach Herzenslust.   Der Zu=
wachs an geistiger Frische, Gesundheit und Energie, den sie solchem Umher=
tummeln zu danken haben wird, kommt unserer gesamten Nation sehr
wesentlich zugute und wird vielleicht auf die Dauer sich als die beste Ver=
zinsung der großen Geldaufwendungen erweisen, wie sie für die Anlage
von Spielplätzen und Volksparks notwendig sind. — Zunächst aber wollen
wir hier gerade mit Rücksicht auf diese sehr hohen Kosten auf die Förde=
rung des leiblichen Wohles der heranwachsenden Kinder aufmerksam machen.
Unsere Krankenkassen haben es sich sehr genau ausgerechnet, daß die An=
lage= und Unterhaltungskosten ihrer Heilstätten und Genesungsheime keine
unnützen Ausgaben sind, sondern reichlichen Gewinn bringen.   Unsere eng=
lischen Stammesvettern jenseits des Kanales haben schon weiter gerechnet
als wir und sagen sich, wenn sie Hunderttausende auf Erwerbung von
Spielplätzen in Großstädten verwenden, daß die Maßregeln zur Vorbeugung
von Krankheiten und Schwäche sich noch weit lohnender stellen, als alle
Versuche zur Heilung derselben.   Daß sich diese Erkenntnis auch in Deutsch=
land immer weiter verbreitet, ist schon oben ausgesprochen; sie verbreitet
sich jetzt nach und nach auch in den weiteren Kreisen der Bevölkerung.
Um so mehr dürfen wir erhoffen, daß die Verzögerung des preußischen
Wohnungsgesetzentwurfes zunächst noch von einem günstigen Erfolge für
unsere Sache sein wird, insofern eine ausreichende Berücksichtigung der
Spielplatzfrage dadurch immer mehr gesichert wird.   Je weiter die Ent=
scheidung hinausgeschoben ist, um so mehr wird sie in unserem Sinne

ausfallen. Anderseits freilich erscheint ein längeres Hinausschieben dieser Entscheidung um so bedenklicher, als der Mangel an Spielplätzen sich schon jetzt überall schlimm fühlbar macht, und das stete Anwachsen der Preise für den Grund und Boden die Schwierigkeiten der Anlage von solchen Plätzen außerordentlich steigert.

4.
Die Leibesübung im Dienste der sozialen Arbeit in Hamburg.

Von Dr. H. Gerstenberg in Hamburg.

Das deutsche Volksturnen im Sinne seines Schöpfers Friedrich Ludwig Jahn kennt keine sozialen und konfessionellen Unterschiede. Es sollte sein und war in der Tat ein Mittel zur körperlichen und sittlichen Kräftigung aller Volkskreise. Die Turnerschar auf dem Turnplatz in der Hasenheide, in der neben den Schüler des Gymnasiums der Lehrjunge, neben den Studenten der jugendliche Arbeiter als gleichgeachteter Genosse trat, war somit im kleinen das Abbild jenes Volksheeres, in dem der Studierte und der Handwerker, der Sohn des Reichen und der arme Schlucker Schulter an Schulter standen, um als Waffenbrüder ihr Leben gemeinsam für die Freiheit des Vaterlandes einzusetzen.

Diese Kraft, die verschiedenen Gegensätze innerhalb unseres Volks-körpers zu überbrücken, ist eine natürliche Wirkung des Turnens, wenn man sein Wesen so ernst und vielseitig auffaßt und seinen Begriff so weit ausdehnt, wie es Jahn getan hat. Um so bedauerlicher ist die Beobachtung, daß neuerdings in die Kreise, die geregelte Leibesübungen pflegen, Gegen-satz und Zwietracht hineingetragen wird aus Gründen, die ganz außerhalb liegen und mit dem Wesen der Sache nichts zu tun haben, ja, daß das Turnen geradezu Parteizwecken dienstbar gemacht wird. Die Zeiten, in denen die große Deutsche Turnerschaft alle Schichten der Bevölkerung auf ihren Turnstätten vereinigt hat, sind zunächst vorbei. Politik und Konfession, die von der Deutschen Turnerschaft wohlweislich aus ihren Vereinen verbannt sind, strecken verlangend die Hand nach dem Turnen aus als einem Mittel, das ihnen zur Erreichung ihrer besonderen Interessen dienen soll, die mit der Pflege der Leibesübung durchaus nichts zu tun haben und den letzten Zielen des Jahnschen Turnens fremd, ja feindlich gegenüberstehen. So

wird von verschiedenen Seiten aus versucht, Keile in den festgefügten
Stamm der Deutschen Turnerschaft zu treiben, und an der Peripherie zeigt
sich die Wirkung, wenngleich das gesunde Kernholz diesen Angriffen heute
und, wie wir hoffen, immer widersteht. Der Arbeiterturnerbund will
das Turnen den Interessen der sozialdemokratischen Partei dienstbar machen.
Deutsch-völkische und jüdische Turnvereine sondern sich auf Grund der
Rassenfrage ab. Sogar der konfessionelle Unterschied macht sich neuerdings
geltend und führt zur Abzweigung oder Gründung katholischer Turnvereine.

Ob die Zeiten einmütigen Zusammenwirkens aller turnenden Deutschen
wiederkommen? Wer wagt diese Frage von den unerfreulichen Erfahrungen
der Gegenwart aus zu bejahen? Aber dürfen wir sie hoffnungslos ver-
neinen? Mag sich in der deutschen Turnerei und auf allen anderen Gebieten
unseres Volkslebens die bedauerliche Neigung zur Zersplitterung und Hervor-
kehrung der Gegensätze zeigen, dennoch dürfen wir die Hoffnung auf Zu-
sammenschluß aller heute auseinanderstrebenden Teile unseres Volksganzen
zur Einheit nicht aufgeben und dürfen vor allem in der ernsten, zielbewußten Arbeit nicht müde werden. Jeder, auch der kleinste Erfolg in
dieser Arbeit ist zugleich ein ermutigendes Zeichen dafür, daß die Wunden,
aus denen heute infolge der sozialen, politischen und konfessionellen Kämpfe
unser Volkskörper blutet, heilbar sind.

Und zur Erreichung dieser großen nationalen Aufgabe, Gesundung
unseres Volkslebens durch Überbrückung der Gegensätze, kann und muß
auch das Heilmittel herangezogen werden, das Jahn als ein guter Arzt
vor fast einem Jahrhundert mit glänzendem Erfolge unserem Volke ver-
schrieben hat: geregelte Pflege der Leibesübungen als Turnen im engeren
Sinne verbunden mit Bewegungsspiel und Wanderung. Denn auch heute
— und das wissen die Sonderbündler nur zu gut und machen diese
Erfahrung ihren Zwecken dienstbar — wohnt gemeinsam betriebenen
Leibesübungen eine wunderbare, einigende Kraft inne, indem durch sie
der Eigenwille unterdrückt, Gemeinsinn und Zusammengehörigkeitsgefühl
erweckt und so mancher Gegensatz ausgeglichen wird. Darum hat auch
ein Kreis Hamburger Männer und Frauen, der seit geraumer Zeit zur
Milderung der sozialen Spannungen einen neuen, eigenartigen Weg betreten hat, die Leibesübungen als ein wesentliches Hilfsmittel in seine
soziale Arbeit hineingezogen.

I. Das Volksheim und die Lehrlingsvereine in Hamburg.

Je mehr sich Hamburg zur Großstadt entwickelt hat, desto größer ist naturgemäß der Abstand zwischen der Oberschicht der Besitzenden und Gebildeten und den arbeitenden Klassen, desto seltener und schwieriger sind die Berührung der verschiedenen Bevölkerungsklassen, das gegenseitige Verständnis und das aus ihm entspringende Vertrauen geworden. Diese zunehmende Entfremdung der Arbeiterschaft und der oberen Stände empfanden besonders einige jüngere Vertreter akademischer Berufe, und aus ihrer Mitte ging, unter lebhafter Unterstützung durch einen Hamburger Groß-industriellen, der seine Arbeiterfreundlichkeit und seinen praktischen Blick für soziale Heilmittel bereits fortgesetzt durch nützliche Einrichtungen be-wiesen hatte, der Plan hervor, etwas der Londoner Toynbee-Hall Ähn-liches, eine Niederlassung mitten im Arbeiterviertel, zu schaffen. So erscholl der Ruf: Hinein ins Arbeiterviertel, wer die breite Masse unseres Volkes, den vierten Stand, sein Leben und Wirken, sein Denken und Fühlen kennen und verstehen lernen will! Wie ist aber das Vertrauen des Arbeiters zu diesem für die deutschen Verhältnisse völlig neuen Versuche zu gewinnen? Einmal und vor allem, indem man sein erklärliches Mißtrauen, als ver-folge man in letzter Linie politische oder kirchliche Zwecke, durch grund-sätzlichen Ausschluß aller derartigen Bestrebungen zu beseitigen sucht, und ferner, indem man der Persönlichkeit des Arbeiters und seiner Familienglieder dieselbe Achtung entgegenbringt, die man von ihm vor der eigenen erwartet. Was man veranstaltete, durfte daher nicht den Charakter einer der Arbeiter-schaft erwiesenen Wohltat tragen, sondern hatte zu gelten als eine Ge-legenheit, gegenseitig zu geben und zu empfangen. Auf dieser Grundlage wurde im Frühling 1901 in Hamburg die Gesellschaft „Volksheim" ge-gründet, deren Zweck die Satzung so bezeichnet: „Der Zweck der Gesellschaft ist die Beschaffung von Versammlungs- und Unterhaltungsräumen mit einzelnen anhängenden Wohngelassen inmitten der Arbeiterviertel Hamburgs (Niederlassungen), um zur Herstellung persönlicher Beziehungen und gegen-seitigen Vertrauens reich und arm zusammenzuführen und dadurch den Gebildeten und Wohlhabenden Gelegenheit zu geben, das Arbeiterleben und seine Bedürfnisse durch eigene Anschauung kennen zu lernen und zur Verbesserung beider beizutragen. — — Die Gesellschaft bezweckt nicht die Förderung irgendwelcher religiöser, politischer und sozialpolitischer Parteibestrebungen, noch duldet sie deren planmäßige Vertretung innerhalb ihrer Veranstaltungen."

Als Mittel zur Erreichung dieses Zweckes hat man sofort bei der Gründung ins Auge gefaßt oder allmählich hinzugenommen: regelmäßige Vorträge mit anschließender freier Aussprache, Sonntagsunterhaltungen, Bilderausstellungen, Sonntagsausflüge, Auskunftstellen, Klubs mit besonderem Arbeitsgebiet, Jugendvereine, darunter besonders Lehrlingsvereine. Schon heute darf das „Volksheim" auf vielseitige Erfolge zurücksehen. Weite Kreise der Arbeiter und deren Familien nehmen mehr oder weniger regelmäßig an seinen Veranstaltungen teil, die Betätigung von seiten der höheren Stände zeigt sich in reger Mitarbeit. Ein äußerer, aber für die Güte der Sache sprechender Erfolg ist es, daß das Volksheim bereits zu Anfang dieses Jahres in die glückliche Lage versetzt worden ist, ein eigenes, großes, allen Anforderungen der Volksheimarbeit genügendes Haus einzuweihen und dank den mancherlei Zuwendungen schuldenfrei zu bewirtschaften.

Im Anschlusse an das Volksheim, aber auch unabhängig von ihm, ja teilweise zeitlich vor ihm, sind in Hamburg Lehrlingsvereine nach besonderen, der Volksheimidee verwandten Grundsätzen gebildet worden. Die reinste Liebe zu unseren Hamburger Jungen, die Sorge um das leibliche und geistige Wohl der schulentlassenen, bereits im Erwerbsleben stehenden Jugend des vierten Standes und um ihren Schutz vor den besonders in der Großstadt drohenden Gefahren, ferner das Bestreben, die größere Freiheit, die diesen Jungen durch die auf Jugendschutz gerichtete Gesetzgebung neuerdings geboten ist, für sie auch in zweckmäßiger und förderlicher Weise auszunutzen, endlich vielfach auch der Wunsch, bei manchem nachzuholen, was Schule und Haus ihm während der Jahre der Erziehung nicht hat bieten können, nämlich Gewöhnung an Zucht, Unterordnung und Gemeinsinn, aber auch Freude und Wohlbehagen — diese und andere Gründe haben seit dem Jahre 1895 zur Gründung von Lehrlingsvereinen geführt, zu denen im letzten Jahre auch Gesellen- oder Gehilfenvereine und Mädchenbünde gekommen sind, und an die sich in natürlicher Entwickelungsfolge mit dem Heranwachsen der Lehrlinge und Gesellen auch Männerbünde anschließen sollen. Diese Vereinigungen sind von ebenfalls in Hamburg bestehenden, ähnlich aussehenden Vereinen mit religiöser und kirchlicher Tendenz durchaus zu unterscheiden. Auch diejenigen Pastoren, die Leiter solcher Lehrlingsvereine sind, scheiden in dieser Tätigkeit den erbaulichen oder kirchlichen Zweck aus. Das Wohl der Lehrjungen, ihr körperliches, geistiges und sittliches Gedeihen ist allen Leitern oberstes und ausschließliches Ziel, das sie auf die verschiedenste Weise durch belehrende

Vorträge, gemeinsame Lektüre oder Sprachkurse, durch musikalische, gesangliche oder poetische Einzelvorträge, durch gemeinsamen Gesang, besonders
von Volksliedern, und Theateraufführungen, durch Brettspiele, endlich auch
durch Pflege der Leibesübungen, hauptsächlich durch Jugendspiele und Wanderungen, zu erreichen streben.

Durch die Hand eines Jugendfreundes — meist ist es ein Studierter
— und seiner Helfer leise geleitet, bildet der einzelne Lehrlingsverein doch
einen ziemlich selbständig organisierten Verein mit Vorstand, Mitglieder-
versammlungen und Selbstverwaltung, wodurch die Mitglieder nicht nur
Rechte, sondern auch Pflichten erhalten und sich unmerklich zu Pflicht-
erfüllung und Gemeinsinn erziehen. Um die Leiter dieser Lehrlingsvereine,
deren es jetzt in Hamburg 16, darunter 5 dem Volksheim angegliederte,
gibt, in ihrer schweren und aufopferungsvollen Arbeit — fast jeden
Sonntag Nachmittag und Abend widmen sie ihrem Vereine — zu unterstützen, hat sich vor drei Jahren eine „Vereinigung zur Förderung der
schulentlassenen männlichen Jugend" gebildet, die ebenfalls jede kirchliche
und politische Bestrebung satzungsgemäß ausschließt.

So haben bürgerliche Kreise Hamburgs in einer selbständigen, für
deutsche Verhältnisse neuen Weise ein Feld sozialer Arbeit betreten, das
in Preußen durch die staatliche „Zentralstelle für Arbeiterwohlfahrts-
einrichtungen" bebaut wird. Und daß Hamburg auf diesem besonderen
Gebiete der Jugendvereinigungen bahnbrechend und für das übrige Deutschland geradezu vorbildlich vorgegangen ist, wird auch in der von jener
Zentralstelle herausgegebenen Schrift „Jugendklubs, Leitfaden für Begründer und Leiter von Jugendvereinigungen" (Berlin 1903) anerkannt,
in der der Hamburger Pastor Clemens Schultz am ausführlichsten das
Wort erhält, als der Mann, der am tiefsten den Geist erfaßt hat, in
dem solche Jugendvereine zu leiten sind.

Dem Zwecke unseres Jahrbuches entspricht es wohl, wenn nunmehr
näher gezeigt wird, wie Volksheim und Lehrlingsvereine in Hamburg die
körperliche Übung in den Dienst ihrer sozialen Bestrebungen gestellt haben.
Es wird hier über die Ausflüge des Volksheims und über die vielseitige
Pflege der Leibesübungen in den Lehrlingsvereinen zu sprechen sein.

II. Die Sommerausflüge des Volksheims.

Bereits im Laufe des ersten Vereinsjahres tauchte unter den Mit-
arbeitern des Volksheims der Gedanke auf, die Veranstaltung von Sonn-
tagsausflügen während der Sommermonate in den Arbeitsbereich auf-

zunehmen. Erschien es von vornherein lohnend, die Arbeiter und ihre
Familien an einigen Sonntagen aus der dumpfen Luft ihres Stadtviertels
zu einer Körper und Geist erquickenden Wanderung in Gottes freie Natur
hinauszuführen und in ihnen mit dem Gefühle der Erfrischung und des
Wohlbehagens Freude an der Natur und Frohsinn zu erwecken, so ver-
sprach man sich ferner von diesen Ausflügen eine willkommene Gelegenheit,
mit den Arbeiterkreisen in ungezwungenen Verkehr zu treten und persönliche Beziehungen anzuknüpfen. Daß diese Ziele sich durch das gewählte
Mittel vortrefflich erreichen lassen, bestätigen die Erfahrungen und Ergebnisse von nunmehr drei Sommern.

Ein kleiner Ausschuß, dem auch zwei Damen angehören, bestimmt
in jedem Frühjahr die Wegziele für die fünf in den Monaten Mai bis
September stattfindenden Ausflüge. Diese Ziele zu wählen, ist nicht so
einfach. Man darf die Teilnehmer nicht allzusehr mit den in der Großstadt unvermeidlichen Fahrkosten und mit anderen Unkosten belasten; auch
darf man an die Kräfte der teilweise des Wanderns völlig ungewohnten
Arbeiterfamilien, besonders der Frauen, nicht allzuhohe Anforderungen
stellen, so daß 2½—3 wirkliche Wegstunden wohl das höchste ist, was
ihnen billigerweise zugemutet werden kann. Ferner aber will man den
Ausflüglern während eines Sommers etwas Wechselreiches und ein Gesamtbild der Umgebung Hamburgs bieten, so daß sie die vielseitigen und ganz
verschiedenen Reize der weiteren Umgegend (Feld und Wald, Heide und
Moor, Elbe) kennen und genießen lernen.

Da heißt es also vorsichtig und unter Berücksichtigung der verschiedensten
Gesichtspunkte, die für das Gelingen der Ausflüge ausschlaggebend sind,
prüfen und wählen.

Hat der Ausschuß den Plan für den Sommer festgesetzt, dann bestimmt er für jeden Ausflug aus seiner Mitte einen Führer, der dessen
genauere Ausarbeitung und unterwegs die Leitung zu übernehmen hat.
Ihm hat sich alles unterzuordnen.

Nicht allzufrüh — zwischen 9 und 10 Uhr vormittags — sammeln
wir uns zum Ausfluge. Diese späte Morgenstunde zu wählen, hat sich
als notwendig erwiesen, da den Arbeiterfrauen erst Zeit gelassen werden
muß, ihren Haushalt in Ordnung zu bringen. Auf dem Land- oder
Wasserwege enteilen wir der Großstadtluft und beginnen beim Endziele
der Fahrt sofort die Wanderung, um von den schönen Morgenstunden
noch etwas zu genießen. Nach einstündigem Marsche lagern wir uns bei
Mutter Grün. Wie köstlich mundet das mitgenommene Frühstück! Schon

hier entwickelt sich ein frohes Leben, das sich des Tags über noch steigert. Liederbücher sind zur Stelle, und so erschallt manch munteres Lied im hohen Waldesdom oder auf brauner Heide. Ein schwerer Feldstein gibt Gelegenheit zu einem Wettkampf im Steinstoßen unter den Männern; auch die Frauen haben schon mehrfach brunhildenhaft zum Quaderstein gegriffen. Doch lieber beteiligen sie sich an den Kreisspielen, zu denen im Waldesschatten jung und alt sich zusammenfindet. Wie schade! erschallt es dann von manchem Munde, wenn der Führer in den Kreis tritt und zum Aufbruch mahnt. Aber es gilt die Wanderung fortzusetzen, da das Ziel noch fern liegt. Also weiter! Allmählich meldet sich der Durst, und es wird Zeit, den Wirt aufzusuchen, der, auf unser Kommen vorbereitet, an langen Tischen, möglichst im Freien, Kaffee, Butterbrot und Kuchen für uns bereit hat, wovon jeder für einen bestimmt verabredeten Preis nach Herzenslust zulangen kann. Diese größere Mittagsrast mit gemeinsamer einfacher Verpflegung ist erfahrungsgemäß das Praktischste und den Arbeiterfamilien das Liebste. Nach der Rast löst sich die Gesellschaft auf kurze Zeit auf, und jeder geht seinen besonderen Wünschen nach; die einen lagern im Freien, andere besuchen unter kundiger Führung eine in der Nähe befindliche Sehenswürdigkeit, einen schönen Park oder einen Aussichtspunkt, eine landwirtschaftliche Musteranstalt u. ä., noch andere beginnen wieder Bewegungsspiele, bis zur festgesetzten Stunde — es ist inzwischen Nachmittag geworden — alles sich zum Aufbruch sammelt. Wieder nimmt uns der Wald oder die Heide auf; wieder lagern wir; ein gemeinsam gesungenes Lied, mancherlei Einzelvorträge unterhalten und erfreuen uns. Noch ein kurzer Weg bis an das Endziel unserer Wanderung und mit der sinkenden Sonne treten wir die Heimfahrt an, bedauernd, daß der schöne Sonntag so schnell vorüber ist, und doch hocherfreut, daß er so schön sich gestaltet hat. Selbst ein Regenguß, der uns im Freien überrascht hat, hat die frohe Stimmung noch nie zu beeinträchtigen vermocht.

Das ist doch nichts Besonderes! wird mancher Leser denken. Als Ausflug betrachtet gewiß nicht. Aber werfen wir einen Blick auf die Zahl und Zusammensetzung unserer Ausflügler und auf den Geist, der sie vereinigt, da sehen wir etwas Besonderes, geradezu Ungewöhnliches. Die Teilnehmerzahlen schwanken natürlich aus den verschiedensten Gründen, unter denen die Witterung der gewichtigste ist. Aber die Zahlen steigen von Jahr zu Jahr, im vergangenen Sommer betrugen sie

I. Abhandlungen.

	Arbeiter und deren Angehörige:	Mitarbeiter und deren Angehörige:
I.	101	16
II.	92	9
III.	113	11
IV.	101	6
V.[1]	205	15
zusammen	612	57
oder durchschnittlich	122	11.

Den Hauptbestandteil bilden natürlich die Arbeiterfamilien, von denen einige als regelmäßige Teilnehmer einen festen Stamm bilden. Vom ABC-Schützen bis zum Greise im Schmucke der weißen Locken sind alle Altersstufen vertreten. Ist es nicht prächtig, wenn z. B. eine Familie, der 70jährige Großvater und die würdige Großmutter, deren drei verheiratete Kinder mit ihren Ehehälften und Kindern, insgesamt an die zwanzig Personen, am Sammelpunkt ankommen und gemeinsam, Großvater immer voran, mit uns über Berg und Tal, durch Wald und Heide wandern? Kann es schönere „Familientage" geben? An die Familien schließen sich die ledigen Arbeiter an, einzelnstehende Lehrburschen und Gesellen, auch Mädchen, die, im Dienst oder in gewerblicher Stellung, ihren freien Sonntag haben, und alle freuen sich der gemeinsamen herrlichen Wanderungen, die sie, wie häufige Ausrufe besonders der verheirateten Frauen beweisen, von früher her kaum kennen. Zu diesen Vertretern des arbeitenden Standes mit dem von harter Arbeit schweren Gange und den schwieligen Fäusten gesellt sich nun die Familie des begüterten Kaufmannes, des Beamten, des Richters, des Oberlehrers, des Arztes, und diese ganze so bunt zusammengewürfelte Schar fühlt sich in gegenseitiger Achtung und wachsendem Verständnis zusammengehörig und wie eine große Familie. Da spielen der Arbeiter und der Akademiker, der Laufbursche und der Gymnasiast, die Arbeitersfrau und die Frau Doktorin, das Dienstmädchen und die „höhere Tochter" alle zusammen in einem Kreise Drittenabschlagen, und kein Mißton stört die allgemeine Freude, keine Taktlosigkeit mahnt zur Zurückhaltung; das Gefühl der Zusammengehörigkeit und der gute Wille zur Anpassung und Fügsamkeit vereinigt alle. Überall Frohsinn und Heiterkeit, freundliche Blicke und helles Lachen, der Geist der Natürlichkeit, des Gemeinsinnes, reinen Menschentums!

---

1) Dampferfahrt, die immer besonders beliebt ist.

Fürwahr, das ist etwas ganz Besonderes! Wo vereinigen sich sonst Personen von so verschiedenem Stande und Alter, von so entgegengesetzten Lebensanschauungen und -gewohnheiten zu gemeinsamer Wanderung, zu harmloser, echt deutscher Geselligkeit und Fröhlichkeit! So bewähren sich diese Sommerausflüge als wahre Bienenfahrten nach dem Honigtaue des Erdenlebens und dienen mächtig der Volksheimidee.

III. Die Pflege der Leibesübungen in den Lehrlingsvereinen.

Daß der schulentlassenen Jugend, besonders der in der Großstadt lebenden, fortgesetzte körperliche Übung bitter not tut, bedarf an dieser Stelle keiner eingehenden Begründung. Aber während die geistige Weiterbildung der Knaben, die, der Volksschule entwachsen, in die Lehre oder in einen ungelernten Beruf eintreten, von vielen Seiten und auch von den Regierungen ernstlich ins Auge gefaßt wird, wird die gleichberechtigte Forderung, auch für die körperliche Weiterentwickelung der Jugend Sorge zu tragen, meist übersehen, und es ist ein nicht hoch genug anzuschlagendes Verdienst des Münchener Schulrates Dr. Kerschensteiner, auf diese der anderen gleichwertige Aufgabe nachdrücklich hingewiesen und in München regelmäßige Leibesübungen für die schulentlassene Jugend eingeführt zu haben. Nicht minder dankenswert ist es, daß Professor Dr. R. Koch in Braunschweig in der bereits oben erwähnten Schrift über Jugendklubs das Bewegungsspiel in den Arbeitsbereich der Jugendvereine hineingezogen hat. Auch viele Leiter der Hamburger Lehrlingsvereine haben die dringende Notwendigkeit regelmäßiger körperlicher Übungen für ihre Schützlinge erkannt. So schreibt der eine im letzten Jahresbericht des Volksheims: „Unser 3. Lehrlingsverein beschließt ein schönes Jahr! Wir turnen jetzt zweimal in der Woche und sollten es noch öfter tun, denn für die körperliche Entwickelung unserer Jungen, für den guten Geist und die Disziplin gibt es nichts Besseres als Turnen und Touren. Und für die vielen, die, von Haus aus engbrüstig und schwächlich, in der Kontorarbeit ihr Brot suchen, ist das Turnen die einzige geistige und leibliche Erfrischung, das einzige Mittel gegen Verweichlichung des Charakters und Willens und für die Erweckung von Mut und Freudigkeit."

Auch die oben erwähnte „Vereinigung zur Förderung der schulentlassenen männlichen Jugend" sucht den Vereinen die Pflege der Leibesübungen zu erleichtern, indem sie z. B. für die Beschaffung geeigneter Spielplätze in Hamburg wirkt, größere Ausflüge der Lehrlinge durch Deckung eines Teils der Fahrkosten erleichtert u. ä. m.

Freilich darf nicht verkannt werden und macht sich auch in den Hamburger Lehrlingsvereinen geltend, wie schwierig die Einrichtung und Durchführung eines geregelten Turnbetriebes ist. Da die Oberschulbehörde die Volksschulturnhallen gegen eine Entschädigung, die allerdings in Anbetracht des gemeinnützigen Zweckes fortfallen sollte, zur Verfügung stellt, so ist die Ortsfrage leichter geregelt, als die Frage der geeigneten Leitung. Hier vermag der beste Wille nichts, wenn ein gewisser Grad turnerischer Ausbildung und die praktische Erfahrung fehlt. Darum kommen manche Lehrlingsvereine vorläufig noch nicht darüber hinaus, auf ihren Sonntagsversammlungen in den Turnhallen ihre Mitglieder ½ bis 1 Stunde nach freier Kür turnen und spielen zu lassen, womit naturgemäß nicht viel gewonnen wird, und wobei vor allem die sittlich bildenden Wirkungen der Leibesübungen ausbleiben. In diesem und jenem Lehrlingsvereine besteht wohl auch ein Schwimm- oder Fußballklub, und es gibt keinen, der nicht mindestens einen Sonntagsausflug im Laufe eines Sommers machte; einige pflegen diese Wanderungen allmonatlich. Aber einen geregelten und vielseitigen Turnbetrieb unter fachmännischer Leitung durchzuführen sind unseres Wissens zunächst nur sechs Lehrlingsvereine, darunter die fünf zum Volksheime gehörigen, imstande, hauptsächlich wohl, weil sich ihnen sachverständige akademische Turner, Volksschullehrer oder Vorturner aus den bürgerlichen Turnvereinen widmen. Diese Vereine haben allwöchentlich außer der der Unterhaltung und Belehrung dienenden Sonntagszusammenkunft ein oder zwei regelmäßige Turnabende unter fachmännischer Leitung mit einem Durchschnittsbesuch von 40 bis 50 Mann. Ferner betreiben sie Sonntags nachmittags regelmäßig Bewegungsspiele im Freien, besonders Barlauf, Faustball, Schlagball und Fußball, wobei einigen freilich die Spielplatzfrage große Schwierigkeiten verursacht. Endlich finden im Sommer regelmäßig allmonatlich, im Winter seltener Ausflüge statt, die, in erklärlichem Gegensatz zu den Volksheimausflügen, den ausgeprägten Charakter von Turnmärschen tragen. Das Bild dieser Ausflüge ist besonders in dem einen Lehrlingsvereine hocherfreulich. Da werden tüchtige Tagesmärsche von 25 bis 40 km zurückgelegt, meist wird im Freien gelagert und aus dem Tornister oder Brotbeutel gelebt, denn viel kosten darf ein solcher Ausflug nicht. Keine Turnfahrt ohne ein an geeigneter Stelle eingefügtes Spiel, sei es Ball- oder Kriegsspiel. Glanzpunkte sind dann eine zweitägige Pfingstturnfahrt oder eine Nachtturnfahrt mit einer kurzen Rast auf dem Strohboden eines Bauernhofes, und eine Schneeturnfahrt im Winter bietet neue, ungeahnte Reize.

Bei solchem Turnbetriebe rötet sich manches bleiche Gesicht, das unter jahrelangem Mangel an Luft und Licht gelitten hat, da zieht Freude in manches Jungen Herz, der seither eine freudlose Jugend verlebt hat, da lernt mancher Freundschaft schließen und Gemeinsinn pflegen, der sonst als widerhaariger Range und unter seinen Gespielen als unverträglicher Störenfried gegolten hat.

Auch in die Gesellen- oder Gehilfenvereine pflanzt sich die Liebe zur Leibesübung fort. Doch hier ist noch fast alles erst im Werden begriffen; wir können nur davon berichten, daß die Wanderlust, die in den Lehrlingen erweckt ist, auch in dem vorgerückteren Alter der Gesellen anhält und sich vielfach betätigt.

So bewährt sich auch in den Hamburger Lehrlingsvereinen das Jahnsche Turnen als die Wünschelrute, deren Schlag die kostbaren Schätze körperlicher und geistiger Gesundheit, fester Willenskraft, straffer Selbstzucht und tätigen Gemeinsinnes hervorzaubert.

Es sei uns zum Schlusse gestattet, aus einem uns freundlich zur Verfügung gestellten Büchlein, in das einer der bewährtesten Leiter eines Lehrlingsvereins seine Beobachtungen und Erfahrungen eingetragen hat, mitzuteilen, zu welchen höchst beachtenswerten Ansichten über die Pflege des Turnens und Spieles in den Lehrlingsvereinen dieser gekommen ist:

„Die körperliche Erziehung unserer Jungen ist unbedingt nötig. Für diese Altersklasse und Art denkt daran bisher in Hamburg niemand außer uns.

Für den Geist der Ordnung und Zucht unter den Jungen gibt es kein besseres Mittel, für den Zusammenhang des Vereins, für den leichten, natürlichen Verkehr mit allen Jungen keinen besseren Ort als Turnplatz, Spiel und Turnfahrt.

Das Turnspiel, Barlauf, Faustball, Schlagball, bedarf häufiger Unterstützung, Leitung, ja einer treuen Hingabe der Leiter. Dann aber hält es die Jugend auch mächtig zusammen.

Fußball und Rudern sollten wir nur als turnerisches Spiel betrachten.

Die Nachahmung des Sports verdirbt dem Jungen den Charakter und führt endlosen Zank und Eifersucht mit sich. Aber jede Übung ist gut, wenn es gelingt, den Sportgeist fernzuhalten.

Dieser sondert Matadore und Siegermannschaften aus, der Turnergeist holt die Neulinge und Schädlinge heran; er ist christlicher darin. Die tüchtigsten aber stellt er als Vorturner und Spielleiter ein in den Dienst der anderen."

5.

Die Leibesübungen an den preußischen Seminaren.[1]

Von Karl Roffow, Turnlehrer am Königl. Wilhelms-Gymnasium zu Berlin.

A. Allgemeines.

Im Königreiche Preußen bestanden zur Zeit der Erhebung der Schulturnstatistit 136 Seminare. (Vgl. Statistisches Jahrbuch der höheren Schulen
und heilpädagogischen Anstalten Deutschlands, Luxemburgs und der Schweiz.
XXIV. Jahrgang. Erste Abteilung S. 159 ff.) Von ihnen waren 10 erst in
der Entwickelung mit einer, bzw. zwei Klassen, 24 unter ihnen waren
vier- oder mehrklassig, die übrigen 102 hatten drei Klassen. In insgesamt 423 Klassen wurden 11646 Seminaristen unterrichtet. Das einzige
Seminar, das den Fragebogen des Berichterstatters nicht beantwortet hat,
ist Heiligenstadt.

Nach der bekannten Allerhöchsten Kabinettsorder, die Wiedereinführung
des Turnens betreffend, vom 6. Juni 1842, erließ der Minister der geistlichen usw. Angelegenheiten, Eichhorn, unter dem 7. Februar 1844 eine
Zirkularverfügung an sämtliche Königl. Provinzialschulkollegien und Regierungen, betreffend die Errichtung von Turnanstalten bei den Gymnasien,
höheren Stadtschulen und Schullehrerseminaren für gymnastische
Übungen. (Vgl. Verordnungen und amtliche Bekanntmachungen, das Turnwesen in Preußen betreffend. Gesammelt von w. Schulrat Prof. Dr. C. Euler
und Prof. Gebh. Eckler. Dritte neubearbeitete Auflage, herausgegeben von
Prof. Gebh. Eckler in Berlin. 1902. R. Gaertners Verlagsbuchhandlung.)
In den älteren Seminaren ist seit dieser Zeit das Turnen in den Lehrplan des Seminars aufgenommen. Vor 1844 ist nur ganz vereinzelt geturnt worden, nämlich nur an sechs Anstalten. Wohl am längsten wird
in Braunsberg geturnt, nämlich seit 1811, wobei der Einfluß des Tugend-
bundes unverkennbar mitgewirkt hat (vgl. Eugen Dombrowski: Die Anfänge
des Turnunterrichts in Braunsberg. Programm 1893 Braunsberg S. 23
bis 43); auch in Bunzlau wird bereits seit 1816 und in Ober-Glogau
seit 1817 geturnt. Brühl hat das Turnen 1823 eingeführt, Pr. Eylau 1835,
und in Köslin „hat sich zwar Bestimmtes nicht mehr aus den Akten feststellen lassen, doch ist es sicher, daß schon vor 1836 an dem dortigen
Seminar geturnt wird". Die anderen älteren Seminare haben über die

---

1) Zusammengestellt nach den Ergebnissen der Schulturnstatistit.

Zeit der Einführung des Turnens teilweiſe nichts mehr ermitteln können, teilweiſe aber auch einfach nichts mitteilen wollen. Erſt nach Erlaß der Zirkularverfügung wurde das Turnen, wenn auch noch lange nicht obli-gatoriſch, an allen Seminaren eingeführt. Für den jetzigen Betrieb des Turnens ſind die unter dem 1. Juli 1901 veröffentlichten Lehrpläne (vgl. Edler a. a. O. S. 85) maßgebend.

B. Turnſtunden.   Dispenſationen.

Nach den eben erwähnten Lehrplänen erhält jede Seminarklaſſe ge-ſondert wöchentlich drei Stunden Turnunterricht. Im allgemeinen iſt dieſe Beſtimmung befolgt. Nur wenige Ausnahmen finden ſich. In Berlin (Stadtſchullehrerſeminar) hat die dritte Klaſſe von April bis Juni drei Stunden, im Juli bis September ſowie im Winter jedoch nur zwei Stunden, Klaſſe I und II haben überhaupt das ganze Jahr hindurch nur zwei Stunden. In Friedeberg hat Klaſſe III drei, Klaſſe II zwei und Klaſſe I eine prak-tiſche und eine theoretiſche Stunde. „Daß hier die Anzahl der Turnſtunden nicht der in den neuen Lehrplänen geforderten entſpricht, hat ſeinen Grund in der ſtarken Beſetzung der Turnhalle und des Turnplatzes und geſchieht mit Genehmigung der vorgeſetzten Behörde." In Hannover (Bildungsanſtalt für jüdiſche Lehrer), Münſter, Kaſſel, Münſtereifel und Köln erhält jeder Schüler wöchentlich nur zwei Turnſtunden, ohne daß für dieſe Abweichungen von der Beſtimmung irgendwelche Gründe angegeben oder erkennbar ſind. Auch Frankenberg begründet ebenſowenig, daß in Klaſſe II nach dem alten Plane nur zwei, in Klaſſe III nach dem neuen Plane drei Stunden ge-geben werden, wie Homberg und Montabaur, daß in den unteren und mittleren Klaſſen je drei, in den Oberklaſſen zwei Stunden erteilt werden, ebenſo Franzburg und Kammin.

Die Seminariſten ſind in der großen Mehrzahl bereits vor ihrem Eintritt ins Seminar, ſei es in Präparandenanſtalten, ſei es in Gym-naſien, Realſchulen oder Volksſchulen, turneriſch vorgebildet. Doch iſt dieſe turneriſche Ausbildung eine ſehr verſchiedene. Abgeſehen davon, daß z. B. in Fulda und Kaſſel etwa 20 % überhaupt nicht geturnt haben, eine Zahl, die von Boppard allerdings noch bedeutend übertroffen wird, da dort nur 20 % ſchon früher geturnt haben — im allgemeinen ſind gerade in der Rheinprovinz die meiſten ſchlecht oder überhaupt nicht turneriſch ausgebildeten Seminariſten —, wird vielfach über ganz mangelhafte Aus-bildung der Neueintretenden geklagt. So beherrſchten z. B. in Mörs 50 bis 60 % der im Berichtsjahre Aufgenommenen die Übungen des amt-

lichen Leitfadens nicht; von 24 Schülern der dritten Klasse konnten 14
den Aufschwung aus dem Hang am Reck nicht ausführen: gute, von turnerischer Übung zeugende Haltung fand sich nur bei einem einzigen vor.
Die Folge ist, daß in den Unterklassen des Seminars in zu ausgedehntem
Maße auf die Übungen des Volksschulturnens zurückgegriffen werden muß,
um eine solide, gleichmäßige Grundlage für den weiteren Betrieb zu erhalten. Mit Recht wünscht daher Kempen, „daß an manchen Präparanden-
schulen das Turnen ausgiebigere Pflege fände, als der Ausfall der Aufnahmeprüfung in der turnerischen Fertigkeit erkennen läßt". Auch Mörs
hält es „für durchaus wünschenswert und zur Erzielung weitergehender
Erfolge des Seminarturnunterrichts für unbedingt erforderlich, daß die
Präparanden mehr und gleichmäßiger aus- und vorgebildet werden". Auch
aus den anderen Provinzen hören wir diese Klagen über mangelhafte
Ausbildung der neu eintretenden Seminaristen in turnerischer Beziehung.
Es sei nur noch Warendorf angeführt: „Soll das Seminarturnen Fortschritte machen, so muß die Vorbildung im Turnen der Präparandenanstalten eine intensivere und gleichmäßigere werden. Bei der Aufnahmeprüfung muß das Turnen mitzählen. Im allgemeinen sind die Leistungen
bei der Aufnahmeprüfung so minderwertig, daß ein erfolgreicher Unterricht nur dann möglich ist, wenn der amtliche Leitfaden noch einmal ganz
von vorn gründlich durchgearbeitet wird. Es bleibt dann allerdings für
das Material außerhalb des amtlichen Turnleitfadens nicht viel Zeit
übrig, wobei zu bemerken ist, daß auf der Mittel- und Oberstufe stets
ein Viertel der Schüler fehlt, weil sie in der Übungsschule beschäftigt
sind."

Da die Seminaristen vor ihrem Eintritt ins Seminar vom Anstalts-
arzte auf ihre körperliche Gesundheit hin untersucht werden und völlig
gesund sein müssen, so ist es natürlich, daß die Befreiung vom obligatorischen
Turnunterricht im allgemeinen sehr gering ist und sich auf körperliche Ge-
brechen, wie Anlage zum Bruch, Arm- und Beinverletzungen beschränkt;
nur selten werden allgemeine Körper- und Nervenschwäche, Herz- oder
Lungenfehler und andere Krankheiten, die entschieden einem zukünftigen
Lehrer in seinem körperlich und geistig anstrengenden Berufe nicht von
Vorteil sein dürften und von einer Aufnahme ins Seminar ausschließen
sollten, als Befreiungsgründe angegeben. Abgesehen von kürzeren, vorüber-
gehenden Befreiungen nach Krankheiten oder von einzelnen Übungen, können
sich 80 Seminare rühmen 0 % Dispensierter zu haben, bei weiteren 47 Seminaren schwankt die Zahl zwischen 1 und 4,9 %; 5 % und darüber haben

nur 8 Anstalten, nämlich Pyritz, Neuzelle, Kreuzburg mit 5 %, Northeim und Homberg mit 6 %, Paradies mit 6½ %, Drossen mit 8 % und Hohenstein sogar mit 10 %. Im übrigen vgl. betr. Turnstunden, Dispensationen und allgemeine Tabelle I.

Tabelle I.

	Zahl der Seminare	In der Entwicklung 1.- bzw. 2.Kl.	Dreiklassig	Mehrklassig	Gesamtzahl der Klassen	Gesamtzahl der Schüler	Es sind dispensiert an Anstalten			An wieviel Seminaren ist vor 1841 geturnt?	Bemerkungen
							0 %	zwischen 1 u. 4,9 %	5 % und mehr		
Ostpreußen	11	2	9	0	31	964	1	9	1	2	Braunsberg turnt seit 1811, Pr. Eylau seit 1835, Hohenstein hat 10 % Dispensierte.
Westpreußen . . .	8	1	7	0	23	619	8	0	0	0	
Pommern	8	1	5	2	24	688	0	7	1	1	Köslin turnt sicher schon vor 1836, Pyritz hat 5 % Dispensierte.
Brandenburg . . .	12	0	9	3	40	1 100	5	5	2	0	Neuzelle hat 5 %, Drossen 8 % Dispensierte.
Posen	9	3	3	3	29	761	5	3	1	0	Paradies hat 6½ % Dispensierte.
Schlesien	22	1	15	6	73	1 860	14	7	1	2	Bunzlau turnt seit 1816, Ober-Glogau seit 1817, Kreuzburg hat 5 % Dispensierte.
Sachsen	11	0	8	2	32	999	7	3	0	0	Heiligenstadt hat nicht berichtet.
Schleswig-Holstein	6	0	6	0	18	510	5	1	0	0	
Hannover	13	0	10	3	42	1 080	9	3	1	0	Northeim hat 6 % Dispens.
Westfalen	10	0	7	3	33	952	10	0	0	0	
Hessen-Nassau . .	8	1	7	0	23	591	4	3	1	0	Homberg hat 6 % Dispens.
Rheinprovinz . . .	18	1	15	2	55	1 522	12	6	0	1	Brühl turnt seit 1823.
	136	10	101	24	423	11 646	80	47	8	6	

C. Turnlehrer.

Um für einen ordnungsmäßigen Unterricht im Turnen, selbst bei längeren Erkrankungen der Turnlehrer, die nötigen Kräfte zu haben, ist unter dem 22. Februar 1895 folgender Ministerialrunderlaß ergangen: „Es ist in letzter Zeit häufig vorgekommen, daß an den Schullehrer- und Lehrerinnenseminaren der Unterricht in den technischen Fächern, namentlich im Turnen und in der Musik, bei auch nur zeitweiligem Ausfall des betreffenden Fachlehrers, nicht oder doch nicht ordnungsmäßig hat erteilt werden können. Um diesem Übelstande zu begegnen, veranlasse ich das

Königl. Provinzialschulkollegium, künftig in weiterem Umfange als es in den letzten Jahren geschehen ist, jüngere Seminarlehrer und Seminarhilfslehrer für die Teilnahme an einem Kursus in der hiesigen Königl. Turnlehrerbildungsanstalt sowie in dem hiesigen akademischen Institut für Kirchenmusik vorzuschlagen. Betreffs des erstgenannten Kursus gilt das gleiche für Seminarlehrerinnen. Der Minister der geistlichen usw. Angelegenheiten. J. A. Kügler." Unter dem 7. Dezember 1899 folgte dann der folgende Runderlaß: „Dem Königl. Provinzialschulkollegium bringe ich den Runderlaß vom 22. Februar 1895 — U III 465 —, soweit er die Ausbildung jüngerer Seminarlehrer für den Turnunterricht betrifft, in Erinnerung. Auch ist bei der Berufung von Lehrern in den Seminardienst darauf Bedacht zu nehmen, in ausreichendem Maße solche Lehrkräfte zu gewinnen, welche Turnunterricht zu erteilen vermögen." — Dies die amtlichen Bestimmungen. Und wie sieht es nun mit der Ausführung dieser Bestimmungen aus? An den 136 Seminaren erteilen 200 Lehrer Turnunterricht, von denen nur 104, also gerade die Hälfte, einen besonderen Kursus zur Ausbildung von Turnlehrern durchgemacht und eine eigene Turnlehrerprüfung abgelegt haben, und zwar 86 in Berlin und 18 in Bonn, Königsberg, Halle oder Breslau. Bei der anderen Hälfte beschränkt sich ihre Vorbildung für den Turnunterricht in der Hauptsache auf ihren während der Seminarzeit erhaltenen Turnunterricht von wöchentlich zwei Stunden. Trotzdem der dem Abgangszeugnisse beigefügte Vermerk ausdrücklich dem Inhaber nur die Befähigung für Erteilung des Turnunterrichts an Volksschulen zuspricht, werden hier an den Seminaren ohne weitere Ausbildung im Turnen diese Lehrer zum Unterricht im Turnen herangezogen! Einige wenige Seminare sehen auch in der militärischen Ausbildung eine gute Schulung für den Seminarturnunterricht: sonst könnten sie nicht noch ausdrücklich hervorheben: „keine besondere Ausbildung; jedoch hat er als Soldat geturnt und ist noch Reserveoffizier." Unter diesen Verhältnissen ist es natürlich, daß auch in den Seminarkreisen immer mehr der Wunsch nach Fachturnlehrern laut wird. Einige wenige Stimmen dafür mögen genügen. „Der Turnunterricht an Seminaren muß auf solche Personen übertragen werden, welche für diesen Zweck besonders ausgebildet sind. Die Seminardirektoren sind anzuweisen, dahingehende Wünsche und Anträge jüngerer Lehrpersonen nicht zu unterdrücken, sondern mit allem Nachdruck zu vertreten" (Osterode). „Wünschenswert ist, daß nur die Seminarlehrer den Turnunterricht erteilen dürfen, die durch einen Turnkursus ihre Ausbildung erhalten haben" (Ziegenhals). „Die Zahl der geprüften Turnlehrer reicht nicht aus. Es wäre aber zu wünschen, daß nur solche zur Erteilung des Turnunterrichts herangezogen werden dürften. Während andere Zeugnisse über technische Fort- und Ausbildung hoch bewertet werden, hat das Turnlehrerzeugnis für den Seminarlehrer nichts zu bedeuten" (Peiskretscham). Unter den Wünschen und Vorschlägen zur weiteren Förderung des Seminarturnens kehrt immer wieder der Wunsch nach Fachturnlehrern, doch fügt Bromberg (Kath. Seminar) gleich resigniert dazu: „bei dem Mangel an Seminarlehrern überhaupt aber (ich spreche hier von dem Osten der Monarchie) wird es wohl noch eine geraume Zeit dauern, bis dieser gewiß berechtigte Wunsch erfüllt werden wird." Sehr eingehend bespricht auch Bromberg (Ev. Seminar) die Turnlehrerfrage: „Es müßte entsprechend den Musiklehrern auch bei den Turnlehrern von der Ablegung des Mittelschul- und Rektoratsexamens abgesehen werden, um auf diese Weise tüchtige Kräfte, denen es infolge Beschäftigung mit vielem Turnunterricht nicht möglich war, diese Examina abzulegen, für den Seminardienst zu gewinnen. Dann erst wird es mit dem Turnen in der Volksschule besser werden, wenn für die Turnsache begeisterte und vorgebildete Turnlehrer den Seminaristen und künftigen Lehrern selbst Begeisterung und Liebe für das Turnen neben möglichst weitgehender, praktischer und theoretischer Durchbildung mitgeben." Diese wenigen Auszüge mögen genügen, um zu zeigen, wie fühlbar sich bereits der Mangel an ausgebildeten Turnlehrern unter den Seminarlehrern gemacht hat und wie dringend notwendig die Anstellung von eigenen Fachturnlehrern ist. Da zumeist mit den Seminaren Übungsschulen und häufig auch Präparandenanstalten verbunden sind, fällt es auch gar nicht schwer, einem Fachturnlehrer die nötige Stundenzahl zuzuweisen: drei Seminarklassen mit je drei Stunden, ebenso drei Präparandenklassen ergeben schon 18 Stunden, dazu kämen je nach Größe der Übungsschule vier bis sechs Stunden Unterricht in dieser Schule hinzu; außerdem ließe sich dann außer den drei Stunden praktischen Turnens noch die theoretische Ausbildung der Seminaristen auf zwei Stunden wöchentlich erhöhen, je eine für die Ober- und Mittelklasse.

Solange der Turnunterricht noch nicht überall in den Händen von Fachturnlehrern oder wenigstens geprüften Turnlehrern liegt, empfiehlt es sich, den Vorschlag von Zeitz zu befolgen: „Seminarlehrern, die im Turnen unterrichten, ohne als Teilnehmer eines staatlichen Turnkursus besonders für dieses Fach qualifiziert zu sein, dürfte als wenigstens teilweiser Ersatz genannter Ausbildung die gelegentliche Einsicht in einen turnerischen

Musterbetrieb (ev. während der Ferien) förderlich und erwünscht erscheinen."

Die Lehrer, die den Turnunterricht erteilen, gehören fast ausnahmslos zum Kollegium des betreffenden Seminars, sei es als Hilfslehrer, als
Seminarlehrer oder Seminaroberlehrer. Nur acht Lehrer gehören anderen
Kollegien an. In Berlin (Stadtschullehrerseminar) erteilt der Oberlehrer
der Turnlehrerbildungsanstalt die Turnstunden als Teil seiner Pflichtstunden;
in Bromberg gehören zwei Lehrer zum Kollegium der Volks- bzw. Bürgerschule, in Hannover (Isr. Seminar), Osnabrück (Kath. Seminar), Münster,
Kassel und Berlin (Isr. Seminar) erteilen städtische Turnlehrer nebenamtlich den Turnunterricht. — Da die Lehrer zumeist ihre Turnstunden
als Pflichtstunden zu erteilen haben, so ist über die Bezahlung von Turnstunden usw. wenig zu sagen. In Posen sowie in Münster wird den betreffenden Lehrern von anderen Schulkollegien die Stunde mit 2 M. vergütet; in Hannover (Isr. Seminar) erhält der Turnlehrer für vier Stunden
eine jährliche Remuneration von 300 M. und in Osnabrück für drei Stunden
eine solche von 200 M. Kassel und Berlin (Isr. Seminar) teilen über
die Höhe der Entschädigungen nichts mit.

Tabelle II.

	Wieviel Lehrer erteilen den Turnunterricht?	Davon gehören zum Kollegium des Seminars?	Zum Kollegium anderer Anstalten?	Wieviel Lehrer haben Turnartikulierung abgelegt?	Davon in Berlin?	Wieviel Lehrer erteilen die Stunden als Pflichtstunden?	Wieviel als Interstunden?	Wie hoch ist die Entschädigung?
Ostpreußen	14	14	—	7	4	14	. . .	—
Westpreußen	13	13	—	5	5	13	—	—
Pommern	10	10	—	7	7	10	—	—
Brandenburg	21	19	2	8	8	20	1	?
Posen	12	10	2	7	6	10	2	2 M. pro Stunde.
Schlesien	34	34	—	14	11	34	—	
Sachsen	18	18	—	10	9	18	—	
Schleswig-Holstein .	9	9	--	3	3	9	—	
Hannover	14	12	2	13	13	12	2	300 M. für 4 Stunden, 200 M. für 3 Stunden.
Westfalen	14	13	1	9	8	13	1	2 M. pro Stunde.
Hessen-Nassau	11	10	1	4	4	10	1	?
Rheinprovinz	30	30	—	17	8	30	—	--
	200	192	8	101	86	193	7	

D. Turnhallen.

In dem Ministerialrunderlaß vom 8. März 1879 betr. bauliche Einrichtung der Turnhallen bei höheren Unterrichtsanstalten und bei Seminaren heißt es:

„I. c. bei Seminaren ist auf eine Kombination mehrerer Klassen nicht zu rücksichtigen, sondern der Turnhalle nur ein solcher Raum zu geben, daß sie für eine Klasse ausreicht.

II. Nach diesen Grundsätzen soll den Turnhallen

a) bei den Schullehrerseminaren eine Länge von 20 und eine Breite von 10 m gegeben werden.

III. An Nebenbauten ist, abgesehen von den etwa erforderlichen Abortsanlagen, nur ein Vorbau mit Windfang, zu dessen Seiten ein Abtretezimmer für den Lehrer und ein Gerätezimmer eingerichtet werden können, zulässig.

IV. Im übrigen sind die Turnhallen in einfachster Weise ohne architektonischen Schmuck und unter tunlichster Beschränkung der Höhe herzustellen.

Die Königl. Provinzialschulkollegien usw. veranlasse ich hiernach künftig zu verfahren."

Betreffs der Beschaffung bedeckter Lokale für den Turnunterricht kommt ferner noch in Betracht ein Ministerialrunderlaß vom 4. April 1865. „Der Fortgang des Turnens bei der männlichen Jugend wird vielfach durch den Mangel bedeckter Lokale behindert, in welchen die Übungen bei schlechtem Wetter und im Winter abgehalten werden können. Bei sämtlichen seit längerer Zeit neu erbauten Schullehrerseminaren ist hierauf Rücksicht genommen, und sind zweckmäßige Turnsäle eingerichtet worden. Ein gleiches empfiehlt sich für die anderen höheren Unterrichtsanstalten.

Das Königl. Provinzialschulkollegium veranlasse ich, bei Neubauten solcher Anstalten oder bei Reparaturbauten, die hierzu Gelegenheit bieten, hierauf Rücksicht zu nehmen und die Einrichtung eines zweckmäßigen Turnsaales als zu erfüllende Forderung zu stellen."

Wie sieht es nun mit der Ausführung und Durchführung der in diesen beiden Erlassen ausgesprochenen Forderungen aus? Zunächst ist zu bemerken, daß die Mehrzahl der Seminare ihnen nachkommt. 106 Seminare unter 135 haben eigene Turnhallen zur Verfügung; freilich uneingeschränkt

stehen sie nur 31 Seminaren zur Benutzung frei, sei es daß die Präparandenanstalten und die Übungsschulen, sei es daß andere Schulen des
Ortes sie mitbenutzen. Im allgemeinen sind die Seminarturnhallen nicht
zu stark mit Turnabteilungen belegt: die Belegung mit 40 wöchentlichen
Turnstunden kommt kaum vor, so daß Überlastung der Seminarturnhallen
mit Stunden vermieden ist. — 30 Seminare dagegen sind ohne eigene
Hallen. Von ihnen sind 16 auf Gymnasial- bzw. Pro- oder Realgymnasial-
Turnhallen und 12 auf Volksschul- bzw. städtische Turnhallen angewiesen;
zwei Seminare haben keine Turnhalle finden können: Frankenberg (Hessen-
Nassau), 1901 gegründet, hat einen Gasthaussaal für 30 M. gemietet,
der zwar wenig Geräte (1 Reck, 1 Barren und 1 Pferd), dafür aber
viel Staub hat. Ebenso muß Odenkirchen in einem für 140 M. gemieteten Saal, über dessen Einrichtung und Zweckmäßigkeit für den Turnunterricht nichts mitgeteilt wird, turnen. Wie hoch die Entschädigung
für Benutzung der Gymnasial- u. a. Hallen ist, wird nur selten mitgeteilt:
so zahlt z. B. Osnabrück 75 M. pro Stunde, Deutsch Krone 100 M.,
Anklam 125 M. und Braunsberg 160 M. Naturgemäß wird, solange
die Schulen noch in fremden Turnhallen untergebracht sind und noch nicht
über eigene Turnräume verfügen, der Turnunterricht sehr erschwert und
kann nicht in der Weise und dem Umfang getrieben werden, wie es für
das Seminarturnen wünschenswert ist. Es ist deshalb der Wunsch von
Schneidemühl auch für die anderen in gleicher Lage und Verdammnis
sich befindenden Seminare berechtigt: „Es ist für geräumige, aufs
beste ausgestattete Turnhallen Sorge zu tragen", ein Wunsch,
der mehr oder minder eingehend begründet von vielen Seminaren ausgesprochen wird, dem aber Pölitz gleich resigniert die Worte zufügt: „aber
woher die Mittel nehmen bei der bekannten traurigen Finanzlage des
Staates?"

    „Ein besonderer Wert wird darauf zu legen sein, daß sich in nächster
Nähe des Schullokals ein Turnplatz resp. eine Turnhalle befindet, damit
in den üblichen Pausen des Schulunterrichts oder in dafür zu gewinnenden
größeren Zeitabschnitten klassen- und abteilungsweise wenigstens Frei-
und Ordnungsübungen angestellt werden können, in welchem Falle die
größeren, entlegeneren Turnplätze vielleicht seltener zu ausgedehnteren Ge-
samtübungen und Spielen benutzt werden können." Diesen, in einer Zirkularverfügung vom 10. September 1860 enthaltenen Weisungen entsprechend,
liegen die von den Seminaren benutzten Turnhallen, soweit es sich um
eigene Turnhallen handelt, auf dem Seminargrundstück oder, soweit andere

Turnhallen in Betracht kommen, in der Nähe der Seminare. Entfernungen der Halle und Schule von 15 Minuten, wie in Anklam oder gar in Wetzlar von 20 Minuten, sind Ausnahmefälle.

Auch in bezug auf Größe kommen die meisten Turnhallen den amt-lichen Forderungen nach. 76 Turnhallen weisen das vorgeschriebene Mindestmaß von 20 m Länge und 10 m Breite auf; unter ihnen sind 30, die diese Maße zum Teil weit übertreffen. Nur 57 Turnhallen bleiben, zum Teil nur geringfügig, hinter den Forderungen zurück: die kleinsten Turnhallen dürften wohl Exin mit 109 qm und Münsterberg mit nur 96 qm haben. Leider hat sich die Mehrzahl der Seminare zu sehr an die Bestimmung betr. der Höhe gehalten. So kommt es, daß wir bei den meisten Hallen die Höhe auf 5 bis 6 m beschränkt sehen, in Genthin sogar auf 4,50 m Höhe; geräumige und luftige Hallen von 8 m Höhe und darüber, in denen der Turnunterricht hygienisch ganz anders wirken kann als in den niedrigen Hallen, sind äußerst selten; über 10 m Höhe hat keine Halle aufzuweisen. Auch in bezug auf architektonische Ausstattung haben sich die Seminare zu eng an die Vorschriften angeschlossen: Reichenbach ist das einzige Seminar, das von Ver-schönerung der Wände durch Sinnsprüche, Wappen, Bilder und Büsten berichtet.

Die innere Ausstattung der Hallen mit Geräten sowie der Zustand von Halle und Geräten ist, von Ausnahmen abgesehen, ein guter. So-wohl an Art wie an Zahl sind die Geräte in den Hallen vollkommen ausreichend: nur das Fehlen von Keulen, die namentlich für die oberen Klassen der Seminare Verwendung finden sollten, wird oft als Übelstand empfunden. In Neuzelle fehlen ferner Eisenstäbe, in Kreuzburg und Usingen wagerechte Leiter, in Usingen außerdem Ringe und in Warendorf der Rundlauf; dagegen hat Delitzsch unter seinen Geräten sogar den Arm- und Bruststärker. Die meisten Hallen sind für ein Gemeinturnen in der Weise genügend eingerichtet, daß die Geräte zwei-, drei- auch vierfach vorhanden sind; in den Seminaren, denen die Geräte nur einfach oder in so verschiedener Größe zur Verfügung stehen, daß an ein Gemeinturnen nicht gedacht werden kann, ist Riegenturnen eingeführt. Viele Geräte sind allerdings veraltet und bedürfen dringend der Erneuerung und Aus-besserung: so in Braunsberg, Hohenstein, Lyck und Waldau, Marienburg, Anklam, Köslin, Neuzelle, Bromberg (Ev. Seminar), Oels, Pilchowitz, Soest und Wunstorf, sei es an allen Geräten oder nur an einzelnen. Teil-weise wird die Benutzung der Geräte dadurch erschwert, daß sie unpraktisch

angebracht und aufgestellt oder schwer zu verstellen sind.[1]) Musterturn-
hallen, d. h. Hallen, wie sie nicht sein sollen, haben Bromberg, Soest,
Pölitz und Prüm, so daß ihre Beschreibungen und Schilderungen hier
nicht ohne Interesse sein dürften. Bromberg schreibt: „Geräte sind zwar
alle vorhanden, doch in dem denkbar schlechtesten Zustand und völlig veraltet; dabei ist ihre Zahl noch unzureichend. Die Benutzung der Leitern
ist fast mit Lebensgefahr verbunden, die Springbretter sind unbenutzbar,
da sie zum größten Teil in Trümmer gegangen sind u. ä. Die Dielung
sowie die Öfen sind schlecht; Reinlichkeit ist sehr gering, dementsprechend
der Staubvorrat reichlich groß. Beleuchtung und Heizung lassen fast alles
zu wünschen." Nicht viel trostreicher klingt der Bericht von Soest, wo
die Einrichtung des Klettergerüstes und Reckes mangelhaft ist, auch die
Gerätezahl zu wünschen übrig läßt: Kasten, Barren, Kletterstangen, Eisenstäbe und Springstäbe sind zu erneuern bzw. neu anzuschaffen. In Prüm
„ist der Zustand der Halle eine beständige Gefahr für die Gesundheit der
Lehrer und Schüler: die Halle ist feucht, mit schwankendem Tannenboden,
wo es vor Staub ohne Sprengung überhaupt nicht auszuhalten wäre.
Die Heizung ist mangelhaft, die Beleuchtung noch weniger gut. Die Geräte sind teils alt und vorsintflutlich, teils unbrauchbar: das Ganze ist
einfach trostlos." Man kann daher sehr wohl den Wunsch verstehen: „es
mögen überall nur solche Turnhallen erbaut und benutzt werden, daß
Turnlehrer und Schüler an ihrem Körper keinen Schaden nehmen und
ihre Gesundheit nicht in beständiger Gefahr ist." Würdig schließt sich
diesen drei Hallen Pölitz an. „Die hiesige Turnhalle ist ein Abklatsch von
der alten Militärturnanstalt in Berlin in der Invalidenstraße mit all ihren
Mängeln: also abgesehen von der unzureichenden Größe erreicht die Heizung
höchstens + 4⁰, wenn beide Öfen brennen (es fehlt eben eine gute Decke,
nur die Spatzen auf dem Schieferdach wärmen sich die Füße); auch die
Beleuchtung ist durchaus ungenügend: doch der Baurat erklärt Abhilfe
mit geringen Mitteln für unmöglich. Dazu müssen an Stelle der alten
und veralteten Geräte brauchbare, vollkommene Geräte treten." — Zum
Glück sind es nur diese wenigen Turnhallen mit ungenügenden Einrichtungen,
denen die übrigen gut und befriedigend eingerichteten Hallen gegenüberstehen. Eine ganze Reihe von Seminaren kann sich rühmen, tadellos eingerichtete Hallen zu haben. 19 Turnhallen mit mangelhafter oder schlechter
Einrichtung stehen 12 Hallen gegenüber, die ihre Einrichtung als tadellos

---

1) Nämlich in Bütow, Neu-Ruppin, Ober-Glogau, Habelschwerdt, Warendorf und Wunstorf.

und ſehr gut, ſowie 102 Hallen, die ſie mit gut und befriedigend bezeichnen können.

Der ärgſte Feind der Lehrer wie der Schüler in der Turnhalle iſt
der Staub. 34 Seminare haben darüber Klage zu führen, daß der Staub
in den Hallen den Unterricht bedeutend erſchwert und dem Turnen ſeinen
hygieniſchen Nutzen völlig raubt. Die übrigen Anſtalten ſind dem Staub
mehr oder minder energiſch zu Leibe gerückt. In erſter Linie iſt naturgemäß dabei auf eine gute, gründliche, regelmäßige Reinigung geachtet
worden, ſei es durch einfaches, wiederholtes Kehren nach vorhergegangenem
Sprengen, ſei es durch feuchtes Aufwiſchen oder Fegen mit Sägeſpänen
u. dgl., wie es vorgeſchrieben iſt durch verſchiedene Verfügungen: z. B.
vom 25. November 1890: „Die Dielenböden der Turnhallen ſind wöchentlich mindeſtens einmal gründlich zu ſcheuern und täglich, d. h. nach
jedem Gebrauch, mit naſſen Sägeſpänen uſw. gründlich auszukehren, wofür auch naſſes Aufziehen angeordnet werden kann. Bei allen dieſen
Reinigungen iſt der Staub von den Wänden abzukehren und von den Geräten uſw. mit naſſen Tüchern, von den Außenteilen eiſerner Öfen mit
trockenem Tuche abzunehmen. Alle 14 Tage werden die Fenſter geputzt.
Die Fußböden ſind womöglich jährlich, jedenfalls ein um das andere Jahr
mit einem guten Firnisölanſtrich zu verſehen.“ Ähnlich ſpricht ſich auch
ein Erlaß vom 22. Oktober 1898 über die Reinigung aus. Durch ge-
wiſſenhafte Befolgung dieſer Vorſchriften iſt denn auch, wie oben angegeben,
in der Mehrzahl der Hallen der Staub auf ein erträgliches Maß beſchränkt.
Als ein ſehr gutes Mittel gegen die Staubbildung empfiehlt ſich den Fußboden mit Linoleumbelag zu verſehen, wie es von einigen wenigen Seminaren geſchehen iſt, ſowie den Seminariſten den Turnſchuhzwang aufzuerlegen. — Außer der gewiſſenhaften Reinigung hat namentlich die
Anwendung des Stauböls viel zur Beſeitigung des Staubes beigetragen.
Faſt alle Seminare, die die verſchiedenen Arten Stauböl gebrauchen, haben
jetzt faſt ſtaubfrei zu nennende Turnhallen, nur Neu-Ruppin hat keinen
ganzen Erfolg mit dem Gebrauch des Stauböls erzielt. — Im allgemeinen
werden nur die Vorzüge des Ölanſtrichs hervorgehoben; von den damit
verbundenen Mängeln haben nur wenige etwas geſpürt. In Kreuzburg
macht ſich die Glätte unangenehm bemerkbar, ſowie der Schmutz, der den
Geräten, Kleidungsſtücken und Fingern leicht anhaftet. Über ſtarke Glätte
haben nur noch Dramburg, Oſterburg, Schlüchtern, Wongrowitz und Stade
geklagt; doch hilft Wongrowitz ſich durch Gummiplatten, die unter den
Geräten angebracht werden, und Stade durch Unterlegen von Matratzen;

Hilchenbach will das Ölen einführen, aber für den Anlauf Laufbahnen frei laſſen. Über den mit dem Ölen verbundenen Schmutz führt außer Kreuzburg keine Schule Klage. Im allgemeinen hat alſo das Ölen des Fußbodens, ohne irgend große Übelſtände mit ſich zu bringen, den gewünſchten Erfolg vollauf gehabt.

Da die Hallen in der Hauptſache nur des Tages über benutzt werden, ſo hat es nicht zu viel zu bedeuten, daß 43 Seminare nur eine mangelhafte oder gar keine Beleuchtung haben. Außerordentlich viele Schulen ſind auf Petroleumbeleuchtung angewieſen; elektriſche Beleuchtung haben Liegnitz, Wunſtorf, Osnabrück, Montabaur und Elten; zumeiſt iſt Gas- bzw. Gasglühlicht vorherrſchend. Es iſt freilich zu bedauern, daß eine verhältnismäßig ſo große Zahl von Schulen ohne Beleuchtung iſt, da dadurch eine Benutzung der Hallen durch die Vereine ſowie eine ausgiebige Pflege des Kürturnens in den Abendſtunden durch die Seminariſten ausgeſchloſſen iſt.

Tabelle III.

	Wieviel Seminare haben eine eigene Turnhalle?	Völlig umeingräntt?	Wieviel Seminare benutzen Gymnaſial-	oder ſtädtiſche Turnhallen?	Wieviel Seminare ſonſtige Säle?	In wieviel Seminaren iſt der Flächenraum unter 200 qm?	In wieviel 200 qm?	In wieviel über 200 qm?	Wieviel Hallen ſind mangelhaft eingerichtet?	Wieviel gut und befriedigend?	Wieviel ſehr gut und vorzüglich?	Wieviel Hallen klagen über Staub?	Mangelhafte Beleuchtung?	Schlechte Heizung?
Oſtpreußen	8	3	2	1	—	4	4	3	4	7	0	3	3	2
Weſtpreußen	6	2	1	2	—	4	3	1	1	6	0	3	2	0
Pommern	7	1	0	1	—	7	0	1	3	5	0	5	5	1
Brandenburg	10	2	1	1	—	4	6	2	1	11	0	2	5	3
Poſen	5	1	3	1	—	8	1	0	1	8	0	3	4	2
Schleſien	19	6	1	2	—	9	6	7	2	14	5	3	6	2
Sachſen	8	4	2	0	—	3	4	3	0	10	0	3	5	1
Schleswig-Holſtein .	5	2	1	0	—	2	3	1	0	6	0	2	1	0
Hannover	9	1	3	1	—	3	5	5	1	10	2	1	2	3
Weſtfalen	9	1	0	1	—	2	6	2	2	7	1	2	3	1
Heſſen-Naſſau . . .	6	3	0	1	1	5	1	3	2	6	0	1	2	4
Rheinprovinz	14	5	2	1	1	8	7	2	2	12	4	6	5	2
	106	31	16	12	2	57	46	30	19	102	12	31	43	21

Betreffs der Heizung beſtimmt ein Rundſchreiben vom 25. Oktober 1898: „Was die in der Eingabe zugleich angeregte Frage über das zutreffende Maß der Heizung von Turnhallen im allgemeinen anlangt, ſo bemerke ich, daß nach den Ergebniſſen der Erfahrung und nach der übereinſtimmenden

Ansicht maßgebender Sachleute eine Lufttemperatur von 12^0-15^0 C für geheizte Turnhallen als die geeignetste anzusehen ist, und daß die untere Grenze von 12^0 auch bei strenger Winterkälte erreicht werden soll. Hierbei handelt es sich, wie ich mit Rücksicht auf einen bekannten Einwand hinzufüge, weniger um die Körperwärme der Turnenden, die auch bei niedriger Lufttemperatur die gewöhnliche Höhe noch übersteigen kann, als um die Beschaffenheit der von Lehrenden und Schülern einzuatmenden Luft." Diesen klar ausgesprochenen Anforderungen können jedoch 21 Seminare nicht nachkommen; in Neu-Ruppin, Kyritz, Neuzelle, Erin, Osterburg, Münsterberg u. a. ist die Halle bei starker Kälte kaum auf 2^0 zu erwärmen, so daß der Unterricht im Winter häufig ausfallen muß. — Die Gründe liegen zumeist in einer unpraktischen Dachkonstruktion, teilweise auch an veralteten Heizungssystemen, z. B. in Neu-Ruppin, wo drei veraltete Öfen auch mehr zum Zierat als zur Erwärmung der Halle dienen, oder in Neuzelle, wo die Halle durch Kachelöfen und Holzheizung die nötige Wärme erhalten soll.

E. Turnplätze.

In dem Ministerialerlaß vom 18. März 1885 sind die Maße über die Größe der Turn- und Spielplätze folgendermaßen angegeben: „Wenn ferner die Königl. Regierung eine Auskunft darüber wünscht, wieviel Quadratfläche bei Anlegung neuer Turnplätze auf dem Lande pro Kind in Anspruch zu nehmen ist: a) wenn der genannte Platz nur als Turnplatz, b) wenn er zugleich als Turn- und Spielplatz benutzt werden soll, so bemerke ich, daß auch hier die Forderungen nach den konkreten Verhältnissen gestellt werden müssen. Wo diese keine Hindernisse bieten, wird der Turnplatz, wenn sämtliche Geräte, die für den Unterricht in der Volksschule vorgesehen sind, aufgestellt werden, für 40 Schüler auf 400 qm zu bemessen sein. Soll aber der Turnplatz zugleich als Spielplatz dienen, so wird eine größere Anlage erfordert (1500 qm)."

Diesen, allerdings für die Volksschule bestimmten Forderungen kommen die meisten Seminare nach. 115 Seminare haben ihre eigenen Turnplätze bzw. ihre mit Geräten mehr oder minder reichlich versehenen Schulhöfe bei den Anstalten; 16 Seminare sind auf die Benutzung von Gymnasial-, Volksschul- oder städtischen Turnplätzen angewiesen und nur 4 Seminare sind ohne jeden Turnplatz und nur auf Hallenturnen beschränkt: Langfuhr-Danzig, wo jedoch der Zustand nur ein provisorischer ist, Bromberg (Kath. Seminar), Liegnitz, das jedoch einen etwa 10 Morgen großen Spielplatz

zur Verfügung hat, und Rüthen, das den Spielplatz der Übungsschule
benutzt. — Die von den oben erwähnten 16 Seminaren benutzten Gymna-
sial- usw. Turnplätze liegen im allgemeinen in der Nähe der betreffenden
Seminare, die größten Entfernungen dürften wohl Hannover (Isr. Seminar),
sowie Osnabrück (Kath. Seminar) mit 10 Minuten, Anklam mit 18 Minuten
und Wetzlar sogar mit 20 Minuten haben.

Die Größe der Plätze bleibt nur einmal unter der Minimalforderung
von 400 qm: Proskau hat es nur auf 380 qm gebracht; unter 1500 qm
bleiben allerdings 52 Seminare, während 68 Seminare diese Grenze weit
überschreiten; die übrigen haben über ihre Turnplatzgröße keine Angaben
gemacht. — Unter den 68 Seminaren mit Turnplätzen über 1500 qm
sind 24, die über Plätze von 3000 qm und mehr verfügen, also, was
die Größe anlangt, für alles Spielen und Turnen ausreichen. Die größten
Turnplätze haben Cornelimünster (ohne Geräte) 5000 qm, Prüm 5400 qm
(aber sonst wenig brauchbar), Tuchel 5625 qm, Paradies 5885 qm (aber
ohne alle Geräte), Wetzlar 6000 qm (dem Gymnasium gehörig), Münsterberg 9600 qm, Hohenstein 10400 qm und Elten 11250 qm.

Die Einrichtung der Plätze mit Geräten genügt im allgemeinen den
berechtigten Anforderungen für das Seminarturnen. Freilich sind 13 Plätze
ohne jede Geräteeinrichtung und an 9 Seminaren genügen die Geräte weder
an Zahl noch an Art auch nur den bescheidensten Ansprüchen: Reck, Barren,
Klettergerüst und Springeinrichtungen sollten eigentlich auf jedem Platz
in genügender Zahl vorhanden sein. In Verden, Soest und Odenkirchen
fehlen wie in Brieg Klettergeräte und Steigegeräte; Reck und Barren
sind vorhanden. In Hannover ist nur eine dreifache Reckeinrichtung auf
dem Platze. Vielfach macht sich der Mangel an geeigneten Niedersprung-
stellen fühlbar, für die z. B. in Weißenfels, Mühlhausen, Alfeld, Neuwied
und Münstereifel durch Gerberlohe, Sägespäneaufschüttung oder Lockerung
des Erdbodens mustergültig gesorgt ist. Die beweglichen Turngeräte sind
zumeist leicht auf den Platz hinauszuschaffen: in Brieg jedoch ist durch
Magistratsverordnung das Hinausschaffen der Geräte aus der Halle auf
den Hof verboten, obgleich nur ein Reck und ein Barren sich darauf befinden und infolge der ungünstigen Lage auch der Betrieb der Spiele
sehr eingeschränkt ist. Auf einigen wenigen Turnplätzen, die nicht unmittelbar bei Turnhallen liegen, sind kleine Geräteschuppen zum Unter-
bringen der Geräte erbaut. 86 Seminare haben vollkommen genügend
ausgestattete Turnplätze, bei weiteren 25 ist die Geräteeinrichtung sowohl
der Art wie der Zahl nach reichlich zu nennen, da Ringe, Rundlauf,

Schwebebaum oder Gereinrichtung noch zu den notwendigen Red, Barren und Klettergerüſten hinzutreten. — Der Zuſtand der Geräte iſt zumeiſt gut zu nennen: nur in Berent ſind die Geräte aufgebraucht; ebenſo ſind in Anklam die Geräte, die zudem nur in ungenügender Zahl vorhanden ſind, unbrauchbar.

Über die Beſchaffenheit von Turnplätzen ſagt H. Schröer: Das Turnen (Methodik des Volks- und Mittelſchulunterrichts. Sonderausgabe. Leipzig-Berlin 1904, Verlag B. G. Teubner) S. 37: „Auf dem Spiel- und Turnplatz dürfen ſich keine Pflaſter- und Flieſenwege befinden. Gegen Nord- und Oſtwinde muß er möglichſt geſchützt ſein. Für allſeitig guten Abfluß des Regen- und Tauwaſſers iſt Sorge zu tragen. Auf einer Betonſchüttung, die dem Boden zugleich mit der erforderlichen Durchläſſigkeit eine mäßige Feſtigkeit gewährt, befindet ſich eine in der Regel alljährlich zu erneuernde Schicht von reinem und grobkörnigem Kies. Die gründliche und raſche Entwäſſerung der weichen Niederſprungſtelle iſt durch beſondere Abfluß-rinnen uſw. zu bewirken. Eine gute Schlauchſprengung hat für Staub-dämpfung zu ſorgen" (vgl. auch Verfügung vom 25. November 1890. § 6. „Hofraum und Turnplatz ſind täglich zu reinigen, auch bei heißem Wetter während der Schulzeit tunlichſt mit Waſſer zu beſprengen."). Die Mehrzahl dieſer angegebenen Forderungen ſehen wir auf den meiſten Turn-plätzen erfüllt, nur hier und da fehlt es an Einzelheiten. Am ungünſtigſten iſt wohl Prüm mit ſeinem Turnplatz dran. Es iſt ein einfacher Gras-platz ohne Geräte, vom Beſitzer für 90 M. gemietet, an der Nordſeite 3 m höher als an der Südſeite, ſo daß die Bälle rollen und auch das Laufen erſchwert wird; der Platz liegt außerdem 106 m höher als der Ort und iſt den Winden ſtark ausgeſetzt, ſo daß die Gefahr beſteht, daß die Schüler ſich Lungenentzündungen oder dergleichen zuziehen. Über eine abſchüſſige Bodenfläche, in die jeder Regen große Rinnen hereinreißt, haben auch Wittlich und Odenkirchen Klage zu führen. Als Boden finden wir zumeiſt feſten Lehm- oder Sandboden mit mehr oder weniger guter Kiesſchüttung, nur ſelten Grasboden. Bei ungenügender Kiesdecke zeigen ſich vielfach Nachteile: in Pöllz tritt dadurch der reine pommerſche Sand in ſeiner vollſten Herrlichkeit hervor; in Köslin iſt der urſprüngliche Lehm-boden bei Regenwetter aufgeweicht und häufig unbrauchbar. In Aurich treten die Steine des Bauſchuttes, der über den Sandboden aufgeſchüttet iſt, häufig hervor; außerdem iſt der Boden wenig durchläſſig, bei Regenwetter daher ſehr leicht ſumpfig und ſonſt ſehr ſtaubig. Sehr wenig zum Turnen iſt auch der Hof von Northeim geeignet, der ſehr ſteinig iſt, ebenſo der Hof von Berlin (Stadtſchullehrer-Seminar), der teils mit Bäumen bepflanzt,

teils mit Steinen gepflastert]ift; auch in Delitzfch führt ein Weg quer
herüber. Über großen Staub auf dem Platz klagen Gütersloh, Werl, Sagan,
Ziegenhals, Zeitz u. a.; manche find, wie Bromberg (aufgeschüttete Wiefe
mit Auffchüttung ohne Kiesdecke), Frankenberg, Mörs u. a. teils nicht genügend entwäffert, teils bei Regenwetter unbrauchbar. Für Schatten, fei
es durch Bäume an allen oder einigen Seiten des Platzes, fei es durch
benachbarte Häufer, ift in den meiften Turnplätzen geforgt, fo daß Klagen
über zu großes Sonnenlicht nur felten find. — Die Lage der Plätze ift
zumeift gut und praktifch: in Brieg ift fie infofern ungünftig, als an zwei
Seiten des Platzes Promenadenwege entlang führen und an der dritten
Seite eine Gärtnerei liegt, alfo Ballfpiele nur mit größter Vorficht getrieben werden können, und in Zeitz infofern, als der Platz, unmittelbar
an der Chauffee gelegen, den Staub reichlich und gut, aus erfter Quelle,
erhält. — Abgefehen von den angegebenen Einzelheiten hier und da läßt
fich im allgemeinen fagen, daß die Seminarturnplätze, bzw. die
von ihnen benutzten Plätze, allen Anforderungen in Größe,
Lage, Einrichtung, Zuftand und Befchaffenheit, alfo in turn-
technifcher wie in hygienifcher Beziehung entfprechen, und daß die
Hoffnung ausgefprochen werden kann, daß die wenigen vorhandenen
Übelftände im Laufe der nächften Zeit befeitigt werden können.

Tabelle IV.

	Wieviel Seminare befitzen eigene Turnplätze bzw. hofe 3 Turnen?	Wieviel fonftige Turnplätze?	Wieviel find ohne Turnplätze?	Wieviel Turnplätze find unter 400 qm Größe?	Wieviel unter 1500 qm?	Wieviel zwifchen 1500 u. 3000 qm?	Wieviel über 3000 qm?	Wieviel Turnplätze find ohne fefte Gr. Galeeinrichtung?	Wieviel find nur mangelhaft eingerichtet?	Wieviel find gut und ausreichend ausgeftattet?	Wieviel find reichlich mit Geräten verfehen?
Oftpreußen	9	2	—	—	4	5	1	—	—	10	1
Weftpreußen	6	1	1	—	6	1	1	—	1	6	1
Pommern	7	1	—	—	3	2	1	·	1	4	3
Brandenburg	11	1	—	—	2	5	1	1	—	8	3
Pofen	5	3	1	—	1	3	2	1	—	6	1
Schlefien	19	2	1	1	7	7	6	3	1	12	5
Sachfen	10	0	—	—	5	3	2	—	—	8	2
Schleswig-Holftein .	5	1	—	—	5	0	1	1	1	5	—
Hannover	11	2	—	—	5	6	2	—	2	11	·
Weftfalen	9	0	1	·	2	3	3	1	2	3	4
Heffen-Naffau . . .	6	2	—	·	6	2	0	3	—	4	1
Rheinprovinz	17	1	—	—	6	7	4	3	1	9	4
	115	16	4	1	52	44	24	13	9	86	25

F. Turnbetrieb.

Über die Handhabung des Turnbetriebes gibt ein Ministerialerlaß vom 20. Mai 1879 Anweisung: „In dem beiliegenden Berichte vom 31. März d. J. bemerkt der Direktor N., daß er den Turnunterricht so eingerichtet habe, daß beim praktischen Turnen in zwei Stunden wöchentlich je zwei Klassen, das eine Mal I und II, das andere Mal II und III kombiniert werden, dagegen jede Woche einmal Klasse II allein turne, und selbstverständlich Klasse I den theoretischen Unterricht besonders erhalte. Eine solche Maßnahme kann ich, als den allgemeinen Bestimmungen nicht entsprechend, nicht gutheißen. Prinzipiell muß daran festgehalten werden, daß jede Seminarklasse in gesonderten Stunden Turnunterricht erhält, damit jeder einzelnen Klasse auch im Turnen ihr festbegrenztes Pensum zugewiesen werden kann. Wenn der Direktor N. zur Begründung der Kombination der Klassen beim Turnunterrichte am Schlusse seines Berichts darauf hindeutet, daß eine Anzahl von Freiübungen geradezu zu förderlicher Übung eine größere Schülerzahl verlangt, so bemerke ich, daß eine Vereinigung der Klassen in solchen Fällen nicht ausgeschlossen ist; in der Regel aber müssen die einzelnen Klassen gesonderten Turnunterricht erhalten." Auch die neuen Lehrpläne für Präparandenanstalten und Lehrerseminare vom 1. Juli 1901 besagten: „10. Turnen. Jede Seminarklasse erhält unter Zugrundelegung des Leitfadens für die preußischen Volksschulen gesondert wöchentlich je drei Stunden Turnunterricht."

Diesen Bestimmungen entsprechen im allgemeinen auch die tatsächlichen Verhältnisse. An 126 Seminaren erhält jede Klasse gesonderten Turnunterricht; nur an 9 Seminaren kommen Kombinierungen einzelner oder aller Klassen vor: im letzteren Falle sind es nur nichtstaatliche Seminare mit geringer Schülerzahl. In Prenzlau und Zeitz ist Klasse I a mit I b, in Cornelimünster Klasse I und II kombiniert; in Berlin (Isr. Seminar), Hannover (Isr. Seminar), Osnabrück (Kath. Seminar), Münster (Isr. Seminar), Kassel (Isr. Seminar) und Köln (Jüd. Seminar) bilden die sämtlichen Klassen bzw. Jahrgänge der Anstalten zusammen eine einzige Turnabteilung. In Hannover (Isr. Seminar) turnt gleichzeitig mit dem gesamten Seminar auch die gesamte Präparandenanstalt, das Ganze als eine einzige Abteilung, so daß der Wunsch, „Seminar und Präparanda möchten getrennten Turnunterricht erhalten", vollauf berechtigt ist und hoffentlich auch bald erfüllt wird, zumal auch schon ein Ministerialbescheid vom

14. April 1866 ausdrücklich hervorhebt: „Das Turnen der männlichen
Jugend ist ein integrierender Teil des Schulunterrichts, woraus folgt,
daß jede Schule für sich abgesonderten Turnunterricht haben muß, die
Vereinigung mehrerer oder aller Schulen zu gemeinsamem Turnunterricht
aber nicht statthaft ist.“ Die Größe der meisten Klassen beträgt im Durchschnitt 30; unter 20 sinkt die Schülerzahl nur selten herab, erhebt sich
anderseits ebenso selten über 36.

Zur gleichmäßigen Ausbildung aller Schüler derselben Klasse eignet
sich das Gemeinturnen am besten. Die Mehrzahl der Seminare hat daher
diese Form des Turnens gewählt: 80 Seminare erteilen den Turnunterricht in Form von Gemeinübung sowohl bei Frei- und Ordnungs-, wie
bei Geräteübungen. 34 Seminare treiben das Turnen in allen Klassen
stets als Riegenturnen, und schließlich 21 Seminare lassen die Geräte-
übungen teilweise in Riegen, teilweise als Gemeinturnen turnen. —
Pölitz hat, um bei der Ungleichmäßigkeit der turnerischen Vorbildung die
Schwachen schnell zu fördern, jede Klasse nach ihrer turnerischen Fertigkeit eingeteilt: die schwächere Abteilung nimmt der Lehrer vor, die besseren
turnen unter Leitung geeigneter, vorher besonders instruierter Riegen-
führer. Andere Seminare haben in einigen Klassen Riegen-, in anderen
Gemeinturnen. So beginnt in Herdecke das Riegenturnen im zweiten Jahr
nach den großen Ferien. Brieg hat in Klasse III Gemein-, in Klasse II
und I Riegenturnen; einige andere beschränken das Riegenturnen nur auf
die oberste Klasse (Kreuzburg, Lüneburg u. a.) oder nehmen es nur zuweilen vor, „um die Seminaristen damit bekannt zu machen“ (Usingen).
In Montabaur „bilden die Schüler einer Klasse, da alle Seminaristen möglichst gleichmäßig zu fördern sind, bei Frei- usw. Übungen eine Abteilung;
beim Geräteturnen übt die Klasse zu gleicher Zeit an zwei Geräten: jeder
Seminarist wird beim Geräteturnen zum Vorturnen und Kommandieren in
seiner Klasse ausgebildet, die besseren Turner bei schwierigen, die schlechteren
bei leichteren Übungen und Wiederholungen“.

Die Einteilung der Riegen erfolgt zumeist, wie nicht anders zu erwarten ist, nach dem Grade der erlangten Turnfertigkeit. Nur Deutsch
Krone, Dramburg, Neuzelle, Züllz und Barby teilen die Klassen nach der
Größe ein. Die Stärke der einzelnen Riegen ist sehr schwankend: zur
Erhöhung der Fertigkeit, der Turnfreudigkeit und zur Erzielung eines
eifrigeren Turnbetriebes empfiehlt es sich, die Riegen nicht stärker als
8—10 Schüler zu nehmen; doch bevorzugt die Mehrzahl der in Riegen
turnenden Seminare eine Stärke von 12—15, ja in Züllz zählt die Riege

ſogar 20 Turner. Als Dorturner fungieren beim Riegenturnen immer
die beſten Turner der betreffenden Klaſſen; ſie erhalten ihre Anweiſungen
für das Dorturnen in den Turnſtunden 3u Beginn von dem Turnlehrer.
Beſondere Dorturnerſtunden 3ur Ausbildung der Dorturner und 3u eingehenderen Anleitungen ſind nur ſelten eingerichtet: in Neu3elle unterweiſt
der Turnlehrer die Dorturner in wöchentlich einer halben und in Kempen
in wöchentlich einer Stunde.

Die Beſtimmungen vom 1. Juli 1901 enthalten auch die Worte:
„Es iſt auf allen Stufen eine geordnete Turnkür 3u pflegen." Doch nur
29 Seminare wiſſen von dieſem ſo wichtigen 3weige unſeres Schulturnens
in dem Betriebe ihres Turnunterrichts 3u berichten. Mögen auch bei
einigen wenigen Seminaren die mangelhaften Hallen- oder Platzverhält-
niſſe, auch wohl im Winter die fehlende künſtliche Beleuchtung, eine ausgedehnte Pflege des Kürturnens in den Frei3eiten unmöglich machen, ſo
liegt doch kein ſichtbarer Grund vor, warum das Kürturnen auch in den
eigentlichen Turnſtunden ſo ſtiefmütterlich behandelt wird: iſt es doch in
weit höherem Maße als der gewöhnliche Schulturnbetrieb geeignet, Luſt
und Freude am Turnen unter den Schülern 3u erwecken und den Eifer
ſowie die Fertigkeit gan3 bedeutend 3u erhöhen. — Der Umfang des
Kürturnens iſt an den 29 Seminaren, die darüber berichtet haben, freilich
ſehr verſchieden. Einige geben in jeder Stunde 3u Beginn, andere 3um
Schluß 10—15 Minuten 3um Kürturnen frei, wieder einige räumen ihm
wöchentlich eine halbe oder auch gan3e Stunde ein, andere beſchränken
ſich monatlich auf ein einmaliges oder 3weimaliges Küren von einer
Stunde Dauer: Büren verwendet ſogar die Hälfte der geſamten Turn3eit
3um Kürturnen. Beſondere Kürturnſtunden ſind nur an 6 Seminaren
eingerichtet, die in Berlin von ca. 20 %, in Steinau, Nieſty, Bederkeſa
(wo jede Klaſſe eine Kürturnſtunde hat) und Mörs von etwa 50 % und
in Ratzeburg von ca. 60 % beſucht werden. — In den Frei3eiten wird,
wie 28 Schulen hervorheben, von den Seminariſten außerordentlich eifrig
und häufig geturnt. In Ortelsburg gehört es 3ur Hausordnung, daß
die Seminariſten in der 3eit von 6—7 Uhr abends, ſoweit ſie unter-
richtsfrei ſind, nur in der Turnhalle und auf dem Turnplatze ſich aufhalten dürfen: dort wird geſpielt und geturnt, am Sonnabend auch
getan3t unter Aufſicht und Beteiligung des Direktors und Turnlehrers.
Die Seminariſten ſind bei dieſem Kürturnen in den Frei3eiten meiſtens
auf ſich ſelbſt angewieſen und turnen unter Leitung und Aufſicht ihrer
beſten Turner, die auch für die nötige Hilfe ſorgen. Während 3. B. in

Osterburg das Turnen auf drei Abende beschränkt ist, stehen an anderen Seminaren Halle und Platz den Schülern täglich zu jeder freien Zeit zur Verfügung, eine Erlaubnis, von der sie fleißig Gebrauch machen, „um so der einseitigen Geistesbildung auf den Seminaren Gott sei Dank das notwendige Gegengewicht zu geben". Manche Seminare möchten wohl eigene Kurturnstunden sowie die Pflege des Kurturnens in den Freizeiten einführen, zumal große Lust in der Regel unter den Schülern vorhanden ist, müssen jedoch davon Abstand nehmen, da teilweise keine Zeit dazu gefunden werden kann, teilweise die Turnhallen und -plätze von anderen Schulen zu sehr in Anspruch genommen sind oder auch zu weit entfernt liegen. Dramburg hat das private Turnen an den auf dem Hofe stehenden Turngeräten verboten wegen der Haftpflicht bei Unfällen.

Schülervereine zur Pflege von Leibesübungen, die z. B. Hannover (Ev. Seminar) nach Art der Schülervereine an Gymnasien für sehr wünschenswert hält, kennen nur 10 Seminare. In Pr. Friedland besteht ein Ruderverein, in Osnabrück ein Fußballklub, in Bunzlau eine freie Vereinigung aus allen Klassen, die an den freien Nachmittagen das Spielen und Turnen pflegt. Turnvereine unter den Seminaristen finden wir an 6 Seminaren, in Eckernförde, wo 30—40 Seminaristen einen Turnverein bilden, in Hadersleben, Ütersen, Tondern, Aurich und Neuwied.[1]) In Neuwied wählen sich die Schüler ihren Turnwart und ihre Vorturner selber, die vom Direktor bestätigt werden: sie turnen zweimal wöchentlich, Mittwoch und Sonnabend, von 5—6 Uhr, wobei oft der Direktor und Turnlehrer zugegen sind. Es wäre im Interesse des Seminarturnens nur zu wünschen, daß auch die übrigen Seminare dem Beispiel dieser wenigen folgen und für Einrichtung von Schülervereinen sorgen würden. Ebenso zu wünschen wäre die Befolgung der Anregung von Petershagen, daß den Seminaristen der Besuch von Turnfesten der Turnvereine der Deutschen Turnerschaft ermöglicht würde, womit auf den Turneifer und die Turnfertigkeit der Seminaristen sicher guter Einfluß erreicht würde, wie überhaupt es wünschenswert ist, daß die Seminaristen mit Bedeutung und Bestreben der Turnerschaft, des Zentralausschusses für Volks- und Jugendspiele, des Deutschen Turnlehrervereins u. a. zum wenigsten bekannt gemacht würden.

---

1) Es gibt zu denken, daß in einer und zwar kleinen Provinz (Schleswig-Holstein) allein vier Seminare Turnvereine haben. Man sollte den Grund dieser Erscheinung feststellen, um daraus für andere Landesteile gute Lehren zu ziehen. (D. Schrftlt.)

Turninspektionen, die von vielen Seminaren gewünscht werden, finden kaum statt: hier und da ist das Turnen bei Gelegenheit von Revisionen von Herren der Provinzialschulkollegien auch mit in den Kreis ihrer Revision gezogen worden, hier und da hat auch eine Revision seitens der Turnlehrerbildungsanstalt stattgefunden, doch im allgemeinen fristet der Turnunterricht in aller Stille und Beschaulichkeit sein inspektionsloses Dasein: nur die Seminardirektoren führen auch über ihn wie über jedes andere Unterrichtsfach die Aufsicht. Die Forderung, daß der Turnunterricht regelmäßig durch eine fachmännische Kraft, und zwar in nicht zu langen Zwischenräumen inspiziert werde, dürfte daher im Interesse der Beseitigung von Mißständen nicht unangebracht sein.

Um die Freude am Turnen zu erhöhen, dürften Schauturnen sehr zu empfehlen sein. Doch machen nur wenige Seminare davon Gebrauch. Münster, Rheydt und Linnich veranstalten jährlich einmal ein Schauturnen, Brieg alle zwei bis drei Jahre, Angerburg und Ragnit gelegentlich, und Ortelsburg sogar zweimal, jedoch alle übrigen Seminare erwähnen Schauturnen aller oder einzelner Klassen gar nicht.

Besondere Turnprüfungen werden zu Beginn des neuen Kursus, also bei der Aufnahmeprüfung, häufig erwähnt. Sie sind vorgeschrieben durch den Erlaß vom 13. November 1891: „Es ist zu meiner Kenntnis gekommen, daß bei den Prüfungen behufs Aufnahme in die Schullehrerseminare auf die Fertigkeit im Turnen, hinsichtlich welcher auf § 9b der allgemeinen Bestimmungen vom 15. Oktober 1872 zu verweisen ist, nicht immer das gebührende Gewicht gelegt wird, wiederholt sogar von einer besonderen Prüfung im Turnen ganz abgesehen ist. Das Königl. Provinzialschulkollegium veranlasse ich, dafür Sorge zu tragen, daß bei jeder derartigen Aufnahmeprüfung sämtliche Bewerber nach Maßgabe der genannten Vorschriften auch im Turnen geprüft und die Ergebnisse dieser Prüfung in die Prüfungsprotokolle ordnungsmäßig aufgenommen werden." Trotz dieser Bestimmungen erwähnt etwa die Hälfte der Seminare nichts über Vornahme von besonderen Turnprüfungen. Einige Seminare haben außerdem noch halbjährliche Turnprüfungen vorgenommen, um für die Zensuren die Leistungen ermitteln zu können. — Diese Zensuren für das Turnen werden gleichzeitig und gleichartig mit den Zensuren in den übrigen Unterrichtsfächern erteilt.

Gemäß den Bestimmungen liegt der amtliche Leitfaden an allen Seminaren dem Turnunterricht zugrunde. Daneben werden aus der großen

Menge von Turnschriften besonders häufig Purih, Frohberg, Lederbogen, Grittner und Schmale, Zingsheim, Rosenstengel, Ritter, Lion und Maul benußt, Schriften, die auch die Seminaristen neben dem amtlichen Leitfaden zu ihrer theoretischen Weiterausbildung vorzugsweise in die Hand bekommen. Dazu kommen noch verschiedene Spezialwerke über Hantel-, Stab-, Keulen-, Gerät- und volkstümliche Übungen. Das Bedürfnis nach turnerischen Zeitschriften ist nur sehr gering. Es wird die „Monatsschrift für das Turnwesen" 47 mal, „Körper und Geist" 5 mal, das „Jahrbuch für Volks- und Jugendspiele" 9 mal gehalten, und sonstige Zeitschriften („Deutsche Turnzeitung", „Der Turner" u. a.) 10 mal.

Tabelle V.

	An wieviel Seminaren turnt jede Klasse für sich?	An wieviel Seminaren ist III. gemeinturnen?	An wieviel Riegenturnen?	An wieviel treibt beides?	Kürturnen innerhalb der Turnstunden an wieviel Seminaren?	An wieviel Seminaren sind Kürstunden?	An wieviel wird in den Freizeiten geturnt?	An wieviel bestehen Schülervereine?	Die „Monatsschrift" wird gehalten von wieviel Seminaren?	Desgl. „Körper und Geist"?	Desgl. „Jahrbuch"?	Desgl. sonstige Zeitschriften?
Ostpreußen	11	9	1	1	4	—	3	-	2	1	1	1
Westpreußen	8	3	5	—	3	—	2	1	0	—	1	·
Pommern	8	5	2	1	2	—	6	—	5	—	—	—
Brandenburg	10	4	8	—	4	1	2	—	1	—	1	2
Posen	9	9	0	—	2	—	2	—	5	1	1	1
Schlesien	21	16	1	5	1	2	1	1	10	1	1	3
Sachsen	10	5	3	2	1	—	3	—	4	—	1	—
Schleswig-Holstein .	6	1	5	—	2	1	—	4	1	1	—	—
Hannover	11	10	1	2	5	1	5	3	7	1	1	—
Westfalen	9	4	2	4	2	—	3	—	4	—	1	—
Hessen-Nassau . . .	7	4	1	3	1	—	1	—	1	—	—	2
Rheinprovinz	16	10	5	3	2	1	?	1	7	—	2	1
	126	80	34	21	29	6	28	10	47	5	9	10

G. Turnstoff.

Über den Turnstoff sagen die neuen Lehrpläne für die Lehrerseminare vom 1. Juli 1901 folgendes: „3. und 2. Klasse Frei- und Ordnungsübungen, vorherrschend mit Belastung; Geräteübungen unter Hinzunahme des Springkastens, des Pferdes und der Schaukelringe. Volkstümliche Übungen. 1. Klasse. Die körperlichen Übungen werden in der angegebenen Weise fortgesetzt unter Hervorhebung der für den Turnunterricht in der Volksschule besonders wichtigen Übungsformen', usw." In den folgenden methodischen Anweisungen zur Ausführung der Lehrpläne für die Lehrer-

ſeminare und Präparandenanſtalten heißt es dann weiter: „Im Turnen
ſollen die Zöglinge körperlich ausgebildet und gekräftigt und zugleich
ſoll in ihnen Entſchloſſenheit, Mut und Ausdauer, Beherrſchung des Willens
und Gewöhnung an Ordnung und Pünktlichkeit ſowie an Unterordnung
unter die Zwecke eines größeren Ganzen gefördert werden. — Im Seminar
iſt der Leiſtungsfähigkeit der Altersſtufe entſprechend über die Grenze des
Leitfadens hinauszugehen. — Doch darf bei allem Streben nach größeren
Leiſtungen Genauigkeit und Schönheit in der Ausführung der einfachen
Übungen nicht vernachläſſigt werden." Auch die Worte des Miniſterial-
runderlaſſes vom 1. April 1895 über den Turnunterricht in den preußiſchen Volksſchulen haben natürlich ihre Geltung für das Seminarturnen:
„Wohl zu bedenken iſt aber, daß es der Aufgabe nicht entſprechen würde,
dabei die Ausbildung einzelner, beſſer beanlagter Schüler zu beſonderen
turneriſchen Leiſtungen auf Koſten der Geſamtheit beſtimmend ſein zu laſſen."

Im Verfolg dieſer Beſtimmungen ſowie im Anſchluß an die Vorſchriften des amtlichen Leitfadens ſehen wir denn auch den Turnſtoff
verteilt und durchgenommen.

Die Freiübungen im weiteſten Umfange der Bedeutung des Wortes,
alſo auch Hantel-, Stab- und Keulenübungen, werden faſt von allen
Seminaren regelmäßig in jeder Stunde geübt. Die Dauer iſt freilich eine
ſehr verſchiedene: wenige begnügen ſich mit jedesmal 10 Minuten, die
meiſten verwenden 15—20 Minuten dazu, nur einige dehnen ſie auf
25 Minuten, Neu-Ruppin ſogar auf je 30 Minuten aus. 16 Seminare
beſchränken ſich darauf, zweimal wöchentlich 15—20 Minuten die Freiübungen vorzunehmen, Oſterode, Marienburg, Osnabrück und Münſtereifel ſogar auf einmal wöchentlich 15—20 Minuten. Die geringſte Zeit
weiſt Soeſt ihnen zu, wo ſie nur in jeder dritten Stunde 10 Minuten
geübt werden. Berlin und Brieg treiben ſie nicht regelmäßig in jeder
Turnſtunde, ſondern „nach Bedürfnis". Die Hantelübungen werden von
16 Schulen nicht getrieben, da keine Hanteln vorhanden ſind, 21 Seminare
haben ſie nur auf einzelne Klaſſen, meiſt die beiden oberen, nur 3 auf
die unterſte beſchränkt, und 98 Seminare treiben ſie in allen Klaſſen.
Holzſtabübungen ſind in 73 Seminaren überhaupt nicht, in 21 Seminaren
in einzelnen Klaſſen (entweder den beiden unteren oder nur der unterſten)
und in 41 Seminaren in allen Klaſſen eingeführt. Am beſten ſteht es
mit dem Betrieb von Eiſenſtabübungen, die nur 6 Schulen überhaupt
nicht pflegen und 21 auf einige Klaſſen (die beiden oberen oder nur die
oberſte) beſchränken, dagegen 108 Seminare für alle Klaſſen eingeführt

haben. Dagegen haben die Keulenübungen nur in sehr wenigen Seminaren Eingang gefunden: nur 19 Seminare pflegen sie in allen Klassen
und 24 in einzelnen Klassen; 92 Seminare können sie aus Mangel an
Keulen nicht üben.

Im Vergleich zu den Freiübungen treten die Marsch- und Ordnungsübungen bedeutend zurück. Die Ordnungsübungen werden kaum um ihrer
selbst willen getrieben, sondern sollen meist nur zur schnellen Gewinnung
von Aufstellungen bei Freiübungen usw. dienen. Daher kommt es denn
auch, daß die ihnen zugewiesene Zeit viel geringer ist: zumeist begnügen
sich die Seminare mit 5—10 Minuten Dauer, außerdem begnügen sie
sich damit, sie einmal, höchstens zweimal wöchentlich, einige wenige sogar
nur einmal monatlich im Zusammenhang oder Wechsel mit Freiübungen
vorzunehmen. Die Marschübungen in militärischer Form, wie sie in § 12
des Leitfadens enthalten sind, werden von 66 Seminaren geübt, „freilich
nicht mit Säbel und Gewehr" (Knritz), wohl aber, wenn auch selten,
mit Entfernungsschätzen verbunden. — Von Einübung von Reigen wollen
die Seminare im allgemeinen wenig wissen. „Bei Einübung der Reigen
geht viel Zeit verloren." „Sie nehmen zu viel Zeit in Anspruch." So
oder ähnlich lauten viele Einwände gegen die Reigen. Im ganzen sind
es denn auch nur 39 Seminare, die die Reigen üben; die meisten von
ihnen begnügen sich mit einem Reigen jährlich: nur in Peiskretscham
werden jährlich drei Reigen, in Mühlhausen in jeder Klasse mehrere, in
Montabaur in jeder Klasse zwei Reigen mit musterhafter Ausführung
eingeübt.

Im Vordergrunde des Turnbetriebes steht an allen Seminaren das
Geräteturnen. Der Zweck des Geräteturnens ist dabei, daß die Schüler in
ihrer Gesamtheit die Übungen beherrschen lernen. „Sie dienen zurFör-
derung und Ausbildung der ganzen Klasse, nicht um Bravourstückchen
einzelner zu erzielen." „Nicht zum Zwecke des Schauturnens, sondern
zur Kräftigung der Muskulatur und zur Erzielung der Gewandtheit."
„Beim Geräteturnen wird mehr auf allgemeine Durchbildung der Gesamtheit als auf Glanzleistungen oder kunstturnerische Leistungen Gewicht
gelegt." „Es wird danach gestrebt, daß jeder die Übungen des Leitfadens richtig kommandieren und mustergültig vorturnen kann." „Es
kommt auf eine möglichst gleichmäßige Durchbildung und größte Sauberkeit in der Ausführung an." Solchen und ähnlichen Bemerkungen begegnen wir oft bei Beantwortung der Frage nach der Stellung der
Geräteübungen. Bei der Auswahl der Geräteübungen ist natürlich die

zukünftige Stellung der Seminariſten als Volksſchullehrer beſtimmend, wie auch oft hervorgehoben wird. „Es wird danach geſtrebt, befriedigende Leiſtungen an den Volksſchulturngeräten von allen zu erzielen" (Hilchen-bach). In vielen Seminaren kommen die Seminariſten über die Übungen des amtlichen Leitfadens beim Geräteturnen leider nicht hinaus, teils wegen der mangelhaften Vorbereitung auf der Präparanda, teils weil das Kommandieren ſowie der Methodikunterricht zu viel Zeit von den Turnſtunden wegnimmt. (?! Schriftl.)

Das Verhältnis zwiſchen Frei- und Ordnungsübungen und Geräte-übungen iſt überall ſo, daß den erſteren die erſte kleinere Hälfte der Turnſtunden, den letzteren die größere zweite Hälfte zugewieſen iſt; einzelne Seminare verwenden auf die Freiübungen ein Drittel, auf die Geräte-übungen zwei Drittel der Stunde: eine weitere Berückſichtigung der Geräte-übungen iſt nicht angebracht, „da die Vorbereitung für den Volksſchul-lehrerberuf vor allem Beherrſchung der Frei- und Ordnungsübungen nach dem amtlichen Leitfaden erfordert". In wenigen Seminaren treten in den unteren Klaſſen die Frei- und Ordnungsübungen, in den oberen Klaſſen die Geräteübungen in den Vordergrund.

In der Regel werden nach beſtimmtem Turnus in jeder Stunde zwei Geräte in der Weiſe geübt, daß möglichſt Ober- und Unterkörper gleich-mäßig ausgebildet werden. Bromberg nimmt nur ein Gerät vor, „doch kommen die Schüler nur ſelten heran wegen der ungenügenden Aus-ſtattung der Halle". Münſtereifel dagegen turnt an drei Geräten in der Stunde, an jedem 10 Minuten.

Die volkstümlichen Übungen des Springens, Laufens und Werfens (in Dillenburg und Elten auch des Ringens) werden im Turnus des Geräteturnens zumeiſt in genügender Weiſe berückſichtigt, ſo daß im Sommer das Geräteturnen zugunſten der volkstümlichen Übungen zurück-tritt. Vielfach wird die dritte Stunde oder die Spielſtunde zur eingehenden Pflege des volkstümlichen Turnens verwendet, auch wohl Ausflüge und Turnfahrten damit verbunden. Häufig werden ſie im Anſchluß an die Spielſtunden in Form von Wettkämpfen betrieben, z. B. in Reichenbach alle vier Wochen. Leider können einige Seminare die volkstümlichen Übungen, „durch deren Lehre der Jugend die Freude am Spiel und die Luſt zu anſtrengender Betätigung der körperlichen Kräfte übermittelt werden ſoll", nur in ungenügender Weiſe oder überhaupt nicht treiben wegen der ſchlechten Beſchaffenheit ihrer Turnplätze. So berichtet Berlin: „Das volkstümliche Turnen kann nur in beſchränktem Maße ſtattfinden, da Raum und Zeit dazu fehlen", Umstände, die auch andere Seminare dazu gezwungen haben, diese Übungen einzuschränken.

Tabelle VI.

	An wieviel Seminaren werden Hantel-Übungen in allen Klassen getrieben?	An wieviel in einzelnen Klassen?	An wieviel überhaupt nicht?	An wieviel Holzstab-übungen in allen Klassen?	In einzelnen Klassen?	überhaupt nicht?	An wieviel Eisenstab-übungen in allen Klassen?	In einzelnen Klassen?	überhaupt nicht?	An wieviel Keulen-übungen in allen Klassen?	In einzelnen Klassen?	überhaupt nicht?	Wieviel Seminare treiben Übungen in militärischer Form?	Wieviel Seminare treiben Reigen?
Ostpreußen	8	—	3	—	—	11	7	4	··	—	—	11	4	4
Westpreußen	7	1	—	—	1	7	8	—	·—	1	·	7	3	2
Pommern	6	2	—	2	1	5	7	1	—	—	—	8	5	0
Brandenburg	9	2	1	7	1	4	9	1	2	1	1	10	8	2
Posen	7	0	2	3	2	4	5	2	2	—	1	8	2	2
Schlesien	16	5	1	12	4	6	16	6	—	2	7	13	9	10
Sachsen	7	2	1	4	-·	6	10	—	—	4	2	4	6	4
Schleswig-Holstein	2	1	3	2	2	2	5	1	—	1	2	3	4	4
Hannover	11	2	·	2	2	9	12	1	··	7	3	3	9	3
Westfalen	5	4	1	2	3	5	9	1	—	1	5	6	5	1
Hessen-Nassau	6	··	2	2	1	5	4	2	2	—	—	8	5	2
Rheinprovinz	14	2	2	5	4	9	16	2	—	2	5	11	10	5
	98	21	16	41	21	75	108	21	6	19	24	92	66	39

H. Schwimmen, Turnfahrten, Spiele usw.

In sehr eingehender Weise regelt der Ministerialerlaß vom 24. Juni 1873 das Schwimmen an den Schullehrerseminaren: „Nach den auf meine Zirkularverfügungen vom 10. August vorigen Jahres erstatteten Berichten wird nur bei wenigen Schullehrerseminaren ein geordneter Schwimmunterricht erteilt; an manchen Orten ist aber den Seminaristen anderweit Gelegenheit zur Erlernung des Schwimmens geboten, und ferner liegt vielfach die Möglichkeit vor, entweder zur Anlegung eigener, oder zur Mitbenutzung solcher Schwimmanstalten, welche Stadtgemeinden, Privatpersonen oder sonstigen Unterrichtsinstituten gehören."

„Bei der Bedeutung, welche diesem Zweige der Leibesübungen beigelegt werden muß, erscheint es als Aufgabe der Seminarverwaltung, einen geordneten Schwimmunterricht für die Zukunft an allen denjenigen Seminaren einzuführen, bei denen dies nicht durch örtliche Verhältnisse unbedingt ausgeschlossen wird."

„Die Mitbenutzung bestehender städtischer usw. Anstalten empfiehlt sich, sofern dem Seminare bestimmte Stunden an einzelnen Wochentagen aus-

schließlich eingeräumt werden, und der Unterricht entweder einem Seminarlehrer oder einem in der Anstalt fungierenden, zuverlässigen Schwimm-
meister übertragen, in letzterem Fall aber nötigenfalls von einem Seminarlehrer die Oberaufsicht geführt werden kann. Der derzeitige Mangel eines
Schwimmlehrers am Seminar ist als ein durchgreifendes Hindernis nicht
anzusehen, da in den meisten Fällen der Turnlehrer sehr bald imstande
sein wird, die Befähigung zur Erteilung des Schwimmunterrichts sich an-
zueignen, sofern er dieselbe nicht schon besitzt. Erscheint es notwendig,
solchen Lehrern die Absolvierung eines etwa drei- bis vierwöchigen Schwimmkursus zu ermöglichen, so werde ich dazu gern die Hand bieten."

„Wo die Anlegung einer eigenen Schwimmanstalt notwendig und
ausführbar ist, haben sich die Seminare überall auf das Einfachste und
Notwendigste zu beschränken. Über die desfallsigen Erfordernisse in Beziehung auf Schwimmbecken (-Bassin, Aus- und Ankleideräume, Schwimm-
vorrichtungen und -Gerätschaften) gibt das unter Mitwirkung von Dr. Euler
von H. O. Kluge herausgegebene „Lehrbuch der Schwimmkunst" (Berlin
1870. E. H. Schröder — jetzt Ernst Siegfried Mittler u. Sohn) vollständig Auskunft, auf welches ich daher verweise."

„Mehrfach sind die Beschaffenheit des Bodens, der geringe Wasser-
zufluß und die geringe Temperatur des Wassers als Hindernisse der Anlegung einer Schwimmanstalt bezeichnet worden. Es ist aber anzunehmen,
daß durch geeignete Vorkehrungen die Trübung des Wassers vermieden,
an manchen Orten auch die Ansammlung einer genügenden Wassermenge
und die Regelung der Temperatur durch frühzeitige Füllung des Bassins
um so mehr bewirkt werden kann, als nur in wenigen Stunden des
Tages und durch eine nicht erhebliche Zahl von Personen die Benutzung
der Anstalt stattfindet."

„Einige Seminare besitzen bereits ein geeignetes Grundstück zur Anlegung einer Schwimmanstalt. Wo dies nicht der Fall ist, wird vielfach
ein solches mit mäßigem Kostenaufwand angekauft oder gepachtet werden
können."

„Das Königl. Provinzialschulkollegium veranlasse ich, nach diesen
Gesichtspunkten die Möglichkeit der Einführung eines ordnungsmäßigen
Schwimmunterrichts an denjenigen Schullehrerseminaren seines Aufsichts-
kreises, an welchen derselbe bis jetzt nicht erteilt wird, von neuem in Erwägung zu ziehen. Wo sich die Möglichkeit bietet, sind die einmaligen
Einrichtungs- und die fortlaufenden Unterhaltungskosten speziell zu ver-
anlagen. Hinsichtlich der Unterrichtskosten bleibt zu beachten, daß, wie

der Seminarunterricht überhaupt unentgeltlich erteilt wird, so auch für den Schwimmunterricht den Seminaristen ein besonderer Beitrag nicht aufzuerlegen sein wird. Für Remunerierung der Schwimmlehrer ist § 6 des Normalbesoldungsetats vom 31. März d. J. maßgebend."

Auch später ist in dem bekannten Goßlerschen Erlaß vom 27. Oktober 1882 eingehend auch des Schwimmens gedacht; ebenso enthalten auch die neuen Lehrpläne die Bestimmung über das Schwimmen: „Das Schwimmen ist nach Möglichkeit zu fördern. Wo sich Gelegenheit dafür bietet, ist darauf zu halten, daß alle Zöglinge im Verlauf der Seminarzeit in der Kunst des Schwimmens und den notwendigen Wassersprüngen tüchtig unterwiesen werden."

Mit Freuden zu begrüßen ist es, daß an den meisten Seminaren diesen eingehenden Anordnungen über das Schwimmen und Baden nachgekommen wird. 101 Seminare können ihren Schülern die Wohltat regelmäßigen Badens und Schwimmens gewähren, sei es in eigenen Seminarbadeanstalten, sei es in gemieteten Schwimmanstalten. Letztere sind zumeist in bestimmten Stunden den Seminaren zur Verfügung gestellt; vielfach werden auch die am Ort befindlichen Militärbadeanstalten mitbenutzt. In Kreuzburg erhält jeder Seminarist auf Kosten der Anstalt eine Dauerkarte zur Benutzung der dortigen Badeanstalt, ebenso in Liegnitz. Auch in Brieg sind 270 M. in den Etat eingestellt, wofür die Seminaristen alle drei bis vier Wochen ein Brausebad erhalten. Für den Winter können 76 Seminare ihre Schüler baden lassen, da sie entweder Brausebadvorrichtungen oder Wannenbadeinrichtungen in der Anstalt haben bzw. die in der Stadt befindlichen dazu gemietet haben. Die Benutzung ist dabei meist in der Weise geregelt, daß jede Klasse einmal wöchentlich unter Aufsicht der Lehrer badet; nur wenige Schulen beschränken das Baden auf zweimal oder gar nur einmal monatlich; ebenso selten ist auch eine häufigere Benutzung der Badeeinrichtungen.

Schwimmunterricht wird von 66 Seminaren erteilt bzw. vermittelt. Zumeist erteilen die Turnlehrer oder Seminarlehrer den Unterricht; an einigen Seminaren die Bademeister der gemieteten Schwimmanstalten oder sonstige Schwimmlehrer gegen besondere Remuneration. Nur an wenigen Seminaren ist das Erlernen des Schwimmens Privatsache der Seminaristen. In Frankenberg gibt der Klassenälteste unter Aufsicht des Turnlehrers Anweisung im Schwimmen. Eingehendere Berichte über ihren Schwimmbetrieb haben Osterode und Ortelsburg gegeben. In Ortelsburg müssen die Freischwimmer (15 Minuten) den Barrieresprung können, der allemal zum Schluß des Schwimmens einer Klaſſe klaſſenweiſe ausgeführt wird; ins Waſſer hinein wird ſtets mit Kopfſprung gegangen; Klaſſe II führt Ordnungs- und Marſchübungen ſchwimmend auf Kommando aus, Klaſſe I ſchwimmt in Anzügen und übt Tauchen und Rettungsverſuche. Ähnlich iſt das Schwimmen in Oſterode durchgeführt: hier wird in einer gemieteten Schwimmanſtalt zwei Stunden unter den Seminariſten und Seminarlehrern Schwimmen gelehrt, wobei die beiden Schwimmſtunden je eine Turnſtunde erſetzen. Bei dem jährlichen Schwimmfeſt zeigt Klaſſe III Pflicht- und Kürübungen, Klaſſe II und I Reigen, Kür- und Tauchübungen. — Die Aufſicht bei Schwimmen und Baden führen überall, wo es eingeführt iſt, die Seminarlehrer bzw. Turnlehrer. In Ortelsburg und Ottweiler beteiligen ſich auch die Seminardirektoren daran.

Die Zeit, die dem Schwimmen eingeräumt wird, iſt eine ſehr verſchiedene. Die meiſten Seminare laſſen die Schwimmſtunden an Stelle von Turnſtunden eintreten; teilweiſe wird auch bei heißem Wetter ſtatt des Turnens gebadet oder geſchwommen. Nur wenige Seminare ſind es, die außer den Turnſtunden noch beſondere Stunden für Schwimmen eingerichtet haben. So haben Deutſch Krone, Halberſtadt, Tuchel u. a. noch wöchentlich zwei Schwimmſtunden, Mühlhauſen hat außer den Turnſtunden noch ſechs Wochenſtunden für Schwimmen angeſetzt; auch in Köslin, Aurich, Frankenberg u. a. wird täglich gebadet und geſchwommen.

Bei dieſer außerordentlichen Pflege des Badens und Schwimmens iſt es ganz natürlich, daß die Zahl der Schwimmer eine ſehr hohe iſt. Daß alle Seminariſten ſchwimmen können, wird häufig erwähnt; über 90% Schwimmer hat eine ganze Reihe von Seminaren aufzuweiſen. Bei der Mehrzahl der Seminare finden wir über 50% Freiſchwimmer; Seminare mit nur 40% Freiſchwimmer oder darunter ſind eine Seltenheit.

Die im Baden und Schwimmen erreichten Erfolge werden in verſchiedenen Seminaren zum Schluß des Sommers bei beſonderen Schwimmprüfungen oder Schwimmfeſten mit Dauer- und Schnellſchwimmen auf Bruſt, Rücken oder Seite, Tauchen, Waſſerſprüngen und Rettungsverſuchen vor dem Direktor und Lehrerkollegium gezeigt, z. B. in Oels, Mühlhauſen, Oſterode, Altdoebern, Neu-Ruppin, Friedeberg, Halberſtadt, Eckernförde, Ratzeburg, Lüneburg, Northeim und Stade.

Der Beſtimmung: „Soweit es möglich iſt, ſind die Seminariſten auch zur Erteilung von Schwimmunterricht anzuleiten", kommen allerdings nur wenige Seminare nach, wie auch nur wenige Seminare in den Abgangszeugniſſen Zenſuren über die erreichten Leiſtungen im Schwimmen aufnehmen.

In bezug auf die Ausflüge und Schulwanderungen der Seminaristen sind auch die Bestimmungen vom 17. Juni 1886 (vgl. Euler-Eckler a. a. O. S. 85 ff.) maßgebend, wonach sowohl bezüglich der führenden Lehrer als der teilnehmenden Schüler bzw. der die Teilnahme genehmigenden Eltern oder ihrer Stellvertreter der Charakter der Freiwilligkeit unbedingt zu be- wahren ist. Auch über die Dauer der Ausflüge enthält diese Verordnung die genauen Vorschriften. „Sonn- oder Feiertage sind zu den unter der Autorität der Schule veranstalteten Erholungsausflügen von Schülern nicht zu verwenden. Insofern zu der Ausführung eines Schülerausfluges die Enthebung der betreffenden Klasse bzw. Klassen vom lehrplanmäßigen Unterricht erfor- dert wird, ist der Direktor ermächtigt, für dieselbe Klasse innerhalb eines Schuljahres zweimal den Nachmittagsunterricht oder einmal den Unterricht eines ganzen Schultages ausfallen zu lassen.“ Bei etwaiger Ausdehnung auf mehrere Tage ist unter vorhergehender Einsendung des genauen Planes die Genehmigung des Königl. Provinzialschulkollegiums notwendig.

Unter den Seminaren Preußens pflegen 117 die Turn- und Wander- fahrten mehr oder weniger häufig, die übrigen 18 haben entweder nicht darüber berichtet oder von ihnen überhaupt Abstand genommen: so haben die Ausflüge in Erfurt und Petershagen infolge der Verschärfung der Haft- pflicht aufgehört.

Im allgemeinen bestehen die Turnmärsche in Wanderungen von etwa fünfstündiger Dauer, vereinzelt auch von noch kürzerer Dauer, die zumeist unter Leitung der Klassenlehrer und Turnlehrer klassenweise unter Teil- nahme aller Schüler der betreffenden Klasse unternommen werden und häufig zugleich den Charakter von botanischen usw. Exkursionen tragen. Diese Art von Ausflügen wird von einigen Seminaren sehr häufig ver- anstaltet, fünf- bis sechsmal jährlich, ja manche sogar monatlich einmal nicht nur im Sommer, sondern auch im Winter.

Die auf die Dauer eines ganzen Tages sich erstreckenden Ausflüge finden dagegen viel seltener statt; an ihnen nimmt dann die ganze Anstalt gleichzeitig unter Leitung und Führung des Lehrerkollegiums teil, selten unternimmt nur eine einzige Klasse einen ganztägigen Ausflug. Mit Vor- liebe werden dazu patriotische Feiertage wie Sedan und Kaisers Geburts- tag benutzt. Nur sehr selten dehnen sich die Seminarausflüge auf mehrere Tage, wenigstens innerhalb der Schulzeit aus.

Wohl aber unternehmen einige wenige Anstalten zu Beginn der großen Ferien oder der Pfingstferien mehrtägige (meist dreitägige) Wanderungen der Schüler. Ferienreisen von längerer Dauer, die sich zumeist auf die

oberen Klaſſen unter völlig freiwilliger Teilnahme der Seminariſten be-
ſchränten, veranſtalten einige Seminar- oder Turnlehrer an 48 Seminaren,
ſei es alljährlich, ſei es in regelmäßigen Abſtänden von zwei oder drei
Jahren auf die Dauer von fünf bis zehn Tagen. Die eingehenderen Nach-
weiſe über dieſe Wanderungen wie auch über alle anderen Gebiete ſind
in der „Schulturnſtatiſtit" bei jeder einzelnen Provinz zu finden.

Über die Pflege der Spiele beſtimmen die neuen Lehrpläne für die
Seminare vom 1. Juli 1901: „Eine (von den drei wöchentlichen Turnſtunden)
iſt bei geeignetem Wetter vorwiegend für Turnſpiele, im Winter auch für
Eislauf u. a. zu verwenden." „Das Turnſpiel iſt als ein notwendiger
Beſtandteil des Turnens anzuſehen und in einer ſo anregenden Weiſe zu
betreiben, daß die Schüler darin auch in freien Stunden ihre Erholung
ſuchen." Faſt alle Seminare pflegen das Jugendſpiel innerhalb der Schul-
turnſtunden: von den 135 preußiſchen Seminaren ſind es nur 11, die
in den Turnſtunden das Turnſpiel, wie ausdrücklich angegeben iſt, nicht
treiben (dafür aber dann regelmäßige Spielſtunden haben) oder nichts
darüber berichtet haben. Die übrigen 124 Seminare benutzen immer
ihre Turnſtunde, allerdings in ſehr verſchiedenem Maße und
Umfang. 52 unter ihnen, alſo noch nicht einmal die Hälfte,
verwenden eine ganze Stunde wöchentlich darauf; die übrigen
72 bleiben teilweiſe weit dahinter zurück: bei ihnen ſind die
Turnſpiele zum Teil beſchränkt auf 15 oder 20 Minuten, ja
ſogar auf 10 Minuten wöchentlich: ſelbſtredend kann da von
eingehender Pflege des Turnſpieles keine Rede mehr ſein.

Außer den Turnſtunden ſind noch an 23 Seminaren eigene Spielſtunden
eingeführt. Sie finden meiſtens einmal wöchentlich ſtatt und dauern
1—2 Stunden; in Fulda werden ſie Sommer und Winter beibehalten,
während ſie ſonſt ſich auf die Sommermonate beſchränken. In Münſter-
berg ſind dieſe Spielſtunden jeden Tag unter Leitung des Turnlehrers und
obligatoriſcher Teilnahme aller Seminariſten eingerichtet. Zumeiſt ſind
dieſe Stunden für die ganze Anſtalt gleichzeitig beſtimmt, ſelten nur für
einzelne Klaſſen. Die Leitung des Spielens hat faſt ſtets der Turnlehrer,
in Warendorf leitet ſie der Spielordner und in Proslau der Klaſſenälteſte.
Die Teilnahme der Seminariſten an dieſen Spielſtunden iſt zumeiſt obligatoriſch, an den wenigen Seminaren, wo die Teilnahme daran eine freiwillige iſt, iſt ſie erfreulicherweiſe ſehr hoch: Northeim, Breslau haben
90%, Boberteſa 75%, Oels 60% und Haderslebn 40%. In Halberſtadt
beteiligt ſich eine Auswahl von Seminariſten, die das Lehrerkollegium be-

ftimmt, an den feitens der Stadt eingerichteten Volts- und Jugendfpielen: ebenfo
in Weißenfels an den Spielen der „Vereinigung für Volts- und Jugendfpiele".

Mit Freuden anzuerkennen ift der Spieleifer der Seminariften, der
fich in dem eifrigen Spielen in den Freizeiten zeigt und von 87 Seminaren
berichtet wird. Die Spiele in diefen Zeiten werden ftets von den felbft-
gewählten Spielordnern geleitet und finden teils an den Mittwoch und
Sonnabend Nachmittagen ftatt, teils in den Abendftunden, und zwar meiftens
täglich ein bis zwei Stunden, in Cornelimünfter Sommer und Winter; auch
die Teilnahme der Seminariften daran ift eine fehr rege, da fie faft immer
zwifchen 50 und 75°₀ beträgt; natürlich find diefe Spiele überall freiwillig.

Als Spielplätze werden im allgemeinen die Turnplätze oder Schulhöfe der Seminare benutzt, die vielfach für die größeren Spiele nicht genügend Raum bieten. 47 Seminare verfügen außerdem noch über eigene
Spielplätze, fei es, daß fie eigene oder gemietete Wiefen dazu benutzen,
fei es, daß ihnen geeignete ftädtifche oder ftaatliche Plätze oder Privat-
plätze mietweife oder unentgeltlich überlaffen find. Die Mieten für die
Spielplätze find zumeift nicht hoch: fo bezahlt u. a. Lyck 5 M., Barby
10 M., Mühlhaufen 15 M., Waldau 30 M., Dramburg und Boderkefa
60 M.; zumeift find die Spielplätze von den ftaatlichen oder ftädtifchen
Behörden, insbefondere von Militärverwaltungen, unentgeltlich überlaffen,
desgleichen auch von Privatperfonen, Vereinigungen (Schützengilden, Vereinen für Volts- und Jugendfpiele u. a.). Die Größe diefer Spielplätze
reicht mit wenigen Ausnahmen (27 × 25 m in Proskau, 40 × 40 m in
Segeberg) für alle Spiele vollkommen aus. Auch die Befchaffenheit der
Plätze entfpricht zumeift allen berechtigten Anforderungen: in Eisleben ift
allerdings die „Vogelwiefe", auf der gefpielt wird, nach der eigentlichen
Vogelwiefe mit Glasfplittern ufw. überfät, fo daß das Spielen lebens-
gefährlich ift, fonft aber genügt fie völlig. — Auch die Entfernung ift
im großen und ganzen kein Hindernis für das Spielen: nur in Breslau
liegt der Spielplatz in Scheitnig ca. drei Viertelftunden vom Seminar entfernt.

Spielfefte werden felten von den Seminaren veranftaltet: nur
Kammin, Eisleben, Elfterwerda, Genthin, Ofterburg und Montabaur haben
darüber berichtet.

An Spielen werden in erfter Linie die Spiele des amtlichen Leitfadens
geübt. In Elfterwerda „werden in den Turnftunden die gewöhnlichen
Turnfpiele, auch folche für Kinder eingeübt, damit die Seminariften fie
kennen und lieben lernen; in den Freizeiten fpielen fie zumeift Tennis,
Tamburin- und Fauftball." — Außer den im Leitfaden D § 32—34

angegebenen Spielen werden noch Tennis, Kurnit (Oſtpreußen), Kricket, Krocket, Tamburin, Boccia geſpielt; bevorzugt ſind im allgemeinen Bar-lauf, Schlag-, Schleuder-, Fauſt- und Fußball.

An Spielbüchern werden genannt: die Spielregeln des Zentralaus-ſchuſſes für Volks- und Jugendſpiele, Schnell: Handbuch der Ballſpiele, Trapp und Pinzle: Das Bewegungsſpiel, Lion-Wortmann: Katechismus der Bewegungsſpiele, Kohlrauſch und Marten: Turnſpiele, Guts-Muths: Spiele zur Übung und Erhaltung des Körpers und Geiſtes, Eitner: Die Jugendſpiele.

Unter den ſonſtigen Leibesübungen iſt in erſter Linie das Schlitt-ſchuhlaufen zu nennen, das von den meiſten Seminaren, denen eine Eis-bahn zur Verfügung ſteht, ausgiebig getrieben wird und zwar unter Auf-ſicht der Lehrer an Stelle der Turnſtunde — in Lüneburg iſt das Eis-laufen für die oberen Klaſſen obligatoriſch — oder in den Freizeiten ohne Auffſicht. Ferner das Kegelſpiel, das in Prüm auf den Kegelbahnen in den den Schülern erlaubten Wirtshäuſern geübt wird, in 12 anderen Seminaren auf eigenen Kegelbahnen: Dramburg und Wittlich haben be-ſtimmte Stunden dafür angeſetzt. — Das Rudern wird in Pr. Friedland vom Ruderverein (ſ. o.), in Pölitz, Neu-Ruppin, Osnabrück und Franken-berg von den Seminariſten in ihren Freizeiten getrieben, ohne daß Auf-ſicht von der Schule ausgeübt wird.

Tabelle VII.

	Wieviel Seminare erteilen Schwimm-unterricht?	Wieviel Seminare haben Braufebade-einrichtung?	Wieviel Seminare haben Schwimm-anſtalten?	Wieviel Seminare unternehmen Aus-flüge bzw. Märiche?	Wieviel Seminare unternehmen Fe-rienreiſen?	An wieviel Seminaren wird das Spiel in den Turnſtunden gepflegt?	½ St. weniger als 1 Stunde?	1 Stunde und darüber?	Wieviel Seminare haben eigene Spiel-ſtunden?	An wieviel Seminaren wird in den Frei-zeiten geſpielt?	Wieviel Seminare haben eigene Spiel-plätze?
Oſtpreußen	3	5	9	11	6	11	6	5	3	8	2
Weſtpreußen	3	6	5	7	1	8	5	3	0	4	1
Pommern	4	4	6	8	6	8	4	4	1	5	1
Brandenburg	5	7	9	11	5	10	6	4	1	7	3
Poſen	4	4	6	8	4	9	8	1	0	5	0
Schleſien	12	17	19	19	9	21	9	12	5	13	9
Sachſen	6	5	8	9	5	9	1	8	0	9	8
Schleswig-Holſtein .	4	1	5	3	4	5	5	0	2	5	4
Hannover	6	6	9	11	0	12	9	3	5	8	6
Weſtfalen	6	7	8	6	4	8	5	3	1	5	4
Heſſen-Naſſau . . .	4	4	7	7	3	6	3	3	1	7	6
Rheinprovinz	9	10	10	17	1	17	11	6	4	9	3
	66	76	101	117	48	124	72	52	23	87	47

I. Ausbildung der Seminaristen für den Turnunterricht.

Es genügt hierbei auf die Bestimmungen vom 1. Juli 1901 hinzu-
weisen: „In der Oberklasse ist eine Stunde für den theoretischen Unterricht bestimmt." Im theoretischen Unterricht soll vorgenommen werden:
„Methodik und Systematik des Turnens im Anschluß an den Leitfaden,
Gerätekunde, Anleitung zur Sicherheitsstellung und Hilfeleistung, die beim
Turnen und Baden zu beachtenden Gesundheitsregeln, Unterweisung im
Samariterdienst, Geschichte des Turnwesens." In den methodischen Anweisungen heißt es dann: „Besondere Aufgabe des Seminars ist noch,
die Zöglinge zu befähigen, den Turnunterricht in der Volksschule zu erteilen und dafür den Übungsstoff aus dem Leitfaden für die verschiedenen
Altersstufen auszuwählen, zu ordnen und zu gestalten. Schon in der
Unter- und Mittelklasse des Seminars werden die Schüler im Anschluß
an die eigenen wohlgeordneten, methodisch vom Leichteren zum Schwereren
fortschreitenden Übungen in die Turnsprache und in das Verständnis des
ganzen Unterrichtsbetriebes eingeführt; sie werden auch in der gegenseitigen
Hilfeleistung geübt. Zur Erteilung methodischer Winke bietet sich bei dem
stets vorbildlich zu haltenden Unterrichte selbst vielfach Gelegenheit. Dadurch werden die Zöglinge bereits zur Einsicht in die Grundsätze an-
geleitet, nach denen der Unterricht wirksam zu gestalten ist. In der Oberklasse wird dann im theoretischen Unterricht unter Besprechung des Leitfadens eine zusammenhängende Methodik des Turnens geboten. Dazu
treten unter Wiederholung der im Seminarunterricht (in Naturkunde in
der 3. Klasse) bereits erteilten Belehrungen über den menschlichen Körper
solche über die beim Turnen, Spielen, Baden zu beachtenden Gesundheits-
und Vorsichtsregeln, über die erste Hilfe bei Unglücksfällen und über die
Einrichtung der für die Volksschule vorgeschriebenen Geräte sowie der Turnplätze und Turnhallen. Aus der neueren Geschichte des Turnens ist das
Wichtigste mitzuteilen; besonders sind auch die Abschnitte zu berücksichtigen,
welche sich an die vaterländische und an die Geschichte der Pädagogik an-
knüpfen lassen. Den Zöglingen der Oberklasse ist ferner Gelegenheit zu
geben, Turnübungen zu befehligen und sich in der Erteilung von Turnunterricht an Schulkindern zu üben." — Diesen amtlichen Vorschriften ist
nur beizufügen, daß an allen Seminaren ihnen nachgekommen wird, wobei
nur zu bedauern ist, daß einmal die methodische Stunde von den an sich
schon knapp bemessenen drei Turnstunden genommen werden muß, und daß
sie sich nur auf die Oberklasse beschränkt, nicht aber auch schon auf die Mittel-

Klasse, auf die einige wenige Seminare sie ausdehnen, angewendet wird. — Die praktische Erteilung des Turnunterrichts wird vorbereitet durch schriftliche Ausarbeitung von Lehrproben und Beiwohnen von Musterlektionen, die eigentliche Sicherheit im Unterrichten erhalten die Seminaristen durch das Erteilen des Turnunterrichts an den Übungsschulen, der unter der Aufsicht und Leitung der Turnlehrer fast überall in ihren Händen bei regelmäßigem Wechsel der Seminaristen liegt. Leider ist auch diese praktische Ausbildung der Seminaristen nur auf die Oberklassen beschränkt; nur ganz vereinzelt lassen einige Seminare auch die Schüler der Mittel- und Unterklassen sich bereits im Kommandieren von Frei- usw. Übungen in ihren eigenen Klassen üben. In den Abgangszeugnissen wird die Erklärung beigefügt, daß der Inhaber des Zeugnisses zur Verwaltung eines Volksschullehramtes befähigt ist, die sich auch auf das Turnen bezieht, dessen praktische und theoretische Beherrschung einfach zensiert wird.

K. Schlußbemerkungen.

Im allgemeinen genügt der Turnunterricht den berechtigten Anforderungen. Forderungen, die noch zu stellen sind und der Erfüllung harren, sind:

1. Anstellung von Fachturnlehrern für die Seminare und Präparandenanstalten (über ihre volle Beschäftigung f. o.) oder zum wenigsten Erteilung von Turnunterricht nur durch geprüfte Turnlehrer.

2. Beschaffung eigener Turnhallen und Turnplätze in genügender Größe und vollständiger Ausstattung und guter Beschaffenheit für alle Seminare.

3. Zulassung von Schülervereinen aller Art unter den Seminaristen zur Pflege der Leibesübungen.

4. Erhöhte Pflege des Kürturnens durch eigene Kürturnstunden sowie innerhalb des Unterrichts.

5. Einführung regelmäßiger, in nicht zu langen Zwischenräumen erfolgender Turninspektionen, die durch besonders turnerisch aus- und durchgebildete Turninspektoren zu erfolgen hat.

6. Ausdehnung der theoretischen und praktischen Ausbildung für den Turnunterricht auch auf die Seminaristen der 2. Klasse sowie Vermehrung der Turnstunden in der Weise, daß

die Stunde für die theoretische Ausbildung zu den übrigen drei Turnstunden hinzutritt.

7. Erhöhte Pflege des Jugendspieles außerhalb der Turnstunden nebst Einrichtung genügend großer Spielplätze für die Seminare.

8. Allgemeine Einführung von Ferienreisen ev. mit staatlichen Unterstützungen.

6.
Die Charlottenburger Waldschule.
Von Stadtschulrat Dr. Neufert in Charlottenburg.

Die seit Jahren in vielen größeren Städten übliche Wohlfahrtseinrichtung, diejenigen Kinder der unbemittelten Klassen, welche von Natur schwächlich sind oder eben erst eine schwere Krankheit überstanden haben, in eine Ferienkolonie zu schicken, besteht auch in Charlottenburg. Da die Nachfrage nach den Kolonien sich indessen sehr steigerte — 1904 wurden 831 Kinder, d. i. 4 Prozent der Kinder der Gemeindeschulen hinausgeschickt — so wurde es bald unmöglich, während der Sommerferien für alle Kinder Unterkunft zu beschaffen, und man verfiel auf den Ausweg, manche Kolonien mehrmals hintereinander zu beschicken, indem auch Vorkolonien im Juni und Nachkolonien im August und September entsandt wurden. Das war natürlich nicht möglich ohne eine ernstliche Störung des Schulunterrichts, und manches Kind vermochte die während der vierwöchentlichen Versäumnis entstandenen Lücken in seinem Wissen und Können bis zum Schluß des Schuljahres nicht mehr auszufüllen.

Es gibt aber auch eine nicht unbeträchtliche Zahl von Schulkindern, bei denen eine kurze Erholungszeit von 4 Wochen in keiner Weise genügt. Ein Gang durch die stark besetzten Klassen der Großstadt, ein Blick in die von den Schulärzten ausgestellten Gesundheitsscheine beweist das hinlänglich. Für so manches würde es noch nicht einmal genügen, wenn es zwei- oder dreimal 4 Wochen lang in der Ferienkolonie bliebe. Griff man ausnahmsweise einmal zu diesem Mittel, so waren bei der Rückkehr des Kindes die Lücken natürlich doppelt groß, und die Versetzung am nächsten Termin um so schwerer möglich. So war es nur zu wohl erklärlich, daß zuweilen Eltern mit Rücksicht auf das spätere Fortkommen ihrer Lieblinge schwere Bedenken gegen die lange Versäumung des Unterrichts erhoben.

Dazu kommt noch, daß manche besorgte Mutter ihren kranken Lieb-
ling nicht auf längere Zeit ganz aus den Händen geben will, und daß
wegen der Art des Leidens nicht alle kranken oder kränklichen Kinder in
die Ferienkolonie aufgenommen werden können. Manches herzkranke Kind
z. B. muß zurückgewiesen werden, weil bei ihm plötzliche Zufälle nicht
ausgeschlossen und ärztliche Hilfe nicht in allen Ferienkolonien schnell zu
beschaffen ist. Es machte sich also das Bedürfnis nach einer Ergänzung
der Ferienkolonien geltend. Dabei lenkten sich die Blicke naturgemäß auf
die märkische Heide, auf den nahen Grunewald, wo man vor Jahren
bereits mit sog. Halbkolonien Versuche gemacht hatte.

Zu derselben Zeit fanden mehrfach Beratungen des Stadtschulrates
mit den Schulärzten über die Frage der zweckmäßigsten Gruppierung der
Schülermassen statt. Alle stimmten darin überein, daß es sich empfehle,
die Gruppierung möglichst auf psychologischer und physiologischer Grundlage vorzunehmen. Namens der Schulärzte arbeitete der Privatdozent
Dr. B. Bendix ein Gutachten darüber aus. Gelegentlich einer Besprechung
über den Gegenstand machte dieser dem Stadtschulrat gegenüber den Vorschlag, die mit einer schweren chronischen Krankheit behafteten Kinder —
ebensosehr mit Rücksicht auf die Mitschüler wie auf sie selbst — ganz
aus der Schule herauszunehmen und in Waldsanatorien unterzubringen,
wie sie der Verein zum Roten Kreuz auf Veranlassung von Dr. W. Becher
seit kurzem mit Erfolg bei Schönholz errichtet hatte. Arzt und Schulmann waren darin einig, daß die reine kräftige Luft des Grunewaldes
sich im Interesse heilbedürftiger Kinder sehr wohl mehr ausnützen
lasse; jener hatte besonders das körperliche Wohl der Kinder im Auge,
dieser legte das Hauptgewicht darauf, daß mit der erhöhten Pflege der
Gesundheit auch eine schulmäßige Ausbildung der Kinder nach Maßgabe
der Kräfte verbunden werde. So entstand der Gedanke, eine Wald-
erholungsstätte zu errichten, deren Zöglinge gesundheitlich verpflegt, aber
auch unterrichtlich versorgt würden.

Bald darauf wandte auch die Stadtverordnetenversammlung gelegentlich der Etatsberatungen der Unterbringung kranker Schulkinder in Schul-
sanatorien ihre Aufmerksamkeit zu, was zur Beschleunigung der Angelegenheit wesentlich beitrug.

Nach mehreren eingehenden Durchforschungen des Waldes wurde auf
der Höhe von Westend ein geeigneter Platz ausfindig gemacht, ein mehrere
Morgen großer Hochwald, von der Haltestelle der elektrischen Bahn in
8 Minuten zu erreichen. Das Gelände ist wellig und mit einem üppigen

Rasenteppich bedeckt. Reichliches Himbeergesträuch, Brombeerhecken und niederes Laubholz verleihen demselben besonderen Reiz. Die Neu-Westend-Gesellschaft erteilte bereitwilligst die Genehmigung zur Benutzung des Platzes auf mehrere Jahre. Das gleiche Entgegenkommen zeigte der Vaterländische Frauenverein; er erklärte sich nicht bloß bereit, die wirtschaftliche Verwaltung und den Aufbau zu übernehmen, sondern stellte der Stadt sogar eine Döckersche Wirtschaftsbaracke kostenlos zur Verfügung, wodurch die Ausgaben um 4500 M. vermindert wurden.

Um noch im selben Jahre die erholungsbedürftigen Kinder recht lange der Wohltat teilhaftig werden zu lassen, wurden die Vorbereitungen tunlichst beschleunigt. Am 10. Mai waren dieselben so weit gediehen, daß die Angelegenheit der Schuldeputation unterbreitet werden konnte. Die Anträge des Stadtschulrates fanden einstimmige Annahme. Nach nochmaliger eingehender Prüfung erfolgte sodann am 9. Juni im Magistrat und am 15. Juni in der Stadtverordnetenversammlung ebenfalls einstimmig die Annahme des Projektes und die Bewilligung der auf 32000 M. errechneten — einmaligen und laufenden — Kosten. Nachdem am 5. Juli auch die Königliche Regierung in Potsdam ihre Genehmigung zu dem beabsichtigten Versuch erteilt hatte, konnte mit der Ausführung der Baulichkeiten begonnen werden, und schon am 1. August wurde die Waldschule mit 95 Schülern eröffnet.

Die Kinder sollten, solange es die Jahreszeit erlaube, draußen im Walde bleiben. Tuberkulöse mit Auswurf, Kinder mit nicht kompensierten Herzfehlern, mit Epilepsie, Veitstanz und schwerer Hysterie, mit offener Skrofulose und ansteckenden Krankheiten waren ausgeschlossen. Die Schulärzte der einzelnen Gemeindeschulen hatten aus den ihnen anvertrauten Kindern die erholungsbedürftigsten auszuwählen und mit ihren bisherigen Gesundheitsscheinen in die Waldschule zu entsenden. Dr. Bendix, der Arzt der Waldschule, untersuchte dieselben in den ersten Tagen nach ihrer Aufnahme nochmals genau, traf in zweifelhaften Fällen die letzte Entscheidung und überwachte dieselben fortan. Zuerst war er täglich durch das Amt in Anspruch genommen, später genügten etwa zwei Besuche in der Woche.

Betrachten wir nun die Anlage. Reichlich 1 Hektar Hochwald ist durch einen 1,50 m hohen Drahtzaun, der durch kräftige Naturholzpfosten gehalten wird, abgegrenzt. Durch einen geräumigen Torweg, an dem die Charlottenburger blau-gelbe Fahne weht, tritt man ein.

Wendet man sich nach rechts, so gelangt man zunächst zur Schulbaracke, welche von der Firma Christoph & Unmack in Niesky bezogen war. Diese sogenannten Döckerschen Baracken, im wesentlichen aus wetterfester Pappe und Holz bestehend, hatten sich bereits in anderen Städten zu Schulzwecken bewährt. Sie enthält zwei geräumige Klassen von 6 m Breite und 8 m Länge, und zwei kleinere Zimmer von nur 3 m Breite und Länge, von denen das eine für den Leiter der Schule, das andere für die übrigen Lehrkräfte bestimmt ist; auch die Unterrichtsmittel werden daselbst aufbewahrt. Sämtliche Türen führen nicht sogleich ins Freie, sondern zur Vermeidung von Zugluft auf einen kleinen Flur. Große bis an das Dach reichende Fenster nehmen in jedem Schulzimmer fast eine ganze Längswand ein und sorgen für Licht und Luft; doch wird die Luftzufuhr auch noch durch Ventilationsklappen im Dach und an der Rückwand bewirkt.

Von einer Ausstattung der Klassenzimmer mit den üblichen Subsellien wurde abgesehen, weil man bei schlechtem Wetter die Klassen auch als Speise- und Spielzimmer benutzen wollte. Es wurden daher je sechs leicht zusammenlegbare Tische und gewöhnliche Holzstühle von verschiedener Höhe, den Altersstufen der Kinder entsprechend, gewählt, welche sich aufs beste bewährt haben. An beiden Giebelseiten des Gebäudes ist ein Anbau in leichter Holzkonstruktion zur Unterbringung der Garderobe angebracht, einer für die Knaben und einer für die Mädchen. Jedes Kind verfügt über einen Haken zum Aufhängen von Mantel, Hut und Büchertasche und ein Fach zum Aufbewahren seiner Wolldecke. Zur Aufrechterhaltung der Ordnung sind Decke sowohl als Fach und Nagel mit derselben Nummer versehen.

Ein gutes Stück noch weiter rechts befindet sich eine geräumige, gedielte Halle, die auf einer Längsseite, und zwar nach Süden hin, geöffnet ist, jedoch schützt ein etwas überragendes Dach vor Regen. In ihr verweilen die Kinder bei ungünstigem Wetter und halten auf ihrem Liegestuhl ihr ärztlich angeordnetes Mittagsschläfchen.

Wendet man sich vom Eingang nach links, so gelangt man auf einem von Ziersträuchern und Blumen eingefaßten Gange zur Wirtschaftsanlage, deren größtes Gebäude die Baracke ist, welche wie alle Döckerschen Baracken der Art fünf Räume, zwei größere und drei kleinere enthält. Die beiden ersteren dienen als Wohnzimmer für die Schwester und als Küche, die kleineren als Speisekammer und Schlafräume für zwei Küchenfrauen. An die Küche schließt sich eine kleine offene Halle, in welcher das Geschirr abgewaschen und die Lebensmittel zum Kochen vorbereitet werden. Ein kleiner Bretterverschlag ist als Kartoffel- und Gemüsekeller hergerichtet, und nicht weit davon ein offener Schuppen für die

Holz- und Kohlenvorräte angelegt. Unmittelbar neben dem letzteren befindet sich der geräumige Milchkeller, zu dem mehrere Stufen hinabführen. Durch Aufschüttung von Erde auf dem Dach und an den Wänden war es möglich, selbst in dem abnorm heißen Sommer die genügende Kühle herzustellen, so daß die Milch niemals verdorben ist. Eine Hundehütte vervollständigt die Baulichkeiten des zwischen der Wirtschaftsbaracke und der äußeren Umgrenzung gelegenen Wirtschaftshofes, der durch einen Bretterzaun von dem übrigen Waldschulgelände abgegrenzt ist.

Vor der Baracke sind unter den hohen Bäumen lange einfache Tische und Bänke aufgeschlagen, je ein Tisch mit zwei Bänken für eine Klasse, die Höhe dem Alter der Kinder angemessen. Etwas abseits davon und etwas höher gelegen, steht auf gebleiter, von Ziersträuchern umgebener Plattform der Eßtisch für die Lehrer. Von hier aus überschaut man das ganze Gelände. Ein paar Stufen an der Wirtschaftsbaracke unter einem kleinen vorspringenden Schutzdach führen zu einem Schiebefenster in der Küche, durch welches die Kinder bei den Mahlzeiten ihre Becher und Schüsselchen in Empfang nehmen.

Eine besondere Röhrenleitung liefert das nötige Wasser, das von den Charlottenburger Wasserwerken in hochherziger Weise umsonst zur Verfügung gestellt wurde.

Die Abwässer der Küche werden nach einer in der Nähe angelegten Sickergrube geleitet und dort von dem sandigen Boden gierig aufgesogen.

An den Wirtschaftshof stößt ein leichter Holzbau mit den Wasch- und Baderäumen, die ersteren durch eine Holzwand für die Geschlechter geschieden. In dem langen, schmalen Waschraum sind auf Tischen eine Reihe Waschbecken aus Emaille aufgestellt, die so fleißig benutzt worden sind, daß Tisch und Fußboden gewöhnlich feucht waren. Unter demselben Dach befindet sich der Baderaum, eine Badewanne, ein Brausebad und 6 Ankleidezellen enthaltend. In dem heißen Sommer wurde das Brausebad von allen, die nicht durch ärztliches Gebot daran gehindert waren, fleißig benützt; aber auch in den kühleren Herbstmonaten war der Besuch noch rege. 33 skrofulöse Kinder bekamen auf Anordnung des Waldschularztes wöchentlich je 3 Soolbäder.

Ein gutes Stück weiter nach links war die Abortanlage, ebenfalls ein einfacher Holzbau, der durch eine Bretterwand in zwei fast gleich große Teile, für Knaben und für Mädchen, getrennt war. Das angewandte Tonnensystem hat sich hinlänglich bewährt; übler Geruch war über die umgebenden Hecken hinaus nicht wahrnehmbar.

Rings auf dem weiten eingehegten Plane unter den hohen Bäumen waren Bänke und Sitzplätzchen verschiedener Art verteilt, zum Teil mit einem leichten Schutzdach aus Zweigen versehen; sie wurden besonders von den größeren Mädchen gern mit einem Buch oder einer Handarbeit aufgesucht. Unten im Grunde, vor Wind geschützt, waren Turngeräte aufgeschlagen, von denen namentlich die Schaukelringe sich großer Beliebtheit erfreuten. Zwischen dem Turnplatz und der Liegehalle war der Lieblingstummelplatz der Kinder. Als echten Flachlandbewohnern gewährte es vielen schon ein sichtliches Vergnügen gelegentlich einmal den Abhang hinunterrennen und wieder herauftürmen zu können. Am äußersten Rande hatten die künftigen Bergleute, Mineure und Sappeure ihr Arbeitsfeld; mit ihren kleinen Schippen legten sie kunstvolle Schanzen und tiefe Gruben an; Port Arthur ist hier im Laufe des Sommers schon wiederholt eingenommen worden.

Vor der Schulbaracke und auch an sonst geeigneten Plätzen waren Blumen und Ziersträucher angepflanzt, nicht bloß zum Schmuck des Ganzen, sondern auch um den Kindern, vornehmlich den Mädchen, Gelegenheit zur Blumenpflege zu geben.

Die Schwester und zwei Küchenfrauen verblieben auch während der Nacht in der Waldschule, deren Bewachung einem Wächter mit einem kräftigen Hunde oblag.

In den ersten 14 Tagen nach der Eröffnung erfreuten sich die Kinder noch der Ferien, und das Leben in der Waldschule glich etwa dem in einer Ferienkolonie; nur mußte bei allem mehr darauf Bedacht genommen werden, daß man lauter Kinder mit ernsteren Leiden vor sich hatte. So zeigte sich z. B. sofort, daß den Großstadtkindern Gesellschaftsspiele im Freien fast fremd waren. Wohl wird in Charlottenburg seit einigen Jahren das Jugendspiel eifrig gepflegt, doch gerade die kränklichen und schwächlichen Kinder waren teils von ihren Eltern aus übertriebener Ängstlichkeit vom Spiel ferngehalten worden, teils hatte der Arzt es nicht gestattet. Anders nun hier in der Waldschule, wo seitens des Schularztes bestimmt wurde, wie weit jedes Kind sich beteiligen durfte, und seitens des Lehrers gebührend Rücksicht darauf genommen wurde. Bald gaben sich alle mit Lust dem gemeinsamen Spiele im schönen grünen Walde hin, und das Spiel bewährte sich trefflich als Arzt und als Erzieher.

Am 15. August begann wie in allen anderen Schulen der Unterricht, und nun erst zeigte sich das charakteristische Leben und Treiben in der Waldschule. Der Lehrplan entsprach dem der Osterklassen der Gemeinde-

schulen, nur daß der Lehrstoff in den meisten Fächern auf das Hauptsächlichste beschränkt war; jedoch waren nur 6 — nicht wie in den Gemeindeschulen 7 — Klassen vertreten, da man von vornherein davon abgesehen
hatte, Schüler der untersten Klasse aufzunehmen, teils mit Rücksicht auf
den weiten Weg, teils auch in der Erwägung, daß so kränkliche sechsjährige
Kinder am zweckmäßigsten ganz vom Schulunterricht befreit blieben. Die
Gesamtdauer des Unterrichts war für die unterste Klasse täglich 2 Stunden,
für die 3 obersten täglich $2^1/_2$ Stunden, in den beiden Klassen V und IV
waren 13 bzw. 14 Stunden wöchentlich angesetzt.

Da bei der geringen Klassenfrequenz in der Waldschule — durchschnittlich 20, höchstens 25 — der Lehrer den einzelnen Schüler fester im Auge
hat und dem individuellen Bedürfnis mehr Rechnung getragen werden
kann als in der von 40—50 Kindern besetzten Klasse der Gemeindeschule,
so hoffte man, daß trotz der erheblichen Verkürzung der Unterrichtszeit
das errungene Wissen und Können nicht wesentlich geringer sein würde
als in dieser, so daß sie bei ihrem Wiedereintritt in die Volksschule mit
ihren ehemaligen Klassengenossen würden fortkommen können.

Da für diese 6 Klassen nur 2 Schulzimmer vorhanden waren, also
3 Klassen für jedes Zimmer, so machte die Aufstellung des Lektions- und
Stundenplanes einige Schwierigkeiten, obgleich der Unterricht in Natur-
wissenschaften, Turnen und Singen grundsätzlich im Freien zu erteilen war,
soweit es das Wetter irgend zuließ, eine Anordnung, von der in dem
trockenen Sommer ausgiebigst Gebrauch gemacht worden ist.

Das Leben der Waldschüler nahm folgenden Verlauf. Die Kinder,
deren Zahl bald auf 120 angewachsen war, stellten sich früh um $^3/_48$ Uhr
ein und erhielten zunächst einen Becher Suppe und eine mit Naturbutter
gestrichene Schrippe. Um 8 Uhr begann für 2 Klassen der Unterricht, der
jedoch, um die Kinder vor Übermüdung zu schützen, in $^1/_2$ stündigen
Lektionen erteilt wurde; nach jeder halben Stunde fand eine Pause von
5 Minuten statt, nach jeder ganzen eine solche von 10 Minuten. Länger
als 2 Stunden hintereinander zu unterrichten war überhaupt nicht gestattet. Diese Bestimmung erwies sich in den meisten und wichtigsten
Fächern als recht zweckmäßig. Wenn die kränklichen Kinder z. B. eine
halbe Stunde intensiv gerechnet hatten, so waren ihre Kräfte derart ver-
braucht, daß eine Pause dringend notwendig war. Wenige Minuten Bewegung in der kräftigen Waldluft erfrischten die Kinder jedoch hinreichend,
um dem Unterricht wieder mit Aufmerksamkeit zu folgen. Immerhin erschien
es im gesundheitlichen Interesse nicht angängig, nach der Pause wiederum

zu rechnen oder einen anderen gleich anstrengenden Gegenstand vorzunehmen.

Um $^1\!/_2$ 11 Uhr erhielten die Kinder 1—2 Becher Milch — durchschnittlich $^1\!/_2$ l war im Haushaltungsplan vorgesehen — und eine gestrichene Schwarzbrotschnitte. Darauf begann der Unterricht für 2 andere Klassen, während die übrigen Kinder sich nach freier Wahl beschäftigten, spielten oder turnten, Handarbeit machten oder lasen. Um $^3\!/_4$ 1 Uhr rief die Glocke zur Hauptmahlzeit. An den langen Tischen unter den Bäumen nahmen sie klassenweise geordnet Platz. Es gab täglich Fleisch, Kartoffeln und Gemüse oder Hülsenfrüchte, und zwar 100 gr Fleisch, 200 gr Zukost für jedes Kind im Durchschnitt; jedoch wurde das vorgeschriebene Quantum nicht jedem Kinde abgeteilt, sondern dem Appetit angemessen verabreicht. Die Speisen waren gut, kräftig und schmackhaft zubereitet und wurden mit steigendem Appetit von den Kindern verzehrt. Wohl nur sehr wenige Eltern, die ein Kind in die Waldschule entsandt hatten, dürften in der Lage gewesen sein, zu Hause ihrem Kinde so gute und nahrhafte Kost vorzusetzen.

Nach dieser Mahlzeit mußten die Kinder auf Anordnung des Waldschularztes 2 Stunden ruhen, für welchen Zweck der bereits erwähnte Liegestuhl nebst Wolldecke für jedes Kind angeschafft worden war. Vielen Kindern wurde es in den ersten Wochen verzweifelt schwer, sich ein Stündchen ruhig zu verhalten; allein die Lehrer wußten es doch durchzusetzen, und es war nicht uninteressant zu beobachten, wie die meisten Kinder sich allmählich daran gewöhnten, ihre Zeit schlafend zu verbringen.

Um Punkt 3 Uhr traten die letzten 2 Klassen, nicht jeden Tag dieselben, zum Unterricht zusammen. Eine Stunde später versammelten sich sämtliche Kinder zur Nachmittagsmilch, wobei wiederum Schwarzbrot, diesmal zur Abwechselung mit Mus bestrichen, die Zukost bildete. Dann folgten noch eine oder zwei Stunden Unterricht; für die meisten aber war der Nachmittag größtenteils dem Spiel gewidmet. Die letzte Mahlzeit, bestehend aus Suppe und Butterbrot, wurde gegen 6$^1\!/_4$ Uhr, kurz vor Antritt des Heimweges, eingenommen.

Wie sie gekommen waren, die näher Wohnenden zu Fuß, die anderen mit der elektrischen Straßenbahn, kehrten die Kinder nach Hause zurück. Für 31 ganz unbemittelte hatte die Stadt, für weitere 10 die Direktion der Straßenbahn freie Fahrt bewilligt.

Für die Verpflegung waren pro Kind und Tag 50 ₰ gerechnet worden. Obwohl die Gemüse im letzten Sommer infolge der herrschenden Dürre ganz abnorm teuer waren, und obwohl mit Rücksicht auf den

weiten Weg manches noch etwas teurer bezahlt werden mußte, als auf
dem Markte, so war es der leitenden Schwester Auguste Lange doch möglich, mit den zur Verfügung gestellten Mitteln auszukommen, ja sie brachte
es sogar noch fertig, des Sonntags Kompott oder Flammeri einzuschieben.
Erst als nach dem 1. Oktober die Zahl der Waldschüler auf 99 zurückging,
weil einzelne Kinder ihrer Schulpflicht genügt hatten, andere nach auswärts verzogen waren, erhöhte sich der Durchschnittspreis um ein Geringes,
so daß sich als Gesamtergebnis für das Jahr 1904 51$^1/_2$ ₰ pro Kind
und Tag ergab. Ganz unbemittelte Kinder erhielten die Beköstigung aus
städtischen Mitteln, die übrigen hatten die Kosten dafür je nach der Ver-
mögenslage der Eltern ganz oder teilweise wieder zu erstatten.

Eine Gliederung der Kinder nach dem Geschlecht fand nicht statt;
Knaben und Mädchen wurden gemeinsam unterrichtet, und es hat dies
nicht nur keine Nachteile, sondern sogar mannigfachen Nutzen im Gefolge
gehabt. Mancher schwerfällige und phlegmatische Bursche fühlte sich
ernstlich beunruhigt, wenn neben ihm ein lebhaftes Mädchen auf die
Frage des Lehrers immer so viel früher den Finger in die Höhe hob, und
ließ es sich bald angelegen sein, hinter ihr nicht zurückzubleiben. Und die
Mädchen wiederum nahmen sich ein Beispiel an der größeren Ruhe der
Knaben und antworteten bedachtsamer. Auch auf die äußere Haltung
der Knaben war die Gegenwart der im allgemeinen sauberen und ge-
sitteteren Mädchen nicht ohne Einfluß.

Nicht unerhebliche Schwierigkeiten verursachte es anfangs, die aus
den verschiedenen Schulen zusammengeströmten Kinder zu einem einigermaßen einheitlichen Schülermaterial zusammenzuschmelzen, zumal fast alle
wegen ihrer fortdauernden Kränklichkeit oft hatten die Schule versäumen
müssen, und daher zahlreiche Lücken auf den verschiedensten Gebieten
des Jahrespensums aufzuweisen hatten. Es schien anfangs, als ob die
den Lehrern gestellte Aufgabe über menschliche Kraft hinausginge. Allein
bald zeigte sich, was treue Arbeit, verbunden mit Geduld und Ausdauer,
zu leisten vermag. Es kam den Lehrern zu Hilfe, daß sie auch in der
unterrichtsfreien Zeit mit ihren Schülern zusammen waren und denselben
wertvolle Fingerzeige geben, sie wohl auch mitunter einmal privatim
vornehmen konnten. So wurden nach und nach zahlreiche vorhandene
Lücken aufgespürt und ausgefüllt, und die Leistungen in der Klasse
besserten sich von Monat zu Monat.

Das Kollegium, dem diese großen Aufgaben auf pädagogischem
Gebiete gestellt waren, bestand aus drei Lehrern und einer Lehrerin, welche

von Gemeindeschulen überwiesen worden waren. Herr Köppen, welcher das Examen pro rectoratu abgelegt hat, wurde mit der Leitung der Schule betraut; die beiden anderen Lehrer, Herr Hewelt und Herr Remus, waren früher selbst an Tuberkulose erkrankt gewesen, aber nach längerem Aufenthalt in Sanatorien und Erholungsstätten wieder geheilt worden; ihre dabei gewonnenen Erfahrungen kamen jetzt den Waldschülern trefflich zustatten. Um die Parität zu wahren, wurde auch eine katholische Lehrkraft, Fräulein Preuß, der Waldschule überwiesen; sie wurde auch mit dem Religionsunterricht der zwölf katholischen Kinder betraut. An den Nachmittagen stellten sich noch freiwillig einige Hilfslehrerinnen zur Verfügung, um einige Stunden mit den Kindern zu spielen.

Die Lehrer hatten neben ihren Unterrichtsstunden noch eine beträchtliche Zahl von Stunden die Aufsicht auszuüben. Aber auch in ihrer sogenannten Freizeit waren sie fortwährend von den Kindern mit Beschlag belegt. Sie haben also ein ungewöhnlich großes Arbeitspensum zu bewältigen gehabt; gewöhnlich waren sie von $^3/_4$ 8 Uhr morgens bis 7 Uhr abends in der Waldschule. Es war daher notwendig, daß die Waldschule auch für ihre Beköstigung Sorge trug, und es entsprach der Billigkeit, daß jede Lehrkraft zu ihrem Gehalt noch einen monatlichen Zuschuß erhielt. Sämtliche Damen und Herren haben sich der ihnen gestellten Aufgabe mit größter Hingabe und vielem Geschick unterzogen.

Ebenso wie der Lehrplan den besonderen Verhältnissen der Kinder angepaßt war, so mußte es auch die Lehrmethode und insbesondere der Lehrton sein. Körperliche Erholung und Gesundung sollten ja mit Erziehung und Unterweisung in gleicher Weise gepflegt werden. Es durften daher Erziehungsmittel, welche die Erholung ungünstig beeinflussen konnten, nicht angewandt werden. Entziehung einer Mahlzeit, Ausschluß vom Spiel u. a. waren unmöglich, der Stock war verpönt; polternde und schroffe Zurechtweisung, scharfer Spott, Ironie und Sarkasmus waren nicht am Platze; mit Äußerungen des Tadels sollte der Lehrer sparsam, mit Lob und Anerkennung und allen Zeichen elterlichen Wohlwollens freigebig sein. Das galt nicht nur von der Unterrichtsstunde, sondern auch von der übrigen Zeit.

Die Kürze der Lektionen gebot frisch und flink vorzutragen, von allem Nebensächlichen abzusehen und dem einzelnen, der etwas nicht recht verstanden hatte, nicht zu viel kostbare Zeit in der Stunde zu widmen, ihn vielmehr außerhalb derselben noch einmal vorzunehmen.

Planmäßige, wenn auch auf das hauptsächlichste beschränkte Wiederholungen erwiesen sich wegen der vielen Lücken als unumgänglich notwendig.

Anfangs begegnete die Einrichtung dem mannigfaltigsten Mißtrauen
seitens der Eltern, und es hielt sehr schwer die mäßigen Beiträge zu
den Verpflegungskosten einzutreiben. Indessen in demselben Maße, als
sich die Kinder wohler und glücklicher fühlten im grünen Walde, als
sich die bleichen Wangen röteten, die matten Augen glänzender, die
Bewegungen frischer und lebendiger wurden, in demselben Maße kehrte
auch das Vertrauen bei den Eltern ein; sie lauschten des Abends erstaunt
den Erzählungen des Kindes, das einen frischen Waldeshauch in die
enge, heiße Wohnung mitzubringen schien, und sie gingen bald, sich von
der Güte des Gebotenen zu überzeugen. Die Besuche wurden so zahlreich, daß man sich genötigt sah, durch eine Tafel am Eingang bestimmte
Besuchszeiten bekannt zu machen.

Auch außer den Eltern stellten sich zahlreiche Besucher ein; von
vornherein hatte die Presse das Unternehmen günstig beurteilt, und
je länger der Betrieb währte, desto häufiger wurden die Vorzüge ge-
rühmt. Auch die staatlichen und städtischen Behörden beehrten die Waldschule mit ihrem Besuche; kommunale und pädagogische Vereine fanden
sich ebenfalls ein, und aus vielen deutschen Gauen, aus Österreich, Rußland, Skandinavien, Finnland, Serbien, Amerika und anderen Ländern
kamen Besucher. Und mancher warm empfindende Volksfreund, welcher
der Waldschule einen Besuch abgestattet hatte, gab die Versicherung, daß
ihm derselbe eine wahre Herzensfreude bereitet habe, und daß er es
sich angelegen sein lassen wolle, die Einrichtung zur Nachahmung zu
empfehlen.

Die Kosten der Waldschule waren nicht unerheblich. Es betrugen die
einmaligen Ausgaben:

1. Für den Drahtzaun	572,63	M.
2. für die Schulbaracke 9491,59 M. mit Garderoben 632 M.	10 123,59	‧
3. für die offene Halle	1 380,84	‧
4. für den Wasch- und Baderaum	866,99	‧
5. für den Abort	1 000,—	‧
6. für die Wasserleitung 550 M., die Be- und Ent-wässerungsanlage 383,81 und 40,75 M. . .	974,56	‧
	Summe 14 918,61	M.

Übertrag 14 918,61 M.

7. für den Abwasch- und Geschirr-Raum . . . 150,— -
8. für den Milchkeller 250 M., den Gemüsekeller 46 M. 296,— -
9. für Portal, Schilder, Anstrich, Fällen der Bäume,
   Herstellung von Bänken, Tischen und sonstigen
   Zimmerarbeiten . . . . 1356,69 -
10. für gärtnerische Arbeiten. . . . . . . 108,61 -
11. für die innere Einrichtung der Wirtschaftsbaracke 2905,21 -
12. für Beschaffung von Schulinventar, Lehrmitteln,
    Turngeräten usw. . . . . 1232,54 -
13. für sonstige Ausgaben . . . . 329,20 -

insgesamt 21296,86 M.

Die laufenden Unterhaltungskosten der Waldschule für die 90 Tage vom 1. August bis zum 29. Oktober betragen 7503,51 M.; davon entfallen auf:

a) Beköstigung der Kinder, Lehrer, der Schwester
   und des Küchenpersonals . . . . 5445,35 M.
b) Zulage der 4 Lehrkräfte à 50 M. monatlich . 550,— -
c) Honorar des Schularztes . . . . 300,— -
d) Honorar der Schwester . . . . 150,— -
e) Lohn der Köchin und zweier Helferinnen monatlich 65, 30 und 30 M. . . . . 375,— -
f) Lohn des Wächters à 60 M. . . . . . . 180,— -
g) Fahrkarten für die Lehrkräfte und besonders unbemittelte Kinder . . . . 336,40 -
h) sonstige Ausgaben: Medikamente, Porto, Tafel-
   lappen, Tinte, Seife, Tonnenabfuhr . . . 166,76 -

7503,51 M.

Rechnet man noch die Kosten für Vertretung der Lehrkräfte hinzu, die . . . . 1877,40 M.

betrugen, so ergibt sich die Gesamtsumme von 9380,91 M.

Dem gegenüber stehen als Einnahmen rund 1000 M. an wieder-eingezogenen Auslagen für die Beköstigung.

Gar bald erkannte man in den fröhlichen rotwangigen Kindern, die so munter auf dem grünen Plane herumsprangen, kaum noch die blassen, schwächlichen Gestalten, die am 1. August ihren Einzug gehalten hatten, und die erstaunte Frage einer Besucherin: „Ich denke, daß die

Waldschule nur kränkliche Kinder aufnimmt?" hatte ihre volle Berechtigung. Der beständige Aufenthalt im Freien, in der reinen Waldluft, die reichliche, kräftige und regelmäßige Kost, sund die Bäder haben die besten Erfolge gezeitigt.

Alle 14 Tage wurden die Kinder von der Schwester gewogen und die Resultate genau gebucht. Bei sämtlichen Kindern konnte eine Gewichtszunahme festgestellt werden. Die 68, welche am ersten (2. August) und letzten Wiegetermine (29. Oktober) teilgenommen, haben nach der vorliegenden Tabelle zusammen 444 Pfund zugenommen, so daß auf ein Kind, welches die Waldschule von Anfang bis zu Ende (90 Tage) besuchte, durchschnittlich 6,5 Pfund kommen. Darunter befinden sich 11 Kinder mit einer Gewichtszunahme von 10—16 Pfund. Die 42 Kinder, welche 2—2½ Monate der Waldschule angehörten, haben durchschnittlich 5 Pfund, 8 andere, die nur etwa 1½ Monat draußen waren, durchschnittlich 3,5 Pfund an Gewicht gewonnen. Alle drei Gruppen stimmen zufälligerweise darin überein, daß ein Waldschulkind in jeder Woche durchschnittlich um ½ Pfund zunahm.

Über die hygienischen Erfolge der Waldschule berichtet der leitende Arzt, Herr Privatdozent Dr. B. Bendix, folgendermaßen: „Ich habe sämtliche Kinder in den ersten Tagen nach ihrer Aufnahme genau untersucht, sie während ihres Aufenthaltes auf den gewonnenen Befund hin öfters kontrolliert und kurz vor ihrem Abgang aus der Schule sie noch einmal gründlich nachuntersucht.

Die kranken Kinder setzten sich zusammen aus herzkranken, lungenkranken (ohne Auswurf), strofulosen und schwer blutarmen. Ich rechne

zu 1. Blutarmut (Anämie): alle Kinder, welche durch eine mehr oder weniger hervortretende Blässe der Haut und der Schleimhäute ausgezeichnet waren. Hierher gehören auch die Kinder mit Herzklopfen, Seitenstichen, Herzstichen und Kopfschmerzen ohne besonders nachweisbare Ursachen. Ebenso zähle ich hierher Nasenbluten, Nervenschwäche und Nervosität, die entweder als Folge oder Begleiterscheinungen der Blutarmut auftreten;

zu 2. Strofulose (Drüsenkrankheit): alle Kinder, welche an deutlich nachweisbaren größeren oder kleineren Hals- und Nackendrüsenschwellungen litten. Bei ihnen waren außer anderen strofulösen Erscheinungen, wie Ausschlägen, Augenentzündungen, Schnupfen usw. immer noch die deutlichen Erscheinungen der Blutarmut mit ihren Folgen vorhanden;

zu 3. Herzkrankheiten: alle Kinder mit wirklich nachweisbarem Herzfehler;

zu 4. Lungenkrankheiten: alle Kinder mit sicher erkennbaren Lungen-erscheinungen.

Mein Urteil über die „Kräftigung" der Kinder nach dem dreimonat-lichen Aufenthalt in der Waldschule ist begründet auf den allgemeinen Eindruck, den ich mit Beobachtung des Appetits, der Stimmung und des sonstigen Verhaltens der Kinder gewonnen habe, wie auch durch den an den Kranken festgestellten objektiven Befund.

Der äußere Eindruck, welchen die Kinder bereits nach einigen Wochen ihres Waldaufenthaltes machten, war ein überraschend günstiger: Der Appetit war ein außerordentlich guter, die Stimmung eine lustige, fröhliche, die Aufmerksamkeit eine rege und der Gesamteindruck bei fast allen ein äußerst befriedigender.

Dieser durch die einfache Beobachtung gewonnene Eindruck, der von allen, welche die Kinder des öfteren sahen, bestätigt wird, läßt sich nun an der Hand der Untersuchungen objektiv dartun.

Von den 122 Kindern, welche sich in der Waldschule vom 1. August bis 29. Oktober 1904 in meiner ärztlichen Beobachtung befanden, scheiden 15 aus, welche aus irgendwelchen Gründen nach kürzerer Zeit wieder aus derselben entfernt wurden, so daß für die Beantwortung der ge-wonnenen Resultate nur 107 Kinder übrig bleiben. Dieselben verteilen sich auf die vier Krankheitsgruppen folgendermaßen:

1. Blutarmut.

Zahl der Kinder: 34 (23 Mädchen und 11 Knaben).

1 verschlimmert	. . .	2,9 %
9 unverändert	. .	26,3 %
11 gebessert	. . .	32,4 %
13 geheilt	. . . .	38,2 %.

2. Strofulose.

Zahl der Kinder: 38 (18 Mädchen und 20 Knaben).

0 verschlimmert	. . .	0 %
8 unverändert	. . .	21 %
22 gebessert	. .	57,9 %
8 geheilt	. . . .	21,1 %.

6*

3. Herzkrankheiten.

Zahl der Kinder: 14 (9 Mädchen und 5 Knaben).

    0 verschlimmert . . . . 0 %
    7 unverändert . . . . 50 %
    7 gebessert . . . . . 50 %
    0 geheilt . . . . . . 0 %.

4. Lungenkrankheiten.

Zahl der Kinder: 21 (8 Mädchen und 13 Knaben).

    1 verschlimmert . . . 4,76 %
    8 unverändert . . . 38   %
    8 gebessert 38   %
    4 geheilt 19   %.

Zur Erklärung dieser aufgestellten Statistik dienen folgende kurze Bemerkungen. Für die Beurteilung der Besserung der Blutarmut stand mir kein anderes Mittel vorläufig zur Verfügung als der Grad derselben. Ich teilte die Kinder in drei verschiedene Grade:

       Nr. I blaß, Nr. II sehr blaß, Nr. III wachsbleich.

Fand ich nun bei der Nachuntersuchung ein Kind von Stufe III auf Stufe II, oder von II auf I gerückt, so habe ich diese Veränderung in der Statistik als Besserung bezeichnet. Und finde ich die Notiz bei der Nachuntersuchung „blühend" oder „von frischer, gesunder Farbe", so habe ich diesen Zustand als geheilt bezeichnet. Finde ich dagegen bei Aufnahme und Schlußuntersuchung dieselben Grade der Blutarmut angegeben, so wird der Zustand als unverändert bezeichnet. Ich gebe zu, daß die Statistik bei dieser Auffassung an einer gewissen Subjektivität leidet, indessen fehlt mir außer einer wissenschaftlichen Blutuntersuchung jeder andere Maßstab zur Beurteilung des Zustandes außer der Heranziehung der Haut- und Schleimhautfarbe.

Die Strofulose habe ich als gebessert bezeichnet, wenn die Begleiterscheinungen derselben, Kopfschmerzen, Augenentzündungen, Gesichtsausschlag, Blutarmut zurückgegangen waren, als geheilt, wenn dieselben vollständig geschwunden und neben diesen auch noch das Hauptsymptom, die Drüsenschwellungen, abgeheilt waren.

Bei den organischen Herzfehlern kann von einer Heilung keine Rede sein. Als Besserung habe ich bezeichnet eine Verminderung oder ein Schwinden gewisser Herzbeschwerden (Herzklopfen, Herzstiche, Atemnot);

und neben diesen subjektiven Erscheinungen war auch hier die Verbesserung
in der Blutbildung der objektive maßgebende Faktor.

Die statistischen Bemerkungen bei den Lungenerkrankungen beziehen
sich ebenfalls nur auf die Blutarmut des Kindes und den Allgemein-
zustand. Von einer Aushellung des Lungenprozesses kann natürlich in
so kurzer Zeit keine Rede sein.

Zu diesen positiven Belegen über die Verbesserung des Gesundheitszustandes der Kinder während eines dreimonatlichen Aufenthalts im Walde
möchte ich noch als glänzendsten Beweis für die Kräftigung und Erhöhung
der Widerstandskraft des Organismus durch den dauernden Aufenthalt
im Freien anführen, daß selbst während der regnerischen und teilweise
recht kühlen Tage im Oktober keines der Kinder, trotz teilweise mangelhafter Fußbekleidung, an Erkältung oder Katarrh der Nase, des Rachens
oder der Luftröhre erkrankt ist.

Es kann also keinem Zweifel unterliegen, daß die Waldschule in
sanitärer Beziehung mit den einfachsten medizinischen resp. hygienischen
Hilfsmitteln — dauernder Aufenthalt in freier Luft bei jeder Witterung,
Bestrahlung durch das Sonnenlicht, einfaches oder Salzbad, Douchen,
kräftige aber einfachste Kost, Schulunterricht mit Einschränkung der Stunden-
und Schülerzahl — bereits mit ihrem ersten Versuch von 3 Monaten einen
außerordentlichen Nutzen für die kranken und siechen Kinder gestiftet hat."

Auch in pädagogischer Beziehung haben wir alle Ursache, mit dem
Erfolge der Waldschule zufrieden zu sein.

Auf das Betragen des Kindes hat der Aufenthalt in der Waldschule
günstigen Einfluß gehabt, besonders zur Ordnung, Sauberkeit und Pünktlichkeit, sowie zur Verträglichkeit untereinander wurden dieselben erzogen.
Das Leben im stillen Waldwinkel, fern von allen schädlichen Einwirkungen,
das beständige Zusammensein mit gebildeten Menschen, das lebhafte Gefühl für das Gute, was an ihnen getan wurde, alles das bewirkte, daß
die Kinder sich bemühten, sich der empfangenen Wohltaten würdig zu
zeigen. Ungezogenheiten kamen in den letzten Wochen viel seltener als
anfangs vor. Ein wichtiger Faktor war dabei auch der erziehliche Einfluß, welchen die Kinder selbst aufeinander ausübten. Es erfuhren z. B.
Kinder, die in ihrem Anzug nicht ganz sauber waren oder im Gebrauch
des Taschentuchs nicht auf der Höhe standen, von den Mitschülern eine
so kräftige Kritik, daß sie sich bald der öffentlichen Meinung fügten.

Natürlich vermochte ein dreimonatlicher Aufenthalt in der Waldschule nicht alle vorhandenen Lücken auszufüllen oder gar aus einem

unbegabten Kinde ein begabtes zu machen; aber das ist erreicht worden, daß nahezu jedes Kind am Unterricht rege teilnahm und nach Kräften sich bemühte.

Mit großer Einmütigkeit berichteten beim Schlusse der Waldschule die Lehrer, daß mit der zunehmenden körperlichen Kräftigung die Aufmerksamkeit und Frische im Unterricht sich gehoben habe; nur in 3 von 120 Fällen wurde Klage geführt, daß ein Kind nicht rege genug war. Dem entsprechen auch die Leistungen. In weitaus den meisten Fällen wurde Genügendes oder der Begabung Entsprechendes geleistet. Nur bei 5 Kindern äußern die Lehrer ihre Unzufriedenheit, einmal allerdings mit der Motivierung, daß das kranke Kind durch die Eltern mit Zeitungaustragen vor Beginn des Unterrichts sehr angestrengt wurde. Dafür wird aber in nicht weniger als 13 Fällen ausdrücklich bezeugt, daß die Leistungen in sämtlichen oder einzelnen Fächern ganz wesentlich besser geworden waren. Es ist vorgekommen, daß Schüler, welche ursprünglich ungenügend waren, beim Schluß der Schule Genügendes leisteten; an Stelle eines Mangelhaft ist bei vielen ein Genügend oder gar eine bessere Zensur getreten. Ja ein Kind, welches die Lehrer schon nach der Hülfsschule überweisen wollten, hob sich so weit, daß es am Unterricht mit genügendem Erfolg teilnehmen konnte, auch nachdem es wieder in die Gemeindeschule zurückgekehrt war.

Allein man könnte vermuten, daß die Berichte der Waldschullehrer, welche ihre Schüler liebgewonnen hatten, aus naheliegenden Gründen vielleicht zu schön gefärbt sein möchten; das entscheidende Urteil könne erst der Lehrer fällen, in dessen Klasse die Kinder nach Schluß der Waldschule wieder einrückten. Ich habe daher wenige Wochen nach dem Wiedereintritt der Kinder in die Gemeindeschule mich bei den Rektoren von drei verschiedenen Schulen erkundigt und ausnahmslos günstige Urteile über die Zurückgekehrten vernommen; vor allem wurde wieder die größere Frische und die regere Teilnahme am Unterricht hervorgehoben. Anfang Januar wurden sodann von sämtlichen Gemeindeschulen amtliche Berichte über die Klassenleistungen der ehemaligen Waldschüler eingefordert, namentlich darüber, ob die Kinder durch den Unterricht in der Waldschule derartig gefördert worden sind, daß sie in ihren früheren Klassen mit fortkommen. Nur in 12 einzelnen Fällen sind die Leistungen schwächer geworden, in den übrigen sind dieselben gleich geblieben, in mehreren haben sie sich sogar gebessert. Es ist hierbei zu berücksichtigen, daß inzwischen leider in manchen Fällen das körperliche Befinden infolge der ungünstigen Ernährungs- und Wohnungsverhältnisse, der zu großen Anstrengung des 4—5 stündigen Unterrichts, zum Teil auch infolge akuter Erkrankungen ungünstig beeinflußt worden war. Jedenfalls geht aus den Berichten deutlich hervor, daß das pädagogische Ziel, welches der Waldschule bei ihrer Gründung gesteckt worden ist, erreichbar und von dem weitaus größten Teile der Kinder auch erreicht worden ist. Dabei ist zu bedenken, daß bei den zur Verfügung gestellten Mitteln doch nur die allerkränksten Kinder — 6 %₀ der gesamten Schülerzahl — Aufnahme finden konnten. Sollte es dereinst möglich sein, einen erheblich größeren Prozentsatz in Waldschulen unterzubringen — nach überschläglicher Schätzung erachteten die Schulärzte etwa 4 % aller Schüler für waldschulbedürftig —, so werden die Resultate naturgemäß noch günstiger werden.

Als am 29. Oktober die Waldschule weniger wegen der Kälte als wegen der immer kürzer werdenden Tage geschlossen werden mußte, flossen viele Tränen bei den Kindern, und selbst die Schwester und die Lehrer nahmen mit Wehmut Abschied.

Es ist zu hoffen, daß die Waldschule in Charlottenburg eine dauernde Einrichtung werden wird. Mögen andere Städte auf dem betretenen Wege bald folgen.

7.

Alte griechische Ärzte über Ballspiel.

Von Oberlehrer Dr. Konrad Koch in Eisenach.

Alexander der Große pflegte großartige Geschenke zu machen, liebte es aber, sich darum bitten zu lassen. Dem Serapion, einem seiner Ballspielkameraden, schenkte er nichts, weil er nicht darum bat. Als Serapion nun beim Ballspiel immer anderen den Ball zuwarf, nie dem Könige, rief dieser: „Warum wirfst du ihn denn mir nie zu?" Da antwortete er: „Du bittest ja nicht darum." Der König lachte und beschenkte ihn reich." Diese Anekdote Plutarchs erlaubt uns einen Schluß auf die Spielweise: man konnte offenbar den Ball zuwerfen, wem man wollte, nicht wie es ein Parteiinteresse erheischte. Sonst erfahren wir, daß man sich erst stellte, als wolle man einem bestimmten Spieler den Ball zuwerfen und dann plötzlich einem anderen ihn zusandte, aber hoch, zur Seite, tief, kurz oder sonst schwer zu fangen. Dies Spiel hieß Phäninda. Dabei werden wir uns wundern, daß ein Krieger wie Alexander ein derartiges

Neckspiel regelmäßig betrieb, und nicht ein kräftiges Kampfspiel. Da muß die Anschauung über das Spiel doch von der bei uns gewöhnlichen etwas verschieden sein.

Wie diese Plutarchstelle unsere Erkenntnis der alten Spielweise erweitert und anregt, nach den Anschauungen über das Spiel zu fragen, leiten uns diese beiden Gesichtspunkte bei allen, leider spärlichen Überlieferungen vom alten Ballspiel; in beiden Beziehungen sind die Nachrichten sehr wichtig, die wir in größerem Zusammenhange von zwei griechischen Ärzten haben. Es ist dies die bekannte Schrift Galens (130 bis nach 201 n. Chr.) „über das Spiel mit dem kleinen Ball" (übersetzt von Cunze in der „Monatsschrift für Turnwesen" 1890 S. 293 ff.) und ein Auszug aus dem Werke des Arztes Antyllus, den sein Kollege Oribasius (ca. 360 n. Chr.) in sein medizinisches Sammelwerk aufgenommen hat.

Aus der früheren Zeit besitzen wir überhaupt keine ausreichenden Quellen, da bildende und redende Künstler, die Kenntnis des Spieles voraussetzend, uns im Stiche lassen. Nur eine Dichterstelle hebe ich hervor, die noch nicht genügend beachtet ist: in einem astronomischen Gedicht aus Augustus' Zeit heißt es, wer unter dem Zeichen der Zwillinge geboren wird, übertrifft alle an Schnelligkeit und Behendigkeit, er versteht es meisterlich, „den fliegenden Ball mit dem Fuße zurückzustoßen" — meines Wissens die einzige Stelle, die das Treten des Balles im Altertum bezeugt. Über die Spielweise lehrt sie sonst so wenig wie die anderen Stellen.

Einigermaßen ausführlich sind nur die beiden Ärzte und dann die Grammatiker; aber die sind mit Vorsicht zu benutzen. Am brauchbarsten ist noch Galens Zeitgenosse Pollux, Professor in Athen und Verfasser einer Art von Konversationslexikon. Aber er ist ein vollendeter Stubengelehrter, der vom Spiel keine Vorstellung hat, sondern nur aus anderen Büchern die Ausdrücke sammelt, auf die es ihm ankommt. Wozu das führt, sehen wir bei einem nicht viel späteren Gelehrten (Athenäus), der zwei ganz verschiedene Spiele durcheinander wirft, das Neckspiel Phäninda, das Alexander spielt, und Harpastum, das unserem Fußball mit Aufnehmen zu vergleichen ist. Wer sich mithin auf diese Gelehrten verläßt, gewinnt eine unvollkommene, oft falsche Vorstellung von den Spielen.

Die Zuverlässigkeit ist nun der Vorzug der beiden ärztlichen Abhandlungen. Die Verfasser sind offenbar selbst eifrige Spieler gewesen, sie haben ihren Kranken und Rekonvaleszenten Vorschriften gegeben, wie sie je nach ihrem Leiden sich der verschiedenen Übungen unterziehen

sollten. — Leider schreiben sie indessen nicht mit der Absicht, den Gang
der Spiele zu schildern. So spricht Galen nur über die verschiedenen
Vorzüge des „Spieles mit dem kleinen Ball", wobei er freilich die wichtige
Beschreibung des „Gedränges" liefert. Aber durch Antyll hören wir von
sieben Spielarten, die alle mit verschieden großen Bällen gespielt und
danach benannt werden, während Pollux uns eine Reihe von Namen
nennt. (Diese Bälle übrigens, bis auf den „leeren Ball" mit Haar,
andere mit Federn gestopft, müssen sehr elastisch gewesen sein.) Das
„Spiel mit dem mittelgroßen Ball" scheint Oribasius bei seiner Bearbeitung ausgelassen zu haben; möglich, daß es mit Phäninda übereintraf,
von dem unser Bericht nicht spricht. Dagegen verdanken wir ihm die
Kenntnis zweier sich ähnlichen Spielweisen mit dem kleinen Ball. Anscheinend stehen sich zwei Spieler ganz nahe gegenüber und schlagen
abwechselnd mit der flachen Hand den Ball zu Boden, wobei sie sich
gegenseitig zu hindern suchen. Während sie sich bei der ersten Art fest
gegeneinander stemmen, was den Beinen sowie schwachen Rücken und
Seiten nützlich sei, heißt es von der anderen: „Man hält seinen Unter-
arm ganz nahe an den des Gegners, stemmt sich aber nicht mit dem
ganzen Körper gegeneinander und bückt sich auch nicht nach vorn, aber
die Spieler bewegen sich vielfach und gehen hin und her, je nachdem der
Ball springt. Und dies ist die schönste Ballübung, da sie den Körper
gesund und kräftig-schnell macht, die Augen schärft und das Blut nicht
in den Kopf schießen läßt." Wir können uns denken, daß bei dieser
Übung allerlei Feinheiten vorkommen, werden sie aber kein Spiel in
unserem Sinne nennen. Und doch lobt Antyll es sehr, doch haben die
Römer es angenommen. Für das Spiel mit dem großen und sehr großen
Ball ist dann Antyll unsere einzige, leider nicht ausreichende Quelle, abgesehen von einer Darstellung auf einer Münze, die auf Faustball hinweist. Unser Arzt scheint eher Stoßball im Sinne zu haben; wir erkennen
nur, daß die Hände über den Kopf gehalten werden und man durch
Zehenstand oder Hochspringen den Ball zu erreichen suchte, wenn er zu
hoch heranflog. „Daher werden die Weichen hinaufgezogen ... die Übung
stählt nicht nur den ganzen Körper, sondern nützt auch dem Kopfe, indem
sie die Materie nach unten abführt." Vom Spiel mit dem übergroßen
Ball rät Antyll wegen dessen gefährlicher Schwere ab, ebenso von dem
mit dem leeren Ball, weil es nicht leicht zu lernen und — unschön sei.
    Die Spielweise ist bei ihm allerdings ähnlich wie die mit der dritten
Art des kleinen Balles, die Antyll kurz bespricht, aber Galen gerade

behandelt. Wir sehen in ihr das gleiche Prinzip wie beim Fußball mit Aufnehmen, nur daß der kleine, gefüllte Ball hauptsächlich durch Werfen und Schlagen und im Laufen nach dem feindlichen Mal befördert wird. Auf das Treten, das überdies durch die erwähnte Dichterstelle belegt ist, legen wir kein Gewicht. Wo der Ball zu Boden fällt, ein Spieler ihn fassen will, die Gegner ihn zu hindern, die Freunde zu unterstützen suchen, entstehen jene Gemengel des Galen, wobei Drehungen von Hals und Kopf und Ringerkniffe erforderlich sind.

Dieses Spiel lobt Galen über alles und teilt im allgemeinen die Auffassung vom Ballspiel mit seinem Kollegen Antyll. Beide schätzen naturgemäß das Spiel zunächst wegen seines Nutzens für den Körper. Sie behandeln es als ein orthopädisches Mittel: wer schwächliche Seiten hat, wer zu fett ist, findet im betreffenden Ballspiel Hilfe, wer im Beruf mehr den Oberkörper anstrengt, benutze zum Ausgleich ein Spiel, das die Beine mehr beansprucht. Oribasius behandelt die Ballspiele in dem= selben Kapitel, in dem er Reifentreiben (Erwachsenen!) vorschreibt und Gespräch sowie Deklamation nach ihrer gesundheitlichen Wirkung ein= schätzt. — Für Gesunde aber gibt nach Galen keine andere Körperübung eine so allseitige Ausbildung wie Fußball; überhaupt bekämpft er alle Athletik, weil sie nur scheinbar Kraft, Gesundheit und Schönheit verleiht: beispielsweise werden die Beine durch Laufübungen gestärkt, aber immer nur bestimmte Muskeln, beim Spiel dagegen handelt es sich darum, jetzt kräftig die Beine anzustemmen, jetzt geradeaus oder seitwärts zu laufen, hier= oder dorthin zu springen; so kommen alle die verschiedensten Muskeln in Tätigkeit — für alle Glieder wäre dasselbe nachzuweisen. Aus gleichem Grunde empfiehlt Antyll sein Lieblingsspiel. Und wir wissen, daß die Alten viel mehr als wir nach ihrer Gesundheit lebten; sie konnten also ein Spiel treiben, nur weil es gesund war.

Was Galen von der Wirkung auf den Geist sagt, wollen wir bei= seite lassen und etwas anderes hervorheben: dem nüchternen Antyll gilt als wichtiger Grund gegen das sonst nützliche Spiel mit dem leeren Ball der, daß es unschön ist. Der Sinn für rhythmische, schöne Bewegung ist von Anfang an dem griechischen Ballspiel eigen gewesen — denn bei Homer ist es nichts als ein „Ballreigen" — und hat sich in ihm trotz sonstiger Wandlungen erhalten. Dafür haben wir mehrfache Zeugnisse, zumal über jenes Phäninda, das Alexander spielte. Dieses Neckspiel war deswegen äußerst beliebt, weil es den ganzen Körper durcharbeitete und Gelegenheit gab, schöne Haltung, edle Bewegungen zu zeigen.

Gymnasium der Washington-Universität in St. Louis.

8.

Spiel und Leibesübung
auf der Weltausstellung in St. Louis 1904.

Reiseerinnerungen und Eindrücke.

Von Dr. med. S. A. Schmidt in Bonn.

Es war am zweiten Tage nach meiner Ankunft auf amerikanischem Boden im August vorigen Jahres, als ich vor dem großmächtigen Gebäude einer der Newyorker Tageszeitungen einen großen Menschenauflauf gewahrte. Auf meine Frage, welche wichtige Nachricht denn da erwartet werde, etwa vom Fall Port Arthurs oder dergleichen, erhielt ich den gleichmütigen Bescheid, daß es sich wohl um das Ergebnis eines Baseball-Wettspieles handele. In der Tat wurde denn auch bald ein großes Plakat sichtbar, welches der harrenden Menge mitteilte, wie die Newyorker Mannschaft im Wettkampf gegen Philadelphia ziffermäßig abgeschnitten habe. Ein alltäglicher Vorgang in den amerikanischen Großstädten zu dieser Jahreszeit.

In St. Louis hatte ich denn später Gelegenheit einem solchen Baseballspiel beizuwohnen. Die Straßenbahnen tragen für gewöhnlich nur die einfache Bezeichnung der Linien (z. B. „Olive", „Delmar", „Laclede"

ufw.). Dem Frembling ift es überlaffen, fich anberswie zu unterrichten,
welchen Weg biefe Straßenbahnlinien burch die weitläufige Stadt nehmen.
Das ift bei bem Mangel an guten überfichtlichen Stadtplänen feine fo
einfache Sache. Diejenigen Wagen aber, welche hinausführten zu bem
„National League Park", wo bie zahlreichen Bafeball-Wettkämpfe ftatt-
finben, find an folchen Tagen mit einem großen welthin fichtbaren Plakat
verfehen. Trotz des Eintrittsgelbes von einem halben Dollar für den gewöhnlichen Platz waren bie hohen Tribünen mit wohl 30000 Zufchauern
— fo viel fchätzte mein kunbiger Begleiter — gefüllt, welche eng gebrängt
ungeachtet der fengenben Hitze mit gerabezu leidenfchaftlichem Intereffe
bas Spiel zwifchen einer St. Louifer und einer Newyorker Mannfchaft
verfolgten. Natürlich handelte es fich um Berufsfpieler, welche im Werfen,
Fangen und Schlagen bes kleinen eifenharten Balles ebenfowohl wie im
fchnellften Lauf eine Meifterfchaft entwickeln, bie wir auf unferen Spielplätzen boch nicht kennen. Die Newyorker Mannfchaft, bie ich fah, galt
allerbings für die hervorragendfte ber Union. Mit eingehenber Sachkenntnis beurteilten bie zahllofen Zufchauer ben Gang bes Spieles. Jeber
befonders gelungene Wurf ober Schlag, jeber hervorragende Trick eines
Spielers erregte ein ohrenerfchütternbes Beifallsgefchrei und grelles Pfeifen;
benn Pfeifen ift brüben, im Gegenfatz zu unferen Gewohnheiten, ber Aus-
bruck höchften Beifalles.

Inbes find es keineswegs nur bie Meifterleiftungen biefer fürftlich
bezahlten Berufsfpieler, welche eine folche Rolle im amerikanifchen Volksleben fpielen. Nein, allenthalben auf Plätzen und Hintergärten gewahrt
man Knaben, welche mit unermüblichem Eifer, bie rechte Hand zum
Fangen bes harten Balles mit gepolftertem Handfchuh bewaffnet, fich im
Schlagen, Werfen und Fangen bes Bafeballs üben. Denn bas ift ein
bezeichnenber Zug für bie amerikanifche Jugend: ohne Unterlaß üben fie
immer und immer wieber bie nötigen Spielfertigkeiten und nur felten
gehen fie baran, ein wirkliches Wettfpiel, Partei gegen Partei, aus-
zufechten. Ganz im Gegenfatz zu unferen Gepflogenheiten, bie wir unfere
Knaben und jungen Leute mit noch ganz mangelhaft entwickelter Ge-
fchicklichkeit zum Spiel und womöglich oberflächlichfter Kenntnis ber Spielregeln fchon gegeneinander aufzuftellen pflegen, um bas Spiel gleich „in
Gang zu bringen".

Betritt man eine amerikanifche High-School (bie unferen Gymnafien
und Realgymnafien etwa entfpricht) ober eine Univerfität, fo zeigt fich
fchon bie Vorhalle ftets gefchmückt mit zahlreichen Photographien von

Spielmannschaften der Anstalt, die im Fußball oder im Baseball oder — und hier ist auch die weibliche Jugend reichlich vertreten — im Basketball siegreich waren; dazwischen hängen die Preise in Form kleiner seidener Banner mit Stickerei, Pokale u. dgl. Selbst der Fußball, mit dem ein Sieg errungen wurde, prangt oft schon, mit dem Datum des Spielfestes geschmückt, in einem Glaskasten dazwischen. Schon diese Äußerlichkeiten zeigen die ungemeine Wertschätzung der Jugendspiele. Daß dieser Spieleifer gerade in Nordamerika auch vielfach zu Übertreibungen und rohen Ausartungen — namentlich beim Fußball mit Aufnehmen — führt, ist bekannt genug.

In den athletischen Sports ist Amerika seit mehreren Jahren bereits im Begriff, an Höhe der Leistungen alle Länder zu übertreffen, selbst England nicht ausgenommen. Die vornehmeren Klubhäuser der gymnastischen und athletischen Vereinigungen haben meist eine Turnhalle mit schwedischen und deutschen Geräten, sowie sonstigen gymnastischen Apparaten, sowie mit einer ovalen Laufbahn auf der rund um den Saal ziehenden Galerie. Sie enthalten ferner eigene Räume für Wandball, für „Bowling-Ball" (von der Decke in Brusthöhe herabhängender, sehr großer und schwerer Ball, der durch boxertartige Stöße in Schwingungen versetzt wird: ähnlich dem antiken Korykos), Schwimmbassin, römisch-irische Bäder usw. Sie sind zudem mit prächtigen Wirtschaftsräumen und Logierzimmern ausgestattet von einem Luxus, wie wir ihn für solche Klubhäuser kaum kennen. Turnhallen, Bäder und Spielplätze haben meist auch die in allen größeren Städten vorhandenen Häuser der „Young Men's Christian Association". Ja es gibt selbst große Fabriken, welche für ihre Arbeiter wie Arbeiterinnen wohleingerichtete gymnastische Anstalten besitzen und zur Leitung der Übungen einen eigenen Gymnastik-Direktor angestellt haben.

Eigene Häuser, welche neben der Turnhalle meist noch ausgedehnte Versammlungsräume haben, besitzen auch die zahlreichen Vereine des Nordamerikanischen Turnerbundes. Diese deutschen Vereine gewähren nicht nur ihren erwachsenen Mitgliedern die Vorteile regelmäßigen Turnens, sondern unterhalten auch oft sehr ansehnliche Schülerabteilungen und zur Erhaltung des Deutschtums Sonntagsschulen für deutschen Unterricht. Ebenso hat der Nordamerikanische Turnerbund zur Heranziehung gut ausgebildeter deutscher Turnlehrer ein Turnlehrerseminar (Normalschule) eingerichtet, welche seit 1902 in eigenem Gebäude verbunden ist mit dem deutsch-amerikanischen Lehrerseminar und der deutsch-englischen Akademie in Milwaukee.

Auf den Stand des eigentlichen Schulturnens an den öffentlichen
Volksschulen ist nicht meine Absicht, hier näher einzugehen. Genug daß
da, wo die deutsche Lehrerschaft größeren Einfluß besitzt, das Turnen nach
deutscher Art eingerichtet ist, während die Anglo-Amerikaner mehr die
schwedische Gymnastik bevorzugen, wenn auch weniger im strengen Sinne.
Überall aber besteht die Neigung, das offensichtlich Gute und Zweckmäßige herzunehmen, woher es auch komme.

Alles in allem: die Wertschätzung der Körperpflege, der „Physical
Culture" ist in Nordamerika eine außerordentlich große und der Betrieb
von Leibesübungen ein ebenso mannigfaltiger wie ausgedehnter. Namentlich sind es, ähnlich wie in England, die besser gestellten Bevölkerungsklassen, welche Leibesübungen und Spiele in weit größerem Umfange
pflegen, als dies bei uns in Deutschland der Fall ist.

Es entspricht diesem Stande der Körperpflege in Nordamerika, wenn
zum erstenmal bei der verflossenen Weltausstellung in St. Louis eine
eigene Abteilung für Leibesübung eingerichtet wurde, deren Vorsteher
James E. Sullivan war. Für die Veranstaltungen dieses „Department
of Physical Culture" war eine Summe von 150 000 Dollars ausgeworfen.

Das groß angelegte Programm der Abteilung umfaßte die Theorie
und Praxis aller Leibesübungen. Zur Ausstellung sollten gelangen: Abbildungen, Modelle, Geräte usw. für Leibesübungen aller Art, für Schulgymnastik, Spiele, Sportübungen und Zimmergymnastik. Ferner Apparate
zu Messungen des Körpers und der Leistungsfähigkeit seiner Organe
(Anthropometrie), sowie Darstellungen der damit gewonnenen Ergebnisse
zur Veranschaulichung der Erfolge echter Körperpflege. Es ist dies ein Zweig
wissenschaftlicher Forschung auf dem Gebiete der Leibesübungen, welcher
gerade in Nordamerika sehr eifrig gepflegt wird. Vor allem aber sollten
einerseits durch zahlreiche Vorführungen während der gesamten Ausstellungs-
zeit alle Arten von Leibesübungen zur mannigfaltigen und möglichst voll-
kommenen Darstellung gebracht, und anderseits sollte im Monat August
die Theorie der Leibesübungen durch hervorragende Vertreter ihrer verschiedenen Richtungen und Gebiete in einer Reihe von wissenschaftlichen
öffentlichen Vorträgen erläutert werden.

Als Schauplatz alles dessen bot sich von selbst das in der äußersten
Nordwestecke des riesigen Ausstellungsgebietes belegene Gymnasium (Turn-
anstalt) der ganz neu erbauten Washington-Universität von St. Louis dar,
welche 1905 eröffnet werden soll. Das Gymnasium ist, wie auch die anderen,
ebenfalls zu Zwecken der Ausstellung benutzten Baulichkeiten der neuen

Universität im spätgotischen Stil und zwar aus dunklen Werksteinen gebaut (oben Abbildung). Es bietet mit den beiden zinnengekrönten, viereckigen, den breiten Haupteingang flankierenden Türmen einen würdigen, ja ernsten Anblick. Das Hauptgebäude birgt in drei Geschossen mehrere Vorlesungssäle, Verwaltungsräume, Zimmer für Wand- und Bowlingball usw.; in dem untersten Halb-Kellergeschoß Auskleideräume, Waschvorrichtungen und Brausebäder. Die anstoßende Turnhalle ist ein stattlicher von zwei Seiten reichlich erhellter Raum, 32,3 m lang, 21,3 m breit und 12,16 m hoch. Rundum in der Höhe von 4 m läuft eine Empore mit abgerundeten Ecken. Ihr Fußboden, mit Linoleum belegt, ist an den Ecken sowie an den Schmalseiten etwas überhöht, so daß diese Empore sich weniger als Galerie für Zuschauer wie als Laufbahn zum Trainieren im Lauf auch bei ungünstiger Witterung darstellt. Der Kostenaufwand für diese musterhafte gymnastische Anstalt der WashingtonUniversität, an welche dann weiter das Athletic field mit dem großen Stadium anstieß, hatte 140 000 Dollars, also erheblich über eine halbe Million Mark betragen!

Was das Stadium betrifft, so bildete dasselbe einen ovalen Platz, an der dem Gymnasium gegenüberliegenden Seite umgeben von hohen Tribünen, welche 25 000 Sitzplätze boten. Rundum lief eine etwa 8 m breite, mit Schlacken belegte und festgewalzte Laufbahn, die eine Länge von $^1/_2$ engl. Meile (800 m) hatte. Die gesamte Innenfläche war etwa 2 Hektar groß, auf ihr waren besondere Wurf- und Sprungbahnen angeordnet. An der von Tribünenbauten freien Nordseite des Stadiums, vor dem Gymnasium beginnend, befand sich noch eine gerade Laufbahn von etwa 220 m Länge, die für kürzere Laufstrecken, für Hürdenlauf und Weitsprung benutzt wurde. Da diese Laufbahn um die ganze Breite des Platzes von den Tribünen entfernt lag, so war es von den Tribünen aus nur mit Hilfe von Ferngläsern möglich, die hier stattfindenden Wettkämpfe auch nur einigermaßen zu verfolgen. Es war dies ein entschiedener Mangel der Anlage. Leider war auch der ganze, wohl aufgeschüttete Boden des Stadiums lehmig und wenig durchlässig. Ein etwas stärkerer Gewitterregen genügte, um den Grund dort derart aufzuweichen, daß man beim Durchqueren des Platzes bei jedem Schritt bis über die Knöchel einsank. Selbst die mit Schlacken belegten Laufbahnen waren dann noch stundenlang so gut wie unpassierbar. Ob dies durch eine bessere Bodenanlage hätte vermieden werden können, will ich dahingestellt sein lassen. Dicht am Stadium befanden sich zwei

Stationen (Nr. 5 und 6) der das weite Ausstellungsgebiet durchziehenden und umkreisenden elektrischen Bahn (Intramural Railroad). Dagegen waren die zum Gymnasium führenden Fußwege stets von recht mäßiger Beschaffenheit; noch kurz vor den olympischen Spielen, Ende August, also nachdem die Ausstellung bereits mehrere Monate eröffnet war, wurden die Zugangswege erst in leidlicheren Zustand versetzt.   Dieser Umstand sowohl wie die Abgelegenheit der gesamten Anstalten für Physical Culture — vom Haupteingang der Ausstellung betrug der Weg dorthin reichlich $2^1/_2$ km — wirkte auf den Besuch sowohl der Ausstellung im Gebäude des Gymnasiums, wie auch der zahlreichen Vorführungen recht ungünstig ein.

Weniger kam dies in Betracht für die während des Monats August in den beiden Hörsälen des Gymnasiums veranstalteten wissenschaftlichen Vorlesungen; denn diese waren für Sachleute, für Lehrer der Gymnastik und Erzieher in erster Linie bestimmt, und konnten, da sie zumeist ein zusammenhängendes, auf 5 oder 10 Stunden verteiltes Ganze bildeten, dem zufällig einmal anwesenden Passanten nichts bieten. Um so dankbarer werden mit mir die Vortragenden dem festen Stamm von Zuhörern und Zuhörerinnen sein, welche sich regelmäßig zu den Vorlesungen einfanden. Es bildete sich so ein vertrautes Verhältnis zwischen Vortragendem und Hörern, welches mich wenigstens an diese Stunden, in denen ich über „Physiologie der Leibesübungen"[1]) zu sprechen hatte, stets mit besonderer Befriedigung zurückerinnern läßt. Es sei noch hinzugefügt, daß diese verschiedenen Vorlesungen, in zwei Abteilungen vom 1. bis 14. und vom 15. bis 29. August gehalten, das Gesamtgebiet der körperlichen Erziehung in Schule und Volk, Gymnastik, Sport und Spiel nach den verschiedensten Gesichtspunkten behandelten. Es würde zu weit führen, wollte ich die einzelnen Themata dieser Vorträge hier aufzählen. Es waren deren im ganzen 17.

Sollten, wie beabsichtigt war, alle diese Vorlesungen gesammelt im Druck erscheinen, so werden wir in diesem Jahrbuche noch im einzelnen darauf zurückkommen. —

Was nun die eigentliche Ausstellung für das Gesamtgebiet der körperlichen Erziehung und Übung betrifft, so war diese in verschiedenen Abteilungen der Weltausstellung untergebracht und daher stark zersplittert. Das Gymnasium der Abteilung für Physical Culture selbst

---

1) Eine Bearbeitung dieser Vorträge erscheint demnächst unter gleichem Titel im Verlag von R. Voigtländer in Leipzig.

barg vor allem äußerst zahlreiche Photographien, welche die Wände fast
aller Räume, selbst der Turnhalle, bedeckten.   Meist waren es vorzügliche Aufnahmen von übenden Schulklassen oder gymnastischen und athletischen Vereinigungen von Jünglingen oder jungen Mädchen. Besonders
hervorgehoben sei hier die treffliche Gesamtausstellung des Nordamerikanischen Turnerbundes, welche von seinen Einrichtungen und von seinem
Turnbetrieb in den Männer- wie in den Schülerabteilungen einen sehr guten
Begriff gewährte. Es ist zu bedauern, daß keine ähnliche Zusammenstellung
die Ausbreitung, Einrichtung und Wirksamkeit der Deutschen Turnerschaft
veranschaulichte. — Ferner waren ausgestellt im Gymnasium Modelle von
Turnhallen, Spielgerätschaften, technisch vollendete Turngeräte usw. In
einem besonderen Raum fehlte auch nicht eine Ausstellung wertvoller, bei
athletischen Wettkämpfen oder bei Wettspielen errungener Preise, bestehend
aus Bronze-Figuren, silbernen Vasen, gestickten Bannern, Medaillen u. dgl.

Die Apparate für Körpermessung waren untergebracht in der
Abteilung für Anthropologie, die sich im Administration Building, dem
Hauptgebäude der Universität, befand.

Das meiste aber von dem, was die verschiedenen Länder von ihrem
Schulturnen, Schulspielen und Schulsport auszustellen hatten, befand sich
in dem weitab vom Gymnasium belegenen großen Ausstellungspalast
für Erziehung und Nationalökonomie. Ich kann davon nur einzelnes
hier hervorheben.

So hatten mehrere nordamerikanische Staaten ihr Schulturnen
u. a. veranschaulicht durch eine Anzahl kinematographischer Aufnahmen,
welche Schulklassen bei Freiübungen, beim Keulenschwingen, beim Springen,
beim Werfen, beim Laufen, beim Marschieren in voller Bewegung zeigten.
Diese originellen Reihenaufnahmen, deren Mechanismus sich stetig im
Gange befand, waren immerfort von Beschauern umlagert. Allerdings
war bei etlichen dieser lebensvollen Bilder der Gang des Apparates nicht
richtig eingestellt, so daß die Bewegungen im Bilde entweder unnatürlich
langsam oder in komisch wirkender Haft erfolgten. — Bei den Vorführungen
von Schulklassen, welche die Schulabteilung der Stadt St. Louis fast an
jedem Nachmittag in ihrem Ausstellungsraum bot, waren auch häufiger
turnende Schülerabteilungen vertreten. Mit besonderem Vergnügen erinnere ich mich einer Abteilung herangewachsener Negermädchen (zwischen
14 und 17 Jahren alt, Klasse einer Negerinnen-High-School), welche unter
Leitung einer bebrillten schwarzen Lehrerin erst die Wacht am Rhein,
in englischer Sprache natürlich, ertönen ließen, zu Ehren ihres deutschen

Schulsuperintendenten Dr. Rathmann, und dann in bester Haltung und
Form einen Aufmarsch, sowie eine Gruppe von Stabübungen ausführten.

In der schwedischen Schulausstellung war für unser Gebiet bemerkenswert ein vom Königl. Gymnastischen Zentralinstitut in Stockholm
ausgestellter Photographieständer mit zahlreichen Aufnahmen, welche die
hauptsächlichsten Übungen der schwedischen Schulgymnastik, von Schülern
oder Schülerinnen in vollendetster Form ausgeführt zeigten. — Von
größerem Interesse war für mich, da ich diese Aufnahmen schon in Stockholm gesehen hatte, alles, was auf die Ausbreitung der Jugendspiele
in Schweden Bezug nahm. „Die Spiele, so heißt es in dem amtlichen
Führer der schwedischen Schulausstellung, bilden eine notwendige und
natürliche Ergänzung der schwedischen Schulgymnastik, und
sind außerdem von Wert als ein Mittel zur Entwickelung des Charakters."

So war denn in dem Raum für Knabenhandarbeit (Slöjd) eine besondere Abteilung zusammengestellt mit Spielgerät aller Art, ferner mit
Photographien von belebten Jugendspielplätzen sowie mit der schwedischen
Spielliteratur. Ebenso war mancherlei Material vorhanden über Schul-
bäder, Schulausflüge, Schulreisen und Ferienkolonien.

Wie wir aus dem amtlichen „Führer" ebensowohl wie aus dem
Büchlein über das Slöjd-Seminar in Nääs ersehen, sind die Bestrebungen
für das Jugendspiel in Schweden erst seit 10 Jahren in fortschreitender
Entwickelung. Die ersten Versuche zwischen 1880 und 1890 in Stockholm
blieben so gut wie erfolglos. Die dortige „Gesellschaft zur Förderung der
Spiele im Freien für die Jugend" förderte mehr den Sport als die Schulspiele. Erst 1894 ging die Lehrervereinigung in Gotenburg mit der Einrichtung von Spielen der Knaben an den Mittelschulen vor. 1895 folgte
die Einführung an den Volksschulen. Die Stadt Gotenburg bewilligte
als erste in Schweden die Mittel zur Einrichtung eines Schulspielplatzes.
Seit 1898 wurden die Spiele auch für die Mädchen der Mittelschulen eingeführt und 1902, nach Gründung der „Vereinigung für Freiluftspiele",
auch für die Mädchen der Volksschulen. Die Mittel hierzu gibt teils die Stadt,
teils werden sie von der Vereinigung aufgebracht. — Das weitbekannte
Handfertigkeits-Seminar in Nääs (etwa 30 km von Gotenburg im
Bezirk Elfsborg gelegen) richtete seit 1895 besondere Spielkurse für Lehrer
und Lehrerinnen nach deutschem Muster ein. Bis 1904 hatten dort 15
Kurse stattgefunden, an welchen 381 Lehrpersonen, 298 aus Schweden,
83 aus anderen Ländern teilnahmen. Bemerkenswert ist, daß in diesen
4 6 Wochen (!) dauernden Kursen neben Vorlesungen über Geschichte,

Methode usw. der Spiele auch die Anfertigung der einfacheren Spielgeräte, besonders der verschiedenen Sorten von Bällen gelehrt wird. Außer
diesen besonderen Spielkursen werden in Nääs noch für die Teilnehmer
an den Slöjdkursen besondere Abendkurse zur Leitung von Jugendspielen
abgehalten, an welchen bis zum Jahre 1904 etwa 800 Lehrer und
Lehrerinnen teilgenommen hatten. — Gleich erfreulich sind die Fortschritte,
welche in Schweden hinsichtlich der Schülerfahrten und Schulreisen gemacht
sind. Diese Reisen werden wesentlich dadurch gefördert, daß die Teilnehmer auf den Staatsbahnen (und ähnliche Erleichterungen gewähren
die Privatbahnen) nur $1\frac{1}{2}$ Ör = 1,7 Pf. für das Kilometer Fahrt zu
zahlen haben.

Doch ich möchte hier nicht zu weit abschweifen, sondern will nur noch
kurz der von Prof. Wickenhagen eingerichteten Abteilung „für Turnen,
Schulsport und Schulhygiene" innerhalb der deutschen Schulausstellung gedenken. Zweifellos gehörte die deutsche Schulausstellung mit zu
dem Hervorragendsten, was irgendein Land in St. Louis geboten hatte. Dies
von sachverständigen Amerikanern immer wieder zu hören, war für jeden
Deutschen dort ein freudiger Stolz. Mir gereichte es zur besonderen Genugtuung, daß das, was in diesem Rahmen den Stand der körperlichen Erziehung
und hygienischen Fürsorge bei unserer Schuljugend ausweisen sollte, einen
zwar räumlich bescheidenen, aber würdigen Teil des Ganzen ausmachte.
Neben dem Modell einer Schulturnhalle (in Steglitz) von Buczilowski-Berlin,
eines Schulruderbootes von Lürssen in Aumund bei Bremen, und neben
Turngeräten von W. Faber in Leipzig fielen hier besonders auf die Pläne
der Volksgärten und Spielplätze im Industriebezirk Gelsenkirchen, des Schulspielplatzes nebst Bootshaus in Neuwied am Rhein, des Walter Simonplatzes
in Königsberg. Ferner eine größere Anzahl von Photographien, welche
den Ruderbetrieb an den höheren Schulen in Deutschland, das Schülerschwimmen in den Städten Hamburg, Hannover und Dresden, Wanderfahrten und Kriegsspiel an der Gutsmuths-Realschule in Quedlinburg
u. dgl. in lebendiger Weise veranschaulichten. Anderes hierhergehörige
an Plänen und Ansichten von Spielplätzen, Turnhallen und Schulbädern
konnte man noch in der Abteilung: „Schulausstellung der deutschen
Städte" finden.

Am reichhaltigsten aber war vertreten das deutsche Schriftwesen der
letzten Jahre über Turnen, Spiel und sonstige Leibesübungen, sowie
über das gesamte Gebiet der Schulgesundheitspflege. Von amerikanischen
Fachgenossen hörte man wiederholt Ausdrücke ehrlichen Staunens über die

Fülle, Vielseitigkeit und Gründlichkeit des hier Gebotenen. Es hat dies ja auch in der Zuerkennung zahlreicher Preise seinen Ausdruck gefunden. Recht bedauert habe ich, daß zwar die Schriften unseres Zentralausschusses hier vorhanden waren, aber, als vom Verleger ausgestellt, zerstreut unter den anderen Schriften. Alles das hätte sich, vereint mit der Zusammenstellung A. Hermanns über die Spielkurse des Zentralausschusses seit 1891, recht gut zu einem wirksamen Gesamtbild unserer Arbeit vereinen lassen, in ähnlicher Weise, wie auch der „Deutsche Verein für Knabenhandarbeit" mit einer besonderen Ausstellung als solcher vertreten war. — Ehe ich damit die deutsche Schulausstellung verlasse, darf ich wohl noch hinzufügen, daß mir infolge der liebenswürdigen Aufforderung des Kommissars Prof. Dr. L. Bahlsen-Berlin die Gelegenheit geboten wurde, am 29. August in dem wohleingerichteten Hörsaal der Schulausstellung einen Vortrag über „Die Spielbewegung in Deutschland und ihre Ziele" zu halten.

Und nun zurück zum Stadium und zu den zahlreichen Veranstaltungen des „Department of Physical Culture" während der ganzen Dauer der Ausstellung. In fast ununterbrochener Folge, im Mai beginnend und endend mit dem 24. November gab es da vielfach über eine Reihe von Tagen sich hinziehende Wettkämpfe, Wettspiele und Schauvorführungen aus allen Gebieten der Leibesübungen. Bald waren es Universitäten, bald Hochschulen, bald Volksschulen, vor allem aber die verschiedenen athletischen, gymnastischen und Spielvereinigungen, sei es der Union, des Staates Missouri oder der Stadt St. Louis selbst, welche hierbei auftraten. Da gab es Schaustellungen oder Wettkämpfe in den verschiedenen athletischen Sportübungen, wie Laufen, Springen, Hammer- und Diskuswerfen, Kugelstoßen, Stemmen usw.; im Deutschen Turnen; in Gymnastik (gymnastics: Reck, Barren, Ringe, Voltigieren am Pferd, indianisches Keulenschwingen); in den irischen Sports; im Baseball-, Lacrosseball- und Basketball-Spiel; in der All Around-Athletik; im Schwimmen, Tauchen und Wasser-Polo-Spiel; im Rudern; im Radfahren; im Fechten (mit Rapier, Säbel, Stoßdegen und Stock); im Kricket; im Golfspiel; im Bogenschießen; in militärischer Athletik; im Ringen; im Fußball; im Frei-Feldlaufen (Cross-country über 8 Meilen = 12,8 km). Es ist von Interesse, die Übungen hier anzuführen, welche bei dem Wettkampf um allseitig ausgebildete athletische Meisterschaft (All Around Championship) vom 1. bis 4. Juli von den Wettbewerbern auszuführen waren. Es sind dies: 1. Lauf über 100 Ellen = 91,4 m; 2. Stoßen einer 16 Pfund = $7\frac{1}{4}$ kg schweren Kugel; 3. Hochsprung mit Anlauf; 4. Gehen über 880 Ellen

= 804 m; 5. Werfen des 16 Pfund = 7^1_4 kg schweren Hammers[1]); 6. Stabhochsprung; 7. Hürdenrennen über 120 Ellen = 109,6 m mit 10 Hürden; 8. Gewichtstoßen von 56 Pfund = 25,4 kg; 9. Weitsprung mit Anlauf; 10. Lauf über eine englische Meile = 1,6 km. Es ist zu beachten, welch weises Maß hier innegehalten ist in der Schwerathletik gegenüber den Gepflogenheiten auf unseren deutschen Turnplätzen, wo noch immer im Sechskampf der Deutschen Wett-Turnordnung neben dem Steinstoßen mit dem 15 kg schweren Stein das fortgesetzte Stemmen einer Hantel von 25 kg mit einer Hand, oder das fortgesetzte Heben eines Gewichtes von 37,5 kg mit beiden Händen bis zur Ermüdung als vorgeschriebene Übungen bestehen geblieben sind, während von Schnelligkeitsübungen nur der schon sehr erschöpfende 200-Meterlauf vorhanden ist und eine Dauerleistung überhaupt nicht erfordert wird. Ich meinerseits halte die Leistungs- und Widerstandsfähigkeit eines All Around-Athleten, der in allen oben genannten zehn Übungen seinen Mann steht, für größer und wertvoller, als die eines guten deutschen Sechskämpfers. Was der bodenständige Mensch leisten kann, ist doch die Hauptsache. Wir überschätzen weit die Geschicklichkeiten, die wir entwickeln können, nachdem wir zuvor das Körpergewicht (im Hang oder im Stütz) an die Arme aufgehängt haben und von diesen tragen lassen.

Von allen jenen angeführten sportlichen Veranstaltungen möchte ich nur die beiden größeren internationalen, auch von Deutschland beschickten Wettkämpfe hervorheben: nämlich das Internationale Wettturnen am 1. und 2. Juli, sowie die olympischen Spiele in den Tagen vom 29. August bis 1. September. Zu diesen beiden Gelegenheiten hatte der „Deutsche Reichsausschuß für olympische Spiele" eine Schar von Kämpen über den Ozean hinüber gesendet. So zu der turnerischen Veranstaltung eine erlesene, 7 Mann starke Riege, welche allenthalben von den deutsch-amerikanischen Turnvereinen aufs gastlichste empfangen, die deutsche Turnkunst wohl zu vertreten wußte und mit Ehren aus dem Wettkampfe hervorging. Wenn bei diesem Turnen die Zahl der Zuschauer eine recht geringe war, so trug daran in erster Linie die Schuld, daß das Stadium so entlegen war. Anderseits darf man aber auch nicht vergessen, daß die Weltausstellung in ihrem übergroßen Rahmen

---

1) Die amerikanischen Athleten in St. Louis gebrauchten zum Hammerwerfen keinen Hammer mit langem Holzstiel, sondern eine Eisen- oder Bleikugel an einem Metallstiel, der aus einem dicken Stahldraht besteht. Geworfen wurde aus dem Stand.

viel zu viel des Sehenswürdigen und Lehrreichen bot, und zu viel auch
an Zerstreuungen aller Art, um ernste turnerische oder athletische Wettkämpfe zu einer Sache von größerer Anziehungskraft für die Massen der
Besucher zu gestalten.   Daran war unter den gegebenen Umständen
nicht zu denken.

Anders, wenn sich die Vorführungen hätten inmitten des Ausstellungsgebietes ermöglichen lassen.   Die Exerzierübungen der amerikanischen und philippinischen Soldaten auf der „Plaza op St. Louis", im
Zentrum der ganzen Ausstellung, selbst das gewöhnlichste Detailexerzieren
und „Griffe-klopfen" der Milizen fand hier stets zahlreiche und reichlich
dankbare Zuschauer.   Ebenso hatten die jeden Nachmittag stattfindenden
Vorstellungen der amerikanischen Lebensrettungsgesellschaft (Rettung
Schiffbrüchiger; Wiederbelebung Ertrinkender u. dgl.), wie die Manöver
von Feuerwehrleuten (Fire-Fighters), trotz der gar nicht geringen Ein-
trittspreise außerordentlichen Zulauf.   Mit Recht verlegten daher die
deutschen Turnvereine von St. Louis die Massenübungen ihrer Turner-
und Schülerabteilungen gelegentlich des „Deutschen Tages" am 27. Oktober
gleichfalls auf den obengenannten Paradeplatz.

Selbst die olympischen Spiele, welche doch ein Hauptereignis
der Ausstellung bilden sollten, und in der Woche vom 29. August bis
zum 3. September stattfanden, zogen nur eine mäßige Zahl von Zuschauern an.   Die Hälfte, wenn nicht zwei Drittel der Plätze auf den
Tribünen blieb stets unbesetzt.   Daß die Anordnung des Stadiums den
Zuschauern kaum ermöglichte, von ihren Plätzen aus den Wettkämpfen
wenigstens über kurze Laufstrecken, dem Hürdenlauf und dem Springen
zu folgen, habe ich oben schon erwähnt.   Es kam hinzu, daß man von
einem festlichen Schmucke des Stadiums so gut wie gänzlich abgesehen
hatte.   Auch war weder von einer feierlichen Eröffnung noch von einer
eindrucksvollen Preisverteilung die Rede. Die Wettkämpfe wurden vielmehr ohne Sang und Klang eröffnet und dann hintereinander abge-
wickelt. Letzteres allerdings ganz programmäßig, ohne jede Stockung, und
hinsichtlich der Leitung, Messung und Beurteilung der Wettübungen in
technisch vollkommenster Weise.   Hier waren eben geschulte und viel-
erfahrene Kräfte an den richtigen Platz gestellt.

Die Wettkämpfer waren natürlich in der weit überwiegenden Mehrzahl Amerikaner. Nicht nur dies, sondern auch die reichen Erfolge
amerikanischer Sportleute gelegentlich der olympischen Spiele in Athen
(1896) und Paris (1900) ließen allgemein voraussehen, daß hier, auf

dem heimischen Boden, die Amerikaner kaum sich in irgendeiner Übungs-
art von Ausländern würden übertreffen lassen. Um so angenehmer
war ich überrascht, als ich gleich am ersten Tage der olympischen Spiele
beim Handikap über 880 Ellen = 804 m einen hochgewachsenen, mit
schwarz-weiß-roter Binde geschmückten Läufer sich allmählich an die Spitze
aller setzen sah. Nachdem er als erster das Ziel passierte, stimmte unter
rauschendem Beifall der Zuschauermenge die Musik „Die Wacht am Rhein"
an. Bald darauf konnte ich in dem Sieger den mir von früher bekannten Johannes Runge aus Braunschweig begrüßen. Irre ich nicht,
so war Runge der einzige Ausländer, welcher in einem der athletischen
Wettkämpfe erster Sieger blieb.

Von vornherein ließ sich erwarten, daß die Leistungen bei den
olympischen Wettspielen in St. Louis hervorragende sein würden. Wie
viele dieser Leistungen bis dahin noch nicht erreicht waren, d. h. sogenannte
„Weltrekords" darstellen, konnte ich bisher nicht ermitteln, da mir eine
offiziell beglaubigte Liste über sämtliche sportlichen Ereignisse während
der Weltausstellung noch nicht vor Augen gekommen ist. Ich lege dem
auch nicht allzu großen Wert bei.[1] Nur einige hervorragendere Ergebnisse der olympischen Spiele seien hier verzeichnet.

So wurden zurückgelegt im einfachen Wettlauf:

200 m in		21 $^2/_5$	Sekunden
400 » »		49 $^1/_5$	»
800 » »	1 Minute 56		»

im Hürdenlauf mit 10 Hürden:

200 m in	24 $^3/_5$	Sekunden
400 » »	53	»

---

1) Um so weniger, als es manchen Wettkämpfern weniger darum zu tun
war, ihr Bestes jedesmal zu geben, als darum, möglichst viele erste Preise zu
erringen. So kam es dem unbestrittenen Meister Nordamerikas im Hammerwerfen am ersten Tage der olympischen Spiele sichtlich nur darauf an, der
erste unter den Mitbewerbern zu bleiben, was ihm auch verhältnismäßig leicht
gelang; tatsächlich hätte er nach der Ansicht erfahrener amerikanischer Sportleute
noch weitere Würfe machen können. Er hütete sich aber wohl, weiter zu werfen
als unbedingt nötig — weil er sonst in dem einige Tage später stattfindenden
Handikap im Hammerwerfen einen zu ungünstigen Platz bei der Berechnung erhalten hätte. Er wollte sich aber die Aussicht nicht verschlechtern, auch in diesem
Handikap der Erste zu werden. — Diese berechnete Zurückhaltung wurde von
seinen Sportgenossen höchlich bewundert. Wir sind gewohnt, darüber doch
anders zu denken.

Ich merke ferner noch an:

　　　einen Weitsprung mit Anlauf　　über　7,34 m
　　　　　　*　　　*　aus dem Stand　*　3,47　*

sowie endlich einen Diskuswurf von 39,28 m.

　　Weit blieb dagegen hinter den Erwartungen zurück das Ergebnis des „Marathon-Laufes" über die Strecke von 40 km. Dieser weite Lauf wurde zuerst bei den olympischen Spielen in Athen 1896 aufgenommen und auf altklassischem Boden ausgeführt in Erinnerung an den Siegesläufer von Marathon. Man erinnert sich noch des überschwenglichen Jubels, der damals in Athen ausbrach, als es ein Grieche war, der als erster Sieger in das Stadium des Herodes Attikus einlief. 1900 wurde dieser Lauf in Paris wiederholt und auch hier in St. Louis sollte er das Hauptereignis der olympischen Spiele bilden. Dienstag, der 20. August, war für den Marathon-Lauf bestimmt. Es war ein feuchtschwüler Sommertag mit bedecktem Himmel. Einige 40 Läufer hatten sich zu diesem anstrengenden Wettlauf eingefunden, von Ausländern u. a. mehrere Ungarn und Griechen, ja sogar zwei braune Zulukaffern aus Südafrika, welch letztere barfuß liefen. Die Teilnehmer wurden vorher in der Kleiderablage (im Halbkellergeschoß des Gymnasiums) ärztlich untersucht, und ihr Körpergewicht, Körperlänge, Brust- und Schenkelumfang, Herzgrenzen, Zahl und Beschaffenheit der Pulsschläge bestimmt. An dieser Untersuchung nahmen teil die Herren Dr. Luther H. Gulick-Newyork, Dr. R. Tait Mc Kenzie-Montreal (Kanada), Dr. W. G. Anderson-New-Haven und der Verfasser dieses. Leider verzögerte sich der auf Punkt 3 Uhr angesetzte Ablauf um reichlich 20 Minuten. Die Wettläufer umkreisten erst dreimal die Bahn des Stadiums, um von dort ins Freie hinaus zu der Wegstrecke zu gelangen, die schließlich zum Stadium, wo vor der Mitte der Tribünen das Ziel war, zurückführte. Automobile und Radfahrer sausten ihnen draußen nach und trugen ihr Teil dazu bei, durch den Staub, welchen sie aufwirbelten — die amerikanischen Landstraßen oder besser gesagt Fahrwege lassen im Vergleich zu unseren Landstraßen sehr viel zu wünschen übrig! — den Läufern ihr mühevolles Beginnen noch mehr zu erschweren. Da bei dem Marathon-Lauf in Paris die 40 Kilometer-Strecke von dem Sieger in 2 Stunden 59 Minuten durchlaufen worden war und man hier in St. Louis diese Leistung mit Sicherheit zu übertreffen hoffte, so kehrte die Menge der Zuschauer, welche dem Ablauf beigewohnt hatte, nach 2³/₄ Stunden bereits zum Stadium zurück; denn außer dem Marathon-Lauf fand an diesem Tage kein weiterer

Wettkampf im Stadium statt. Erwartungsvoll harrte so die Menge der Ankunft des ersten Siegers. Es wurde 6 Uhr, es wurde $6\frac{1}{4}$ Uhr, und noch zeigte sich keiner der Läufer. Endlich — gegen $\frac{1}{2}$ 7 Uhr — erhob sich hoch oben auf der Tribüne, deren Rand von einer Anzahl junger Leute erklettert war, ein lautes Schreien und Winken nach der unten vorbeiführenden Straße. Bald zeigte sich am Eingang zum Stadium ein Läufer — es war ein Mitglied eines Newyorker athletischen Klubs — von betäubenden Hochrufen namentlich seiner engeren Landsleute empfangen. Schnell aber legte sich wieder der Lärm; denn der Ankommende zeigte keineswegs Siegesfreude auf seinem Antlitz, sondern rief den Preisrichtern schon von weitem zu, er sei zu disqualifizieren, weil er unterwegs in erschöpftem Zustande eine Strecke weit sich von einem Automobil hatte aufnehmen lassen. Das war eine starke Enttäuschung! Sie trug dazu bei, die Begeisterung stark zu dämpfen, mit welcher dann endlich der erste wirkliche Sieger empfangen wurde. Er hatte 3 Stunden 28 Minuten und 53 Sekunden gebraucht — im Vergleich mit der Pariser eine schlechte Zeit —, bald folgten dann noch andere, als fünfter einer der Zulus. Die erschöpft Ankommenden ließen sich willig in der Kleiderablage von neuem ärztlich untersuchen, da es galt, die Einwirkungen dieses mehr wie anstrengenden Laufes festzustellen. Leider setzte die einbrechende Dunkelheit dem bald ein Ziel —; denn der große Garderoberaum war nur durch wenige elektrische Glühlampen an der Decke beleuchtet, und insbesondere war es in der Ecke des Raumes, wo das Untersuchungslager und die Meßapparate aufgestellt waren, unmöglich, noch Maßeinteilungen usw. zu erkennen und Aufzeichnungen zu machen. In dem dämmrigen Raum, zwischen den Kleiderständern und Waschschüsseln erschien nun der Präsident der Weltausstellung, um dem ersten Sieger den Marathonpreis, eine prächtig gearbeitete Silberurne mit ehrender Ansprache zu überreichen. So wenig feierlich der Raum, so wenig feierlich war auch dem halbnackten, auf einer Kiste sitzenden und vollständig erschöpften Sieger zumute. Kaum daß er einen Dank stammeln konnte. So hatte also der Tag des Marathon-Laufes einen nicht gerade erhebenden Abschluß gefunden. Hatte ich schon vorher die Überzeugung, daß es nicht richtig, ja gefährlich sei, eine solch erschöpfende Anstrengung an einem tropisch-schwülen Sommertage vornehmen zu lassen, wie sie in St. Louis um diese Jahreszeit die Regel sind — so fand diese meine Meinung durch den Anblick der meisten ankommenden Wettläufer nur ihre Bestätigung. Glücklicherweise trat wenigstens kein ernsterer Unfall ein.

Über die Wettkämpfe im Schwimmen, an welchen eine Anzahl der besten deutschen Schwimmer beteiligt waren, kann ich leider aus eigener Anschauung nicht mehr berichten. Die Zeit, die ich für St. Louis zur Verfügung hatte, war abgelaufen.

Nur einer Veranstaltung möchte ich noch gedenken, das war die Versammlung der amerikanischen Gesellschaft für körperliche Erziehung (American Physical Education Association). Diese Versammlung fand statt Ende August, in den Tagen unmittelbar vor der Eröffnung der olympischen Spiele. Auf die dort gehaltenen Vorträge kann ich hier nicht eingehen. Wohl aber möchte ich betonen, daß sich auch bei dieser Gelegenheit eine erfreuliche Annäherung zwischen den deutsch- und den anglo-amerikanischen Vertretern der Leibesübungen kundgab. Mit Bei-seitelassung aller Systemreiterei ehrlich zu suchen, was der Jugend frommt — und das Gute zu nehmen, wo es auch her-komme — diesen Grundsatz sah ich dort drüben bei allen hervorragenderen Vertretern unserer Sache lebendig. So hatte denn der Vorsitzende der Assoziation, Herr Dr. Luther H. Gulick aus Newyork[1]) als Gegenstand seiner Eröffnungsansprache gewählt: „Die Stellung der sozialen und ästhetischen Gesichtspunkte im ganzen der Leibesübungen mit besonderer Bezugnahme auf das deutsche Turnen."

So wie den Kreisen in Nordamerika, denen schwedische Gymnastik einerseits und Sport anderseits früher der alleinige Inbegriff der Leibes-übungen für die Jugend schien, immer mehr die Bedeutung des deutschen Turnwesens aufgeht, und man dort vorurteilsfrei versucht, den Boden zu gemeinsamer Arbeit zu finden, so sollten auch wir in Deutschland uns nicht im Besitz einer alleinseligmachenden Methode dünken und sonnen. Ohne unsere Eigenart darum aufzugeben, können wir doch noch sehr viel außer-halb unserer Grenzpfähle lernen und da, wo es hingehört, verwerten. Seinen Tran für das beste Getränk der Welt zu halten, weil er nie ein anderes kennen gelernt hat, wollen wir doch — dem Eskimo überlassen.

Mir persönlich möge es aber am Schlusse des Berichtes verstattet sein, auch an dieser Stelle allen den gleichstrebenden Männern, welche ich in der Union kennen gelernt, und ganz besonders den wackeren Ver-tretern der deutschen Turnerei, herzlichst zu danken für alle die Liebens-würdigkeit und Gastfreundschaft, die sie mir in jenen Wochen erwiesen. Das alles wird mir stets unvergeßlich bleiben.

---

[1]) Herrn Dr. Gulick verdankt die amerikanische Jugend das prächtige Basket-Ballspiel (Korbball) in seiner ganzen Ausgestaltung.

9.

Die körperliche Erziehung in Japan.

Von Oberlehrer Dr. Albert Gruhn in Berlin.

Die außerordentliche Kriegstüchtigkeit der Japaner hat die Welt in Erstaunen gesetzt, und der gegenwärtige Krieg mag enden, wie er will, die Tatsache bleibt bestehen, daß der Japaner als Soldat es mit allen Völkern der Erde aufnehmen kann. Weniger bekannt als diese kriegerische ist die friedliche Leistungsfähigkeit des japanischen Volkes, obwohl der Europäer auch von dieser überrascht wird. Wer in Europa zieht wohl wie ein Kuramaya eine zweirädrige Droschke, eine Jinrikischa, mit einem Insassen in stärkster Sonnenglut über 100 km! Wo in der Welt gibt es bessere Lastträger als im Lande der aufgehenden Sonne! Im Laufen und Rudern können es die Japaner mit jedem Volke aufnehmen. Auch die Kraft und Ausdauer der Bauern wird von allen Reisenden rühmend anerkannt. Und doch ist der Japaner der Körpergröße nach ein recht kleiner Mann. Er mißt durchschnittlich nur 1,58 m, erreicht also nur das Maß unserer europäischen Frauen. Auch sein Knochenbau und seine Muskulatur sind von Geburt nicht wesentlich verschieden von dem, was wir sonst in der Welt finden. Ein großer Teil der Japaner steht in dieser Hinsicht sogar wenig vorteilhaft da. Man kann nämlich mit Bälz das ganze japanische Volk seiner Körperbeschaffenheit nach in drei Klassen einteilen: in die Bauern-schicht, die sehr kräftig und widerstandsfähig gebaut ist, in den Mittel-stand, der weniger untersetzt ist, und in die obere Schicht, die schlank, zartknochig und schwach muskulös ist. Da nun die letztere Gruppe, die hauptsächlich die Offiziere stellt, in ihrer körperlichen Tüchtigkeit hinter den anderen nicht sonderlich oder gar nicht zurückbleibt, so kann die körper-liche Veranlagung nicht die Ursache der japanischen Mannhaftigkeit sein. Verschiedene Landeskenner wollten sie deshalb in der überwiegenden Pflanzennahrung oder dem geringen Kalkgehalt des japanischen Wassers finden. Allein auch diese Annahme ist nicht stichhaltig, wie namentlich Bälz nachgewiesen hat. Es muß also eine andere Ursache wirksam sein, und ich dürfte kaum auf erheblichen Widerspruch stoßen, wenn ich die körperliche Erziehung des Japaners dafür ansehe.

Die Erziehungskunst steckt den Japanern im Blute; schon lange, bevor sie die Europäer kennen lernten, haben sie Vorzügliches darin geleistet.

Spartanische und altrömische Erziehungsbegriffe kehren hier an der Küste
des Stillen Ozeans wieder. Knaben und Mädchen Alt-Japans sind an
die größte Abhärtung, die größte Furchtlosigkeit und Tapferkeit gewöhnt
worden. Wohl in keinem anderen Lande haben die Frauen in gleicher
Weise das Schwert geführt wie in diesem Lande der Blumen und der
Anmut. Nicht selten haben Frauen in den Kämpfen an der Seite der
Männer mit gleicher Todesverachtung gefochten. Erst die Einführung des
Buddhismus und der Konfuziuslehre hat sie gezwungen, ihre Amazonen-
natur abzulegen. Aber wird man leugnen können, daß diese Heldinnen
ihren Schlachtengeist auf ihre Kinder und Kindeskinder vererbt haben?
Sparta hat sich einen Namen in der Welt gemacht, weil es Frauen besaß, die selbst am Leichnam ihrer liebsten Kinder nicht in Ohnmacht fielen,
und Japan wird die Welt noch in Verwunderung setzen, weil seine Frauen,
selbst wenn sie guter Hoffnung waren, doch die Beschwerden eines Feld-
zuges auf sich nahmen und nicht die Fassung verloren, auch wenn die
blanke Klinge ihre Augen blendete.

In Japans Feudalzeit wurden die Frauen aufs Haus beschränkt, und
die Männer allein hatten die öffentlichen Angelegenheiten zu vertreten.
In diesem Zeitabschnitt entwickelte sich der Kriegerstand der Samurai, von
dessen Ritterlichkeit die ungedruckten Vorschriften des Buschido hinreichendes
Zeugnis ablegen. Alle Knaben dieser zahlreichen Kaste wurden von Hause
aus echt soldatisch erzogen. Der richtige Gebrauch von Schwert, Lanze
und Bogen erforderte ganz von selbst die Ausbildung der körperlichen Kraft
und Gewandtheit. Als die große Umwälzung des Jahres 1868 eintrat,
war das japanische Volk körperlich im allerbesten Zustande. Die außerordentliche Hast, mit der nun die Aufnahme der europäischen Bildung erfolgte, hat darin für kurze Zeit eine bedenkliche Verschlechterung herbeigeführt. Gerade die obere Schicht, die körperlich am schwächsten gebaut
ist, wurde von einem unbezähmbaren Lerneifer ergriffen. Es konnte deshalb nicht ausbleiben, daß diese Kwazoku und Schizoku, wie die beiden
oberen Adelsklassen heißen, durch das ungewohnte Stubenhocken und Sitzen
körperlich recht herunterkamen und vor allem nervös und hysterisch wurden.
Wer solche Männer um diese Zeit als Arzt zu behandeln hatte, wie Wer-
nich, konnte leicht zu der Annahme kommen, daß die Japaner körperlich
ein recht minderwertiges Geschlecht seien. Die Japaner sind jedoch nicht
von der Art jener Leute, die erst abwarten, bis das Kind im Brunnen
liegt, und dann Abhilfe schaffen, sie trafen vielmehr rechtzeitig ihre Vorkehrungen, den weiteren Verfall aufzuhalten. Mit allen Mitteln

forgte die Regierung dafür, daß die Leibesübungen wieder zu
ihrem Rechte kamen und alle Teile des Volkes gleich gesund
und kräftig blieben.

Die Unterrichtsverwaltung ging hierbei den anderen Ministerien mit
leuchtendem Beispiel voran. Überall in Japan entstanden Kindergärten
nach Fröbelschem Muster, und die kleinen Buben in einem Alter zwischen
drei und sechs Jahren lernten nicht nur allerlei Spiele, sondern marschierten
ganz ernsthaft nach den Klängen irgendeines Instrumentes. Mit sechs
Jahren öffnete sich ihnen die Unter-Elementarschule mit ihren muster-
gültigen Anlagen für Spiel und Turnen. Man begnügte sich nicht damit,
drei Wochenstunden dafür anzusetzen, sondern schob auch zwischen je zwei
Stunden eine Pause von 15 Minuten ein, die mit Spielen auszufüllen sind.
Die weiteren Schulen, also die obere Elementarschule, die Mittel- oder
Bürgerschule und die höhere Schule, haben dieselbe Einrichtung, doch werden
die größeren Schüler nicht bloß im Marschieren weitergebildet, sondern
lernen auch bereits Gewehrgriffe. In den Kadettenschulen kommt dazu
die Ausbildung im Jujutsu, d. h. im kunstmäßigen Ringen, von dem noch
die Rede sein wird. Auch die Studenten wurden zur Pflege der Leibesübungen angehalten und haben sich ihnen so eifrig hingegeben, daß sie
heute zu den besten Sportsleuten der Erde zählen. Sie üben Fußball,
Schlagball, Lawn-Tennis und Polo und sind leidenschaftliche Liebhaber
des Schwimmens und Ruderns. Darüber aber wird das eigentliche Turnen
nicht vernachlässigt. Mit den Knaben wetteifern die Mädchen, die in den
Elementarschulen ihre besonderen Spiel- und Turnplätze haben. Für die
Kwazoku, die unter der Umwälzung besonders gelitten haben, hat sich
ein adliger Privatklub für Turnen gebildet, der, wie es scheint, seine gute
Absicht bereits erreicht hat.

Im allgemeinen besteht kein Unterschied zwischen den japanischen und
europäischen Leibesübungen. Sieht man von dem Fechten mit dem zwei-
händigen Schwert und von dem Lanzenfechten ab, die heute nur noch in
den Kreisen der Offiziere und Polizeimannschaften Freunde finden, so kann
man als besonders japanisch nur die Ringkunst bezeichnen. Alle Stände
haben für sie die gleiche Vorliebe, obwohl ein erheblicher Unterschied
zwischen dem Sumo, dem volkstümlichen Ringkampf, und dem Jujutsu, dem
kunstmäßigen Ringen nach wissenschaftlichen Grundsätzen, besteht. Beide
Arten des Ringens hat uns zuletzt Generalleutnant A. v. Janson in seinem
Buch „Die Wehrkraft Japans" (Berlin, Mittler u. Sohn, 1904) recht an-
schaulich geschildert. Die Sumatori, die gewerbsmäßigen Ringer, bilden

eine eigene Gilde von hohem Ansehen. Sie verkörpern schon in ihrer
äußeren Erscheinung ein Stück Alt-Japans. Besonders kenntlich sind sie
an ihrer Haartracht, die in einem nach der Stirn hin zurückgeschlagenen
Zopfe besteht. Ihre Vorstellungen finden in zirkusartigen Gebäuden statt
und füllen den ganzen Tag aus. Die Zuschauer sitzen sowohl im Parterre
als auf der vornehmeren Galerie in logenartigen Abteilen und verpflegen
sich entweder selbst mit Hilfe von mitgebrachtem Teegerät und kalter Eß-
ware oder lassen sich aus den benachbarten Teehäusern bewirten. In der
Mitte des Zirkus ist eine kreisförmige, leicht überdachte Erderhöhung,
worauf ein Strohring von 5 m Durchmesser den eigentlichen Kampfplatz
bezeichnet. Die Ringer sind ohne Ausnahme außerordentlich muskulöse
Fettkolosse. Die nach europäischen Begriffen besonders schönen Gestalten
— und an solchen fehlt es keineswegs — finden weniger den Beifall
der Japaner als die untersetzten und unförmigen Figuren. Der Kampf
weicht von europäischer Gewohnheit ganz erheblich ab. Die Gegner nähern
sich in aufrechter oder gebückter Haltung, erfassen plötzlich einander und
suchen sich aus dem Strohring herauszudrängen. Eigentliches Ringen findet
dabei nicht statt, nur die Druckkraft spielt eine Rolle. Wer den Stroh-
kranz überschreitet, gilt für besiegt. Besondere Schiedsrichter leiten den
Kampf und fällen das Urteil. Die Sieger werden reich beschenkt, besonders mit Fässern des beliebten Sake, des Reisschnapses, oder mit Reis
selbst. Erstaunlich ist die Teilnahme, die der Japaner diesen ziemlich ein-
tönigen Schaustellungen entgegenbringt.

Finden die Fremden dieses volkstümliche Ringen recht einfach und
plump, so kennt umgekehrt ihre Bewunderung keine Grenzen, wenn es
sich um das Jujutsu, das Ringen nach allen Regeln der Kunst, handelt.
Ihm huldigen die oberen Klassen, und deshalb wird es in den höheren
Schulen und vor allem in der Kadettenschule eifrig gepflegt. Die
Polizei übt es zu praktischen Zwecken. Die Übungen finden in größeren
Räumen auf dicken Binsenmatten statt. „Die Kämpfer sind“, wie
Janson sagt, „nur mit einer Art Schwimmhose und einer leichten Jacke
bekleidet, auch die Füße sind nackt. Unzählige Kunstgriffe und Tricks
kommen zur Anwendung; nicht nur mit den Armen und durch das
geschickte Stellen der Beine wird gerungen, man sieht sehr oft sogar
mit den Beinen Schläge ausführen, um einen Nerv oder eine schmerz-
hafte Stelle zu treffen.“

Die Beine verstehen die Japaner nicht selten wie die Arme zu gebrauchen. Es gibt Ringkämpfe, die nur mit den Beinen ausgefochten

werden. Wunderbar ist die Art, wie man bei dem Jujutsu den Gegner bisweilen mit einem Arm durch die Luft fortschleudert. Es wird leidenschaftlich und mit allen denkbaren Kunstgriffen gerungen; Kampfziel ist, den
Gegner völlig unschädlich zu machen, wenn nicht anders, bis zur Be-
sinnungslosigkeit; denn auch das Würgen wird bei diesem Kampfe nicht
verschmäht. Bei dem allen ist der Japaner niemals roh, sondern bewahrt auch in den heißesten Augenblicken Anstand und Würde. Den
ohnmächtigen Gegner bringt er selbst in vorschriftsmäßiger Weise
sofort wieder ins Leben. Kein Fremder kann es in dem Jujutsu mit
dem Japaner aufnehmen, selbst wenn er stärker ist und unter seinen
Landsleuten als gewandt gilt. Die vorzügliche Wirkung, die diese
Leibesübung auf Knochenbau und Muskulatur hervorbringt, steht
fest, und die europäischen Völker werden sich wohl gezwungen sehen,
diesem Kunstringen mehr Aufmerksamkeit zu schenken, als es zurzeit
geschieht.

Mit einer Einzelheit aber wird es noch nicht getan sein; in unserem
ganzen Volksleben muß die hohe Bedeutung körperlicher Ausbildung immer
mehr zum Ausdruck kommen. In Japan gibt es nur wenig Volksfeste,
bei denen den Kindern nicht Gelegenheit geboten wird, ihre Gewandtheit
und Fertigkeit zu zeigen. In dieser Hinsicht besteht kein Unterschied zwischen
den Goseki, den fünf großen Jahresfesten, und den Matsuri, den buddhi-
stischen Tempelfesten. Bei den öffentlichen Aufzügen, den pantomimischen
Tänzen und Theatervorstellungen wirken Kinder in hervorragender Weise
mit. Wochenlang vorher üben sie auf leicht gezimmerten Gerüsten ihre
Aufgaben ein. Erstaunlich ist es, mit welcher Treue sie ihre eigenen Landes-
gebräuche und die fremder Nationen darzustellen wissen. Sie veranschau-
lichen ebensogut den Walfischfang wie den glänzenden Auszug eines Fürsten
zur Jagd oder die umständliche Seereise eines chinesischen Mandarinen.
Die Ängstlichkeit, mit der man bei uns die Kinder von den Belustigungen
der Alten fernhält, kennt man in Japan nicht, und doch verraten diese
Kinder gar nichts von der Roheit und Flegelei, über die wir Europäer
doch oft genug zu klagen haben. Selbst an Nachtfesten nehmen sie teil
und führen bei Mondschein ihre Reigen mit der Unbefangenheit von Elfen
und Nixen auf.

Die Zahl der Kinderspiele ist sehr groß. Selbstverständlich ringen
schon die kleinsten Buben. Wettlauf, namentlich auf Stelzen, wobei die
Kinder dahineilenden Reihern gleichen, Versteck- und Blindekuhspiel sind
an der Tagesordnung. Im Winter baut man seinen Schneemann und

schneeballt sich ganz ähnlich wie bei uns. Auch der Kreisel dreht sich hier nicht weniger als in Europa. Eigenartig jedoch ist die Art, wie man gewisse Spiele mit den Jahresfesten in Verbindung gebracht hat. So gehört zum Neujahr das Federballspiel. An diesem Tage legen die Mädchen ihre herrlichsten Gewänder an, deren malerische Schönheit nirgends in der Welt ihresgleichen hat, versammeln sich im Freien zu großen Gruppen, und die leuchtenden, gefiederten Bälle führen ein bezauberndes Spiel in sonnendurchglänzter Luft aus. Die Anmut griechischer Grazien wird hier zur Wirklichkeit. Im Februar und März huldigt man den Drachenspielen. Der Name Drache paßt nicht recht; denn alle möglichen Papierfiguren kommen zur Anwendung. Im ganzen Lande flattern dann hoch in den Lüften diese Papiergebilde. Große Wetten werden abgeschlossen, welcher Drache wohl die anderen besiegen werde. Da man die Schnuren mit scharfkantiger Glasmasse versieht, so hat man die Möglichkeit, die Schnur des Gegners durch geschickte Handhabung zu zerschneiden. Die Alten freuen sich an diesem Spiel kaum weniger als die Jungen. Es ist überhaupt für japanische Verhältnisse bezeichnend, daß die Kinderspiele nicht auf die eigentliche Jugend beschränkt bleiben. In Japan betrachtet das Alter es als Pflicht, der jungen Welt das Leben so reizend wie nur irgend möglich zu gestalten. Frohsinn und Heiterkeit findet man durch ganz Japan, und es ist keine bloße Redensart, wenn man dieses Land das Paradies der Kinder nennt. Europa, ich fürchte, du wirst bald auch in dieser Hinsicht von Japan lernen müssen!

10.

Ein erprobter Plan der Hausgymnastik für jung und alt.

Von Realgymnasialdirigent W. Wetekamp in Schöneberg bei Berlin.

Viele Systeme für gesundheitliche oder Zimmergymnastik sind seit Vater Lings genialer Schöpfung — und auf dieser fußend — entstanden und haben manches Gute gewirkt und manchen Fortschritt gezeitigt; aber so recht befriedigt hat auf die Dauer doch keins.

Da erhielt ich vor einigen Monaten von einem Kopenhagener Freunde ein Buch zugesandt, das in nahezu vollkommener Weise die Lösung des Problems zu ermöglichen scheint, ohne irgendwelche Turngeräte in dem geringen Zeitmaß von täglich fünfzehn Minuten seinen Körper zu kräftigen, zu stählen und ebenmäßig zu gestalten.

Das Buch betitelt sich: „Mit System; 15 Minutters dagligt Arbejde for Sundheds Skyld" (zu deutsch: „Mein System; 15 Minuten täglicher Arbeit im Dienste der Gesundheit) und hat zum Verfasser einen der bekanntesten Sportsleute Dänemarks, Inspektor J. P. Müller.[1])

Das Buch hat einen beispiellosen Erfolg gehabt, die ersten Auflagen, 10 000 Exemplare, waren in Zeit von zwei Monaten in dem kleinen (!) Dänemark vergriffen. 30 300 Exemplare sind bisher — in dem Zeitraum eines halben Jahres — gedruckt. Inzwischen sind auch Übersetzungen ins Schwedische, Englische, Deutsche (K. F. Köhler, Leipzig) zur Ausgabe gelangt. Für die Vereinigten Staaten ist „copy right" erworben. Und das Buch verdient diesen Erfolg vollauf; es ist die glücklichste Verbindung von tiefem Denken und ge-

Bild 1 Armschwingen.

sunder Praxis; es ist nicht Schreibtischarbeit, sondern ein Stück frischen Lebens.

Hören wir, was der Verfasser selbst über sein Leben erzählt. Müller wurde im Jahre 1866 als Sohn eines sehr schwächlichen Vaters geboren und wog bei der Geburt nur 3½ Pfund, so daß er in einer Zigarrenkiste

---

1) Inzwischen ist es dem Verfasser und Herausgeber vergönnt gewesen, Müller, der in Berlin vor einem größeren Kreise Geladener sein System praktisch entwickelte, persönlich kennen zu lernen.

liegen konnte. Im zweiten Jahre lag er auf den Tod krank an der Ruhr, er hat alle möglichen Kinderkrankheiten durchgemacht und mußte jedes Jahr mehreremal wegen Krankheit in der Schule fehlen. Also weder in bezug auf Vererbung noch auf Körperverfassung war er besonders gut von der Natur bedacht.

Im achten Lebensjahre kamen ihm einige Bücher über Gymnastik usw. in die Hände, und er fing nun auf eigene Faust an Leibesübungen zu treiben und setzte das von da ab dauernd fort für sich allein und in Vereinen. Den größten Einfluß auf seine Gesundung und Kräftigung schreibt er aber den Einzelübungen zu Hause und in der freien Luft zu. J. P. Müller, der jetzt im 39. Lebensjahre steht, legte 1884 die Reifeprüfung ab, studierte zunächst Theologie, wurde dann Leutnant, war darauf zehn Jahre Privatingenieur und ist jetzt Inspektor am Vejlefjord-Sanatorium in Jütland.

Zu welcher Vollkommenheit in der Ausbildung des Körpers und der Kräfte es der von Natur so stiefmütterlich Bedachte gebracht hat, dafür folgende Beispiele: M. hat weit über 100 erste Preise, die sich auf alle Gebiete des Sportes und der Athletik verteilen; im Jahre 1903 erhielt er bei einer vom dänischen Athletenklub ausgeschriebenen Konkurrenz den ersten Preis für schöne Körperbildung — der dänische Maler C. Bloch bezeichnete ihn als den schönsten Menschen, den er je gesehen —, bei einer Vorführung vor kurzem in Kopenhagen, in der u. a. auch der Kriegsminister zugegen war, ließ er zunächst einen mit einem schweren Manne besetzten Schubkarren quer über den Leib wegfahren und zerriß dann ein Spiel von 52 Karten, das er zwischen Daumen nnd Zeigefinger hielt, bis zu Achtelstücken. Er ist wohl einer der erfolgreichsten Amateur-Athleten des Kontinents.

Es gibt kein System der Gymnastik — in seinem Buche führt er sie alle an — das er nicht gründlich durchgearbeitet hätte. Er darf sich also „Athlet“ nennen. Athlet?! Das hätte nicht kommen sollen! sagt der Zünftige. Nun man höre, wie Müller den Begriff deutet. „Unter Athletik, sagt er, verstehe ich alle Leibesübungen; unter Sport Bewegungen und Übungen, die ausgeführt werden des Vergnügens und der Zerstreuung halber; unter Gymnastik eine Arbeit, die mit der bestimmten Absicht ausgeführt wird, den Körper zu vervollkommnen usw. Ein und dieselbe Übung kann also, vom Standpunkte des Ausführenden gesehen, bald Sport bald Gymnastik sein. Wenn einer rudert, um seine Lungen usw. zu stärken, so treibt er Gymnastik, während es z. B. Sport ist, wenn ein sog. Gymnastiker

(Turner) einen möglichst hohen Sprung macht, oder auch wenn er sich bemüht, den Niedersprung möglichst tadellos zu machen." Das Produkt der ausgedehnten Studien und Versuche ist sein Buch: „Mein System."

Als Hauptziele seines Systems stellt Müller auf: die Förderung 1. der Hautfunktion, 2. der Wirksamkeit der Lungen, 3. der Verdauung.

Es könnte auffallen, daß er die Förderung der Kraft und der Gelenkigkeit nicht erwähnt, es ist das aber nicht nötig, da die Übungen, die übrigens keinerlei Apparate und nur wenig Raum erfordern, so ausgewählt sind, daß kein wichtiger Muskel ungeübt bleibt. Die Hauptsache bleibt ihm aber die Einwirkung auf die inneren Organe. „Unsere Gesundheit", sagt er mit Recht, „sitzt wahrlich nicht in den Armen." Kräftigung der Muskeln, vor allem die der sonst so vernachlässigten Rumpfmuskeln, und Gelenkigkeit entstehen gewissermaßen als Nebenprodukte von selbst.

Wie gestaltet sich nun die Ausführung?

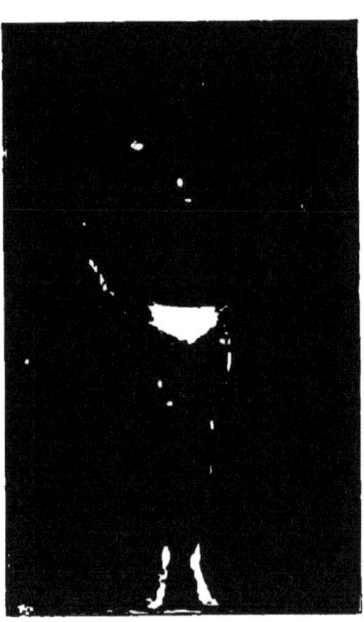

Bild 2. Atemübung.

Die Übungen zerfallen in drei Gruppen. Zunächst kommt eine Reihe von Freiübungen (f. Bild 1), die in leichter Bekleidung, Hose und Hemd (ohne jede Beengung), ausgeführt werden. Zwischen je zwei Übungen werden einige Tiefatemzüge mit Fersen- und teilweise Armheben eingeschoben. Müller bemerkt mit Recht, daß die so vielfach empfohlenen Tiefatemübungen (f. Bild 2), wenn sie „aus heiler Haut" geschehen, leicht Schwindelgefühl hervorrufen, daß sie aber eine wahre Wohltat sind, wenn die Atemtätigkeit vorher durch kräftige Bewegung angeregt ist.

Die ganze erste Übungsfolge nimmt etwa 5¹/₂ Minuten in Anspruch.

Nun kommt eine Pause von etwa 4 Minuten für das Auskleiden, für eine Übergießung, ein laues Bad oder eine] naffe Abreibung und für das Abtrocknen, für das er auch praktische Vorschläge macht.

Auch hier zeigt sich Müller als ein Feind von Extremen. Er hebt ausdrücklich hervor, daß man laues Wasser nehmen soll; macht allerdings die treffende Bemerkung, daß diejenigen, die kühleres Wasser vertragen, dies nach und nach von selbst aus Bequemlichkeit anwenden werden.

Nunmehr folgt eine Reihe von Übungen, die dazu dienen, den ganzen Körper nach und nach mit den Händen zu frottieren (f. Bild 3 u. 4) und so die Haut angenehm zu durchwärmen. Diese Übungen, die auch wieder von längeren (12 Sek.) oder kürzeren (6 Sek.) Atempausen unterbrochen werden, sind zu gleicher Zeit auch wieder Freiübungen, die besonders der Gelenkigkeit zugute kommen. Sie dauern wiederum 5¹/₂ Minuten, so daß also die ganze Übungsfolge nur 15 Minuten (im Anfange natürlich etwas mehr, 20 bis 25 Min.) beansprucht.

Bild 3. Frottieren mit der Hand.

Die Übungen, die in dem Buche sehr genau geschildert und durch Abbildungen nach der Natur erläutert sind, sollen natürlich in guter Luft, am besten im Freien (möglichst auch im Winter), mindestens aber in gut gelüftetem Zimmer vorgenommen werden. Sie eignen sich nicht allein für Schüler, sondern besonders auch für Lehrer, für jung und alt, für das männliche und weibliche Geschlecht. Da wo der Verfasser von Frauengymnastik redet, fehlen ihm die kräftigen Worte nicht: „Alle Frauen wünschen Schönheit, harmonische Formen und eine gute

Figur zu beſitzen; aber vielleicht nur ein Prozent weiß, worin dieſe
Eigenſchaften eigentlich beſtehen, und daß ein tägliches Bad, Frottieren
der Haut, die Mittel ſind . . . In 20 Jahren werden die Männer in
bezug auf hygieniſchen Sinn und Kenntnis der Geſundheitslehre ſo weit
gekommen ſein, daß ſie ſich nicht darauf beſchränken werden, eine Frau
zu bemitleiden, die ſich durch das Korſett verdorben hat, ſie werden
es vielmehr als Dummheit,
Unreinlichkeit und Faulheit bezeichnen, wenn eine Frau ein
Korſett trägt . . ."

Es wird alſo an Leuten
nicht fehlen, die ſich freuen,
wenn ihnen ein gutes Mittel
an die Hand gegeben iſt, den
durch die ſitzende Lebensweiſe
hervorgerufenen Schädigungen
entgegenzuarbeiten. Für Sportsleute aber bietet das Syſtem ein
vorzügliches Mittel, um über die
ſportfreie Zeit in guter Körper-
verfaſſung hinwegzukommen.
Je mehr aber gerade die Lehrer-
ſchaft bei ſich ſelber die guten
Folgen geſunder Leibesübungen
merkt, um ſo größer wird ihr
Intereſſe auch für die körperliche Erziehung der Jugend ſein.

Sodann haben wir es hier
mit Übungen zu tun, die für
einen großen Teil derjenigen

Bild 4. Frottieren mit dem Handtuch.

Schüler, die vom Turnunterricht befreit werden müſſen, ebenſo für ſolche,
die zwar am Turnunterricht teilnehmen, aber, weil zu ſchwächlich, nur
wenig Nutzen von ihm haben, ein ausgezeichnetes Mittel zur Kräftigung
des Körpers ſein können.

Weiterhin wäre es jedenfalls von größtem Nutzen, wenn den aus der
Schule abgehenden Schülern wenigſtens einige Geläufigkeit in der Anwen-
dung des Syſtems mit in das Leben gegeben würde; es könnte das viel zur
Pflege der Reinlichkeit und der weiteren körperlichen Ausbildung beitragen.

Endlich aber hoffen wir, daß mit der größeren Bekanntschaft mit den Einzel- und Freiluftübungen die Überschätzung des Gerätturnens[1]) immer mehr schwinden und in demselben Maße der Drang, aus der staubigen und dunstigen Turnhalle hinaus ins Freie zu kommen, immer größer wird. Vielleicht wird man dann auch einmal dazu kommen, unsere Jugend bei ihren gymnastischen Übungen — wie man damit in den Licht-, Luftsportplätzen jetzt schon beginnt — vom Zwange der Kleidung zu befreien. Für das Wasserbaden geschieht ja jetzt schon viel, wir sollten aber bedenken, daß der Mensch doch sozusagen eher ein Luft- als ein Wassertier ist und ihm daher ein regelmäßiges tüchtiges Luftbad mindestens ebenso wichtig ist, wie das Wasserbad. Auch die Reinlichkeitspflege könnte dadurch nur gewinnen.

Daß die klimatischen Verhältnisse dem durchaus entgegenständen, wird wohl niemand im Ernst behaupten wollen; jedenfalls ist das nicht der Fall in der ganzen Zeit, während der im Freien gebadet wird. Übrigens ist die Gefahr einer Erkältung bei unbekleidetem Körper verhältnismäßig viel geringer als bei bekleidetem, da die Ausdünstung nicht zurückgehalten wird und die Blutverteilung in der Haut eine bessere ist. Und eine gut durchblutete Haut ist immer noch das beste Wärmeschutzmittel.

Sollten wohl die alten Griechen in der Gymnastik so Erstaunenswertes geleistet haben, sollte es ihren Künstlern möglich gewesen sein, so wunderbare Körperformen in Marmor zu verewigen, wenn man die griechischen Jünglinge bei ihren Übungen in eine dichte Kleidung, ähnlich der unsrigen, eingezwängt hätte?

Die alten Griechen werden uns doch sonst fortwährend so eindringlich als unvergleichliche, ja unerreichbare Muster hingestellt, warum ahmen wir ihnen nicht auch hier, soweit es die klimatischen Verhältnisse gestatten, nach?

Und nun noch meine persönlichen Beobachtungen. Seit ich die vorstehenden Zeilen schrieb, habe ich selbst das System angewandt und kann nur sagen, daß es alles gehalten hat, was ich mir von ihm versprochen habe, es ist eine Lust und wird geradezu Bedürfnis, es anzuwenden. Besonders frappant war die Wirkung auf meine durch vieles Sitzen sehr

---

1) „Der Reichtum des deutschen Turnens an Geräten verschiedenster Art ist im allgemeinen ein Vorzug desselben." So schreibt Herr Schröer in seiner neulich erschienenen „Methodik" (S. 76)?! Gerätturnen geht ihm über alles! (Vgl. 5.)

schlecht gewordene Haltung, die sich schon nach wenigen Tagen vollständig besserte. Eine auch nur annähernd so gute Wirkung auf die Haltung habe ich nie — und ich habe zeitweise neun Turnstunden wöchentlich gegeben, in denen ich ausnahmslos alle Übungen mitmachte — vom Schulturnen gemerkt. — Das Bauchfett, das sich ziemlich stark angesammelt hatte, fing nach kurzer Zeit an zu schwinden und vergeht immer mehr. Dabei hat das Körpergewicht nicht abgenommen. Die Verdauung ist außerordentlich rege geworden; während ich vorher fast beständig morgens infolge träger Darmbewegung an „benommenem" Kopfe litt, ist diese Erscheinung jetzt völlig geschwunden, kurz: ich fühle mich seit Beginn der Anwendung des Systems weit frischer und wohler als vorher. Ähnliche gute Wirkungen habe ich bei meinem Sohne gesehen, der vom Schulturnen dispensiert ist.

II. Aus dem Geistesleben.

1.

Die Literatur des Spiels und verwandter Übungen im Jahre 1904.

Von Oberlehrer Dr. Burgaß in Elberfeld.

Die bereits im vorigen Jahre festgestellte Abnahme der literarischen Erscheinungen auf dem Gebiete des Spiels und verwandter Übungen setzt sich auch für 1904 fort. Allerdings muß bemerkt werden, daß diese Besprechung und Aufzählung der erschienenen Werke keinen Anspruch auf Vollständigkeit erheben kann. Manches ist vielleicht meiner Aufmerksamkeit entgangen, anderes wurde nicht zu einer Besprechung eingeschickt. Das gilt besonders von den in Österreich erschienenen Büchern, die von den Verlagen eigentlich kaum zur Verfügung gestellt werden.

Geschichte des Spiels, der Spiele und verwandter Übungen.

1. **Freiherr R. v. Fichard,** Illustriertes Lawn-Tennis-Jahrbuch für das Deutsche Reich, Österreich-Ungarn und die Schweiz. Der deutschen Lawn-Tennis-Jahrbücher X. Jahrgang. Baden-Baden. 1904. Emil Sommermeyer. 216 S. 8°. Preis 2 M.

Mit dem vorliegenden Bande hat das Jahrbuch seinen 10. Jahrgang erreicht. Nach einer kurzen Einleitung des Verfassers und einer Bekanntgabe amtlicher Mitteilungen und Turniertermine für 1904 folgt im ersten Kapitel eine Abhandlung von Dr. R. Hessen, „Der Sport und die Frauen", im zweiten „Die Verbreitung von Lawn-Tennis in Ländern deutscher Zunge" von E. Sommermeyer, im dritten „Die Turniere und Sieger des Jahres 1903" und im vierten „Allgemeine Ausgleichslisten für 1904", die beiden letzteren von Otto Nirrnheim zusammengestellt. Das fünfte Kapitel führt die Überschrift „Deutsche Spielausdrücke und Redewendungen", das sechste bringt wie der vorjährige Band „Das Lawn-Tennis-Spiel in ernster und heiterer Beleuchtung", das siebente ist den Literaturerscheinungen des Spiels gewidmet, das Schlußkapitel, an das sich Ankündigungen und Anzeigen in großer Menge anschließen, berichtet über Neuheiten der Lawn-Tennis-Gerätetechnik. Besonders fesselnd ist die Abhandlung „Der Sport und die Frauen", die den außerordentlich gesundheitlichen Nutzen betont, den körperliche Übungen, besonders auch Tennis, für Frauen und Jung-frauen und damit für die Aufzucht eines starken, widerstandsfähigen Ge-schlechtes haben. Wir sind mit dem Verfasser darin eins, daß die jetzige weibliche Kleidung ein Hauptkrebsschaden unseres Volkslebens und unserer Volksgesundheit ist, stehen aber bezüglich der Kleiderreform auf dem Stand-punkt, daß der Schultergürtel der Frau sehr wohl imstande sei, einen, allerdings möglichst fußfreien Rock, sowie ein Leibchen mit der daran auf-gehängten, geschlossenen Hose zu tragen. Das Skelett der Frau ist noch nicht so geschwächt und entartet, wohl aber ist ihre Muskulatur zu wenig geübt.

In gleicher Weise beansprucht das fünfte Kapitel unsere Aufmerksamkeit. Hierin gibt Freiherr v. Fichard in einem von dem Vorstande des Deutschen Lawn-Tennis-Bundes veranlaßten Bericht eine erschöpfende Zusammen-stellung guter Verdeutschungen der beim Tennis-Spiel sonst wohl in un-deutsch fühlenden Kreisen üblichen Ausdrücke. Mit Recht stellt der Bericht-erstatter dies Vorgehen des Deutschen Lawn-Tennis-Bundes als eine patrio-tische Tat hin, die des Dankes aller deutsch Empfindenden sicher sein wird. In der Hauptsache sind diese Verdeutschungen angenommen worden und werden nach ihrer Drucklegung auch dem Deutschen Sprachverein zu weiterer Verbreitung zur Verfügung gestellt werden.

Auch in den Inhalt dieses Bandes sind wieder eine ganze Anzahl Abbildungen und Vollbilder eingestreut. Druck und Papier stehen den früheren Bänden nicht nach. Wir zweifeln nicht, daß dieser Jubiläums-band dieselbe günstige Aufnahme finden wird wie seine Vorgänger.

Mehr oder minder ausführliche geschichtliche Einleitungen finden sich außerdem noch in den meisten unter „Turnen, Spiel und Sport" besprochenen Werken über einzelne Sportarten.

Für die Ausdrücke „Hinterspieler" und „Torwächter", die für das Fußballspiel in Aussicht genommen sind, will Oberlehrer Beese in Kiel die Worte „Achterspieler" und „Kieper" einführen, da die ersteren Vorschläge sich angeblich nicht gut eingebürgert haben. Ebenso will er „passen" statt „abgeben" beibehalten. Er vertritt seinen Standpunkt in einem Aufsatz „Deutsche Ausdrücke für das Fußballspiel" [K. u. G.[1]) 1904, S. 371].

Mit diesem Jahre ist auch eine eigene Lawn-Tennis-Zeitschrift ins Leben getreten, nämlich:

2. Der Lawn-Tennis-Sport. Zeitschrift für die Gesamtinteressen des Lawn-Tennis in Deutschland und Österreich-Ungarn. Berlin. Bezugspreis durch die Post jährlich 6 M.

Das Bedürfnis nach einem derartigen Fachblatt lag entschieden vor, da die Verbreitung des Spiels in Ländern deutscher Zunge von Jahr zu Jahr zugenommen hat. Die neue Zeitschrift wird herausgegeben und verlegt von einem sachkundigen und federgewandten Manne, Fred. Manning, der seit Jahren in verschiedenen Sportblättern über Lawn-Tennis geschrieben und berichtet hat. Unterstützt wird das Unternehmen durch tüchtige Mitarbeiter, unter denen ich an erster Stelle Dr. R. Heßen nenne. Ausstattung, Druck und Papier sind gut; das Deckelbild einfach, aber gefällig.

Turnen, Spiel und Sport.

Als ein eifriger Anhänger des Sports und ein allerdings nicht für voll zu nehmender Verächter des Turnens, besonders auch unseres Schulturnens, tritt ein Arzt auf den Plan, von dem man allerdings eine derartig einseitige und kurzsichtige Stellungnahme zu den Leibesübungen am allerwenigsten erwartet hätte. Es ist derselbe Dr. R. Heßen, den wir schon im vorigen Abschnitt mehrfach erwähnten. Er ist der Verfasser einer Anzahl Aufsätze in Spemanns „Goldenem Buch der Gesundheit", von denen uns Dr. F. A. Schmidt (K. u. G. 1904, S. 388 ff.) Proben in ziemlichem Umfange liefert und daran den Nachweis zu führen sucht, daß Heßen zu Unrecht ein Lobredner des Nur-Sports ist. Sein Urteil über unser deutsches Schulturnen scheint sich danach auf die Erinnerungen an seine eigene Schulzeit aufzubauen, während der er, wie Schmidt meint, einen kläglichen Turnunterricht genossen haben muß. Würde er sich darum kümmern, wie es heute damit steht, so würde er gefunden haben, daß an Anstalten mit gutem Betriebe der Leibesübungen

---

1) Abkürzungen: K. u. G. = Körper und Geist, Tztg. = Deutsche Turnzeitung, Mtsch. = Monatsschrift für das Turnwesen.

neben dem Geräteturnen auch volkstümliche Übungen, besonders auch das Gerwerfen und Spiele jeglicher Art, nicht nur Drittenabschlagen, sondern sogar das von ihm in den Himmel erhobene Tennis geübt und gepflegt, ja im Winter sogar Schneeschuhlaufen und Rennwolffahren betrieben wird. Ebenso schief ist sein Urteil über die Tätigkeit und Bedeutung der Turnvereine, besonders auch in einem in der Zukunft Nr. 6 erschienenen Aufsatz, gegen den Dr. Neuendorff-Haspe mit Recht (Tztg. 1904, S. 1125 f.) Front macht und auf die ungeheure Summe volkserzieherischer Arbeit und vaterländischen Strebens in den Turnvereinen hinweist. Sehr richtig sagt Dr. Schmidt a. a. O., daß in unserem deutschen Turnen ein geeignetes Mittel gegeben sei, den großen Schichten unseres Volkes, auf die es mehr ankommt als auf die oberen Zehntausend, Gesundheit, Frische und Tatkraft zu verleihen. Diese Frage zu lösen vermeide aber Hessen geflissentlich.

Fast in geradem Gegensatz zu der eben geschilderten Anschauungsweise steht folgende Schrift:

3. Direktor Franz Kemény in Budapest, Gegenwart und Zukunft der körperlichen Erziehung. Ein universalpädagogischer Reformversuch. Berlin 1904. Gerdes & Hödel. 91 S. gr. 8°. Preis 1,20 M. (Heft 21 der Pädagogischen Bausteine. Flugschriften zur Kenntnis der pädagogischen Bestrebungen der Gegenwart.)

Der Verfasser legt uns hiermit eine äußerst anregende, nicht nur den Fachmann, sondern alle Kreise der Gebildeten fesselnde Abhandlung vor. Er tritt der heute mehr und mehr zur Geltung kommenden Ansicht entgegen, als ob alles Körperliche Selbstzweck sei und geißelt in vorzüglicher Weise den heutigen Übersport mit seinen zahlreichen Auswüchsen, Übertreibungen, körperlichen, geistigen und sozialen Schädigungen. Seinen Standpunkt in dem Streite um die verschiedenen Gattungen und Richtungen körperlicher Erziehung, besonders zwischen Turnen und Athletik, gibt er dahin an, daß das Ideal jeder körperlichen Erziehung in der harmonischen Vereinigung von Turnen, Athletik und Spiel bestehe, daß das Turnen aber in gesundheitlicher, erzieherischer und charakterbildender Hinsicht den Vorzug verdiene. Wir haben keine einseitig körperliche, geistige oder seelische Erziehung anzustreben, sondern Menschenbildung, und das ideale Ziel jeglicher Erziehung ist die möglichst harmonische Vereinigung der seelischen, geistigen und körperlichen Teilerziehung. Demgemäß stellt er für die Beurteilung des Menschheitswertes ein dreiteiliges seelisch-geistig-körperliches Maß- und Meßsystem auf, das er an einer Anzahl verschiedengearteter

Menschentypen erläutert. Zu den bisher bekannten Elementen der Menschenbildung fügt er Sittlichkeit und Güte hinzu und will auch die Schönheit,
nicht nur die körperliche, sondern auch die der Ausführung einer Übung
zu ihrem Rechte kommen lassen. Unter den weiterhin vorgeschlagenen Verbesserungen auf dem Gebiete der körperlichen Kultur ist besonders bemerkenswert die Prägung des intelligenten Amateurs gegenüber dem, der keine
höhere Schulbildung genossen und keinem geistigen Berufe angehört. Bei
den für die Schule von ihm angestrebten Verbesserungen ist besonders
hervorzuheben die Forderung, alle sportlichen Mißbräuche und Ausschreitungen von ihr fernzuhalten, und bezüglich der Frage, wer Turnunterricht
erteilen soll, gibt er den sogenannten Professorturnlehrern vor den Fachturnlehrern den Vorzug. Zum Schlusse werden sämtliche Forderungen in
Form von Leitsätzen zusammengefaßt. Das Buch, das in rückhaltloser Form
zu der Frage der körperlichen Erziehung Stellung nimmt, ist eine höchst
bedeutsame Erscheinung und verdient in vollem Maße, daß die Aufmerksamkeit darauf gelenkt wird. Einen längeren Auszug daraus gibt Burgaß
(Tztg. 1904, S. 1061 ff.).

Als recht nachahmenswert ist das Vorgehen des Kieler Turnvereins
zu bezeichnen, der an die Kieler Bürgerschaft eine kleine Flugschrift ver-
sandte, in der alles Wissenswerte über Nutzen, Zweck und Ziel der Turnerei
zusammengestellt war. Abgedruckt war darin das Gutachten dreier hervorragender Kieler Professoren der Medizin, unter ihnen der bekannte
v. Esmarch.

Neu herausgekommen ist in diesem Jahre auch

   4. Prof. Dr. Hugo Rühl, Stadtschulrat, Handbuch der deutschen
      Turnerschaft. Im Auftrage des Ausschusses der deutschen Turner-
      schaft herausgegeben. 7. Ausgabe. Leipzig 1904. Verlag von
      Paul Eberhardt. 389 S. 8°. Preis brosch. 1,50, geb. 2 M.

Es ist die 7. Auflage des Buches, die infolge der Beschlüsse des Berliner
Turntages nötig geworden war. Sie unterscheidet sich nicht wesentlich von
ihrer Vorgängerin. In die geschichtliche Einleitung sind die Ereignisse der
letzten fünf Jahre im Leben der deutschen Turnerschaft miteinbezogen und
in dem Kapitel „Einrichtungen der deutschen Turnerschaft" die im Laufe
dieser fünf Jahre eingetretenen Änderungen in den Einrichtungen der deutschen
Turnerschaft berücksichtigt worden. Beispielsweise ist neu Abschnitt VI:
Satzungen für den Verein „Ausschuß der deutschen Turnerschaft". Die
am Schluß angefügte Erhebung des Bestandes innerhalb der deutschen
Turnerschaft am 1. Januar 1904 gewährt das erfreuliche Bild, daß der

ideale Gedanke, der dem Turnen zugrunde liegt, wenn auch langsam, aber stetig seinen Siegeslauf unter den deutschen Volksgenossen fortsetzt. Möge auch diese Neuauflage des Handbuches mithelfen an der Verwirklichung des Jdeales einer allgemeinen körperlichen Volkserziehung als der Grundbedingung für alle geistige Kultur.

Als Anhang zu Möllers trefflichem „Vorturner", der in diesem Jahre die 2. Auflage erlebt hat, ist erschienen:

> 5. Karl Möller, Die Kultur in den Turnvereinen. Leipzig 1904. R. Voigtländers Verlag. 31 S. n. 8°. Preis 0,30 M.; 20 und mehr Abzüge zusammen bezogen zu je 0,20 M.

Der Verfasser erkennt wohl das hohe Maß sittlicher Tüchtigkeit und Hingabe an die Turnsache an, das in den Vereinen der deutschen Turnerschaft vorhanden ist, wohl die werbende Kraft, die in dem einfachen, schlichten Turnen steckt. Aber er ist nicht blind gegen die Verkehrtheiten und Auswüchse, welche das Vereinsleben erzeugt und gemäß dem Bildungsgrade der Vereinsangehörigen in stärkerem oder schwächerem Grade in die Erscheinung treten läßt. Die Kultur des menschlichen Körpers hängt ihm aufs innigste mit dem gesamten Geistesleben unserer Zeit zusammen. Dieser Gedanke muß auch in den Turnvereinen lebendig werden. Aber leider wird ihr Ansehen durch allerlei Vereinsveranstaltungen und -Festlichkeiten beeinträchtigt, die nicht auf der Höhe sind. Er eifert gegen Gesangvorträge, die mit Zoten und Zweideutigkeiten gespickt sind, gegen die oft jeglichen künstlerischen Empfindens baren Ehrenurkunden, gegen das mangelnde Verständnis für Naturgenuß, gegen unangemessenes Auftreten auf Turnfahrten u. a. m. In vielen dieser Dinge sieht er die Ursache, warum die sogenannten Gebildeten sich von der Turnsache fernhalten. Als das Hauptmittel empfiehlt er Selbstzucht und Selbstbeobachtung und unter Umständen rücksichtsloses Einschreiten der Vorturner. Möchten recht viele Turnvereine diesen Spiegel sich vor Augen und Ein- und Umkehr halten! Vgl. die Besprechung von Götz, Ztg., 1904, S. 173. Von Schriften, die nicht das Turnen des Vereinsturners, sondern des Zimmerturners sich zum Ziele setzen, ist zunächst zu nennen:

> 6. Seminararzt Dr. med. A. Baur, Die Kunst, gesund zu bleiben. Bestehend in einer einfachen zeitgemäßen und natürlichen Methode, gleich anwendbar für jung und alt, arm und reich. Mit 22 Abbildungen und 1 Nährmitteltafel. Stuttgart 1904. Verlag von Paul Mähler. 59 S. 8°. Preis brosch. 1 M., geb. 1,50 M.

Es ist ein schlichtes, aber gediegenes Schriftchen desselben Verfassers, der vor drei Jahren die hier im Jahrbuch besprochene „Hygiene der Leibesübungen" herausgab. Die Erhaltung der Gesundheit bis ins hohe Alter hängt nach ihm von der Beachtung der beiden Worte ab: Muskelübung und Lebensordnung. Der Verfasser erweist sich als ein Freund jeglicher vernünftig und maßvoll betriebenen Leibesübung. Das Turnen steht ihm allerdings vornean, aber auch Spielen, Schwimmen, Bergsteigen, Rudern, Radfahren, Reiten, Fechten, Schlittschuhlaufen erscheinen ihm zur Übung der Muskeln vorzüglich geeignet. Der Abschnitt über die Lebensordnung gibt Anweisungen über die Ernährung des kranken Kindes und der Erwachsenen nebst Essensregeln, Speisezetteln und Tafeln über den Nähr- und Geldwert tierischer und Pflanzennahrungsmittel. Das Schlußwort handelt vom angemessenen Wechsel zwischen Ruhe und Arbeit, von der Erziehung zur Sauberkeit an Körper und Kleidung. Die kleine Schrift ist in allgemeinverständlicher Sprache verfaßt und verdient im Interesse der allgemeinen Volkswohlfahrt weiteste Verbreitung.

    7. Dr. med. Paul Jaerschky, Körperpflege durch Gymnastik, Licht und Luft. Mit 42 Abbildungen. Stuttgart 1905. Ernst Heinrich Moritz. 138 S. 8°. Preis geb. 2 M. (Bd. 17 der Bibliothek der Gesundheitspflege.)

    Zunächst weist der Verfasser den Wert der Leibesübungen überhaupt für die einzelnen Körperorgane und für den gesamten Organismus nach und schildert dann, was uns besonders angeht, den Wert der einzelnen Leibesübungen, turnerischer oder sportlicher Art. Er warnt vor sportlichen Übertreibungen, redet einem Betriebe des Ringens im Lehrplan der Schulen das Wort, tut aber die Turnspiele zu kurz ab. Auch den Tanz, wie er in der verbesserten Form durch Isidora-Duncan jetzt gepflegt wird, möchte er eine Rolle als Mittel der Körperpflege in Mädchenschulen spielen lassen. Nach einigen kurzen Bemerkungen über die Körperpflege in den verschiedenen Lebensaltern behandelt er die Körperpflege durch Luft und Licht, und zwar wird nicht bloß die natürliche Sonnenbelichtung, sondern auch das elektrische Lichtbad, Röntgenstrahlen u. a. herangezogen. Schließlich stellt er die Behauptung auf, daß die Schaffung von Licht- und Luftbädern eine hygienische, soziale und ästhetische Forderung sei. Er verspricht sich viel davon: bedeutende Erhöhung der Wehrfähigkeit, gesundheitliche und ästhetische Gestaltung des deutschen Turnwesens und jeder Art des Sports, Ausgleichung sozialer Gegensätze und Bildung des ästhetischen Gefühls für wahre Körperschönheit durch Anschauen des bloßen

Leibes. Für die Herrichtung solcher Licht- und Luftbäder sollen Turnplätze, Kasernenhöfe, Spielplätze u. a. in Frage kommen, von denen nach seiner Ansicht ja genügend vorhanden seien. Wenn das bereits der Fall wäre, wäre ein gut Teil der Arbeit des Zentralausschusses überflüssig. Das Buch ist in allgemeinverständlicher Form gehalten und zeigt dem Leser, daß der Verfasser einen dem hohen gesundheitlichen und sozialen Wert der Körperpflege entsprechenden Standpunkt einnimmt. Die große Menge anschaulicher Abbildungen, der vorzügliche Druck und die gediegene äußere Gewandung machen seine Anschaffung durchaus empfehlenswert.

Es folgen nun zwei Werke über Zimmergymnastik und zwar zuerst:

8. Dr. med. Daniel Gottlob Moritz Schreber, Ärztliche Zimmergymnastik oder System der ohne Gerät und Beistand überall ausführbaren heilgymnastischen Freiübungen. Als Mittel der Gesundheit und Lebenstüchtigkeit für beide Geschlechter, jedes Alter und alle Gebrauchszwecke. Mit 45 Abbildungen im Text und Schrebers Bild. Neu bearbeitet und herausgegeben von Dr. med. Boden. Leipzig 1904. Dr. Bodens Verlag. 47 S. 4°. Preis 1 M. (Freie hygienische Bücherei, Nr. 1.)

Es ist jedenfalls eine verdienstvolle Tat des Herausgebers und Verlegers, dies treffliche Buch, dessen 28. von Dr. R. Graefe besorgte Auflage wir im Jahrbuch 1903 besprochen haben, in einer so wohlfeilen Ausgabe — 1 M. gegenüber sonst 3 M. — dem größeren Publikum zugänglich zu machen. Soweit ich es zu beurteilen vermag, ist es ein wörtlicher Abdruck des Schreberschen Buches mit dem Vorwort zur 1. Auflage. Selbst die Übungstafel und die Textabbildungen fehlen nicht, sind aber in verkleinertem Maßstabe wiedergegeben. Sehr zweckmäßig erscheint die Hinzufügung eines Krankheitsverzeichnisses mit gleichzeitiger Angabe der Stelle, wo die für die einzelnen Krankheitserscheinungen vorgeschriebenen Übungen stehen. Bei den für besondere Heilzwecke zusammengestellten Übungsverzeichnissen hätte ein Untereinanderstellen der einzelnen Übungen größere Übersichtlichkeit gewährt, aber wohl der Raumersparnis halber ist fortlaufend gedruckt worden. Wenn wir noch einen Wunsch aussprechen möchten, so ist es der, daß die Form des Büchleins, dem wir die allerweiteste Verbreitung in Familienkreisen wünschen, etwas kleiner und darum handlicher würde.

Das zweite Buch ist:

9. Dr. E. Jungmann, Anleitungen zur Zimmergymnastik. Allgemeinverständlich dargestellt. Mit 48 Abbildungen. Berlin. Ohne Jahreszahl. Verlag von Neufeld & Henius. 100 S. 8°. Preis 1 M.

Es bringt eine Anzahl der einfachsten Frei-, Hantel- und Stab-übungen, deren Beschreibung oft nicht den Anforderungen entspricht, die man an eine turnerische Ausdrucksweise stellen muß. So ist ein Arme-falten (S. 20 und 60) wohl jedem Turnersmann unbekannt, und der Ausdruck Stabwiegen für Seitwärtsaufschwingen des Stabes, wie es der „preußische Leitfaden" verlangt, dürfte auch ungewöhnlich sein. Auch sonst läßt das Buch eine planmäßige Anordnung des Stoffes vermissen und bringt zuviel Wiederholungen. So wird bei den Figuren im Anhang der-selbe Wortlaut wiedergegeben wie im zweiten Teil. Die Figuren sind mehr oder weniger verzeichnet. Das Werk ist jedenfalls nicht so zu empfehlen wie das Schrebersche.

Zwei literarische Neuheiten sind dann zu nennen, die der besonderen Körperpflege des weiblichen Geschlechts dienen sollen, und zwar:

10. Die Frauenschönheit. Zweites Sonderheft der Zeitschrift „Kraft und Schönheit". Berlin. Ohne Jahreszahl. Verlag „Kraft und Schönheit". 40 S. gr. 8°. Preis 0,50 M.

Die Herausgeber wollen darin zeigen, daß man Anmut und Schönheit nicht mit künstlichen Mitteln und Schwindelpräparaten fördern und pflegen kann, sondern nur auf Grund der natürlichen Lebensfaktoren. Das Heftchen enthält eine ganze Anzahl lesens- und beherzigenswerter kleiner Aufsätze, die durch viele Abbildungen belebt und erläutert sind. Besonders hervorzuheben ist die Abhandlung über „Körperübung der Frauen und Mädchen" und über den „Schönheitskultus in Amerika", der in der Haupt-sache auf eine körperliche Kultur hinausläuft. Die beiden Aufsätze über „die weibliche Brust" und über „Rumpf, Taille, Korsett" nebst den dazu gehörigen Bildern sind dem trefflichen Buche von Schultze-Naumburg „Die Kultur des weiblichen Körpers" entlehnt. Der Verleger verdient allen Dank, daß er für eine vernünftige und naturgemäße Emanzipation der Frau mit diesem wohlfeilen Heftchen den Weg ebnen helfen will. Die zweite Erscheinung ist eine neue Zeitschrift. Sie nennt sich:

11. Das Äußere. Illustrierte Monatsschrift für weibliche Schönheit und Körperpflege. Berlin. Ohne Jahreszahl. Willy Kraus Verlag. Jahrespreis 6 M. Einzelheft 0,50 M.

Nach der erſten mir vorliegenden Nummer zu urteilen erſcheint dieſe Monatsſchrift in vornehmer Ausſtattung und verfügt über namhafte Mitarbeiter, Schriftſteller und Ärzte. Schöne Abbildungen tragen nicht wenig dazu bei, die Gediegenheit der Zeitſchrift zu erhöhen.

Für das Schulturnen, beſonders auch das Turnen der Mädchen, brachte v. Schenckendorff in der Sitzung des Abgeordnetenhauſes am 22. März 1904 ſein warmes Intereſſe zum Ausdruck, worüber in K. u. G. 1904, S. 3 ff. berichtet wird. Ebenſo trat er in der Sitzung derſelben Körperſchaft am 13. April 1904 dafür ein, die Jugendſpiele, Turnmärſche, ſowie das Rudern und Schwimmen mehr zu fördern (K. u. G. 1904, S. 77 ff. u. Tztg. 1904, S. 413 ff.).   S. unten S. 144 ff.

Als ein umfangreicheres Werk, das ſich den Nachweis der Erhöhung unſerer Wehrkraft durch Erziehung zur Aufgabe geſtellt hat, iſt das vom Zentralausſchuß herausgegebene zu nennen:

12. E. v. Schenckendorff und Dr. Hermann Lorenz, Wehrkraft durch Erziehung. Im Namen des Ausſchuſſes zur Förderung der Wehrkraft durch Erziehung. Leipzig 1904. R. Voigtländers Verlag. IV u. 259 S. gr. 8°. Preis kart. 3 M.

Stattlich iſt die Reihe namhafter Mitarbeiter, wertvoll und anziehend ſind die 26 Abhandlungen, welche den Nachweis liefern, daß die Jugenderziehung nicht nur die Wehrkraft unſeres Volkes ſtärken kann, ſondern daß ſie ſie auch ſtärken muß. Die Einleitung und der erſte Teil beweiſen die Notwendigkeit einer Stärkung unſerer Wehrkraft durch erzieheriſche Maßnahmen, wobei bedeutende militäriſche und militärärztliche Fachleute zu Worte kommen. Der zweite, umfangreichere Teil des Buches gibt Mittel und Wege an, in welcher Weiſe die erzieheriſche Tätigkeit für eine ſtärkere Wehrbarmachung unſeres Volkes nutzbar gemacht werden kann, und hierfür haben führende Männer auf dem Gebiete der Leibesübungenpflege ihre wertvollen Beiträge geliefert.

Die Schrift gehört mit zu den beſten der vom Zentralausſchuß herausgegebenen und muß von jedem vaterlands- und jugendliebenden Manne mit Genuß und Spannung geleſen werden. Auch die Verlagsbuchhandlung hat ihr übriges getan. Das Papier iſt vorzüglich, der Druck groß und deutlich, die Ausſtattung einfach und geſchmackvoll. Beſprochen iſt es auch von Burgaß (Mtsſchr. 1904, S. 225 f.) und von Dr. Supprian ausführlicher (K. u. G. 1904, S. 158 f.). Noch eingehender befaßt ſich die Monatsſchrift damit (1904, S. 301 ff.), welche die Beobachtung gemacht haben will, daß die vom Wehrausſchuß aufgeſtellten Leitſätze „ſich im weſentlichen mit

den in den Kreisen der deutschen Turnlehrerschaft vertretenen Ansichten
und Bestrebungen decken". — —

Von einem äußerst verdienstvollen Mitgliede des Zentralausschusses
rühren folgende zwei Wandtafeln her:

13. Dr. med. H. A. Schmidt, Tafel I: Einwirkung und Erfolge
der Leibesübungen bei der Schuljugend. Leipzig 1904.
R. Voigtländers Verlag. Preis 1 M., aufgezogen 1,50 M.

Es ist eine vorzügliche schematische Darstellung des körperlichen, sittlichen und ästhetischen Wertes der einzelnen Übungsarten des gesamten
Leibesübungsbetriebes an Schulen.

14. Dr. med. H. A. Schmidt, Tafel II: Übersicht der für die
verschiedenen Altersstufen zweckmäßigsten Leibesübungen. Leipzig 1904. R. Voigtländers Verlag. Preis 1 M.,
aufgezogen 1,50 M.

Besonders diese Tafel gibt dem Turnlehrer fast unmittelbar durch
bloßes Hinsehen darüber Aufschluß, welche Art von Übungen und in welchem
Grade er sie seinen Schülern zumuten darf. Besonders die knappe sprach-
liche Ausdrucksform und die gelungene Anwendung von Rot- und Fettdruck
erleichtern die Übersicht ungemein. Die Anschaffung der Tafeln ist in erster
Linie Turnlehrern als Hilfsmittel für ihren Unterricht zu empfehlen, aber
auch in Konferenzzimmern und Turnhallen dürften die aufgezogenen und
ausgehängten Tafeln wohl am Platz sein zur Belehrung für Lehrer und
Schüler. Vgl. die eingehende Besprechung von Koch (K. u. G. 1904,
S. 282 ff.).

Über die körperliche Erziehung der Schweizer Jugend gibt uns Aufschluß:

15. Fr. Zollinger, Die körperliche Erziehung der Jugend
in der Schweiz. Vortrag, gehalten am 1. internationalen Kon-
gresse für Schulhygiene in Nürnberg, 4. bis 9. April 1904.
Mit den Figurentafeln zu der Turnschule für den militärischen
Vorunterricht der schweizerischen Jugend und der bildlichen
Darstellung des Lehrganges im Modellieren an den Züricher
Volksschulen. Leipzig 1904. R. Voigtländers Verlag. 48 S. 8°.
Preis 1,20 M.

Wir entnehmen daraus, daß in der Schweiz die körperliche Erziehung
der Jugend in allen Schulen in angemessener Form auf den Militärdienst
vorbereiten soll. Die Mittel der leiblichen Erziehung zerfallen in den
systematischen Turnbetrieb, in freie körperliche Übungen und in körperliche

Arbeiten innerhalb des Schulunterrichtes. Wir erfahren dann Näheres über
die Zahl der wöchentlichen Turnstunden, über die Art des Unterrichtes,
über Turnräume u. a. m. Die Gesichtspunkte, die hier aufgestellt werden,
decken sich im allgemeinen mit den auch bei uns vertretenen. Sehr nachahmenswert erscheinen mir die besonderen Bestimmungen über die Befreiung vom Turnunterricht, wonach beispielsweise Schwächlichkeit und Blutarmut ohne ein bestimmtes Organleiden oder Neigung zum Nasenbluten
nicht wie bei uns die Befreiung vom Turnen nach sich ziehen. Die im
Anhange beigefügten Abbildungen zu der Turnschule für den militärischen
Vorunterricht der schweizerischen Jugend vom 10. bis 15. Jahre sind äußerst
zweckentsprechend gewählt und ganz vorzüglich gelungen. Unter den freien
körperlichen Übungen steht natürlich die Pflege des Spiels an erster Stelle,
daneben werden auch Baden, Schwimmen, Wanderungen, Reisen, Aus-
märsche, Waffenübungen, Eislauf, Schlitteln, Schneeschuhlauf, Rudern,
Bergsteigen begünstigt. Für das Schneeschuhlaufen werden bereits besondere Lehrgänge abgehalten. Es lohnt sich wirklich, sich in den Inhalt
des Schriftchens zu vertiefen.

16. Kreisarzt Dr. Heinrich Berger, Die Schularztfrage für
höhere Lehranstalten. Nach einem Vortrag, gehalten in der
Hauptversammlung des Vereins der Mitglieder des höheren Lehrer-
standes in der Provinz Hannover zu Hannover 1904. Hamburg und Leipzig 1904. Verlag von Leopold Voß. 79 S. 8°.
Preis 1 M.

Der Verfasser weist die Notwendigkeit der gesundheitlichen Überwachung der höheren Schulen nach, schildert eingehend die Tätigkeit des
Schularztes, welche sich auf die äußere und innere Einrichtung der Schul-
hausbauten, den Gesundheitszustand der Schüler, die Lehrmittel, den
Unterricht und die Lehrer zu erstrecken hat. Auf Grund der gesammelten
und an die vorgesetzten Behörden einzuschickenden Erfahrungen, Beobachtungen und Statistiken sind dann Schulreformen anzustreben, über deren Gestaltung sich Berger verschiedentlich und mit Sachkenntnis ausläßt. Weiterhin
wird dann die Art der Stellung des Schularztes, sein Dienst, seine Persönlichkeit, die in seine Wirksamkeit gesetzte Erwartung besprochen. Den
Beschluß macht eine Aufstellung der Schularzteinrichtungen in anderen
deutschen Bundesstaaten.

Wenn auch die Forderungen und Ansichten, die hier aufgestellt werden,
im allgemeinen als maßvoll und einleuchtend zu bezeichnen sind, so dürfte
doch einiges berechtigterweise die Kritik herausfordern, beispielsweise die

9*

Abweisung von Schülern — allerdings im Einvernehmen mit dem Direktor — auf Grund körperlicher oder geistiger Minderwertigkeit, sowie das von Mosso entlehnte abgestandene Urteil über unseren Barren. Eine Hauptforderung vermisse ich aber darin, und das ist die, daß der Schularzt selbst Turner sein und noch andere Leibesübungen bis zu einem gewissen Grade beherrschen muß, um ein wirklich auf Sachkenntnis beruhendes Urteil in Fragen der Leibesübungen abgeben zu können. Mit Freuden ist dagegen anzuerkennen, daß der Verfasser eine Beschränkung der Unterrichtsstunden unserer wirklich vielgeplagten Jugend zugunsten ihrer leiblichen Ertüchtigung wünscht und eine Förderung der körperlichen Ausbildung besonders auch von dem Schularzt erhofft.

In Leipzig ist übrigens der Rat dazu übergegangen, auf Antrag von Mitgliedern des Stadtverordnetenkollegiums, besondere Leibesübungen für engbrüstige und skoliotische Kinder einzuführen. Ein Buch, das diesem Bedürfnis entgegenkommt, ist:

17. Prof. J. v. Mikulicz und Frau Valeska Tomaschewski, Orthopädische Gymnastik gegen Rückgratsverkrümmungen und schlechte Körperhaltung. Eine Anleitung für Ärzte und Erzieher. 2. vermehrte Auflage. Mit 108 Figuren im Text. Jena 1904. Verlag von Gustav Fischer. XLII u. 107 S. gr. 8°. Preis 3 M.

Bereits nach zwei Jahren ist die Herausgabe einer Neuauflage nötig geworden — ein Beweis, daß das Werk einem wirklichen Bedürfnis entsprach: Es hat folgende Vermehrungen erfahren: Im Abschnitt XIII ist das „Redressement anwendbar bei Dorsolumbalskoliose oder bei einfacher Lumbalskoliose", im Abschnitt XVII sind die Übungen des Liegehanges am verstellbaren Barren um drei vermehrt worden und im Abschnitt XVIII ist zu den Übungen am Wagnerschen Wirbelstrecker das Schaukeln im Beugehang verbunden mit Beinkreisen hinzugetreten, dagegen weggelassen an diesem Gerät die Übung im Armstütz. Der inhaltlichen Zunahme entsprechend hat sich auch die Zahl der Abbildungen um fünf vergrößert. Möge das treffliche Buch auch in seiner Neugestalt in vielen Familien Segen stiften!

Von selbständigen Werken auf einzelnen Sondergebieten des Sports sind einige Neuerscheinungen zu buchen. So

18. Kurt Doerry, Leichte Athletik. Mit zahlreichen Abbildungen. Leipzig. Ohne Jahreszahl. Grethlein & Co. 92 S. 8°. Preis 1,50 M. (Bibliothek für Sport und Spiel.)

Nach einem kurzen Überblick über die Geschichte der leichten Athletik und der zu ihrer Pflege ins Leben gerufenen sportlichen Verbände wird der gesundheitliche Wert der Athletik besprochen, der Begriff der leichten Athletik festgestellt, Training und Diät erörtert. Hieran schließt sich dann die eigentliche Abhandlung über die verschiedenen Arten der Leichtathletik: Lauf über kürzere und längere Strecken, Hürdenlauf, Gehen, Hoch-, Weit- und Stabhochspringen, Dreisprung, Diskus- und Hammerwerfen, Kugelstoßen und Fünfkampf. Den Beschluß des Buches bildet eine Liste der in Europa und Deutschland erlangten Meisterschaften in den einzelnen Zweigen der leichten Athletik, ein Verzeichnis der in Deutschland und dem Auslande darin erzielten Höchstleistungen und eine Aufzählung derjenigen Klubs, deren Mitglieder leichte Athletik treiben. Bei der Beschreibung des Stabhochspringens ist mir die nicht ganz deutliche Darstellung der Stabfassung aufgefallen, wonach der Stab mit Zwiegriff zu fassen ist, während doch alle Turngrößen, wie Lion, Maul, Schnell mit Recht die vorteilhaftere Fassung mit Kammgriff beider Hände vorschreiben. Das Urteil des Verfassers, daß die Behörden den Wert der Körperbewegung in freier Luft noch immer nicht einsehen, dürfte wohl leicht zu entkräften sein, wenn er einen Blick in die neuesten Lehrpläne für die höheren Schulen werfen wollte. Die Schule wehrt sich nur gegen einen rein sportmäßigen Betrieb körperlicher Übungen.

Trotz alledem hat das Buch den Vorzug, aus zehnjähriger theoretischer und praktischer Sporttätigkeit geschöpft zu sein und wird daher jedem, der sich der leichten Athletik widmen will, Anleitung und Hilfe gewähren. Papier und Druck sind vom Verlage in derselben Güte wie bei den vorigen Bänden hergestellt.

In gewisser Beziehung zu dem vorbesprochenen Buche steht ein anderes, nämlich:

19. Fr. Schlüter, Was muß der Läufer von seinem Training wissen? Kurze Anleitung für Mitglieder von Fußball- und Laufsportvereinen über das Trainieren für Laufen. Hannover-Berlin 1904. Verlag von Karl Meyer (Gustav Prior). 43 S. kl. 8°. Preis kart. 0,50 M.

Das Büchlein gibt für denjenigen, der den Lauf sportlich und als Wettlauf betreiben will, eingehende und planmäßige Anleitung, die auf eigener Erprobung des Verfassers bzw. dem Urteil hervorragender Läufer beruht. Für die verschiedenen Arten des Laufes über kurze, mittlere und lange Strecken werden sogar Wochenübungspläne aufgestellt und namentlich die Form eines guten Ablaufes und die Art zu laufen besprochen. Weiterhin werden auch Dreibein-, Stafetten-, Hürden- und Hindernislaufen, sowie die Schnitzeljagd kurz behandelt. Den Schluß bilden Bemerkungen über Kleidung, Massage und eine Liste der im Laufen erzielten Höchstleistungen. Das Büchlein kann mit gutem Grunde empfohlen werden.

Über „das Boxen in England" handelt ein längerer Aufsatz von Dr. A. B. in der Tztg. 1904, S. 98 ff.

Über „Schülerrudern" berichtet Prof. Wickenhagen (K. u. G. 1904, S. 45 ff.) ganz im Sinne der im Vorjahre von ihm erschienenen Schrift „Das Rudern an den höheren Schulen Deutschlands". Die Ruderübungen der Schüler höherer Schulen werden in der „Monatsschrift für höhere Schulen", 1904, III, 3 u. 4 von Direktor Dr. Busse sehr wohlwollend besprochen; aber es werden einige Änderungen in der Betriebsart gewünscht; so will er nur Rudern ohne öffentliches Wettrudern und Trainieren gelten lassen (Mtsschr. für höh. Sch. 1904, S. 221). Neuerdings hat sich Oberlehrer Rumland in Berlin mit demselben Thema beschäftigt.

Über die „Heidelberger Ruderverhältnisse" berichtet Oberlehrer Dr. Rissom in einem längeren Aufsatz (K. u. G. 1904, S. 328 ff.). Als selbständige Arbeit ist dann noch zu nennen:

20. Dr. Johannes Gericke, Zehn Jahre Schülerrudern. Wissenschaftliche Beilage zum Jahresbericht des Leibniz-Gymnasiums zu Berlin. Ostern 1904. Berlin 1904. Weidmannsche Buchhandlung. 17 S.

Er gibt einen Bericht über die zehnjährige Geschichte des Schülerrudervereins am Leibniz-Gymnasium in Berlin, wozu er als Protektor des Vereins allerdings der Berufenste ist. Wir werden mit der Gründung des Vereins, seinen Satzungen, seiner Ruderordnung bekannt gemacht, erfahren, in welcher Weise die Ausbildung der Ruderer und ihre Teilnahme am Rudern geregelt ist, wie die Kosten zur Anschaffung der Boote gewonnen werden, in welcher Form sich der Verein an dem Wettrudern um den Kaiserpreis beteiligt u. a. m. Ob der Verein und die Pflege des Ruderns weiter bestehen kann, wird davon abhängen, ob die städtischen Behörden die Mittel zur Verfügung stellen, um in größerer Nähe der Stadt einen Bootsschuppen zu mieten.

21. M. A. Stoeßer, Lehrkarten zum Schlittschuhlaufen. Kurzgefaßte Anleitung, die Kunst des Schlittschuhlaufens zu erlernen. 20 Karten mit Zeichnungen. Baden-Baden. Ohne Jahreszahl. Verlag von Emil Sommermeyer. Preis 2 M.

Die Karten enthalten einen Lehrgang des Schlittschuhlaufens von den einfachsten Schrittübungen bis zu den verwickeltsten und schwierigsten Kunstlaufübungen, welche durch gute Zeichnungen veranschaulicht und in allgemeinverständlicher Ausdrucksweise beschrieben werden. Der Gedanke, diese Lehrschule des Schlittschuhlaufs auf einzelne Kartenblätter zu drucken und in einer dauerhaften Leinwandmappe unterzubringen, verdient besonders belobt zu werden, da dadurch die Brauchbarkeit des Werkes bedeutend erhöht wird.

Vom vorigen Jahre ist noch nachzutragen:

22. George Helfrich, Der Eislauf in kunsthistorischer Darstellung. St. Petersburg 1903. Verlag des St. Petersburger Eislaufvereins. 113 S. gr. 8°. Preis unbekannt.

Der Verfasser hat sich die Aufgabe gestellt, eine geschichtliche Übersicht über die Werke derjenigen Maler und Kupferstecher zu geben, welche den Eislauf verherrlicht haben. Etwas Erschöpfendes zu bieten war mit Rücksicht darauf, daß viele solcher Werke sich in Privatbesitz befinden oder in kleinen Gemäldesammlungen zerstreut sind, nicht möglich. Aber immerhin ist es eine stattliche Zahl Künstler und ihrer Werke, die hier namhaft gemacht werden, nämlich 114 mit fast 250 Darstellungen des Eislaufs. Am meisten vertreten sind darunter, der Natur des Landes entsprechend, die Niederlande, mit am wenigsten Deutschland, das erst gegen Ende des 18. Jahrhunderts auf den Plan tritt. Der erste Teil des Werkes, das übrigens gleichzeitig in deutscher und russischer Sprache abgefaßt ist, bringt im Zusammenhange die kunstgeschichtliche Darstellung des Eislaufs und als Proben 29 ganz vorzügliche Abbildungen einzelner Werke der erwähnten Künstler. Neben landschaftlichen Schilderungen, auf denen Schlitten- und Schlittschuhfahrer die Staffage bilden, sind von besonderem Interesse auch die scherzhaften Vorwürfe, z. B. der Affeneislauf von P. van der Borcht, oder diejenigen Bilder, welche einen Golfspieler auf dem Eise (Een Kolver von Romenen de Hooghe, 1645—1708) oder den ersten Schlittschuhwettlauf (Grand Scating Match 1823 von G. Cruikshank) wiedergeben. Der zweite Teil enthält das Verzeichnis aller an der Darstellung des Eislaufs beteiligten Künstler mit kurzer Angabe ihrer Lebensdaten und ihrer Werke.

Es ist ein äußerst anziehendes Buch, dessen Inhalt jedenfalls einer recht mühevollen Arbeit des Verfassers zu verdanken ist und das bei der Abfassung einer Geschichte des Eislaufes seine Rolle spielen wird. Die Ausstattung ist einfach und vornehm; zweckmäßig würde es aber sein, einzelne kleine Druckfehler zu beseitigen und die Seiten mit Zahlen zu versehen.

23. **Wilhelm Paulcke, Der Skilauf.** Seine Erlernung und Verwendung im Dienste des Verkehrs, sowie zu touristischen, alpinen und militärischen Zwecken. Mit vier Vollbildern nach Aufnahmen des Verfassers, sowie 65 Abbildungen im Text. Dritte neubearbeitete Auflage. Freiburg i. Br. 1905. Fr. Wagnersche Universitätsbuchhandlung. VIII und 201 S. 8°. Preis brosch. 2,50 M., geb. 3 M.

Der Umfang der Neuauflage ist von 188 auf 201 Seiten erweitert; die früheren acht Vollbilder sind auf vier beschränkt; statt der früheren 37 Abbildungen weist die neue Auflage 65 auf. In inhaltlicher Hinsicht ist die geschichtliche Einleitung erweitert, sind verschiedene neue Bindungsarten aufgenommen, das Schneepflugfahren (Stemmfahren) mit ganzer und halber Pflugstellung hinzugefügt, die Beschreibung des Telemark- und Christianiaschwunges erweitert und durch Abbildungen veranschaulicht, ebenso die verschiedenen Haltungen beim Springen. Ganz erheblich und mit Recht gekürzt sind die Abschnitte über Lawinengefahr und über die Skivereine und ihre Aufgaben. Ein besonderer neuer Abschnitt ist der Streitfrage Norwegen-Lilienfeld (Alpenski) gewidmet und sucht in ruhiger, sachlicher Form eine Entscheidung zu treffen. Uns steht an diesem Orte nicht zu, Partei zu nehmen, aber so viel möchten wir doch auch sagen, daß wir einer Bindung, bei der Metallteile und eine Schwächung des Schneeschuhs infolge einer Durchbohrung oder Durchfräsung möglichst vermieden werden, den Vorzug geben. Diesen Vorzug besitzt aber die Lilienfelder Alpenskibefestigung nicht.

Außer den neu hinzugekommenen Abbildungen ist aber auch eine erhebliche Vervollkommnung des Buches darin zu sehen, daß durch Anwendung verschiedenartiger Drucke die Übersichtlichkeit sehr gehoben ist. Paulckes „Skilauf" ist nach meiner Ansicht bisher das beste Buch, das sich ein Schneeschuhläufer für die Ausübung seiner Kunst anschaffen kann.

24. **Max Schneider, Schneeschuh und Schlitten für Sport, Jagd und Verkehr.** Ein Handbuch für jedermann. Mit 85 Illustrationen. Berlin 1905. F. Fontane & Ko. 143 S. 8°. Preis 2,50 M.

Da in diesem Buche zwei Wintergeräte in ihren verschiedenen Spielarten und Formen behandelt werden, so fällt die Beschreibung des Schneeschuhs und seiner Verwendung selbstverständlich erheblich kürzer aus als in dem eben besprochenen Werke. Aber trotzdem findet jeder, der das

Schneeschuhlaufen betreiben will, sei es zum Vergnügen, sei es für praktische Zwecke, über alle einschlägigen Fragen in verständlicher Form Aufschluß, wozu auch die eingestreuten Abbildungen nicht unwesentlich beitragen.
Der Schneeschneider, dieses auf der Grenze zwischen Schneeschuh und Schlitten
stehende Wintergerät, hätte der Vollständigkeit halber wohl auch mit aufgeführt werden können. Unter den Schlitten werden alle nur möglichen,
bei den verschiedenen Völkern gehandhabten Arten nach Bau und Verwendung beschrieben; besonders werden auch Rennwolf und Segelschlitten eingehend durchgenommen. Ein weiterer Abschnitt ist der für die Handhabung
dieser Geräte zweckdienlichsten Kleidung und Ausrüstung gewidmet, und den
Beschluß bilden Bemerkungen über Wetter und Training.

Die Anschaffung des von Kenntnis und Liebe zur Sache zeugenden,
gut ausgestatteten Buches sei jedem warm empfohlen, der diese trefflichen
winterlichen Leibesübungen pflegen will. Vermißt habe ich darin aber,
wie das sonst üblich ist, die Angabe der von dem Verfasser für seine Arbeit
benutzten Schriftwerke. Auch darüber ist der Verfasser falsch unterrichtet,
daß das Schlittensegeln bisher in der Literatur ganz stiefmütterlich behandelt
sei. Ich verweise ihn auf das im vorigen Jahre in der „Bibliothek für
Sport und Spiel“ erschienene „Der Wintersport“ von J. W. und Fr. Scheibert.

Zum Schluß ist noch zu erwähnen:

25. Dr. Eugen Eiber, Bei Spiel und Sport. Eine Dichtung für
Schulfeste. Neustadt a. d. H. 1904. Kommissionsverlag: Anton
Otto, Königl. Bayerische Hofbuchhandlung. 19 S. kl. 8°. Preis
0,40 M.

Der Inhalt des Heftchens, bestehend aus 12 Gedichten, ist zunächst
für das Maifest der Königl. Realschule in Neustadt an der Haardt im
Jahre 1904 verfaßt, eignet sich aber auch sonst sehr wohl zur Darstellung
bei Festen anderer Schulen. Fast der ganze Kreis sommerlicher und winter-
licher Leibesübungen, Turnen, Spiel und Sport wird darin in bald ernster,
bald heiterer Form besungen. Möchte doch jeder Lehrer an höheren
Schulen so von der vaterländischen Bedeutung körperlicher Übungen erfüllt
sein, wie der Verfasser dieser kleinen Dichtung!

Betrieb der Spiele.

Es sind zunächst zwei dem Betriebe des Tennis gewidmete Bücher,
die hier erwähnt werden müssen, und zwar zunächst das eines schon weiter
oben mehrfach genannten Verfassers:

26. **Dr. Robert Heſſen, Technik und Taktik.** Ein Anleitungs-
buch für Lawn-Tennis-Spieler. Baden-Baden 1904. Emil
Sommermeyer, Verlagsbuchhandlung. 91 S. 8⁰. Preis 2 M.

Es iſt ein recht leſenswertes Buch, das trotz des eigenen beſcheidenen
Geſtändniſſes des Verfaſſers, nur ein mittelmäßiger Spieler zu ſein, ein
eingehendes Verſtändnis all der möglichen techniſchen und taktiſchen Feinheiten des Spiels und vor allem eine ſcharfe Beobachtungsgabe verrät,
die nur einem vorzüglichen Spieler zu eigen iſt. Dazu iſt es in einer äußerſt
anſprechenden Form, man möchte ſagen, in etwas burſchikoſem Ton ge-
ſchrieben, der ungemein anſpricht. Es iſt nur jedem, der beabſichtigt, ſich
zum tüchtigen Tennisſpieler auszubilden, anzuraten, das Werk gründlich
zu leſen. Weniger angenehm berührt darin der übermäßige Gebrauch
überflüſſiger Fremdwörter, wie Servierball = angegebener Ball, placieren
= ſchlagen, Service = Angeben u. a. m. Das Wort „ſmash“ in der Form
„ſmäſch“ und als Tätigkeitswort „ſmäſchen“ oder auch „ſmeſchen“ wird
niemand trotz ſeines mit „dreſchen“ übereinſtimmenden Auslautes für ein
wirklich eingedeutſchtes Wort halten, denn die Mitlautgruppe „ſm“ liegt
dem deutſchen Ohre nicht und findet ſich im Anlaut nur bei fremdländiſchen
Eigennamen, wie Smaragd, Smyrna, niemals aber bei deutſchen Wörtern.
„Schmettern“, das Heſſen weiterhin erwähnt, iſt das dem engliſchen be-
grifflich entſprechende Wort und wie dieſes ſchallnachahmenden Urſprunges.

27. **Hans O. Behrens, Leitung großer Lawn-Tennis-Tur-
niere.** Anhang: Regulativ für die Durchführung von Lawn-
Tennis-Turnieren. Baden-Baden 1904. Verlag von Emil Sommermeyer. 92 S. M. 8⁰. Preis 1,20 M.

Es iſt ein zuverläſſiger Ratgeber für die Veranſtaltung von Tennis-
Wettkämpfen in größerem Maßſtabe. Der Verfaſſer, ein eifriger Vor-
kämpfer des Tennis-Spiels, ſchöpft aus langjährigen, bei den großen Wettkämpfen in Hamburg, Berlin und anderen Orten gewonnenen Erfahrungen
und Beobachtungen, die er in flotter, verſtändlicher Form und nicht ohne
Laune vorträgt. Als Anhang ſind die vom Deutſchen Lawn-Tennis-Bund
anerkannten Beſtimmungen für die Durchführung von Lawn-Tennis-Wett-
kämpfen beigegeben.

Von den vom Zentralausſchuß herausgegebenen kleinen Spielregel-
heftchen ſind zwei neu aufgelegt, nämlich:

28. Heft 1. **Fauſtball. Raffball.** In 4. Auflage.

29. Heft 4. **Schleuderball. Barlauf.** In 4. Auflage.

Von Berichten der Vereine zur Förderung der Volks- und Jugendspiele ist mir in diesem Jahre nur ein einziger zugeschickt worden, nämlich:

30. **Verein zur Förderung der Volks- und Jugendspiele zu
Krefeld.** Bericht über das neunte Vereinsjahr 1903. Herausgegeben vom Vorstand. 22 S.

Wir erfahren, daß an Stelle des aus dem Dienste geschiedenen Ober-
bürgermeisters E. Küper Oberbürgermeister Dr. Hammerschmidt, der sich
bereits als Landrat um die Hebung der Spielbewegung im Kreise Gelsenkirchen Verdienste erworben hat, Vorsitzender geworden ist. Es folgen
Berichte über die ständigen Mädchenspiele, sowie über die Mädchenferien-
spiele im Sommer 1903, dann die Berichte über die Knaben- und Jüng-
lingsspiele, über Wanderungen und Ferienspiele der Knaben und schließlich
über die Feier der ersten vaterländischen Festspiele, über die unter Spielfesten näheres gebracht werden soll. Die Stadt Krefeld hat für den Verein
jährlich 4000 M. ausgeworfen und für die Veranstaltung der vaterländischen Feste 2000 M. Möge ihr Beispiel überall Nachahmung finden!

Als die bedeutsamste Kundgebung hinsichtlich des Spielbetriebes ist
die Forderung eines allgemeinverbindlichen Spielnachmittags an den
deutschen Schulen anzusehen, die bei der vom Zentralausschuß in Gemeinschaft mit dem deutschen Turnlehrerverein anläßlich der Guts Muths-Denk-
mal-Enthüllungsfeier zu Quedlinburg abgehaltenen Versammlung erhoben
und von den beiden Berichterstattern Direktor Prof. Raydt und Prof.
Dr. Kohlrausch eingehend begründet wurde. Die Forderungen wurden in
sieben Leitsätze zusammengefaßt, welche mit geringer Abänderung einstimmig
zur Annahme gelangten. Diese Verhandlungen sind sämtlichen Unterrichts-
ministerien und obersten deutschen Schulbehörden, sowie den Magistraten
der größeren und mittleren deutschen Städte mit der Bitte geschickt worden,
diese zeitgemäße Forderung allmählich in die Tat umzusetzen. Die Berichte
sind abgedruckt in K. u. G. 1904, S. 99 ff.

Als erfreuliches Zeichen der Zeit verzeichne ich die Ernennung des
Lehrers Münzer in Bismarckhütte in Oberschlesien zum Spielinspektor
der oberschlesischen Schulen. (S. seinen Aufsatz unter Teil III.)

Über „Physisches und Psychisches vom Spiel" handelt ein in der
Mtsschr. 1904, S. 321 ff. abgedruckter Vortrag von M. Wegener, den
er gelegentlich des vom Märkischen Turnlehrerverein veranstalteten Spielkursus gehalten hat.

Universitätsturnlehrer Sturm in Tübingen tritt in einem Aufsatz
„Für Fußball ohne und mit Aufnehmen" (K. u. G. 1904, S. 385 ff.) warm

für beide Arten dieses Spiels ein. Er sucht vor allem den Nachweis zu erbringen, daß beim Fußball eigentlich nicht mal so viel Unglücksfälle zu verzeichnen sind, als bei unserem gewöhnlichen Schulgeräteturnen. Fußball mit Aufnehmen erscheint ihm als die Krone aller Turnspiele, weil darin Körpertätigkeiten vorgenommen werden, die sich gewissermaßen als Frei= übungen ohne Belastung und volkstümliche Übungen, ja als Formen des Schiebekampfs, Ringergriffe des Nahkampfs und Fechthiebe der Arme dar= stellen. Hinter seine Bemerkung, daß Fußball eine Schule der Selbstzucht, des Kameradengeistes und des ritterlichen Benehmens sei, möchte ich ein starkes Fragezeichen setzen. Vgl. dazu auch Kemény a. a. O. S. 17.

„Kricket oder Schlagball" nennt sich ein Aufsatz von Dr. med. Piasecki in Lemberg (K. u. G. 1904, S. 7 ff.), der, gestützt auf persönliche Kenntnis beider Spiele, dem deutschen Schlagballspiele in der Schnellschen Gestaltung aus physiologisch=gesundheitlichen, ästhetischen, psychologischen und prak= tischen Gründen den Vorzug vor dem Kricket zuerkennt.

Theodor Fischer in Prag beschreibt (Ctzg. 1904, S. 915) Torball zu vieren, das in Leipa in Böhmen von der Jugend mit großem Eifer gespielt werden soll. Die Mädchen schlagen dann mit einem Tennisschläger und einem entsprechend leichteren Ball. Ich muß sagen, wenn häufig dem „Torball" der Vorwurf gemacht wird, daß die Schlagpartei mit Ausnahme der beiden augenblicklichen Schläger zu wenig Bewegung dabei habe, so ist hier das Gegenteil der Fall: sowohl Schläger wie Fänger werden beständig unterwegs und, da Pausen kaum eintreten, in ganz kurzer Zeit außer Atem sein.

Schubert sucht das Schlagaufspiel dadurch etwas anregender zu ge= stalten, daß er den Gefangenen gestattet, nach drei Schlagzeiten außerhalb der Spielfeldgrenzen zu ihrer Partei zurückzufliehen. Diese Änderung verdient Beachtung, weil sie eine größere Anzahl Spieler ins Laufen bringt (Mtschr. 1904, S. 356 f.).

Über den Betrieb des Barlaufs spricht P. Gerber (Ctzg. 1904, S. 889 f.) in einem aus den „Akademischen Turnbundsblättern" ent= nommenen Aufsatz „Zur Kunst des Barlaufs". Angriff und Verteidigung in allen ihren Möglichkeiten und Formen, Nachlaufen, Decken, Kreuzen, Hakenschlagen werden eingehend geschildert und durch Abbildungen er= läutert.

Zum Schluß sei noch auf die vom Verbande Hamburger Schwimm= vereine aufgestellten Regeln für das Wasserballspiel hingewiesen, die in der Mtschr. 1904, S. 222 ff. abgedruckt sind.

Volkstümliche Übungen.

Eigene selbständige Schriften sind nicht erschienen.

Dr. Gasch berichtet, wie auch sonst, über Höchstleistungen in volks-tümlichen Übungen innerhalb der deutschen Turnerschaft in seinem Bericht „Das Jahr 1902 im Leben der deutschen Turnerschaft".

Oberlehrer Prohl-Halle gibt allerhand Fingerzeige über die Ver-anstaltung von Schülereilbotenläufen, die auf selbständiger Erfahrung be-ruhen (Mtsschr. 1904, S. 78).

Ein anziehender Vortrag von H. Eckardt (Tztg. 1904, S. 1021 ff.) über „die Kunst des Wanderns" bespricht den Wert des Wanderns, wie gewandert werden soll, was alles zur Wanderausrüstung gehört. Er ist gerichtet an die Zöglinge der Turnvereine des Dresdener Gaues.

Im preußischen Abgeordnetenhause lenkte v. Schenckendorff anläßlich der Bewilligung einer Summe für Förderung des turnerischen Ruderns an höheren Schulen mit Recht die Aufmerksamkeit auf die beiden anderen Richtungen der Leibesübungen im Freien, die Turnspiele und Turnmärsche, die an jedem Orte und von jedem Schüler ausgeübt werden könnten und deren finanzielle Förderung er mit allem Nachdruck forderte.

Diejenige volkstümliche Übung, die augenblicklich im Vordergrunde des Interesses steht, ist das Schwimmen. Da regt es sich aller Enden; nicht nur in Deutschland. So ist in Österreich von dem Minister des Kultus und Unterrichts ein Erlaß herausgegeben worden, in dem Ge-meinden und Vereine aufgefordert werden, zur Förderung des Schwimmens durch die Schule geeignete Schwimm- und Badeanstalten zu errichten und den Schulen zu überlassen (Tztg. 1904, S. 1072).

Die Zahl der deutschen Städte, in denen das Schwimmen an den Schulen wahlfrei eingeführt wird, mehrt sich. Zu Dresden, Elberfeld, Frankfurt a. M., Hamburg, Hannover, Königsberg i. Pr., Leipzig, Magde-burg ist Düsseldorf und Charlottenburg hinzugetreten. Ja in letzterer Stadt hat seit Ostern 1904 der Magistrat das Schwimmen als Unterrichtsfach an den Gemeindeschulen eingeführt; in Elberfeld steht man dicht davor und hat vom 1. Januar 1905 ab Schwimmunterricht für Mädchen eingerichtet.

In Königsberg i. Pr. hat man sogar einen Schwimmkursus für Turn-lehrerinnen abgehalten, und zwar aus Staatsmitteln.

Über die „Vorbereitungen für den ersten Schwimmversuch" berichtet eingehend Ludwig Morstein Marx (Hamburg) in K. u. G. 1904, S. 373 ff.

Ein mir nicht zugegangenes Büchlein über Trockenschwimmen ist folgendes:

> 31. **Bernhard Striegler** und **Wilh. Lorenz**, Übungen für das Trockenschwimmen. Anhang: Übungen an der Angel im Waffer, Winke. Bearbeitet im Auftrage des Schulausschuffes der Stadt Leipzig. Vertrieb durch P. Eberhardt, Verlag der Deutschen Turnzeitung. Leipzig. Preis 0,30 M.

Es ist besprochen in der Tztg. 1904, S. 557 und in der Mtsschr. 1904, S. 231 von **Kunath**.

Neue Spiele.

„Ball über die Schnur" nennt sich ein von G. H. Weber in München erfonnenes Spiel, das verhältnismäßig einfach ist und die Möglichkeit bietet, von 10 bis 40 Teilnehmern, auch in der Halle, gespielt zu werden. Ein etwa $1\frac{1}{2}$ bis 2 kg schwerer Vollball muß über eine 2,50 bis 3 m hohe und 5 m lange Schnur, die in der Mitte über ein 10 m langes Spielfeld gespannt ist, geworfen, auf der Gegenseite aufgefangen und ohne Verzögerung zurückgeworfen werden, und zwar so lange, bis ein Fehler gemacht wird. Verloren hat die Partei, von der zuerst 20 Fehler gemacht werden. Das Spiel bedarf geringer Vorbereitung und schafft gehörig Bewegung. Versuche, die ich damit anstellte, haben mich außerordentlich befriedigt. Die Beschreibung des Spieles steht in der Tztg. 1904, S. 486.

Etwas ganz Ähnliches ist das von Wilhelm Ruhnke in Berlin bekannt gegebene „Schnurrball" oder, wenn wir es mit einem Druckfehler zu tun haben, „Schnurball" (Tztg. 1904, S. 640). Das Spiel ist in den Grundzügen mit dem Weberschen übereinstimmend, nur daß die Spieler jeder Partei in Flankenreihe sich aufstellen und nur in ganz bestimmter Reihenfolge werfen und fangen dürfen.

„Ballstafette" nennt sich ein von A. Emmermann in Harburg erfundenes Spiel, das er in der Tztg. 1904, S. 11 beschreibt. Die Spieler stehen sich gegenüber und werfen in derselben Weise, wie Schnell Stellung und Lauf beim Eilbotenlauf auf beschränktem Raum angibt. Es handelt sich darum, einen kleinen Handball möglichst schnell durch die Hände der Spieler zum Kampfrichter gelangen zu lassen.

Schubert-Augsburg gibt in der Mtsschr. 1904, S. 305 eine gleichsam erweiterte Form des einfachen Spieles „Komm mit", indem er die Teilnehmer in Flankenviererreihen in Sternform antreten läßt.

„Schneeschlachten" benennt sich eine kurze Abhandlung von Oberlehrer R. Meyer-Wohlau (Mtsschr. 1904, S. 48), worin die Schneeballkämpfe der Jugend in gewisse Regeln gebracht werden. Er unterscheidet die drei Arten des geregelten Schneespiels: die freie Schlacht, die Linien- oder Stand-schlacht und die Duellschlacht. Der Aufsatz enthält sehr beachtenswerte Winke für den, der diese schöne Leibesübung mit seinen Schülern in der staubfreien Luft der Winterlandschaft üben will.

Spielsammlungen.

Mir ist, gottlob, keine einzige in diesem Jahre zu Gesicht gekommen.

Spielfeste.

Über die ersten vaterländischen Festspiele in Krefeld wird folgendes berichtet: Der Festzug, an dem sich über 70 Vereine mit ihren Bannern und die Schüler der niederen und höheren Schulen beteiligten, nahm seinen Weg durch die festlich geschmückte Stadt hinaus zum Stadt-walde. Mehr als 30 000 Köpfe stark umlagerte die Menge die Plätze, auf denen gesangliche, turnerische, athletische Leistungen und Spiele aller Art vorgeführt wurden. An den Kaiser wurde ein Telegramm abgeschickt, das huldreiche Erwiderung fand. Es war ein Volksfest im wahren Sinne des Wortes, an dem jung und alt, hoch und niedrig in vaterländischer Begeisterung teilnahm.

Am 25. September 1904 fand in Bismarckhütte in Oberschlesien das erste vaterländische Volks- und Wettspiel statt.

Der Erfurter Verein für Jugend- und Volksspiele hielt sein 4. Spiel-fest ab unter Beteiligung weitester Kreise (Mtsschr. 1904, S. 346).

Über ein vorzüglich gelungenes Spielfest der Volksschulen in Hagen i. W., dessen Leitung in den Händen des Oberturnlehrers Grittner lag, berichtet Rektor Ungerath (K. u. G. 1904, S. 271 f.).

In M.-Gladbach wurde unter Teilnahme der ganzen Bürgerschaft ein großes Volksfest gefeiert, an dem Turn-, Spiel-, Athleten-, Gesang-vereine, zusammen über 3000 Personen, mit ihren Fahnen sich beteiligten. Außer turnerischen Vorführungen in Freiübungen, an Geräten, in volks-tümlichen Übungen der verschiedensten Art wurden Turnspiele zur Darstellung gebracht. Das Fest, das von über 20 000 Personen besucht war, kann als erster wohlgelungener Versuch dieser Art bezeichnet werden. Bericht von E. Paulussen in der Tztg. 1904, S. 1111.

Über das Spielfest des nordischen Spielverbandes in Kiel, auf dem auch ein Fünfkampf und volkstümliche Übungen vorgenommen wurden, berichtet E. Fischer (Tztg. 1904, S. 1007).

In Charlottenburg fand wiederum ein Spielfest statt, veranstaltet von den Charlottenburger Turnvereinen in Gemeinschaft mit den Volks- und höheren Schulen und unter reger Anteilnahme der Bevölkerung und der Stadtverwaltung (Mtsschr. 1904, S. 28).

Ebenso nahm das Spielfest der Barmer Schulen, veranstaltet vom Barmer Verein zur Förderung der Jugend- und Volksspiele und geleitet vom Barmer Lehrerturnverein, einen vorzüglichen Verlauf. Unter anderem wurde ein Dreikampf im Laufen, Schleuderballweitwurf und englischem Dreisprung zum Austrag gebracht (Mtsschr. 1904, S. 311).

Über das Barlaufwettspiel der höheren Schulen in Berlin, wozu 50 Riegen angetreten waren, liegt ein eingehender Bericht vor von Dr. P. Gerber (K. u. G. 1904, S. 381 ff.).

Auch die Bannerkämpfe der höheren Schulen Schleswig-Holsteins in Kiel (vgl. K. u. G. 1904, S. 316 ff.) verdienen hier rühmliche Erwähnung (S. Teil III). Gleiche Bannerkämpfe werden im Juni dieses Jahres in Insterburg für Ostpreußen geplant.

2.

Die körperliche Erziehung in den Verhandlungen des preußischen Landtages 1904 und 1905.

Wiederholt haben sich die Landtagsverhandlungen der Jahre 1904 und 1905 auch über das Gebiet der körperlichen Erziehung verbreitet. Herr v. Schenckendorff hat wie immer auf der Wacht gestanden und mit ebensoviel Wärme wie Sachkenntnis die Anwaltschaft geführt. Im folgenden bringen wir die Auszüge aus den stenographischen Berichten.

I. Elementarunterrichtswesen 1904.

v. Schenckendorff: Meine Herren! Die preußische Unterrichtsverwaltung hat dem Schulturnen und den verwandten Leibesübungen von jeher volles Verständnis und Interesse zugewandt und insbesondere durch zahlreiche Verordnungen und Erlasse eine wahrhaft musterhafte Fürsorge walten lassen. Ich erinnere nur an die zahlreichen Goßlerschen und Bosseschen Erlasse, und auch der gegenwärtige Herr Minister wirkt durchaus mit Wohlwollen nach derselben Richtung. Trotzdem ist das schon in den 60er Jahren aufgestellte, inzwischen mehr und mehr erweiterte hohe Turnziel in wichtigen Punkten heute noch nicht erreicht. Das größere Interesse hat sich eben, wie leicht erklärlich, den mächtig in den letzten Jahrzehnten in den

Vordergrund getretenen geistigen und kulturellen Interessen und Bedürfnissen zugewandt, und unter diesen Einflüssen konnten die für die Durchführung jener Erlasse erforderlichen Summen, die allerdings im Verhältnis zu anderen minimal
gewesen wären, nicht flüssig gemacht werden; ja, das Ministerium mußte eventuell
befürchten, daß solche Forderungen von dem Hause abgelehnt werden würden.
Inzwischen ist aber doch in allen Kreisen des Volkes, angeregt besonders durch
die gesundheitlichen und sozialen Schäden, die sich durch den Rückgang der Volksgesundheit und die mannigfachen Krankheitszustände eingestellt haben, die Erkenntnis vorgedrungen, daß auch alle geistige und sittliche Kultur nur dann wahrhaft und recht gedeihen kann, wenn die körperliche Kultur damit gleichen Schritt
hält. (Sehr richtig!) So tritt heute denn, meine Herren, ernster wie noch in
früheren Jahren, die alte, aber ewig neue Mahnung auch an uns heran „mens
sana in corpore sano", und gestatten Sie mir, daß ich diesem Mahnwort
wenigstens mit einigen Ausführungen das Wort rede.

Seither hat, wie nicht zu verkennen und auch zu belegen ist, die preußische
Volksvertretung dieser Seite der Jugenderziehung noch nicht diejenige Beachtung
zugewandt, die ihr im Interesse der körperlichen und allgemeinen Wohlfahrt zu-
kommen dürfte. Wir stehen darin, meine Herren, freilich nicht allein; denn auch
in anderen Parlamenten, wenigstens in einer ganzen Reihe anderer Parlamente
ist durchaus dieselbe Erscheinung hervorgetreten, so daß wir nicht etwa um deswillen hier zurückstehen. Ich habe vor einigen Tagen die in unserem Bureau
vorhandenen Akten eingesehen. Meine Herren! Das ganze, was hier vorhanden
ist, ist ein ganz kleines dünnes Aktenstück, das auf etwa 42 Jahre zurückgreift,
und welches nachweist, daß im ganzen nur vierzehnmal in der Volksvertretung,
im Jahre 1862 mit dem Abgeordneten Virchow beginnend, hier darüber verhandelt
worden ist. Meine Herren! Was Wunder dann, wenn die mit anderen Aufgaben belastete Regierung nicht tatkräftig mit Forderungen vorgegangen ist, um
das in die Tat umzusetzen, was sie durch die Verordnungen und Erlasse als ihre
Idee, als ihr Ziel hingestellt hat. Bei der Etatberatung im Jahre 1892 sagte
ich bei diesem Titel, bei dem doch das Maß der staatlichen Förderung des Turnens
zum Ausdruck kommt, daß dieser Titel bei seiner immer gleichgebliebenen Etat-
höhe inmitten des sonst so außerordentlich angeschwollenen Unterrichtsetats ein
wahrhaft beneidenswertes, behagliches Stilleben führe. Ich wies darauf hin,
daß in den letzten 10 Jahren, also von 1882 ab, die ordentlichen Ausgaben für
die Universitäten um 33 %, für die höheren Lehranstalten um 66 %, für das
Elementarunterrichtswesen sogar um 300 % gestiegen sind, während dieser Etat
gleichmäßig seine Höhe von 86000 oder 87000 M. bewahrt hat. Ich konnte
aber mit Freude begrüßen, daß 1892 der Etat eine Steigerung um 30000 M.
erfahren hatte, was infolge der von Sr. Majestät einberufenen Schulkonferenz geschehen war, indem durch die Einführung der dritten Turnstunde eine weitere
Dirigentenstelle an der Zentralturnanstalt und weiter Prüfungskommissionen an
den vier Universitätsstädten Königsberg, Breslau, Halle und Bonn zur Prüfung
der sich meldenden Turnlehrer eingerichtet werden sollten. So stieg dieser Etat
auf 115 000 M.

Inzwischen sind weitere 12 Jahre ins Land gegangen. Die Ausgaben für
Universitäten haben sich wieder um 46 %, die der höheren Lehranstalten um

100 %, und die des Elementarunterrichtswesens um 52 %, gesteigert, und immer noch zeigt der Etat für das preußische Turnen genau dasselbe Gesicht wie im Jahre 1892. Meine Herren! Es scheint daher in der Tat an der Zeit zu sein, daß jetzt auf die wesentlichen Bedürfnisse, die hier allmählich erwachsen sind, auch von dieser Stelle aus aufmerksam gemacht wird, und ich glaube, nach der ganzen Stimmung, die in diesem neugewählten Abgeordnetenhause herrscht, daß gegenwärtig hier ein wesentlich größeres Verständnis und daher auch eine größere Geneigtheit für die Förderung auch dieser kulturellen Bestrebungen vorhanden ist, als dies noch etwa vor 5 Jahren der Fall gewesen ist. Ich will mit wenigen Worten nur die wesentlichsten Bedürfnisse selbst streifen, die nach meinem Dafür-halten heute unabweisbar sind.

Sie betreffen zunächst die Turnlehrerbildungsanstalt in der Friedrichstraße 129, welche die Zentralstelle für die Turnlehrer- wie Turnlehrerinnenausbildung im Lande ist. Diese Anstalt erweist sich mehr und mehr als völlig unzureichend. Mitten in einem großen, das Gebäude überragenden Häuserkomplex, eng und absonnig auf dem Hofe gelegen, so daß das ganze Jahr kein Sonnenstrahl in diese Räume hineinfallen kann; ohne irgendeinen freien Platz um das Gebäude herum, so daß auch bei dem besten Wetter die Übungen in der staubigen Halle ausgeführt werden müssen, genügt diese Anstalt in einer Zeit, wo man die Leibes-übungen mehr und mehr, soweit es die Witterungsverhältnisse nur gestatten, ins Freie zu legen versucht, in keiner Weise. Auch die Beleuchtung dieser Räume ist naturgemäß unzureichend; Fenster konnten in der Halle nur an der einen Seite angebracht werden, so daß Zugluft nicht herbeigeführt und eine gründliche Reini-gung der Luft nach jeder Unterrichtsstunde nicht erfolgen kann. Meine Herren! Welchen Einfluß solche Verhältnisse auf Leiter und Lehrer, die das ganze Jahr in diesen Räumen zu wirken haben, haben müssen, und welchen Schaden auch die Kursteilnehmer erleiden, denen immer gesagt werden muß: so und so soll es nicht gemacht werden, — das brauche ich hier wohl nur anzudeuten. Turnen soll mit der Naturfreude immer in enger Verbindung bleiben, und die Turnkunst ist eine fröhliche Kunst — wie ist das hier zu erreichen?

Ich weiß sehr wohl, daß der gegenwärtige Dezernent, Herr Geheimrat Wätzoldt — der hier das Erbe seines Vaters angetreten hat, der in dem gleichen Dezernat außerordentlich segensreich jahrzehntelang im Ministerium gewirkt hat — in diesem Winter die Zöglinge der Anstalt hinaus auf die Hasenheide geschickt hat, aber damit geht Zeit verloren. Ich weiß auch, daß das Ministerium schon seit langen Jahren mit den ernsten Plane umgeht, eine Verlegung der Anstalt herbeizuführen. Aber, meine hochverehrten Herren, es ist wiederholt diese Sache schon nahe am Abschluß gewesen, und doch haben sich im letzten Moment noch immer Hindernisse eingestellt, so daß es beim alten bis auf den heutigen Tag geblieben ist. Auch gegenwärtig soll das Ministerium wieder in Verhandlung stehen. Hoffentlich tragen meine Schilderungen dazu bei, daß sie diesmal zum Ziele führen. Ich wäre dem Herrn Minister bzw. seinem Herrn Vertreter, die sicherlich mit mir die bestehenden unhaltbaren Zustände gleicherweise bedauern, sehr dankbar, wenn wir hierüber bestimmte Mitteilungen erhalten könnten, und knüpfe hieran die Bitte, daß, wenn es dem Ministerium gelingen oder vielleicht schon gelungen sein sollte, eine Verlegung herbeizuführen, dann auch die neuen

Räume, die Turnsäle und -plätze mustergültig so ausgeführt werden, daß, wenn sie nachher dem Betrieb übergeben werden, sie für die weiter heranwachsende Turnlehrerschaft Preußens auch mustergültig wirken können.

Eine zweite kaum mehr zurückzuweisende Forderung ist die Einführung einer regelmäßigen Turninspektion durch die nach und nach für jede Provinz anzustellenden Turninspektoren. Diese Turninspizierung hat früher zur Funktion des Direktors der Turnlehrerbildungsanstalt gehört, und auch die 1892 neu bewilligte Stelle ist mit aus diesem Grunde motiviert worden. Gegenwärtig ist die Funktion der Inspizierung durch Fachmänner in Preußen ganz eingestellt. Es ist aber dankbar hervorzuheben, daß eine Reihe größerer Städte, die ein entwickeltes Turnwesen haben, eigene Turninspektoren angestellt haben. Ich habe wohl kaum nötig, hier die Notwendigkeit solcher Turninspektionen spezieller darzulegen. Sie haben nach dem Rechten zu sehen, sie müssen Rat erteilen, sie müssen die Geräte, die Hallen, die Plätze revidieren, müssen Mißstände beseitigen und müssen Anregungen nach den verschiedensten Richtungen geben. Sie sind also für eine gedeihliche Durchführung des Turnens unbedingt notwendig, wenn anders das Turnen diejenige Entwickelung nehmen soll, die auch gesundheitlich und erziehlich auf die Jugend einwirkt.

Eine dritte nicht weiter abzuweisende Forderung ist die Beseitigung des herrschenden Turnlehrermangels, der in der Tat so gestiegen ist, daß wir mit Besorgnis der Weiterentwickelung der Dinge entgegensehen müssen. So hat eine Statistik vom Oberlehrer Goepel in Groß-Lichterfelde ergeben, daß von sämtlichen im Jahre 1903 neu hinzugetretenen Lehrern an den höheren Lehranstalten nur 5 % die Fakultas für das Turnen erworben haben. Das sind Verhältnisse, denen unbedingt abgeholfen werden muß. Auch auf die Lehrer höherer Lehranstalten ist hier nicht zu verzichten. Die Ursache dieser Zurückhaltung liegt vielleicht zum Teil in den jetzigen äußerst ungünstigen Verhältnissen der Turnlehrerbildungsanstalt, wie ich solche geschildert habe; vielleicht wirkt hier auch der weitere Umstand ein — und das ist ein ferneres Bedürfnis, das ich hervorheben möchte —, daß die Unterstützung, welche den Kursisten gegeben wird, die heute 120 M. im Monat beträgt, in keiner Weise mehr hinreichend erscheint. Diese Unterstützung ist seit mehr als 30 Jahren die gleiche geblieben, und da ist es kein Wunder, wenn die Herren nicht hierher kommen, um aus der eigenen Tasche zu leben. Eine Änderung in diesem Punkte ist auch um deswillen dringend notwendig, weil die Lehrer vielfach auch ihre heimatlichen Vertretungskosten selbst zu zahlen haben.

Ich will mich auf die Hervorhebung dieser wesentlichsten Punkte beschränken. Was aber das Turnen in den Volksschulen selbst anbetrifft, so möchte sich empfehlen, daß auch an den Mädchenschulen mehr und mehr das Turnen als ein Pflichtfach eingeführt würde. Für die Städte wenigstens würde es nach meinem Dafürhalten ein entschiedenes Bedürfnis sein. Aber auch bei den Knabenvolksschulen kann der Turnunterricht mangels einer Turnhalle nicht das ganze Jahr hindurch erteilt werden, wie es z. B. in Schneidemühl der Fall ist, wie mir Herr Kollege Ernst mitteilte. Ich möchte weiter hinweisen auf die größere Förderung der ungemein anregenden Turnmärsche, die auch bei den Volksschulen mit Vorteil gepflegt werden könnten; ferner auf die stärkere Pflege der Turnspiele, für die bis jetzt nur bei den höheren Lehranstalten ein kräftiges Einsetzen stattgefunden hat.

Alle diese Anregungen werden aber nur dann Erfolg haben, wenn auch im Ministerium selbst ein tüchtiger Sachmann vorhanden ist, der dasselbe in allen diesen Fragen technisch beraten kann. Wir sehen solche technischen Ratgeber als ständige Hilfsarbeiter nicht vereinzelt bei den Reichsbehörden, auch im Ministerium für Handel und Gewerbe sind solche Hilfsarbeiter z. B. für die Aufstellung der Lehrpläne für die Fortbildungs- und Fachschulen tätig. Ich möchte den Herrn Minister bitten, Erwägungen dieser Art Platz greifen zu lassen.

So gilt es bei dem Elementarunterrichtswesen — ich werde bei den höheren Lehranstalten, die ich hier nicht berühren kann, konsequenterweise auf diesen Punkt noch zurückkommen, — so gilt es hier also, eine große Reihe von Bedürfnissen zu befriedigen. Wenn wir das nicht tun, so müssen wir befürchten, daß wir anderen Staaten gegenüber in den Hintergrund treten, und daß wir den Vorsprung, den wir durch vortreffliche Verordnungen und Erlasse erlangt haben, allmählich verlieren. Ich schließe damit, daß ich sage, daß im Turnen, in den Turnspielen und im gesundheitlichen Sport für unsere Jugend wie für unser Volk ein immer noch viel zu wenig benutzter Jungbrunnen liegt, der unsere Jugend zu einer gedeihlichen Gesamtentwickelung führt, der damit auch die Volksgesundheit hebt, so daß das Volk in der Lage ist, den Kulturaufgaben gerecht zu werden, der aber auch unsere nationale Wehrkraft stärkt, die uns in die Lage setzt, uns in Sicherheit der Segnungen des Friedens zu erfreuen! (Lebhafter Beifall.)

Präsident v. Kröcher: Der Herr Regierungskommissar hat das Wort.

D. Schwartzkopff, Ministerialdirektor, Regierungskommissar: Meine Herren! Die Unterrichtsverwaltung ist dem Herrn Vorredner sehr dankbar für das warme Interesse, das er dem Turnwesen entgegenbringt, und ich kann erklären, daß der Herr Minister gern Veranlassung nehmen wird, die gegebenen Anregungen in Erwägung und Prüfung zu nehmen. Ich kann mitteilen, daß fast die sämtlichen Fragen, die der Herr Vorredner berührt hat, von dem gegenwärtigen hochverdienten Dezernenten für das Turnwesen im Ministerium, Geh. Oberregierungsrat Wätzoldt bereits zum Gegenstand der Erörterung im Ministerium gemacht worden sind, und daß ich hoffe, daß diese tunlichst bald zu einem gedeihlichen Resultat gelangen werden.

Was die Verlegung der in den 70er Jahren gebauten Turnlehrerbildungsanstalt angeht, so unterliegt es keinem Zweifel, daß die gegenwärtigen Verhältnisse dort in recht weitem Umfange zu Bedenken Anlaß geben. Ich kann dem Herrn Vorredner mitteilen, daß der Herr Minister wegen der Verlegung der Turnlehrerbildungsanstalt schon in Verhandlungen steht; ich hoffe, in nicht zu ferner Zeit Mitteilungen über den Abschluß dieser Verhandlungen machen zu können. (Bravo!)

1905.

v. Schenckendorff: Meine Herren! Ich bin sehr erfreut und dankbar, daß der Herr Minister einige meiner Wünsche vom vorigen Jahre erfüllt hat.

Zunächst ist ein Posten eingesetzt für die stärkere Heranziehung der akademisch gebildeten Lehrer zur Ausbildung im Turnunterricht. Der Prozentsatz, der die Fakultas zum Turnen an den höheren Lehranstalten besaß, war nur klein. Es empfiehlt sich daher sehr, hier auf eine Vermehrung hinzuwirken.

Dann ist ein weiterer Posten eingesetzt für die Turn- und Jugendspiele, und zwar, soviel ich weiß, zum erstenmal. Die Summe ist ja nicht erheblich; die Zwecke, die ich im vorigen Jahre aufführte, sind dagegen so umfangreich, daß er kaum hinreichen wird und die Regierung schon bald an eine Vermehrung wird denken müssen. Immerhin kann man den Anfang bestens begrüßen. Ferner hat mein damals befürworteter Wunsch um Abtretung eines Platzes für die Berliner Turngaue im künftigen Volkspark des Grunewaldes Erfüllung gefunden, indem der Kaiser eine Fläche hierfür zur Verfügung gestellt hat. Ich erwähne dies besonders auch um deswegen, weil es darauf ankommen wird, wer nun für die Herstellung der Turn- und Spielplätze und -hallen, die notwendig werden, die Kosten tragen soll. Da der größte Teil der Besucher Berlin angehören wird, das Terrain aber nicht zu Berlin gehört, so wird man die Gemeinde nicht heranziehen können, wie man überhaupt keinen Zwang ausüben kann. Meist handelt es sich hier um junge Leute, die in der Übergangszeit vom Schulabgang bis zum Eintritt ins Heer stehen, und viele Gründe rechtfertigen hier das Eintreten des Staates, wie ich sie im vorigen Jahre auseinandergesetzt habe. Das Kultusministerium hat aus erziehlichen Gründen ein Interesse daran, das Kriegsministerium aus allgemeinen Gründen der Wehrkraft, und das Ministerium des Innern aus Gründen der Jugendfürsorge.

Dann sieht der Etat für die Turnlehrerbildungsanstalt die Stelle eines Direktors vor und gliedert auch sonst das diesem Direktor unterstellte Lehrerpersonal sehr zweckmäßig. Früher waren drei, zuletzt zwei koordinierte Unterrichtsdirigenten vorhanden, und nur ein primus inter pares führte die Leitung. Ich kann nur meine Genugtuung darüber aussprechen, daß diese Organisation jetzt abgeändert wird. Hoffentlich wird nun auch dem Lehrerkollegium bald eine Anstalt zur Seite gestellt, die den neueren Anforderungen an den Turnunterricht auch entspricht. Ich habe mich im vorigen Jahre eingehend über die Begründung der Verlegung der Anstalt ausgesprochen und möchte mir heute die Anfrage an die Königl. Regierung erlauben, ob in dieser Sachlage gegen das Vorjahr etwas verändert ist, oder ob wir vielleicht schon in Bälde der Verlegung entgegensehen können. Es macht sich ein den heutigen Bedürfnissen angepaßter Neubau dringend notwendig.

Ich möchte bei dieser Gelegenheit wenigstens einige Worte über das Thema der Turninspektion sagen, die mir von der größten Wichtigkeit scheint. Früher übte sie der Leiter der Turnlehrerbildungsanstalt aus, seit einer langen Reihe von Jahren gibt es in ganz Preußen aber keine Turninspektion mehr. Ich möchte den Herrn Minister bitten, daß durch diesen Direktor die Turninspektion jetzt wieder aufgenommen wird; aber auch das ihm unterstellte Lehrpersonal sollte dazu mit herangezogen werden, weil es doch wesentlich ist, wenn die Männer, die die Turnlehrer ausbilden sollen, auch eine gewisse Fühlung mit dem Lande haben, mit dem dort gepflegten Betriebe des Unterrichtes und mit den Männern, die ihn erteilen. Sonst dürften Direktor und Lehrer bald vom grünen Tisch den Unterricht erteilen.

Meine Herren! Die Aufgaben, welche die Turninspektion zu leisten hat, sind ganz erhebliche. Sie gehen nicht bloß darauf hinaus, die Aufsicht auszuüben, auf die methodische Fortbildung der Lehrer einzuwirken und ihnen mit Rat bei-

zustehen, sondern bei den mannigfachen Beziehungen, die gerade der Turnunterricht mit dem öffentlichen Leben hat, muß die Anwesenheit des Inspektors auch
dazu benutzt werden, zu beraten, was unter den jeweiligen Verhältnissen für
die Förderung der Turn- und Spieleinrichtungen u. dgl. m. geschehen kann.
Auch mit den Gemeinden soll er in Berührung treten; er soll auch sehen, daß
er die schulentlassene Jugend für Turnen und Spiel gewinnt; er soll auch Begeisterung und Liebe für die Sache selbst verbreiten. Die eigentliche Sachaufsicht
kann nicht erfüllt werden durch den Regierungsrat oder den Provinzialschulrat;
die Herren sind, besonders der Provinzialschulrat, heute in weitergehender Weise
in Anspruch genommen als früher, sie möchten in allen Sätteln gerecht sein;
aber sie müssen natürlich die allgemeine Aufsicht auch des Turnunterrichtes beibehalten.

Ich möchte dem Herrn Minister einen, wie ich glaube, gangbaren Weg zur
Erwägung empfehlen, um die Turnaufsicht so bald als möglich allgemein einzuführen; denn der Direktor der Lehrerbildungsanstalt und sein Personal werden
nicht entfernt imstande sein, die gesamte Turninspektion im Lande auszuüben.

Was zunächst die Turninspektion für die Volksschulen betrifft, so wähle man
Bezirke so klein wie möglich; der Regierungsbezirk dürfte etwa als Turninspektionseinheit geeignet sein. Ehe man allgemein vorgeht, sammle man zunächst in
einigen, aber in verschiedenen Landesteilen liegenden Bezirken Erfahrungen und
stelle den Turninspektor überall zunächst nur nebenamtlich an und wähle dazu
bewährte und erfahrene Turnlehrer aus dem Bezirk. Die Zahl der hierzu be-
fähigten Turnlehrer, die zur Übernahme auch bereit wären, wird, wie ich glaube,
überall vorhanden sein. Wer sich in diesen Kreisen bewegt, weiß, daß es viele
ausgezeichnet befähigte Männer für diese Turnaufsicht gibt, die mit der ganzen
Technik, mit der Methode und den Bestimmungen vollkommen Bescheid wissen.
Eine allgemeine Instruktion lege ihre Aufgaben und Pflichten näher dar. Es
werden für ganz Preußen also 36 solcher Männer notwendig sein. Nimmt man
für diese Inspektion im Nebenamte wöchentlich etwa zwei halbe Tage oder einen
ganzen Tag in Aussicht, so werden im Jahre also 40 Revisionstage auf den
Turninspektor kommen; und nimmt man weiter an, daß der Regierungsbezirk
20 Kreisschulinspektionen umfaßt, so würden auf jede Kreisschulinspektion jährlich
somit zwei Revisionstage kommen. Meine Herren! Das ist nicht gerade viel, aber
es wird mit jedem Jahre besser werden, da der Inspektor allmählich mehr mit
seinem Bezirk verwächst. Jedenfalls halte ich mich davon überzeugt, daß, wenn
ein solches System über das ganze Land ausgebreitet wird, es eine Quelle reichen
Segens sein wird. Es wäre auch sehr wünschenswert, wenn der Kreisschulinspektor
den Turninspektor auf seinen Revisionen begleitete, eventuell auch einmal der
Regierungsschulrat, damit diese Männer durch gemeinsame Besprechung eine
Einigung in der Anschauung herbeiführen. Das ist von großer Tragweite auch
für die Kreisschulinspektoren, von denen jeder ja nur mit dem zwanzigsten Teil
der Jahresrevision beteiligt ist.

Allmählich erweitere man die Zahl der nebenamtlich berufenen Männer
und nehme aus ihrer Mitte diejenigen, die sich im Nebenamte bewährt haben,
und stelle sie dann hauptamtlich an, wobei in einzelnen großen Bezirken neben
dem hauptamtlichen vielleicht der nebenamtliche Turninspektor bestehen bleiben

kann. In kleineren Bezirken könnte vielleicht überhaupt nur ein nebenamtlich angestellter Inspektor fortbestehen; alles Weitere würde sich aus der Praxis ergeben. Dies Vorgehen hätte den Vorzug, daß die Regierung bei der hauptamtlichen Anstellung nicht ins Dunkle greift. Schließlich muß aber auch eine gewisse Einheitlichkeit in der Ausübung der Turninspektion gewahrt sein, und wie der hier von mir vorgeschlagene Kreis bei dem Direktor der Turnlehrerbildungsanstalt beginnt, so schließt er auch wieder hier, indem der Direktor jährlich die Turninspektoren zu einer Konferenz zu berufen hat, um mit ihnen die methodischen Grundsätze zu besprechen, um andere Anregungen zu geben, um einen Austausch der Erfahrungen herbeizuführen usw.

Nimmt man an, daß die einzelnen nebenamtlich beschäftigten Turninspektoren nur die wirklich durch Reise, Aufenthalt und Korrespondenz erwachsenden Kosten, aber diese voll, ersetzt erhalten, so würde das für den einzelnen vielleicht 800 M. im Jahre ausmachen, was für das ganze Land also etwa 30000 M. betragen würde. Die Summe ist im Hinblick auf den vorliegenden Zweck minimal, sie kommt nur derselben Summe gleich, die wir im vorigen Jahre für das Rudern an den höheren Lehranstalten bewilligt hatten.

Was die höheren Lehranstalten betrifft, so müßte hier analog ein erfahrener und begeisterter Oberlehrer für diese Aufsicht tätig sein. Er würde ebenso zunächst nur nebenamtlich funktionieren, und nur allmählich würde man aus den Kreisen der bewährten Männer hauptamtliche Stellen schaffen. Im Prinzip muß das hier wie bei der Volksschule allerdings das endliche Ziel sein. Hier kann aber als Turninspektionseinheit die Provinz gelten, wobei in großen Provinzen vielleicht einige Oberlehrer anzustellen wären. Die Kosten für die zwölf nebenamtlich wirkenden Oberlehrer würden allerhöchstens 20000 M., einschließlich der jährlichen Konferenz mit dem Direktor der Turnlehrerbildungsanstalt, ausmachen. Ich berechne diese Kosten nicht, um eine genaue Kostenberechnung aufzustellen, sondern nur, um nachzuweisen, daß es sich hier nicht um Unsummen handelt, sondern um verhältnismäßig geringe Beträge. Natürlich läßt sich ein nebenamtlich fungierender Kreis nicht für die Dauer ohne Honorar halten, aber als Übergang halte ich solchen Modus nicht nur für ausführbar, sondern auch für zweckmäßig.

Ich halte mich überzeugt, daß sowohl durch die zu erwartende neue Turnlehrerbildungsanstalt wie durch die Einführung einer Turninspektion eine Saat ausgestreut wird, aus welcher reiche Früchte für unsere Jugend, unser Volkswohl und unsere vaterländische Wehrkraft erwachsen werden. (Bravo!)

Dr. Hinze, Regierungs- und Schulrat: Meine Herren! Es unterliegt eingehender Erwägung, wie die Verlegung der Turnlehrerbildungsanstalt und zwar in einer Weise, welche den Forderungen der Gegenwart entspricht, tunlichst gefördert werden kann. Der Zeitpunkt der Verlegung läßt sich zurzeit nicht mit Bestimmtheit angeben.

Was die Frage der Turninspektoren betrifft, so wird die Bedeutung einer geeigneten Inspektion des Turnunterrichtes von der Verwaltung durchaus gewürdigt. Es ist zutreffend, daß in weiten Kreisen der Turnlehrer der Wunsch besteht, daß zur Ausübung dieser Aufsicht besondere Stellen für Turninspektoren im Haupt- oder Nebenamt eingerichtet werden möchten. Anderseits liegen aber der Unter-

richtsverwaltung auch Äußerungen von Männern vor, die als Autoritäten auf
dem Gebiete des Turnwesens anerkannt sind, welche sich mehr oder weniger entschieden gegen eine solche Einrichtung aussprechen.

Nach eingehender Erwägung der einschlägigen Verhältnisse ist die Unterrichtsverwaltung der Ansicht, daß die regelmäßigen Inspektionen des Turnunterrichtes auch weiterhin von denjenigen Schulaufsichtsbeamten vorzunehmen sein
werden, deren Aufsicht der Gesamtbetrieb der betreffenden Schulen untersteht.
Daneben wird beabsichtigt, wieder alljährlich in eine Anzahl von Provinzen von
der Zentralstelle aus tüchtige, des Turnwesens besonders kundige Männer zu Turn-
revisionen zu entsenden. Hierfür sind in erster Linie in Aussicht genommen der
neue hauptamtliche Direktor der Turnlehrerbildungsanstalt und die übrigen fest
angestellten Lehrer dieser Anstalt. Es kann keinem Zweifel unterliegen, daß diese
Männer vor anderen geeignet und befähigt sind, die Turneinrichtungen und den
Turnbetrieb in den verschiedenartigen Schulen auf ihre Zweckmäßigkeit und ihre
Einheitlichkeit, soweit eine solche erforderlich ist, zu prüfen und die wünschens-
werten Verbesserungen an Ort und Stelle anzuregen oder an der Zentralstelle
vorzuschlagen. Die tunlichste Beteiligung der zuständigen Schulaufsichtsbeamten
bei diesen außerordentlichen Revisionen wird diesen Beamten mancherlei Anregungen geben, welche sie für ihre regelmäßigen Inspektionen fruchtbar machen
können. Anderseits legt die Unterrichtsverwaltung großen Wert darauf, durch
diese Reisen dem Lehrpersonal der Turnlehrerbildungsanstalt ausgiebige Gelegenheit
zu geben, das Turnen nach seinem Stande und nach seinen Bedürfnissen im Lande
aus eigener Anschauung kennen zu lernen, und wir hoffen, daß die Erfahrungen,
die sie dabei machen werden, der Ausbildung der Turnlehrer und Turnlehrerinnen
wieder zugute kommen werden. Im übrigen werden die dankenswerten Anregungen des Herrn Vorredners eingehender Erwägung unterzogen werden.

Abg. Wolgast: Meine Herren! Die Ausführungen des Herrn Regierungs-
kommissars nehmen wir mit Dank entgegen. Die Turninspektion ist eine Angelegenheit, die mit großer Vorsicht aufzunehmen ist. Ich glaube nun allerdings, daß die Mehrzahl der Turnlehrer auf dem Standpunkte steht, es müßte
eine Turninspektion im Haupt- oder Nebenamt eingeführt werden. Allerdings
bestehen ja auch Bedenken insbesondere unter den übrigen Lehrern, weil sie fürchten,
daß dadurch eine zu große Spezialisierung der Aufsicht stattfindet. Aber, meine
Herren, es kommt ja sehr darauf an, in welcher Weise diese Aufsicht ausgeführt
wird. (Abg. v. Schenckendorff: Sehr richtig!)

Wenn man das so macht, daß man den Ton auf die Inspektion legen will,
dann allerdings könnte das gefährlich werden und insbesondere nicht zur Turnpflege und auch nicht zur besseren Heranbildung der Turnlehrer beitragen. Aber,
meine Herren, ich habe ein praktisches Beispiel vor Augen. In meiner Heimat,
in Altona, hat man z. B. einen jungen hamburgischen Lehrer, den Turninspektor
Karl Möller angestellt, der praktisch sowohl wie theoretisch zu den führenden
Leuten des modernen Turn- und Spielbetriebes gehört. Der hat es sich angelegen
sein lassen, nicht in erster Linie zu inspizieren, sondern die ihm im Turnen „Unter-
stellten" — so darf man eigentlich gar nicht einmal sagen, er betrachtet sie
gar nicht als ihm unterstellt — hineinzuführen in das Wesen des modernen
Turnens, mit ihnen zu turnen und an praktischen Übungen und Beispielen, die

er selbst leitet, zu zeigen, wie er sich den Turnbetrieb denkt. In dieser Weise müßte allerdings eine Turninspektion, besser gesagt, eine Turnpflege von oben her eingerichtet werden. (Abg. v. Schenckendorff: Sehr richtig!) Und da ist jedenfalls das, was der Herr Regierungskommissar als einen Anfang bezeichnet hat, daß die festangestellten Lehrer und Leiter an der Zentralturnanstalt zunächst einmal den Anfang machen, mit Freude zu begrüßen. Wir hoffen, daß dann auch ein Fortgang in der Weise, wie der Herr Kollege v. Schenckendorff es sich gedacht hat, eintreten wird.

Meine Herren! Auch die Stelle des neuen Direktors begrüße ich mit großer Freude; denn der bisherige Zustand, daß ein — man möge mir verzeihen — Nichtfachmann hier die Direktion und die Aufsicht hatte über zwei hervorragend tüchtige Sachleute, sowohl praktisch wie theoretisch tüchtige Sachleute, war eigentlich ein Zustand, der auf die Dauer im Interesse aller nicht ganz richtig war. Selbstverständlich können wir uns ja nicht zu Personenfragen hier äußern — das ist natürlich das Recht der Verwaltung —; ich hätte sonst die herzliche Bitte, daß einer von den beiden sehr verdienten Dirigenten an diese Stelle kommen könnte.

Meine Herren! Auch die in Aussicht gestellte Verlegung der Turnlehrerbildungsanstalt aus diesem Häusergewirr der Friedrichstraße ist sehr notwendig, und es ist mit Freude zu begrüßen, daß auch da die Unterrichtsverwaltung den Wünschen des Herrn v. Schenckendorff vom vorigen Jahre entgegenkommt.

II. Höhere Lehranstalten 1904.

v. Schenckendorff: Meine Herren! Wenn auch in schon vorgerückter Stunde, so bitte ich Sie, mir doch zu gestatten, hier auf die Leibesübungen im Freien einzugehen, nachdem ich beim Elementarunterrichtswesen auf die Bedürfnisse für den Turnunterricht hingewiesen hatte. Ich glaube dazu um so mehr Veranlassung zu haben, als heute mit dankenswerter Wärme eine ganze Anzahl von Rednern allgemein der Frage der körperlichen Ertüchtigung der Jugend das Wort geredet hat, ohne jedoch die Bedürfnisse hierfür im einzelnen darzulegen, denen das Ministerium Rechnung tragen soll. Da möchte ich die Aufgabe nicht von mir weisen, diesen praktisch wichtigen Punkt aus reichem Beobachtungskreise heraus wenigstens mit einigen Worten zu besprechen.

Ich möchte zunächst meiner Freude und Befriedigung darüber Ausdruck geben, daß das Ministerium zum erstenmal 30 000 M. in den laufenden Etat eingesetzt hat für die Förderung des turnerischen Ruderns. Im vorigen Jahre wurde eine ähnliche Forderung abgelehnt, aber doch aus ganz anderen Umständen, da das Ziel der Vorlage ein ganz anderes war. Gegenwärtig wird das nicht der Fall sein, wie schon der einstimmige Beschluß der Budgetkommission nachweist.

Meine Herren! Die einseitige geistige Schulung, die heute intensiver als früher bei den höheren Lehranstalten betrieben wird, und die Schnellebigkeit und Genußsucht der Zeit, die auch die Jugend schon ergriffen haben, machen gegenüber diesem starken Kräfteverbrauch auch erziehliche Maßnahmen für die Kräfteerzeugung notwendig. Dazu genügen die zwei bis drei Turnstunden in der Woche nicht, und es war das Unterrichtsministerium selbst, das aus seiner Mitte heraus vor zwei Jahrzehnten durch den Minister v. Goßler den Ruf ertönen ließ, die

Leibesübungen noch mehr ins Freie zu verlegen. Diesem Ruf schloß sich sehr bald der weitere Ruf an, daß die Schule mehr Fürsorge auch für das Erholungsleben der Schüler zu schaffen habe und dies nicht allein dem Elternhaus überlassen dürfe. Meine Herren! In diesen zwei Jahrzehnten haben sich diese Rufe nach dreifacher Richtung sehr segensreich betätigt: nach der Richtung der Jugendspiele, der Turnmärsche und des Wassersportes, also des Ruderns und Schwimmens.

An den höheren Lehranstalten ist der turnerische Rudersport keinesweg eine neue Einrichtung. Die ersten Einrichtungen waren bereits im Jahre 1880 in Rendsburg getroffen worden, und gegenwärtig haben wir in Deutschland nicht weniger wie 56 höhere Lehranstalten, an welchen der Rudersport in dieser Weise betrieben wird. Eine Erhebung, welche bei diesen Anstalten aufgestellt worden ist, worüber die treffliche Schrift Professor Widenhagens „das Rudern an den höheren Lehranstalten Deutschlands" berichtet, hat ein unerwartet günstiges Resultat ergeben, indem 47 eine zustimmende Antwort gaben, teils voll zustimmend, teils noch zurückhaltender. Die Bedenken richteten sich allein gegen den sportsmäßigen Betrieb des Ruderns, der die Schüler in die Öffentlichkeit führt, den Ehrgeiz übermäßig weckt und dadurch den erziehlichen Einfluß der Schule stört. Das ist durchaus auch mein Standpunkt. In einer der neuesten Nummern der „Monatsschrift für die höheren Schulen", die von den beiden Herren Räten im Kultusministerium, den Geheimräten Dr. Köpke und Dr. Mathias, herausgegeben wird, ist auf den Seiten 155/56 der richtige Standpunkt vollkommen treffend gekennzeichnet. Ich muß es mir in der sechsten Stunde unserer heutigen Beratungen versagen, darauf näher einzugehen; auch muß ich davon Abstand nehmen, darzulegen, warum das Rudern gerade eine der wirkungsvollsten und vorzüglichsten Leibesübungen bildet; aber darauf möchte ich doch hinweisen, daß gerade Ruderklubs und andere Vereinigungen für kräftige Leibesübungen erfahrungsmäßig dazu angetan sind, das geheime Verbindungswesen an den höheren Schulen aufkommen zu lassen. Die Leibesübungen führen eben den jugendlichen Lebensmut und die im reiferen Jüngling sich zeigende überschüssige Kraft in gesunde Bahnen. Aus diesem Grunde hat das Bayrische Ministerium vor kurzem eine hochbedeutsame Verfügung an die höheren Lehranstalten erlassen, dahin, alles zu fördern, was die Leibesübungen in freier Luft im Schulleben einzubürgern vermag. Aus diesem Etat möge aber nicht nur das Rudern, sondern auch das Schwimmen seine Förderung erfahren; denn beide gehören für das Fortbewegen im Wasser, wie Frei- und Gerätübungen, zusammen.

Aber das Rudern kann nur an wenigen Orten geübt werden, und an diesen kommen immer auch nur wenige Schüler in Betracht. So beteiligt sich in Berlin von je 100 Schülern nur einer am Rudern. Der sich hier betätigende Kreis ist also verhältnismäßig ein sehr kleiner. Die beiden anderen Richtungen der Leibesübungen im Freien, die Turnspiele und die Turnmärsche, können aber doch an jedem Orte und von jedem Schüler ausgeübt werden, und ich möchte den Herrn Minister daher bitten, diesen Richtungen nicht weniger sein Wohlwollen zuzuwenden und hierfür zum mindesten doch die gleiche Summe im nächsten Etat einzusetzen, wie diesmal für das Rudern; denn andernfalls bliebe, da die Ruderer zumeist zu dem bemittelteren Teil der Schüler gehören, der berechtigte Angriffspunkt bestehen, daß die große und breite Masse der Schüler nicht die gleiche Berücksichtigung fände. Ich denke hier in erster Linie an die finanzielle Förderung der Leibesübungen im Freien an den staatlichen höheren Lehranstalten, die hier vorbildlich vorgehen müßten, was die Entwickelung seither nicht gezeigt hat; aber auch an eine Unterstützung der bedürftigeren Turnvereine und Spielvereinigungen, und nicht zum wenigsten denke ich an die Unterstützung des Zentralausschusses zur Förderung der Volks- und Jugendspiele, der in umfassender Weise in der Öffentlichkeit Stimmung für diese Leibesübungen gemacht und vor allem die Wege hierfür nach allen in Betracht kommenden Richtungen geschaffen hat. Ich will das, was er bis jetzt hier geschaffen hat, nicht weiter im einzelnen hervorheben. Aber eine Förderung der Bewegung gerade an dieser Stelle würde doch ganz zweifellos diese Bestrebungen im ganzen Volksleben fördern. Es ist ja hier, wie ich betonen muß, leider ein bedauernswerter Rückschritt in der Unterstützung seitens des Ministeriums eingetreten; denn während der Zentralausschuß, der kein Verein, sondern nur freie Vereinigung weniger Männer ist, die Hervorragendes auf diesem Gebiete leisten, unter Bosse zu Anfang noch eine jährliche staatliche Förderung von 5000 M. erhielt, ist diese bald gekürzt und dann ganz und gar zurückgezogen — auch unter dem Bosseschen Ministerium schon, während die Tätigkeit des Zentralausschusses sich inzwischen vervielfältigt hat. Das Ministerium verfügt eben nicht über genügend finanzmäßige Mittel. Gleiche Bedürfnisse für solche Leibesübungen liegen aber auch bei den Volksschulen vor, wo es oft außerordentlich förderlich wäre, wenn der Staat finanziell eingreifen könnte, so daß auch das Elementarunterrichtswesen hierfür Mittel einstellen sollte.

Nun, meine Herren, möchte ich zum Schluß noch ein Wort für Groß-Berlin bei dieser Gelegenheit einlegen. Hier wird durch die hoch dankenswerte landesväterliche Fürsorge Sr. Majestät der Grunewald in einen Volkspark umgewandelt. Da ist auch die Gelegenheit gegeben, daß hier für die Jugend dieser 2½ Millionen Einwohner (mit den Vororten) Plätze geschaffen werden, wie das in anderen Großstädten schon längst der Fall ist. Ich verweise nur auf London, wo in einer geradezu großartigen Weise eine derartige Entwickelung für die Erholung der ganzen Bevölkerung stattgefunden hat. Bei dem mächtigen Anwachsen von Berlin ist allmählich auch der kleinste Platz bebaut und nichts mehr frei, wo die Schuljugend und die der Schule entwachsene Jugend sich noch herumtummeln kann. So liegt für die Hauptstadt ein dringendes Bedürfnis vor, daß die Schüler in den Wochentagen herausgeführt werden in die frische Luft, daß die Lehrlinge an den Sonntagen die nämliche Gelegenheit finden, daß für die zahlreichen Turner und ihre Nebenabteilungen, denen der freie Platz ebenso oft noch mehr not tut, wie das Gerät in der Turnhalle, Vorsorge getroffen werde. Das Spiel und der Sport können sich unter den jungen Leuten gar nicht genügend und dem Bedürfnis entsprechend entwickeln, weil es an Plätzen fehlt. Die Studenten, deren wir hier 12000 im Sommer und 13000 im Winter haben, finden heute nur in Schönholz und auf dem Exerzierplatz Gelegenheit, sich zu tummeln, was absolut unzureichend ist; es fehlt also überall an entsprechendem freien Bewegungsraum für die in der Großstadt eingeengte Jugend, und aller Blick richtet sich jetzt nach dem neuen Volkspark.

Nun ist die einsichtsvolle Park- und Forstverwaltung zwar bereit, die Plätze herzugeben, aber sie kann die Kosten für die Herstellung der Spielplätze und die dafür notwendige Baulichfeit, auch wenn fie noch fo einfach wäre, naturgemäß nicht übernehmen. Da es fich hier im wefentlichen um einmalige Koften handelt, fo möchte ich den Herrn Minifter bitten, daß der Staat den hochherzigen, zeit- gemäßen und wahrhaft majeftätifchen Entfchluß des Kaifers, für Berlin einen Volkspark, alfo eine Erholungsftätte des Volkes im großen Stile zu fchaffen, auch feinerfeits dadurch unterftütze, daß Spiel- und Sportplätze gefchaffen werden, auf denen die in der Riefenftadt oft körperlich verkümmernde Jugend Gelegenheit findet, in ihrer freien Zeit fich herumzutummeln und auszuleben.

Wie für das Turnen, fo liegen alfo auch auf dem Gebiete der Leibesübungen in freier Luft dringende Bedürfniffe vor, denen im Intereffe der Jugend wie des Volkes abgeholfen werden möchte. Ich verlange nicht, daß hier mit haftigen Schritten diefen Bedürfniffen Rechnung getragen wird, wohl aber, daß damit planmäßig und auf der ganzen Linie vorgegangen werde. Eine ftaatliche Förde- rung würde auch außerordentlich fördernd zurückwirken auf das ganze Beftreben des Volkes, fich körperlich mehr zu betätigen. Und daß hier die Schleufen fich noch wefentlich mehr für die Freimachung und Entwickelung der phyfifchen Volks- kräfte, mit denen die geiftige und fittliche Entwickelung in engfter Verbindung fteht, öffnen möchten, ift gerade in unferer Zeit des großen Kräfteverbrauches eine unbedingte Notwendigkeit für die gedeihliche Entwickelung des Volkslebens und für die Erhaltung der Wehrkraft, die allein noch in der Lage find, die errungenen geiftigen Kulturfortfchritte zu fchützen.

Minifter Dr. Studt: Die Unterrichtsverwaltung kann dem Herrn Vorredner nur dankbar fein für die auch heute von ihm gegebenen vielfeitigen Anregungen, die bei mir auf fruchtbaren Boden fallen. Ich habe wiederholt hier im Haufe keinen Zweifel daran gelaffen, welches wefentliche Intereffe ich der Frage der Förderung der Leibesübungen der Schüler fowohl an höheren wie auch an den niederen Lehranftalten entgegenbringe, und ich glaube auch fchon durch verfchiedene Vorfchläge zum Etat den Nachweis geführt zu haben, daß die Unterrichtsverwaltung nicht ohne Erfolg beftrebt ift, die bezüglichen Aufgaben an den einzelnen An- ftalten zu fördern.

Sehr wefentlich ift dabei die Frage, ob es nicht durchführbar und möglich fein wird, im Laufe der Zeit eine Erleichterung für die Schüler, eine beffere Ge- legenheit zu fchaffen, fich in Leibesübungen der verfchiedenften Art zu ergehen. Da liegt es nun fehr nahe, daß an den Unterrichtsftunden vielleicht die eine oder die andere gefpart wird, daß der Unterricht, wenn auch nicht für den ganzen Tag, fo doch für einen erheblichen Teil des Tages ausfällt, und dann an ge- eigneten Plätzen Übungen der verfchiedenften Art vorgenommen werden. In bezug auf das Rudern und Turnen ift ja in letzter Zeit viel gefchehen; aber ich erkenne es für durchaus richtig an, daß auch nach anderer Richtung hin eine Vervoll- kommnung der bisherigen Einrichtungen zu erfolgen hat, und wenn es möglich ift, die Sicherung der eigentlichen unterrichtlichen Aufgaben mit einer Befchrän- kung der Stundenzahl — was ich hoffe — zu vereinigen, dann wird hoffentlich auch es durchführbar fein, daß an beftimmten Tagen nun in erweitertem Um- fange Leibesübungen der verfchiedenften Art an den höheren Schulen ftattfinden. (Bravo!)

1905.

v. Schenckendorff (widmet zunächst den Reformschulen in längerer Darlegung ein wohlwollendes Interesse und fährt dann fort): Ich möchte die Aufmerksamkeit des hohen Hauses und der Unterrichtsverwaltung gleichzeitig auf eine andere Sache hinlenken, die gleichfalls eine Reform der höheren Lehranstalten bedeutet, die allerdings keinen Unterschied macht zwischen den Schulen der Reformrichtung und den älteren Schulen, sondern die alle höheren Lehranstalten gleichmäßig betrifft und die ich die hygienische Reform bezeichnen möchte. Seit einigen Jahrzehnten hat in unseren Schulen, besonders auch in den höheren, bereits eine dahingehende Bewegung eingesetzt, die durch hygienische Einrichtungen und durch aktive Körperpflege die Verbesserung des Gesundheitszustandes unserer Jugend im Auge hat. Man bezweckt damit das dreifache Ziel einer tunlichst normalen Körperentwickelung, eines erziehlichen Einflusses auf den Charakter und einer größeren Frische für die Bewältigung des reichen geistigen Lehrstoffes der Schule. Aber, meine Herren, der treibende Gedanke, der dahinter steckt, ist doch der, daß in der heutigen Zeit mehr als in einer früheren die Mitgift der Gesundheit ins Leben eines der wertvollsten, ja jedenfalls das notwendigste Gut ist. Alle geistige Bildung hat keinen Wert, wenn nicht die Gesundheit dem Menschen mit auf den Lebensweg gegeben wird. Diese Bestrebung für die Körperpflege, der ich mich allein hier zuwenden kann, und auch nur nach einer einzigen Richtung hin, insofern damit die Vorbedingung für die Pflege körperlicher Übungen geschaffen wird, begann etwa mit dem Erlaß des Herrn Kultusministers v. Goßler im Jahre 1882 und hat nachher zahlreiche Verordnungen und Erlasse des Ministers Bosse sowie des gegenwärtigen Herrn Ministers zur Folge gehabt.

Nun, meine Herren, solche Maßnahmen und Anregungen haben naturgemäß ihre Kämpfe zu bestehen, ehe sie von der Ministerialinstanz einerseits und andererseits aus den Einwirkungen des Volkslebens, welches sich der Sache angenommen hatte, auf die Schulen sich weiter ausdehnten, aber auch auf die Gemeinden. Denn die Gemeinden kommen ganz besonders hier in Betracht, da sie die erforderlichen Turnplätze, Spielplätze und geräumigen, gesunden Hallen für den Turnunterricht zu schaffen haben. Das aber, meine Herren, sind die notwendigen Voraussetzungen für die Ausführung aller dieser Bestrebungen. Denn wie der Reiter nicht reiten kann ohne Pferd, wie der Fechter nicht fechten kann ohne Schwert, so kann alles Rühmen des großen Wertes der körperlichen Erziehung nichts nützen, wenn nicht die erforderlichen Plätze und die sonstigen Vorbedingungen gegeben sind. Meine Herren! Die Königl. Staatsregierung hat es an Anregungen ihrerseits nicht fehlen lassen. Ich will von diesen Erlassen nur einige wenige nennen und diese auch nur kurz kennzeichnen. In dem Erlaß vom 23. Oktober 1883 wird gesagt, daß die Schaffung eines Turn- und Spielplatzes aus dem obligatorischen Charakter des Turnunterrichtes sich ergebe. Ferner hat der Minister Bosse in dem Erlaß vom 28. Mai 1894, den er an die Oberpräsidenten richtete, wörtlich gesagt:

> Namentlich ist den größeren Städten, in denen es der Jugend nur zu oft an Gelegenheit fehlt, sich in freier Luft fröhlich zu tummeln, die Anlegung und Unterhaltung geeigneter Spielplätze dringend zu empfehlen, und ich

ersuche Eure Exzellenz, Ihren Einfluß dahin geltend zu machen, daß dem heranwachsenden Geschlechte für die Bewegungsspiele, deren Wert nicht hoch genug geschätzt werden kann, der erforderliche Raum gewährt oder nicht genommen wird.

In dem Erlaß vom 15. März 1897 ist den Turnlehrern zur Pflicht gemacht, daß die volkstümlichen Übungen, welche sozusagen in der Mitte stehen zwischen dem Turnen im engeren Sinne und den Spielen, im Freien geübt werden; überhaupt sollte der Turnunterricht so viel wie irgend möglich im Freien ausgeübt werden. Ja, meine Herren, ohne besondere Plätze ist das natürlich nicht möglich, und ist um deswillen auch hier indirekt wieder auf die Anlegung und Erhaltung dieser Plätze hingewiesen. Diese Vorschrift ist auch in den neueren Leitfaden für den Turnunterricht, neuerdings auch in die Lehrpläne für die Präparandenanstalten und Seminare aufgenommen.

Nun, meine Herren, wie zahlreiche Anregungen der Königl. Staatsregierung das lebhafte Interesse bekunden, so sind auch zahlreiche Bestrebungen im Volksleben dahin erwachsen, die auch ihrerseits auf die Gemeinden eingewirkt haben. Es sind das ganz besonders die Turnvereine, die Sportvereine, und es sind das die weiten Ärzte-, Lehrer- und Elternkreise, welche alle das gleiche hohe Interesse haben, daß eine gesunde Generation heranwächst, und es ist nicht zum wenigsten auch der Zentralausschuß für Volks- und Jugendspiele in Deutschland gewesen, den zu vertreten und zu leiten ich die Ehre habe. Dieses große Interesse aus dem Volke ergibt sich aber nicht allein aus der Anregung, die von ministerieller Seite gegeben ist, sondern ebenso aus der zunehmenden Erkenntnis der Notwendigkeit, daß für die Schüler hier wesentlich mehr geschehen muß. Und, meine Herren, für uns ist nicht das Ziel, Kraftmenschen heranzubilden, sondern unser Ziel liegt darin, daß dem Menschen ein gesundes und leistungsfähiges Willensorgan mit auf den Lebensweg gegeben wird, das ihn befähigt, die Aufgaben, die Beruf und Vaterland an ihn stellen, zu erfüllen. Die körperliche Erziehung ist lediglich Mittel zum Zweck der gedeihlichen Gesamtentwickelung und der Erfüllung der Lebensarbeit.

Manche Städte haben aus ihrer Mitte Deputationen gebildet, welche nach solchen Plätzen Ausschau halten und die Kommunalbehörden veranlassen sollen, zur Förderung der Sache beizutragen. So hat z. B. Berlin in sehr dankenswerter Weise eine Deputation für das Turn- und öffentliche Badewesen gebildet, die außerordentlich rührig sein soll und bei jeder sich findenden Gelegenheit der Gemeindeverwaltung Anregungen gibt.

Trotzdem muß man aber doch sagen, daß die Entwickelung dieser Dinge im Lande äußerst langsam vor sich geht. Während eine Reihe von Städten den rühmlichen Wettkampf führt, anderen Städten vorauszueilen, bleiben doch recht viele fast in voller Untätigkeit. Wenn man bedenkt, daß wir fast ein Vierteljahrhundert seit der ersten Anregung hinter uns haben, so daß wir also schon in 2 Jahren die 25 jährige Gedenkfeier dieses wirklich denkwürdigen Erlasses begehen — und hoffentlich unter Beteiligung aller Schulen, weil er der ganzen Schule zugute gekommen ist —, und daß so wenig erreicht ist, dann kann man darüber nur ein aufrichtiges Bedauern empfinden. Am schwierigsten liegen die Verhältnisse naturgemäß in den größeren Städten. Dort wird über das disponible Terrain zu

Bauten verfügt oder es fällt der Spekulation anheim. Wenn hier nicht rechtzeitig eingegriffen wird, so kann man einem Zustande entgegensehen, der es in
großen Städten überhaupt ganz unmöglich macht, Terrain hierfür noch zur Verfügung zu haben. In der allerschwierigsten Lage ist natürlich die größte Stadt
des Reiches, Berlin.

Ich will einige Nachweise dafür bringen, tue dies aber nicht, um damit
etwa auszusprechen, daß nicht auch in anderen Städten ähnliche Verhältnisse vorliegen, und auch nicht deshalb, um irgendwie darzutun, daß Berlin im Schul-
wesen zurückstände, sondern nur, um typische Vorgänge an schwierigster Stelle
im Lande zu erwähnen. Ich sehe dabei davon ab, Punkte anzuführen, die nur
in der Presse laut geworden sind. Eine solche Klage ist z. B., daß der einzige
große Spiel- und Turnplatz im Süden der Stadt am Urban, der städtisches Terrain
umfaßt, und den zahlreiche Kinder benutzt haben, jetzt der Anlage einer elektrischen
Zentralanlage weichen soll. Es wäre sehr dankenswert, von den Herren Vertretern von Berlin, die zugleich den städtischen Behörden angehören, Auskunft
über die Lage dieser Verhältnisse zu erhalten. Ich will aber in dem Nachfolgenden einige Fälle besprechen, für welche ich Bürgschaft glaube übernehmen
zu können.

Wir haben in Berlin 33 höhere Lehranstalten; von diesen haben aber nur
8 je einen Turn- und einen Spielplatz. In den letzten Jahren ist das Andreas-
Realgymnasium neu gebaut worden, und ebenso ist der Bau des Friedrich-Real-
gymnasiums ziemlich fertig; beide haben nach altem Stil aber nur einen Schulhof.
Hinsichtlich des Friedrich Werderschen Gymnasiums sind die Vorverhandlungen
zwar noch nicht abgeschlossen, aber doch derartig vorbereitet, daß sie der Stadtverordnetenversammlung gegenwärtig vorliegen; dies Gymnasium soll von der
Dorotheenstraße nach Moabit verlegt werden. Hier ist nach den Vorverhandlungen
ebenfalls wieder lediglich ein Schulhof in Aussicht genommen, außerdem aber auch
eine ziemlich kleine Turnhalle, die nicht einmal denjenigen Anforderungen entspricht, welche der ganz veraltete Ministerialerlaß vom 8. März 1879 aufstellt.
Man beruft sich darauf, daß beim Gymnasium zum Grauen Kloster mit Genehmigung der Aufsichtsbehörde eine Turnhalle von nur 209 qm angelegt sei.
Dort sind aber nur wenige Schüler; dort ist auch der Raum inmitten der Stadt
äußerst eng, während in Moabit freies Terrain vorhanden war, das anfänglich
nicht für das genannte Gymnasium und zugleich eine Doppelgemeindeschule, wie
jetzt geplant ist, in Aussicht genommen war. Dort turnt immer nur eine Klasse,
es turnen aber in den Turnhallen anderswo, und künftig auch im Werderschen
Gymnasium immer 2 Klassen gleichzeitig, so daß 80—100 Schüler darin sich bewegen. Allerdings ist auf eine Petition des Dr. Freund in Moabit, der sich unser
früheres Mitglied, der bekannte Professor Dr. Adolf Wagner angeschlossen hat,
wenigstens der Schulhof etwas erweitert, und auch die Turnhalle soll nun etwas
erweitert werden; aber der Schulhof, der allein in Aussicht genommen ist, bleibt
dann immer noch nicht oder nur wenig geeignet; es fehlt dann noch immer der
Turn- und Spielplatz. Eine Petition des Berliner Turnlehrervereins, und wie
mir glaubwürdig gesagt ist, auch das ernste Bemühen des Direktors der Anstalt
sind dieserhalb vergeblich gewesen. Es wäre sehr dankenswert, wenn hier in
letzter Stunde noch Abhilfe geschähe.

Dann ist mir gesagt worden, daß in einem Vorort von Berlin auch die ärztliche Dispensation vom Turnunterricht vielfach auf die dortige Turnhalle zurückgeführt wird, in der ein Staub entwickelt wird, der den Ärzten zur Pflicht macht, den Kindern die Teilnahme am Turnunterricht zur versagen. (Sehr richtig!) Die Frage der Fernhaltung des Staubes, der sowohl vom Boden als von den Sprungmatratzen aufsteigt, ist ein altes Problem; es sind aber so viele Erfahrungen von der deutschen Turnerschaft gesammelt, daß durch Nachfrage bei derselben sicherlich die Abhilfemaßnahmen in Erfahrung gebracht werden können. Ich werde gern die Vermittelung übernehmen und der Unterrichtsverwaltung das Ergebnis vorlegen. In demselben Vororte soll auch ein Schulplatz sein, der bei Nässe kaum zu betreten ist und bei Trockenheit große Staubwolken aufwirbelt.

. Meine Herren! Ich will auf Spezialia nicht weiter eingehen; ich habe nur an Beispielen zeigen wollen, wie an schwierigster Stelle — das hebe ich nochmals hervor — die Verhältnisse liegen und Remedur dringend nötig ist.

Ich erachte nun den Kampfesprozeß, der sich zwischen Regierung und Bevölkerung einerseits und den Gemeinden anderseits nach dieser Richtung vollzieht, in seinen Ursachen keineswegs als einen turnfeindlichen; er findet seine Erklärung vielmehr darin, daß in den einzelnen Gemeinden die ideal-erziehliche Seite mit der realwirtschaftlichen im Kampfe liegt. Ich bin, zugleich als Mitglied der Stadtvertretung in Görlitz, der ich seit 1878 teils als unbesoldeter Stadtrat, teils als Stadtverordneter angehöre, weit entfernt, die realwirtschaftliche Seite zu verurteilen; im Gegenteil, eine realwirtschaftliche Grundlage ist überall im Leben, im Staat, in der Gemeinde und im Einzelleben eine Vorbedingung der Existenz. Aber nach einer so langen Entwickelung müßten beide Auffassungen sich einander doch schon mehr genähert haben. Weiter verlange ich im Augenblicke nichts, als daß solch eine Näherung stattfindet, also daß die Vertreter der realwirtschaftlichen Seite nicht nur theoretisch die Sache als ganz richtig und zutreffend und gut bezeichnen, sondern in jedem einzelnen Falle auch durch die Tat beweisen, daß sie der anderen Auffassung auch ihrerseits gerecht werden können. In Berlin werden sich die Verhältnisse bald so entwickeln, daß nicht für jede Schule ein Turnplatz und ein Spielplatz angelegt werden kann, da die Terrains infolge der Bebauung vergeben und infolge der Spekulation zu teuer sind. Darum glaube ich, daß der Zeitpunkt gekommen, wo für Berlin und die Vororte gemeinsame Spielplätze geschaffen werden, die Ersatz bieten für den fehlenden Schulturn- und Spielplatz.

Meine Herren! Diese Sache ist wichtiger, als sie bei oberflächlichem Hinschauen erscheint; denn im Hintergrunde steht doch immer das öffentliche Interesse der Krafterhaltung des Volkes sowohl für seine Arbeit als auch für die Landesverteidigung. Das deutsche Volk wird seiner Kulturaufgabe nur gerecht werden können, wenn seine Wehrkraft, die zu gleicher Zeit der Ausdruck seiner inneren Lebenskraft ist, auch in den kommenden Geschlechtern gesichert bleibt.

Beide Faktoren, sowohl die Regierung wie die aus dem Volksleben heraus aufgenommenen Bestrebungen, werden zweifellos diesen dargelegten Tatsachen gegenüber zu erwägen haben, mit welchen Maßnahmen sie in erhöhtem Maße jetzt das erziehlich-ideale Moment mehr als seither in den Gemeinden zur Geltung bringen können.

Meine Herren! Was die Bestrebungen im Volke betrifft, so hat der Zentralausschuß für Volks- und Jugendspiele, nicht zum wenigsten im Interesse einer
hygienischen Reform der Schulen, im vorigen Jahre ein Werk „Wehrkraft durch
Erziehung" unter meinem Namen und desjenigen des Direktors Dr. Lorenz in
Quedlinburg herausgegeben, das alle vornehmlichsten Fragen, wie durch Erziehung
die Erhaltung der Wehrkraft ermöglicht ist, auf das eingehendste bespricht. An
diesem Werke haben die hervorragendsten Mitarbeiter mitgewirkt. Es sind darin
alle diejenigen Momente angegeben, welche unseren Freunden im Volksleben das
Rückgrat zur Wahrnehmung unseres Standpunktes kräftigen können. Das Werk
hat bereits eine große Verbreitung gefunden, auch hat das Kultusministerium
1200 Exemplare zur Verteilung an die Schulen übernommen. Ich kann auch eine
mir vor wenigen Tagen zugegangene gemeinsame Entscheidung des Kultus- und
Kriegsministeriums erwähnen, wonach, der Bitte des Zentralausschusses entsprechend,
Se. Majestät für dieses Werk Ihr Bildnis mit eigener Unterschrift zur Verfügung
stellen und Genehmigung erteilt haben, die Widmung des Werkes dem Kronprinzen anzutragen. Meine Herren! Damit werden diese Ideen weiterhin gefördert werden, nicht für die Interessen des Zentralausschusses, sondern für die
Interessen, die er vertritt, für das Vaterland, für das Wohlergehen und die Wehrkraft des Volkes. (Beifall.)

Was kann aber auch die Königl. Staatsregierung ihrerseits tun? Meine
Herren! Sie muß zunächst fortfahren, in dem seitherigen Sinne zu wirken, indem
sie auch weiterhin durch ihre Organe auf die Gemeinden einwirkt, indem sie wohl-
meinend auch selbst im gegebenen Falle an die Gemeinden herantritt und besonders dahin wirkt, daß die Gemeinden bei Neubauten bestimmte Minimal-
forderungen betreffs der Größe der Turnplätze, der Spielplätze und der Turnhallen erfüllen, die ja verschieden sind für größere, mittlere und kleinere Städte;
daß auch der Schularzt in den höheren Lehranstalten seinen Einzug hält und auf
die gesundheitlichen Schäden, die vorliegen, einen Einfluß übt. Weiterzugehen
wird die Königl. Staatsregierung auch nach meiner Auffassung im Augenblick nicht
in der Lage sein. Aber die Königl. Staatsregierung könnte doch der Entwickelung der Angelegenheit vorarbeiten durch die Aufnahme einer Statistik, die die
tatsächliche Lage der Dinge im Lande darstellt. Daraus würde sich ein Urteil
über die zu ergreifenden Maßnahmen von selbst ergeben, nämlich, ob eine ab-
wartende oder eine weiter vorrückende Stellung einzunehmen sei. Auch möchte
das Ergebnis der Statistik veröffentlicht werden. Ich meine, daß eine solche
Statistik zunächst für die dem Provinzialschulkollegium untergeordneten Anstalten
erfolgt, also für die höheren Lehranstalten, die Seminare und höheren Mädchenschulen. Später möge eine analoge Erhebung bei den Schulen erfolgen, die den
einzelnen Regierungen unterstellt sind. Der Zentralausschuß hat vor 10 Jahren
selbst eine solche Statistik aufgestellt, meines Wissens die einzige, die in diesem
umfassenden Maße vorgenommen ist. Wir würden es gegenwärtig von neuem
tun, aber es steht das Verbot des Kultusministers entgegen, wonach den Schulen
generell verboten ist, einer privaten Stelle Auskunft zu erteilen. Wir müssen
dies also dem Ministerium überlassen, und ich bitte den Herrn Minister, diese
Erhebungen vorzunehmen. Sie werden, wenn sie von amtlicher Stelle ausgehen,
zugleich gründlicher und zuverlässiger sein.

Ich muß zum Schluß, um gerecht zu sein, mich gegen den Freund selbst noch wenden, als welchen ich das Ministerium in dieser Richtung wohl bezeichnen darf. Möge die Staatsregierung dafür Sorge tragen, daß auch in ihren eigenen königlichen Lehranstalten die gleichen Vorrichtungen getroffen werden, wie sie solche von den kommunalen Anstalten fordert. Es sollen, wie mir mitgeteilt ist, die königlichen Anstalten hinter den kommunalen noch mannigfach zurückstehen. Es hat sehr lange gedauert, bis die Jugendspiele in den königlichen höheren Lehranstalten eingeführt wurden. Wir haben eigentlich in diesem Jahre zum erstenmal in Kap. 121 Tit. 17 eine Position von 30 000 M. für diesen Zweck eingestellt.

Wenn die wohlwollenden Erlasse und Verordnungen des Herrn Ministers nicht auf dem Papier stehen, sondern wirklich eine lebensvolle Gestalt gewinnen sollen, wie das der dringende Wunsch weiter Volkskreise ist, dann ist es auch notwendig, daß der Kampf von der Königl. Staatsregierung unterstützt wird. Es ist der Kampf um edle Güter des Volkes. Diese Ideen geltend gemacht zu haben, ist der wesentliche Zweck meiner Ausführungen. Ich werde mit meinen Freunden unbeirrt diesen Standpunkt weiter verfechten. Möge der Herr Minister diesen um das Gedeihen der Jugend und um das Volkswohl kämpfenden Bestrebungen auch weiterhin unterstützend sein Wohlwollen zuwenden. (Bravo!)

Dr. Althoff, Ministerialdirektor: Der Herr Vorredner hat anerkannt, daß in den letzten Jahrzehnten schon manches auf dem Gebiete der Schulhygiene, der Bewegungsspiele und körperlichen Übungen, also auf dem von ihm besonders gepflegten Gebiete geschehen ist. Wenn das der Fall ist — das möchte ich hier vor allem betonen —, dann ist das zum guten Teil den Anregungen und guten Ratschlägen zu verdanken, die der Herr Vorredner gegeben hat (Bravo!), zum guten Teil der unermüdlichen und sachkundigen Weise, mit der er überall schon seit Jahren für diese auch der Unterrichtsverwaltung sehr am Herzen liegende Angelegenheit eingetreten ist (Bravo!), und wir werden unseren warmen Dank für den Herrn Vorredner auch dadurch bezeugen, daß wir alle die Einzelheiten, die er heute vorgebracht hat, und die sich zum Teil auf die Gemeinde Berlin bezogen, in sorgfältige Erwägung nehmen, und nach Kräften bestrebt sein werden, was die staatlichen Schulen betrifft, daß sie den Gemeindeschulen überall mit gutem Beispiel vorangehen. Diese Versicherung will ich dem Herrn Vorredner in dankbarer Anerkennung seiner Verdienste hierdurch erteilen.

Abg. Eidhoff: Die Freude an der Schule sollten wir vor allen Dingen unserer Jugend zu erhalten suchen, die die Zukunft unseres Volkes ist, und was darüber zu sagen ist, weit besser, als ich es in der kurzen Zeit sagen könnte, die mir hier zur Verfügung steht, das mögen diejenigen von Ihnen, denen das Heil ihrer Kinder wahrhaft am Herzen liegt, in einer Neujahrsbetrachtung nachlesen, die jüngst in der „Monatsschrift für höhere Schulen" erschienen ist und bereits die Runde durch die ganze deutsche Presse gemacht hat. Ich bitte nur um die Erlaubnis, dem noch einiges hinzufügen zu dürfen.

Meine Herren! Es ist nicht zu leugnen, daß manches im höheren Unterricht besser geworden ist, als es früher war, und doch bleibt, wie gestern auch vom Ministertische zugegeben wurde, vieles zu bessern übrig. Immer noch dringen Klagen an unser Ohr über die Überbürdung unserer Schüler, namentlich an den

Orten, wo noch Nachmittagsunterricht erteilt wird. Ich glaube, die Ansichten über die Schädlichkeit des Nachmittagsunterrichtes sind nunmehr einigermaßen geklärt, und ich möchte der Unterrichtsverwaltung anheimgeben, eine generelle Verfügung zur Empfehlung des Vormittagsunterrichtes zu erlassen. Meine Herren! Ich sehe schon auf eine langjährige Praxis zurück, ich weiß sehr wohl, daß der Vormittagsunterricht nicht überall durchführbar ist, z. B. an manchen Orten nicht zur Winterszeit. Aber wissenschaftliche Stunden sollten, wenn es nur eben möglich ist, nur auf den Vormittag verlegt werden.

Der geehrte Herr Vorredner aus dem Hause hat schon das Kapitel von der Schulgesundheitspflege ausführlich erörtert, das ja ein recht langes ist.

Neuerdings dringen wiederum Klagen an unser Ohr über die erschreckende Zunahme der Kurzsichtigkeit unserer Jugend, und ich darf in diesem Zusammenhange an die Bestrebungen erinnern, die von dem Hauptmann a. D. v. Ziegler zur Stärkung der Sehkraft unserer Jugend verfolgt werden, die ja zugleich auch im Interesse unserer Wehrkraft liegt. Ausdehnung der Turnspiele, möglichste Erteilung des naturwissenschaftlichen und auch des erdkundlichen Unterrichtes im Freien dürften weiter geeignet sein, die Gesundheit der Jugend zu fördern. Vor allem aber scheint mir der Lernstoff einer Vereinfachung bedürftig zu sein, worauf ich im vorigen Jahre bereits hingewiesen habe.

Ich möchte daher an die Unterrichtsverwaltung die Frage richten, ob sie nunmehr dem Gedanken nähertreten will, den Schülern der Oberstufe eine gewisse Wahlfreiheit in den Unterrichtsstunden zuzugestehen, wie dies in England und Schweden bereits der Fall ist. Ich würde dies schon aus dem Gesichtspunkte freudig begrüßen, damit der Sprung von der Gebundenheit der Schule zur akademischen Freiheit nicht ein so großer bleibe, wie er jetzt ist und wie er schon zu manchen betrübenden Erscheinungen geführt hat und immer wieder führt. Freilich von den sog. Studientagen, wie sie in meiner Jugendzeit üblich waren, halte ich nicht viel; sie arteten damals zumeist zu reinem Unfug aus. Man sollte es den Primanern bei eigener Verantwortung überlassen, wie sie sich in den Stunden beschäftigen wollen, für die ihnen Wahlfreiheit eingeräumt ist, und es ist dabei ganz gleichgültig, in welcher Weise sie sich beschäftigen, ob sie sich körperlichen oder geistigen Studien hingeben, wenn diese Studien nur dazu dienen, ihre individuelle Entwickelung überhaupt zu fördern. Meine Herren! Wenn in England auf der ganzen Schule, also nicht nur auf der Oberstufe, eine größere Freiheit herrscht als bei uns, so hat das meines Erachtens vor allem seinen Grund darin, daß in England die allgemeine Wehrpflicht nicht besteht und die Berechtigung zu einer kürzeren Dienstzeit auf den Schulen nicht erworben zu werden braucht. Das wird bei uns nicht eher anders werden, als bis der geistige standard of life unseres Volkes sich derartig gehoben hat, daß eine allgemeine Verkürzung der Militärdienstzeit für alle Söhne unseres Volkes eintreten und das Privilegium des Einjährigendienstes beseitigt werden kann. Indes, meine Herren, das ist heute noch Zukunftsmusik, und wir dürfen den Boden der Tatsachen nicht verlassen. Aber selbst vom Boden der Tatsachen aus läßt sich heute schon vieles bessern, wie ich mir anzudeuten erlaubte, zumal unsere Lehrpläne an vielen Stellen einer freieren Entwickelung Raum geben. Vor allem ist das System der Kompensation geringer Leistungen in dem einen Fache mit guten oder vorzüglichen Leistungen

11*

in anderen Fächern, das heute ja schon eingeführt ist, noch eines weiteren Ausbaues fähig. (Sehr richtig!) Und deshalb, meine Herren, schließe ich diese flüchtigen Betrachtungen mit der Bitte an die Königl. Staatsregierung, mit Vorschlägen auf diesem Gebiete recht bald an die Öffentlichkeit heranzutreten, mit Vorschlägen, die die harmonische Ausbildung von Geist und Körper unserer vaterländischen Jugend gleichmäßig zu fördern geeignet sind. (Bravo!)

Abg. Cassel: Der Herr Ministerialdirektor Dr. Althoff hat mit Recht die große und verdienstliche Tätigkeit anerkannt, die unser Herr Kollege v. Schendendorff seit so vielen Jahren im Interesse der Pflege der körperlichen Gesundheit unserer Schüler entwickelt hat. Herr v. Schendendorff ist hierbei auf die Berliner Verhältnisse eingegangen und hat gewünscht, daß diese Pflege namentlich auch in den Berliner Schulen weiteren Fortgang finde; es ist sicher, daß diese Worte des Herrn v. Schendendorff überall auf einen empfänglichen Boden fallen werden.

Wenn aber Herr v. Schendendorff dabei moniert hat, daß der Platz, auf welchen das Werdersche Gymnasium verlegt werden soll, keinen geeigneten Raum für Spiele gewähre, daß der Schulhof dazu nicht ausreiche, so können wir in dieser Beziehung die Wünsche des Herrn v. Schendendorff leider nicht erfüllen. Wir müssen die höheren Schulen in diejenigen Stadtteile verlegen, in welchen ein Bedürfnis dazu vorhanden ist. (Sehr richtig!) So müssen wir das Werdersche Gymnasium aus der Mitte der Stadt in das Hansaviertel verlegen; wir sind da in der Wahl des Platzes nicht frei und haben nicht die Möglichkeit, so große Plätze zu wählen, wie es Herr v. Schendendorff seinerseits für wünschenswert erklärt. Wir können die Gemeindeschulen, die dort ebenfalls errichtet werden sollen, nicht entfernen, denn wir haben auch für die Bedürfnisse derjenigen Volksklassen zu sorgen, welche ihre Kinder in die Gemeindeschulen schicken, und diese Kinder dürfen auch nicht zu weite Schulwege haben. Wir haben in diesem Stadtteile nur diesen Platz für Gemeindeschulen verfügbar; wir können sie nicht verlegen ohne großen Nachteil für diejenigen Schüler, welche die Volksschule besuchen.

Meine Herren! Wir können ja aber auch nicht im allgemeinen sonst in Berlin dafür sorgen, daß bei höheren Lehranstalten immer ausreichende Spielplätze vorhanden sind. Das wird bei allen den Gymnasien, die im alten Berlin liegen, unmöglich sein, weil da gar keine freien Plätze verfügbar sind.

Meine Herren! Die Berliner Verwaltung sorgt nach Kräften dafür, Plätze zu schaffen, in denen der einzelne sich seiner Gesundheit wegen erholen und am Grün und Laub erfreuen kann. Wir haben den Park am Friedrichshain geschaffen, haben den Humboldthain und vor einigen Jahren den Viktoriapark angelegt, und binnen kurzer Zeit wird der Weddingpark entstehen, wieder eine neue große Parkanlage. Wir haben, soweit es geht, alle großen Plätze in der Stadt und namentlich die großen Plätze in der Peripherie mit einem Netz von Parkund Schmuckanlagen umgeben; wir tun in dieser Beziehung, was irgendwie möglich erscheint. Wir haben aber auch Spielplätze eingerichtet. Solche Spielplätze für die Schulkinder können wir aber nicht in unmittelbarer Nähe der Schulen halten, sondern sie müssen etwas weiter entfernt werden. Derartige Spielplätze sind im Humboldthain, im Treptower Park und noch an anderen Stellen vorhanden. Soviel mir bekannt, ist auch an unseren höheren Lehranstalten überall die Einrichtung getroffen, daß mehrmals in der Woche die Schüler unter Aufsicht der Lehrer zu Turn- und anderen Spielen auf diese Plätze ziehen und daß da unter Aufsicht der Lehrer den Schülern die Möglichkeit geschaffen wird, in freier Luft sich am Spiel zu erfreuen und ihre Gesundheit zu stärken. Sollte diese Einrichtung etwa noch nicht getroffen sein, so verspreche ich dem Herrn Kollegen v. Schenckendorff, daß, soweit unser Einfluß reicht, wir, die wir in Berlin in der Verwaltung tätig sind, uns bemühen werden, daß solche Spiele möglichst von allen Schulen veranstaltet werden. (Sehr richtig!) Daß das aber seit Jahren jedenfalls teil-weise stattfindet, weiß ich ganz genau, weil ich selbst Vater von zwei Söhnen bin, die das Gymnasium in Berlin besucht haben und die sehr häufig zu solchen Spielen ausgezogen sind.

III. Aus der Praxis für die Praxis.

A. Spiel.

1.

Spiel- und Wetturnfeste 1904.

Von Prof. Dunfer in Hadersleben.

Wenn man die Zeitschriften für Turnen und Spiel von 1904 durch-
blättert, muß man sich freuen über die große Zahl von Berichten über
Spielfeste. Sie bilden das Ziel der Übungsspiele während des Jahres;
und wie die deutsche Turnerschaft nach Jahns Forderung den Verbänden,
Vereinen und einzelnen Turnern mit vollem Rechte stets neue Ziele setzt,
wie auch jeder Schulturnbetrieb in regelmäßiger Wiederkehr Turnfeste,
wenigstens sein Abschlußturnen, haben müßte, so sollte man möglichst bei
allen Leibesübungen für Zielleistungen Sorge tragen.

Es scheint, als ob dieser Grundsatz sich in den letzten Jahren mehr
Geltung verschafft habe.

Zwar wird es nie an Männern fehlen, die vor Übertreibung des
Schauturnens und der Wettspiele warnen. Sie sollen durchaus auch zu
Worte kommen; aber sie dürfen nicht an der Tatsache rütteln, daß es stets
eines gewissen Anreizes bedürfen wird, um die Übungen mit der Anstrengung aller Kräfte und mit dem nötigen Ernste und infolgedessen mit
einer solchen Durchbildung zu betreiben, daß die ethischen und ästhetischen
Gesichtspunkte ausreichend zur Geltung kommen.

Es ist selbstverständlich ausgeschlossen, alle Spiel- und Wetturnfeste
des Jahres 1904 einzeln zu berücksichtigen; dieser Aufsatz bezweckt mehr,

gewiſſe Gruppierungen vorzunehmen und im Anſchluß an die bisherigen Erfahrungen auf einzelne für die Zukunft wichtige Geſichtspunkte aufmerk⸱ ſam zu machen.

Nachdem die volkstümlichen Übungen des Laufens, Springens und Werfens ſich neben dem Gerätturnen bereits feſt eingebürgert haben, zu⸱ nächſt als Übungen der Bergfeſte, dann auch auf den größeren Turnfeſten, treten, ſoweit man ſich über die Notwendigkeit oder Zweckmäßigkeit der Spiele in den Verbänden und Vereinen geeinigt hat, auch regelmäßig ver⸱ anſtaltete Wettſpiele bei kleineren und größeren Spielfeſten mehr und mehr in die Erſcheinung. So hat z. B. der innerhalb des IV. Turnkreiſes Norden beſtehende „Nordiſche Spielverband", um hier in erſter Linie meine heimat⸱ lichen Verhältniſſe zu berückſichtigen, wie regelmäßig ſeit ſeinem Beſtehen auch dieſes Jahr ein herrliches Spielfeſt veranſtaltet und innerhalb des Gebietes dieſes Verbandes haben wiederum die verſchiedenen Vereine ein und derſelben Stadt, z. B. in Altona, Hamburg, Flensburg, Lübeck, Kiel, ihre lokalen Spielfeſte gehabt, wobei ſich auch auswärtige Riegen zum Wettkampf einzuſtellen pflegen.

Ich greife wohl nicht fehl, wenn ich behaupte, daß, wie allgemein die Turnfeſte das deutſche Turnen, die Bergfeſte die angewandten Übungen zur Blüte gebracht, ſo auch ſpeziell die Spielfeſte im IV. Turnkreiſe Norden die beſonders in Schleswig⸱Holſtein, Hamburg und Lübeck weitverbreitete Erkenntnis verurſacht haben, daß die Spiele für die einzelnen Organe des Körpers und für die Förderung des Gemeinſinns von ganz hervorragender Bedeutung ſind. Außerordentlich verdient haben ſich dabei die in dem genannten Gebiete als Spielleiter tätigen Lehrer gemacht, welche infolge der günſtigen Erfahrungen bei den Schüler⸱Wettſpielen ihren Einfluß auch in den Vereinen zur Geltung zu bringen wußten. Selbſtverſtändlich gilt dasſelbe auch von den übrigen Gebieten des Deutſchen Reiches, wo die Spielbewegung neben den anderen Leibesübungen ſich einen ſicheren Platz errungen hat.

Vergleicht man in bezug auf die Zuſammenſetzung der Beteiligten die Spiel⸱ mit den Turnfeſten, ſo muß die Tatſache auffallen, daß bei den Wettſpielfeſten ſehr häufig Turnvereine, höhere Lehranſtalten und Volksſchulen nebeneinander vertreten ſind, während man gewohnt iſt, daß Turnfeſte, bis auf wenige Ausnahmen, in abgegrenzteren Kreiſen, ſoweit die aktive Beteiligung in Frage kommt, vor ſich gehen.

Dieſe Erſcheinung, die früher auch ſchon auf dem Gebiete der volks⸱ tümlichen Übungen, in den letzten zehn Jahren beſonders auch auf dem der Spiele, sich darbot, findet darin leicht ihre Erklärung, daß es sich um einen Kampf neuer Ideen mit den alten handelt, bei dem die Meinungsverwandten sich zusammenschließen. Oft sind die Träger der Spielidee Persönlichkeiten, die zugleich in Schule und Verein tätig sind, so daß sie ihre Mannschaften von zwei verschiedenen Seiten heranziehen und nach beiden Seiten anregend wirken können. Schließlich ist hier zu betonen, daß ohne solches Zusammenarbeiten Spielfeste in dem gewünschten Umfange nicht möglich waren.

Es drängt sich nun die Frage auf, ob es mehr zu empfehlen sei, daß möglichst alle Kreise der Bevölkerung bei einem Spielfeste mitwirken, oder ob solche besser in abgeschlossenen Kreisen, z. B. von Turnerschaften, höheren Lehranstalten oder Volksschulen, je unter sich, ausgestaltet werden. Es läßt sich für beide Arten der Veranstaltungen etwas sagen.

Sind alle Kreise der Bevölkerung beteiligt, so kann die Anregung vielseitiger sein, es brauchen die einzelnen Kreise unter Umständen nicht erst auf eigene Einrichtungen zu warten, und so kann die gemeinsame Arbeit ausgleichend in bezug auf Standesunterschiede wirken.

Anderseits ist die Organisation innerhalb gleichartiger Verbände einfacher und einheitlicher, es fallen gewisse gegenseitige, oft lästige Rücksichten fort und, was besonders für die Schulen wichtig ist, sind die Behörden zu größerem Interesse verpflichtet, falls ihnen an solchen Veranstaltungen überhaupt gelegen ist.

Je nach der ersten Veranlassung sind die regelmäßig wiederkehrenden Spiel- und Wetturnfeste bald der einen, bald der anderen Art.

Das Braunschweiger Sedanfest, und nach ihm viele andere, vereinigt alle Kreise der Bevölkerung zu fröhlichem Kampfe; Feste, die sich mit nationalen Gedenktagen verbinden, werden gewiß am besten in der Weise gefeiert. Aber man muß dabei doch die großen von den kleinen Städten unterscheiden. In ersteren ist es sehr schwer, ein völliges Zusammenwirken zu erzielen; auch ist es nicht ohne Bedenken, in zu großem Umfange Spielfeste zu feiern, weil es dann erfahrungsgemäß meist mehr auf Äußerlichkeiten hinausläuft als auf gediegene Leistungen, die doch unter allen Umständen die Hauptsache sein sollen; oft fehlt es dabei an dem genügenden Raum für die einzelnen Spielplätze oder an Übersichtlichkeit des Ganzen.

In den kleineren Städten kann dagegen meist nur das vereinigte Spielfest einen großartigen Eindruck machen; es sind zu viele Veranstaltungen nebeneinander an demselben Festtage nicht angängig, weil die Gegenwart einiger Personen von größerem Einfluß meist überall gewünscht wird;

aus diefem Grunde würden in kleineren Städten sich auch mehrere Spielfeste der einzelnen Anstalten und Vereine an verschiedenen Tagen in ihrem
Eindrucke gegenseitig abschwächen.

Vereinigte Feste veranstalten in Schleswig-Holstein alljährlich die „Vereine zur Förderung der Spiele" in Kiel und in Flensburg, der „Ausschuß"
zu nämlichem Zwecke in Hadersleben, sowie der Ausschuß für die Knivs-
bergfeste im nördlichen Schleswig. An Berichten über derartige Spielfeste
sind mir aus früheren Jahren besonders einige aus westfälischen Städten
(z. B. Bielefeld und Hamm) bekannt. Aus 1904 kenne ich noch Berichte
über ein vereinigtes Spielfest (das dritte) der Charlottenburger Jugend
und des „Vereins für Jugend- und Volksspiele" in Erfurt (das vierte).
Auch der „Gemeinnützige Verein" zu Dresden veranstaltete, wie bisher
so auch 1904 am Schlusse der Spielzeit, ein Fest mit Wettspielen und Wett-   .
übungen. In der Stadt Altona ist es ein einziger Turnverein, der alljährlich ein die verschiedensten Kreise vereinigendes Spielfest abhält, das
regelmäßig den Höhepunkt des dort so eifrig gepflegten Spielbetriebes bedeutet, und dessen Überschüsse für eine später zu erbauende Schwimmhalle
des Vereins bestimmt sind.

Es ist gewiß nachahmenswert, daß solchen Spielfesten ein wohltätiger
Zweck zugrunde gelegt wird oder, wie es häufiger der Fall ist, durch die
Stiftung eines Banners, Schildes oder sonstigen Preises der Veranstaltung
mehr Reiz verliehen wird, wobei das äußere Zeichen, um das gekämpft
ist, auf ein oder mehrere Jahre im Besitze der siegenden Abteilung bleibt,
bis es bei der nächsten Gelegenheit gegebenenfalls in anderen Besitz übergeht.

Ich erwähne hier zuerst das alljährliche Wettrudern der höheren Lehranstalten Berlins, bei dem früher um einen vom Kaiser gestifteten Pokal
gekämpft ist, und das jährliche Barlaufspiel zwischen Berliner höheren Lehranstalten um den vom Z.A. gestifteten Bismarckschild. In Schleswig-Holstein
kämpfen abwechselnd im Spielen und in den volkstümlichen Übungen die
höheren Lehranstalten alle drei Jahre um ein vom Königl. Oberpräsidium
in Schleswig gestiftetes Ehrenbanner, das dem „Nordalbingischen Turnlehrerverein" übergeben ist.[1]) Um einen Wanderpreis kämpfen ferner ·

I. jährlich im Schlagball o. C. die Volksschulen Hamburgs gelegentlich
eines vom dortigen „Verein für Jugendspiel" veranstalteten Spielfestes, das sich bisher im wesentlichen auf die Volksschulen beschränkt hat.

---

1) Dasselbe tun in Zukunft die höheren Schulen Ostpreußens. (D. Schriftl.)

In Hamburg konnten im Jahre 1904 aus einer Stiftung (von
C. Ferd. Laeiß) an siegreiche Mannschaften im Schlagball o. Einsch.,
Tauziehen und Eilbotenlauf 21 Künstlerzeichnungen als Preise zum
Schmuck der Volksschulklassen verabreicht werden. Der Wanderpreis
ist ein Bild ("Die Kapitulation von Sedan").

II. jährlich im Schlagball um ein Banner die Volksschulen in Altona.
Wie in Hamburg, finden auch hier die erforderlichen Vorkämpfe statt.
Mit dem Endkampf sind auch volkstümliche Wettübungen der Volks-,
Mittel- und höheren Schulen verbunden;

III. 1904 zum erstenmal um ein Banner und zwei weitere Preise die
Volksschulen in Hagen i. W. Auch hier sind Vorkämpfe nötig. Am
eigentlichen Festtage werden ebenfalls andere Wettspiele und volkstümliche Wettübungen veranstaltet.

IV. In Weißenfels a. S. sind jährliche Kämpfe im Schlagball o. E. um
einen Bismarckschild und im Barlauf um ein Ehrenbanner in Aussicht gestellt (vgl. "Körper und Geist". 1903. S. 359).

Im allgemeinen werden die Kämpfe um bestimmte Preise, besonders
um Wanderpreise, eine Veranstaltung für Verbände verschiedener Art
mehr oder weniger ausschließen oder wenigstens sehr erschweren.

Es seien zum Schluß noch einige genannt, die bei den obigen Ausführungen keine Erwähnung gefunden haben. Zur Abhaltung von turnerischen Wettkämpfen, durch welche der sommerliche Schulbetrieb der Leibesübungen einen frisch-frohen Abschluß finden sollte, hatten sich im Spätherbst
sechs höhere Schulen des Berliner Westens auf dem Turnplatze in der Hasenheide zusammengefunden. Soweit mir bekannt ist, sollte durch dieses erst-
malige Unternehmen neben dem Berliner Barlaufspiel u. a. auch das schöne
deutsche Schlagballspiel o. E. zur Geltung kommen. Im März 1905 folgte
unter Beteiligung von neun höheren Schulen ein gemeinsames Schulturnen
in Friedenau. Es mag an dieser Stelle besonders betont werden, daß
sich solche Veranstaltungen mehr und mehr der Aufmerksamkeit der Behörden
erfreuen, so daß in dieser Tatsache eine weitere Hoffnung begründet erscheint,
daß die Feste zur Ermöglichung von Zielleistungen auf dem Gebiete der
Leibesübungen eine weitere Ausgestaltung, deren sie entschieden bedürfen,
erfahren werden.

Auf Betreiben des Königl. Landrats des Kreises Schmalkalden i. Th.,
der ein wahrer Freund der Schuljugend ist und für ihre körperliche Erziehung
besonders viel übrig hat, fand am Tage nach Sedan ein Kreiswetturnen
für Schüler von 10 bis 14 Jahren in Schmalkalden statt.

Daß außer dem fröhlichen, unermüdlichen Treiben der Jugend bei diesen Festen die hervorragenden, ohne solche Veranlassung unter keinen Umständen erreichten Leistungen überall die besondere Freude der Zuschauer erregt haben, ist bei allen Berichten hervorgehoben.

Eine neue Erscheinung hat das Jahr 1904 noch in der Richtung gebracht, daß sich hier und dort verschiedene „Vereine zur Förderung der Spiele" zu Verbänden größerer Ausbreitung zusammengeschlossen haben, wie die Spielabteilungen der Turnvereine sich schon früher zu Verbänden innerhalb der betreffenden Turnkreise vereinigt hatten.

So ist die Gründung eines Bergischen Verbandes zur Förderung der Jugend- und Volksspiele vollzogen. Der Sitz des Vorstandes ist Elberfeld-Barmen. Der Verband bezweckt gegenseitige Unterstützung zur zielbewußten Förderung der für das Volkswohl so bedeutsamen Spiele und will das Ziel durch Bildung von Ortsvereinen, Einrichtung und Anlage von Spielplätzen, Einrichtung von Spielfesten, Einrichtung eines Bergischen Spielfestes, Austausch von Erfahrungen, Ausbau der Theorie, Festsetzung einer Wetturnordnung und Ausbildung von Spielleitern erreichen. Das Bergische Spielfest soll auf dem Exerzierplatz bei Gräfrath, der einen wunderbaren Ausblick über das schöne Bergische Land vermittelt, gefeiert werden.

Wie im Bergischen hat man auch in Oberschlesien die Aufgabe der Förderung des Bewegungsspiels in größerem Umfange zu lösen sich vorgenommen. Der Ehrenvorsitzende des „O.-S. Spielverbandes", ein Regierungsrat, hat unter den wichtigsten nächsten Zielen erfreulicherweise als erstes die Einrichtung eines oberschlesischen Spielinspektorats bezeichnet, das auch tatsächlich bereits eingerichtet ist (vgl. unten: Münzer, „Die deutsche Jugend- und Volksspielbewegung in Oberschlesien").

In Oberschlesien verspricht man sich von der Durchführung der Jugendspiele auch einen Beitrag zur Germanisierung des Volkes.

So lebt und wuchert die vor einigen Jahrzehnten in Deutschland künstlich eingepflanzte Spielbewegung kräftig weiter und treibt hier und da die schönsten Früchte. Noch harren wir aber der Zeiten, wo von einer wirklichen Organisation des Spielbetriebes die Rede sein kann. Ohne Geldopfer wird das nicht erreicht werden. Leider fühlt sich die Regierung anderweitig zu sehr verpflichtet, um dem von uns gehegten Wunsche einer Regelung des Jugend- und Volksspiels mit Zielleistungen bei festlichen Veranstaltungen gerecht werden zu können.

2.

Die neuesten Erlasse des Königlich Bayerischen Kultusministeriums.

Von G. H. Weber, Königl. Rat und Direktor der Turnlehrer-Bildungsanstalt in München.

Bekanntlich hatte sich das bayerische Kultusministerium in zwei Erlassen an die Rektorate der humanistischen Gymnasien, Realgymnasien, der Progymnasien und Realschulen und der Königl. Subrektorate der Lateinschulen, wie auch an die Königl. Direktionen der Schullehrerseminarien mit dem entschiedenen Auftrag gewendet, auf die Förderung und den ausgiebigsten Betrieb der Turnspiele vollen Bedacht zu nehmen und über die erzielten Ergebnisse an das Ministerium zu berichten. — Ein Spieljahr ist darüber ins Land gegangen, und es obliegt unserer Berichterstatterpflicht, über den Erfolg dieser Bemühungen einige Mitteilungen zu machen.

Da uns nicht das Material, welches die einzelnen Anstalten eingeschickt haben, vorliegt, und dieses wohl teilweise auch erst auf seine völlige Zuverlässigkeit geprüft werden müßte, so kann der vorliegende Bericht selbstredend nicht als ein aktmäßiger und autoritativer angesehen werden, sondern macht nur insofern auf Beachtung Anspruch, als die niedergelegten Mitteilungen meist aus völlig einwandfreien und zuverlässigen Quellen fließen.

Mit Stolz und Freude war es zu verzeichnen, daß eine große Anzahl von jüngeren Gymnasiallehrern und -Assistenten sich zur Leitung solcher Spielkurse freiwillig meldete und die einmal übernommene Aufgabe mit Fleiß, Geschick und Ausdauer durchführte. Selbstredend kann das nicht jeder Lehrkraft nachgerühmt werden, die sich anfänglich ihrem Rektorate zur Verfügung stellte; denn mit dem bloßen Wollen ist hier noch lange nicht alles getan, auch das Können muß erwogen werden. Es gibt freilich da und dort noch Jugendbildner, welche glauben, daß sie ein Fall beim Spiel oder ein Mißlingen ihrer Absichten bei den mitspielenden Schülern außer Achtung setze — eine Annahme, die nur dort zutrifft, wo der betreffende Spielleiter nicht spielen kann, was ja die Jugend in etlichen Augenblicken festzustellen pflegt. Ein Fall des Spielleiters beim Barlauf oder Fußball hat denselben noch nie um sein Ansehen gebracht. Dagegen steigt jener Lehrer in der Achtung seiner Schüler bedeutend, der neben seinen Qualitäten im Klassenzimmer auch noch das Vermögen nachweist, ein tüchtiger Spiel- oder Turnleiter zu sein.

Auch der Umstand, daß diese Spielstunden ohne Entschädigung gegeben werden mußten, hat nur da und dort zu kleinen Anständen geführt. In den allermeisten Fällen waren hinreichende Lehrkräfte vorhanden, welche die Arbeit freiwillig und ohne Entschädigung auf sich nahmen. Ob das auch in den nächsten Jahren noch geschehen wird, dürfte abzuwarten sein.

Wie überall war der Zulauf der Schüler zu den Spielstunden, zumal anfänglich, ein starker, aber er blieb es nur da, wo günstige Verhältnisse walteten und insbesondere eine anregende und verständnisvolle Spielleitung vorhanden war. Es wurden meist die Abendstunden von 5—7 Uhr (in der Regel nur in der dürftigen Rate einer Stunde von 5—6 Uhr oder von 6—7 Uhr) zu diesen Spielen verwendet und der Turnplatz, wo es anging, auch als Spielplatz benützt. Einige Anstalten suchten nach Plätzen, die der Gemeinde oder der Garnison gehörten, andere erinnerten sich daran, daß die am Schulgebäude liegenden Gärten in erster Reihe der Schule und nicht den bezüglichen Lehrerfamilien gehören.

Die Platzfrage bildet offenbar vielfach noch eine der schwierigsten Aufgaben, die bei der Spielfrage gelöst werden müssen. Denn wenn den Gymnasiasten oder Schullehrerseminaristen nur Plätze zur Verfügung gestellt werden, auf welchen bloß „Katze und Maus" und ähnliche Rundspiele ausgeführt werden können, so ist es selbstverständlich, daß sich hier kein Spielleben im Sinne der Ministerialverordnung entwickeln kann.

Es hat der Minister mit seinem Erlaß offenbar ins Schwarze getroffen; denn sonst würden ihm auch wohl nicht so viele Lobsprüche zugewendet worden sein, als das in den diesmaligen Landtagssitzungen der Fall gewesen ist. Anderseits ist aber auch anzunehmen, daß diese wohlwollende Haltung der Kammern auch andauern werde, wenn der Minister zur weiteren Ausführung seiner Erlasse auch einige Geldforderungen an den Landtag bringen muß.

Davon, daß die lebhafte Teilnahme an einer Spielstunde dem beteiligten Schüler Schaden in seinen Klassenaufgaben gebracht hätte, ist nirgends die Rede, nur wo Lehrkräfte an der Arbeit sind, die einer frischeren, kräftigeren körperlichen Entwickelung der Schüler feindselig gegenüberstehen, verlautete anfänglich ein höhnischer Tadel u. dgl., wenn einem dieser Spieler in der Klasse einmal ein Unfall in der Grammatik oder beim Übersetzen begegnete. Aber das ging allmählich verloren, und jetzt sieht ein Großteil der Lehrer in diesen Spielstunden eher ein Mittel gegen geheime Schülerverbindungen als ein Hindernis in den Stunden vorwärts zu kommen.

Zunächst dürfte es wohl geboten sein, für die einzelnen Anstalten diejenigen Spiele festzustellen, welche für die Schülerschaft passen, und für welche zu gleicher Zeit die ausreichenden Räume und Spielgeräte vorhanden sind. Es wird sich hierbei die Notwendigkeit herausstellen, sich auf wenige aber bewegungsreiche Spiele zu beschränken, insbesondere wird wohl zuvörderst dem deutschen Schlagball, wie auch dem Fußball in seinen leichteren und ungefährlicheren Formen das allgemeine Bürgerrecht auf den Spielplätzen der bayerischen Schuljugend eingeräumt werden müssen.

Im übrigen wird auch die Staatsregierung dafür zu sorgen haben, daß den Mittelschullehrern Gelegenheit gegeben wird, sich zu guten Spielleitern heranzubilden und sich mit den Aufgaben derselben vertraut zu machen.

Somit kann die bayerische Unterrichtsverwaltung auf ein Unternehmen zurückblicken, das für die Schüler des Landes von großem Nutzen ist, diese an ein frischeres, gesünderes Jugendleben gewöhnt, ein weiteres freundliches Band zwischen Lehrer und Schüler schafft, und vorbildlich und mustergebend für weitere Kreise wirken kann. Unsere besten Segenswünsche dazu!

3.

Der Spielplatz in Insterburg.

Von Dr. Fr. Hoffmann, Direktor des Königl. Gymnasiums und Realgymnasiums.

Ostpreußen ist kein reiches Land, aber wenn es gilt, der Allgemeinheit zu dienen, ist die altpreußische, in der Geschichte so glänzend bewährte Opferwilligkeit auch heute noch nicht erloschen. Ein Beweis dafür im kleinen ist der neugeschaffene Jugendspielplatz in Insterburg. Eine Stadt von noch nicht 30000 Einwohnern hat damit anderen Städten von größerer Steuerkraft ein Vorbild von Gemeinsinn, Verständnis und Begeisterung für das, was not tut, gegeben, dem im Interesse der Jugendbildung viele Nachfolger zu wünschen sind. Zu Nutz und Frommen aller derer, die bei gleichen Absichten vor den Hindernissen und Schwierigkeiten, die es zu überwinden gilt, zurückschrecken, sei hier die Entstehungsgeschichte erzählt.

Im Schoße der sehr rührigen Ortsgruppe des Vereins für Volks-
gesundheitspflege erstand der Gedanke; dieselbe stellte nicht nur bei ihren
bescheidenen Mitteln eine erhebliche Summe dafür in den Etat ein, sondern
gab auch die Kräfte her, die sich der schwierigen Aufgabe der Vorbereitung
unterzogen. Im Besitze von baren 450 M., die in kleinem Kreise aufgebracht waren, wagte es der vorläufige Spielplatzausschuß im April 1903
an die Stadtverwaltung mit der Bitte heranzutreten, ihrerseits den Plan
materiell und moralisch zu unterstützen, und hatte damit den Erfolg, daß
jährlich 150 M. Beihilfe bewilligt wurden. Außerdem erklärten sich die

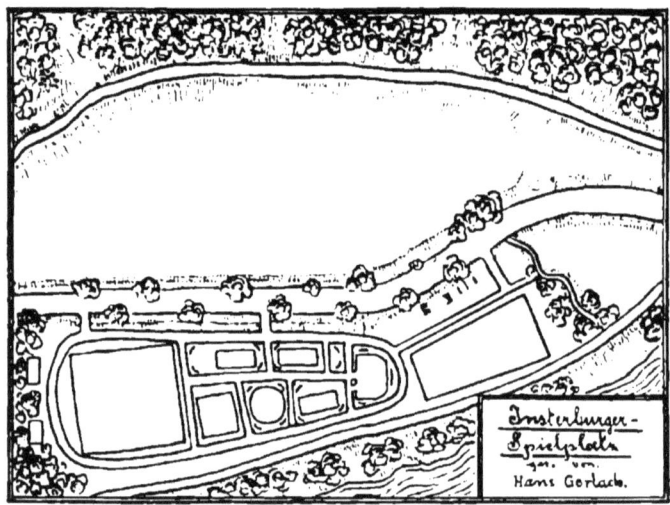

zwei Turn- und Radfahrvereine am Ort, sowie die Leiter der Schulen
— außer dem Gymnasium — zu einem regelmäßigen Beitrage bereit.
Nachdem so die Mittel für die Unterhaltung gesichert schienen, ging man
kühn ans Werk im Vertrauen darauf, daß die zur Einrichtung notwendigen
Ausgaben durch die Opferwilligkeit der Bevölkerung würden aufgebracht
werden.

Die Platzfrage war leicht zu lösen. Es kam für den Sachverständigen
nur ein Gelände in Betracht auf dem Gebiete des der Stadtgemeinde
gehörenden Gutes Lenkeninten, dicht bei der Stadt an dem belebtesten
Spazierweg der Insterburger die Angerapp entlang. Von dem derzeitigen

Pächter des Gutes mietete der Ausschuß das ca. 2 ha große Stück in der Erwartung, daß dereinst die Stadtverwaltung bei günstigerer Finanzlage ihm dasselbe unentgeltlich zur Verfügung stellen wird. Eine Besichtigung des Platzes durch den Leiter der Königsberger Jugendspiele, Rektor Dobrit, ergab nach dessen Gutachten, daß er nach Größe, Bodenbeschaffenheit und Lage außerordentlich geeignet wäre. In der Tat läßt sich ein günstigeres Gelände kaum denken: Im Süden und Westen durch vorgelagerte bewaldete Höhen, im Osten und Nordosten durch Bäume geschützt, über die danebenfließende Angerapp einen Blick nach der Stadt gewährend, „ein idealer Platz", wie Professor Dr. Zander aus Königsberg ihn bezeichnet hat.

Nachdem durch weitere Sammlungen der Fonds auf etwas über 1000 M. gebracht war, ging man im Frühjahr 1904 an die Ausführung der Arbeit. Denn es kam den leitenden Männern darauf an, ohne vorhergehende Debatten über die Zweckmäßigkeit des ganzen Planes oder über die Möglichkeit und den Umfang der Ausführung, bei welchen die Zaghaften und Bedächtigen vielleicht hemmend gewirkt hätten, durch eine kühne Tat der Bevölkerung zu zeigen, welche Freude für die Jugend und welcher Segen hier entstehen würde. Und nun zeigte sich ein edler Wetteifer in der Hergabe des Notwendigen: der Plan zur Drainage und das Material wurde unentgeltlich hergegeben, für das andere traten zunächst interessierte Privatpersonen ein. So konnte am 7. August der Spielplatz festlich eingeweiht werden, ein Ereignis für die Stadt Insterburg, und als ein solches von der Bevölkerung und der Presse in voller Wertschätzung gewürdigt. Ein führendes Blatt bezeichnet den Tag als einen Markstein in der Geschichte der volksfreundlichen Bestrebungen unserer Bürgerschaft. Tausende von Menschen füllten den Platz und die umliegenden Höhen, die Spitzen der Zivil- und Militärbehörden waren der Einladung gefolgt, fast das ganze Offizierkorps war erschienen. In prächtigem Zuge begaben sich die Schulen und Vereine und nach ihnen die Radfahrer aus Insterburg und den Nachbarstädten mit ihren schöngeschmückten Rädern zum Festplatz. Im Auftrage der Baukommission übergab der praktische Arzt Dr. Laoser, der rührigste Arbeiter an dem Werke, den Platz dem Berichterstatter als dem Vorsitzenden der Vereinigung für Jugendspiele mit kurzen, markigen Worten. Dieser antwortete darauf mit einer Ansprache, in der er den Zweck des Unternehmens hervorhob, einen Platz zu schaffen, auf dem in Luft und Sonnenschein voll Lust und Fröhlichkeit in spielendem Wettstreit der Kräfte eine gesunde Jugend frisch und frei sich tummeln dürfte, um an Leib und Seele stark zu werden für den Ernst des anspruchsvollen Lebens. Ein neuer Geist

sei es, der sich darin glänzend rege, daß man nunmehr das Werk der Erziehung zum Teil hinaus ins Freie verlege. Das verdanken wir unserm
erhabenen kaiserlichen Herrn, der mit weitschauendem Blick das Große wie
das Kleine ergreife, in die Ferne sehe, aber auch die Enge nicht vergesse,
der die Gegenwart kräftig erfasse, aber auch der Zukunft gedenke und seine
Sorge vor allem dem heranwachsenden Geschlechte widme. Ihm, dem
Schirmherrn des Friedens, dem Mehrer der Wehrkraft des Reiches und
dem Freunde der Jugend galt das Hoch. Das Echo war ein brausender
Jubelruf der Menge ringsum. Danach überbrachte der Oberbürgermeister
der Stadt Dr. Kirchhoff die Glückwünsche der Stadtvertretung und Prof.
Dr. Zander aus Königsberg die des Zentralausschusses, endlich hielt der
praktische Arzt Dr. Siehr die Festrede über das Wort vita est non vivere
sed valere, in der er in begeisterten und packenden Worten die Bedeutung
der Jugendspiele für die Gesundheit des heranwachsenden Geschlechtes dar-
legte. Und nun begann auf allen Teilen des Platzes ein fröhliches Spiel;
auf dem Hauptplatze zunächst die Schulen, daneben die Radfahrer in einem
prächtigen 24 er-Reigen, ferner der Turnverein mit seinen hervorragenden
Leistungen und ein hochinteressantes Tennis-Preisturnier, dem die Zuschauer mit gespannter Aufmerksamkeit folgten, schließlich der glanzvollste
Teil des Programms, eine Partie des Königsberger Fußballklubs.

So bekamen die Zuschauer einen Eindruck von dem, was auf dem neuen
Spielplatz geleistet werden sollte, und man kann sagen, einen überraschenden
und tiefen Eindruck. Nach diesem gelungenen Anfang waren alle Bedenken besiegt, selbst die Zaghaften gaben ihrer Bewunderung unverhohlen
Ausdruck. Von da ab entfaltete sich dort tagtäglich ein reges Spielen,
und man konnte das steigende Interesse der Bevölkerung beobachten, die
nun doppelt gern ihre Schritte ins Freie lenkte und mit wachsender Freude
dem frischen Treiben der Jugend zusah. Der Wagemut hatte wieder einmal
einen Sieg errungen, der ihm bleiben wird.

Eine andere, für unsere Stadt neue und eigenartige Verwendung
fand dann der Spielplatz am Sedantage. Auf Anregung des Berichterstatters hatten sich die Leiter der Volks-, Mittel- und höheren Schulen am
Ort zu einer gemeinsamen Feier des Tages vereinigt. Dieselbe fand natürlich auf dem Spielplatze statt, auch diesmal unter lebhafter Beteiligung
der Bevölkerung. Nachdem die Schüler im Kreise um die Rednertribüne
Aufstellung genommen hatten, leitete die Musik das Fest ein durch das
altniederländische Volkslied „Wir treten zum Beten". Darauf stimmten
alle das Lied „Lobe den Herrn" an, der Berichterstatter hielt die ihm

übertragene kurze Festansprache, in der er darauf hinwies, daß wie einst
auf Frankreichs Schlachtfeldern die Väter Schulter an Schulter für Deutschlands Ehre und Macht gestritten hätten, so für das heutige Geschlecht
eine solche Friedensfeier die einzig würdige wäre, bei der die Jugend aller
Stände gemeinsam sich zum Dank gegen Gott und zu dem einmütigen
Gelübde der Liebe zur Heimaterde und zum Vaterlande und der Treue zu
Kaiser und Reich vereinigte. Eine kurze Deklamation schloß diesen Teil.
Dann traten die Schüler der oberen Klassen des Gymnasiums zu Freiübungen an, die sie nach dem Takte der Musik exakt ausführten. Nach
ihnen beteiligten sich die Töchterschule, die Mittelschule und die Volksschulen
am Spiel. Das Fest, das so nur auf dem Spielplatz gefeiert werden konnte,
hat den Wunsch geweckt, daß es sich alljährlich wiederholen möchte. Und
es liegt ja zweifellos eine große soziale Bedeutung in dieser Feier, bei der
arm und reich in gleicher Reihe steht, und ein nationales Moment in der
Vereinigung der Bevölkerung zu gleichem Gefühl. Dazu sehen und hören
hier auch die Eltern etwas, was sie mit Festesfreude erfüllt und vielleicht
hier und da einen Stachel der Verbitterung beseitigen hilft.

Nach diesen Erfolgen konnte unbedenklich an die materielle Sicherung
des Unternehmens geschritten werden. Um die Verantwortung den Schultern
einzelner abzunehmen, wurde eine „Vereinigung für Jugendspiele" gebildet als eingetragener Verein.[1]) Die fehlende Summe von rund 5000 M.
ist durch Garantiescheine gedeckt, die Mitgliederbeiträge und sonstigen Zuschüsse sichern den Fortbestand und eine Amortisation. Das ist in einer
armen Stadt möglich gewesen. Man sieht, es geht, wo nur ein rechter
Wille da ist!

Zum Schluß eine kurze Beschreibung des Platzes. Es ist ein spitzes
Dreieck, das sich mit der Grundlinie an ein kleines Wäldchen anlehnt.
Hier befinden sich ein massives, hübsches Abortgebäude und der Geräteschuppen. Der Boden ist aufgeschwemmter Flußsand, also leicht durchlässig und infolge gründlicher Drainage auch nach Regenwetter sofort zu
benutzen. Wie schon bemerkt, ziehen sich im Halbkreis in mäßiger Entfernung Höhen hin, die ihn vor Winden schützen. Zunächst enthält er
einen großen Spielplatz von 100 : 65 m. Dafür ist Rasen gewählt,
der sich in diesem Sommer recht gut bewährt hat. Daneben liegt ein
Radfahrerplatz (30 : 30 m), in Schotter und Kies fest gewalzt, ferner ein
kleiner kreisrunder Kiesplatz, besonders für die Mädchen bestimmt. Außerdem

---

1) Stimmberechtigte Mitglieder zahlen wenigstens 5 M. Jahresbeitrag, unter-
stützende beliebig.

umfaßt der Platz drei Tennisplätze, eine Hindernisbahn und endlich einen schmalen, gut 100 m langen Platz für Schleuderball, Diskus usw., gleichfalls mit Rasen bedeckt.[1]) Die Herstellungskosten einschließlich der Baulichkeiten belaufen sich auf rund 8000 M., ohne den Grund und Boden, für den eine jährliche Pacht von 400 M. gezahlt wird.

4.
Wie unfer Spielplatz entftand.
Von Prof. Dr. Delpfer in Neuwied.

Noch vor Ende des vorigen Jahres sind in Neuwied die Arbeiten an einem Spielplatze für die Schulen, insbesondere das Königl. Gymnasium beendet worden, der seltene Vorzüge in sich vereinigt. Bei der für kleinere Verhältnisse stattlichen Ausdehnung von nahe 10 000 qm und der ziemlich regelmäßigen Form eines Rechtecks liegt er in unmittelbarer Nähe der Stadt, ja in der Stadt und dicht am Rhein. Der Platz ist sorgfältig eingeebnet und mit einem haltbaren Drahtgitter eingefriedigt, das hinreichend schützt, ohne zu stören. An den Längsseiten stehen je zwei Hydranten; um ihn führt auf mäßiger, die Ebene angenehm abschließender Erhöhung ein schmaler, dem Publikum zugänglicher Weg mit grüner Böschung, und daran schließen sich vorläufig von zwei, bald wohl von allen Seiten Rasenflächen mit Buschwerk und Bäumen. An dem Rheine entlang führt eine schon jetzt beliebte, obwohl noch schwer zugängliche Promenade. Von dem Platze, und noch mehr von dem hohen Ufer aus, bietet sich dem Auge eine köstliche Fernsicht. Der Blick schweift in bezauberndem Halbrund von dem am anderen Ufer gelegenen eindrucksvollen Weißenthurm hinüber nach den Vorhöhen der Eifel mit dem Kranenberg und der weithin sichtbaren „Hohen Buche" und von da weiter zu den ersten Bergen des Westerwaldes mit freundlichen Dörfern an den Abhängen, um dann bewundernd auf dem unvergleichlichen Strome mit seinen leuchenden Lastschiffen und stolzen Dampfern zu ruhen.

Das Augenmerk auf die Beschaffung eines Jugendspielplatzes in hiesiger Stadt zu richten, erschien anfangs ganz aussichtslos, aber gleichwohl gebieterische Pflicht. Die Pflege der körperlichen Übungen in jeder Form ist an dem hiesigen Gymnasium alte Überlieferung, die der Anstalt eine gewisse Eigenart verleiht. Das Turnen wird unter den Schülern in er-

---

1) Die Anpflanzungen wird der Verschönerungsverein ausführen lassen.

freulicher Weise gewürdigt und mit Lust und Liebe betrieben; man schätzt
turnerische Kraft und Behendigkeit und beneidet den glücklichen Besitzer,
eine Anschauung, die den Geist unter den Schülern in wohltuender Weise
beeinflußt. So gibt es in jedem Jahrgange Schüler, denen es gelingt,
körperliche und geistige Kraft und Frische zu vereinigen, und wenn vielen
das Ziel versagt bleibt, so hält doch die Mehrzahl es für erstrebenswert,
während, seltsam genug, später eintretende Schüler vielfach als Invaliden
vom Turnen befreit oder doch wenig leistungsfähig darin sind. So ist
es denn auch erklärlich, daß seit zwei Jahrzehnten an der Anstalt unter
den Schülern ein Turn=Ruderverein besteht und lebenskräftig blüht. Er
wird von bewährten Schülern nach bewährten Grundsätzen geleitet, ver=
einigt im wesentlichen nur bessere Elemente in sich und entfaltet eine
rührige Tätigkeit. Der gute Ruf, in dem er steht, verpflichtet Leiter und
Mitglieder und sorgt für ausgiebigen Nachwuchs. Alljährlich wird das
Stiftungsfest durch Auszug und Schauturnen gefeiert, ein Fest, das sich
zu einem Volksfest im besseren Sinne gestaltet hat. Daß heute das Rudern
mehr als früher in den Vordergrund tritt und breiteren Umfang ein=
nimmt, ist begreiflich, aber nur erwünscht, wenn es das schlichte, Zeit
und Geld sparende Turnen nicht beeinträchtigt und in eine minderwertige
Stellung drängt.

Bei diesem frischen, turnerischen Treiben fanden auch die Bewegungs=
spiele rasch Eingang. Bei den Schülern, wie bei den in Frage kommenden
Lehrern wurden sie in zutreffender Weise als die notwendige Ergänzung
des Turnens empfunden, in der ihr Wert liegt, und eifrig betrieben. Sie
wurden um so willkommener aufgenommen, als der erhebliche Teil von
Schülern, der beim Turnen hinter den besseren zurückblieb, bei dem größeren
Abstande in den Leistungen den Mangel an Erfolgen und Entwickelung
der Kräfte mehr empfand. Von ihnen lebten viele im Spiele sichtlich auf
und kamen zur Geltung, während unsere Turner mit Behagen die neue
Gelegenheit zur Erprobung ihrer Kräfte ergriffen und sich stattlicher Er=
folge erfreuten. Als voriges Jahr in Koblenz zur Vorfeier für das Kreis=
turnfest ein Schülerwettspiel (Fünfkampf) stattfand, trug ein Neuwieder
Primaner den ersten Preis davon.

Angesichts dieser allseitig erfreulichen Erfolge des Spielbetriebes und
der Spielneigung unserer Schüler wäre es als eine unabweisliche Pflicht
erschienen, für einen geeigneten Spielplatz zu sorgen, wenn — nicht schon
einer dagewesen wäre. Wenn gleichwohl der Plan entstand, der jetzt
verwirklicht ist, so mußten ganz besondere Gründe vorliegen, und das war

in der Tat der Fall. Der in dem nunmehr eingemeindeten Nachbarorte Hebbesdorf gelegene Bismarckplatz genügte anscheinend allen Anforderungen, erwies sich aber trotz unbestreitbarer Vorzüge als unzulänglich. Einmal geftaltete sich feine Verwendung im Laufe der Jahre fo vielfeitig, daß ein ganz regelmäßiger Spielbetrieb auch nur des Gymnafiums erfchwert war, und was diese Einbuße bedeutet, wird jeder Kenner wiffen. An eine Ausdehnung des Spieles aber von dem Gymnafium auf die übrigen Schulen der Stadt hätte man ernstlich nie denken können, und deren Jugend ganz außer acht zu laffen, war nicht wohlgetan. Am fchwerften aber wog das Bedenken, daß nach Lage der Dinge zwischen unferer Anstalt und jenem Platze niemals die enge Lebensgemeinschaft fich bilden konnte, wie fie zwifchen unzertrennlichen Gefährten beftehen foll und, will's Gott, hier einft beftehen wird. Das Spiel gedeiht nicht, wo es zurückftehen muß und fein Leben friftet. Wie überall, entfpricht auch hier der Gewinn dem Einfatze. Der Spielplatz foll in der Vorftellung unferer Jugend fo eng verbunden fein mit ihrer Bildungsftätte wie Körper und Geift, und er verträgt eine ftörende, fremdartige Benutzung fo wenig, wie ein Gymnafialgebäude, das außer oder fogar während der angefetzten Unterrichts-zeit feine Tore allerlei Zwecken öffnen müßte. Das Spiel fteht entweder auf dem ihm zugewiefenen Felde allem voran und ift Hauptfache, oder ift es nicht. Und vor allem ein Gymnafium muß fich auf feinem Spiel-platze zu Haufe fühlen, wenn es da zu Haufe fein foll.

Damit find ideale Zuftände gezeichnet, auf die man verzichtet, wenn man fich befcheiden muß. So wären wir treue Gäfte des Bismarck-platzes geblieben, wenn fich ein eigenes Heim nicht befchaffen ließ. Es zeigte fich aber die Möglichkeit, koftenlos in nächster Nähe der Stadt einen Spielplatz zu gewinnen, der nur dem einen eigentlichen Zwecke diente, und fo blieb es beim Befinnen nicht lange. Die Ausficht, in hiefiger Stadt der Jugend und dem Spiele in feltener Weife und ohne Opfer zu ihrem Rechte verhelfen zu können, war fo verlockend, daß in glücklicher Unkenntnis der fim Schoße der Zukunft verborgen lauernden Gefahren mutig zur Tat gefchritten wurde.

Neuwied zierten von alters her an der Rheinfeite zwei Bleichen, fchätzbar als Erbftücke vergangener Zeiten, aber nicht verträglich mit den Forderungen der Gegenwart. [Von ihnen wurde die eine, die obere, dem Untergange geweiht, um in verjüngter Geftalt als wefentlicher Teil des Spielplatzes neu zu erftehen. Von Haus aus zu klein, wurde fie vor einer Reihe von Jahren zur Einengung des Stromes bei tieferem Wafferstand durch eine Kiesanbaggerung erheblich erweitert, und nun war es an der Zeit, sie ihrer neuen Bestimmung zuzuführen und den Bau vorzubereiten. Doppelt so groß wie vorher, war das Gelände zum Glück unansehnlich genug, um wertlos zu erscheinen. Vor allem lag es zum größten Teil so tief, daß es jedes Jahr längere Zeit unter Wasser stand. Aber wozu gab es in Neuwied, ebenfalls am oberen Rheinufer, eine Kruppsche Hütte? Mit ihrer und ihrer Schlacke Hilfe ließ sich ohne große Mühe das Ufer um 40 000 — 50 000 cbm aufhöhen und erhielt dann unvergleichlichen Wert. Der verwegene Plan wurde — es war Frühjahr 1898 — in kleinerem Kreise besprochen, geprüft und für ausführbar befunden. Die Verwaltung der Kruppschen Hütte bot bereitwillig die Hand, das Oberpräsidium und die Strombaudirektion hatten prinzipielle Bedenken nicht; die Wasserbauinspektion hielt eine Ufermauer nicht für erforderlich. Nach diesen ersten Schritten, die überraschend günstig ausfielen und die Erwartung rechtfertigten, daß größere Aufwendungen nicht nötig seien, wurde das Werk ernstlich in Angriff genommen. Es wurde (Mai 1899) der Neuwieder Verein zur Förderung der Jugendspiele gegründet und von dessen Vorstand mit den eigentlichen Verhandlungen begonnen. Sie waren erfolgreich, aber ungemein langwierig, verbrauchten ein gut Teil der vorhandenen Kraft und gaben einen Einblick in die verwickelten Verhältnisse an unserem teuren Rhein sowie in die Schwierigkeit von Veränderungen irgendwelcher Art in seinem Gebiet. Se. Durchlaucht der Fürst zu Wied, die Fürstliche Kammer, die Verwaltung der Stadt, das Polizeiamt, die Verwaltung der Kruppschen Werke einerseits, das Oberpräsidium, die Wasserbauinspektion, Gewerbeinspektion und der Bezirksausschuß anderseits sowie die privaten Anlieger — mit allen mußte eine Verständigung erzielt werden, ehe an die eigentliche Aufgabe gegangen werden konnte. Neben diesen Verhandlungen einher gingen geometrische Vermessungen, Terrainaufnahmen und Anfertigung von Lageplänen und Profilen, die immer wieder verändert und vervollständigt werden mußten, ehe sie genehmigt wurden, und Zeit und Geld über Erwarten in Anspruch nahmen.

Während dank der eifrigen Tätigkeit des Vereinsvorstandes die Vorarbeiten im ganzen den erwünschten Verlauf nahmen, trat eine unerwartete, ernste Wendung im Gang der Dinge insofern ein, als die Wasserbauinspektion auf höhere Anordnung ihre Genehmigung der Anlage von dem Bau einer Ufermauer abhängig machte. Da es sich um etwa

1800 qm Mauerfläche handelte und um Unkoſten in der Höhe von
6000—7000 M., ſo iſt es begreiflich, daß der Vereinsvorſtand die Ein-
ſtellung ſeiner Tätigkeit ernſtlich erwog. Wie ſollte auch neben kleineren,
nicht zu umgehenden Mitteln eine Summe von ſolcher Höhe aufgebracht
werden? Und wie ließ ſich ihre Verwendung rechtfertigen angeſichts
des Umſtandes, daß bereits ein Spielplaß vorhanden war? Wenn gleichwohl an der Ausführung des Planes feſtgehalten wurde, obſchon weſent-
liche Vorausſeßungen ſich geändert hatten, ſo geſchah es in der richtigen
Einſicht, daß das Werk zu weit vorgeſchritten ſei, um aufgegeben werden
zu können, und daß der Spielplaß mittelbar durch die Umgeſtaltung
und Befeſtigung des Ufers auch für die Stadt ſelbſt von ſehr erheblichem,
bleibendem Werte ſei. Und wenn der Vorſtand den Mut zur Fortſeßung
ſeines Beginnens aus der verſchwiegen genährten Hoffnung ſchöpfte: es
werde die oft bewieſene hochherzige Geſinnung der Stadtbewohner auch
bei dieſer ſegensreichen Schöpfung nicht verſagen, ſo hatte er ſich nicht
getäuſcht. Er begegnete bei ſeinen Sammlungen, obwohl er ſichtbare
Beweiſe ſeiner Tätigkeit und Fähigkeit noch nicht gegeben hatte, einem
Vertrauen, das in hohem Grade verpflichtete, und einer offenen Hand.
Bis Ende des Jahres 1899 waren Stiftungen im Betrage von 5000 M.
gezeichnet, die Anfang 1900 eingingen. Damit ſchien das Vereinswerk
auch in ſeiner veränderten, erſchwerten Geſtalt geſichert.

Mitte des Jahres 1900 waren endlich die Vorbereitungen ſo weit
gediehen, daß mit der lange erſehnten Anfuhr der Hochofenſchlacke und
mit der eigentlichen Bauarbeit begonnen werden konnte, ein Ereignis,
das als ein bedeutender Erfolg und als der Anfang vom Ende gefeiert
wurde, das aber leider mehr den Beginn als den Abſchluß bewegter
Zeiten bildete. Denn es wurde bald klar, daß die Aufhöhung des Geländes mit dem eigenartigen Material mancherlei Übelſtände mit ſich
brachte, und daß es zudem den Bau der Ufermauer zunächſt erſchwerte,
wenn es ihr auch für ſpäter größere Feſtigkeit verlieh. Die Leitung
des Baues erwies ſich als verhältnismäßig einfach, ſolange es ſich um
die Umgeſtaltung des oberhalb des eigentlichen Spielplaßes gelegenen
Geländes handelte, zu der ſich der Verein aus allgemeinen Gründen verpflichtet hatte. Ende des Jahres 1901 wurde dieſer ſelbſt in Angriff
genommen und erſt nach dreijähriger Arbeit vollendet. Der friedlichen
Fläche, die ſich heute da ausdehnt, ſieht es niemand mehr an, welche
Mühen und Maſſen ſie birgt. Tag für Tag und Nacht für Nacht ſtürzten
die glühenden Schlackenblöcke übereinander und bildeten ein ödes Trümmer-

feld, so daß der Bau einen abschreckenden Anblick bot, bis von Zeit zu
Zeit die ordnende Hand ein versöhnendes Bild schuf. Es war ein mehr
als gewagtes Beginnen in der Nähe menschlicher Wohnstätten und anmutiger Anpflanzungen! Wenn aber, wie nur leider zu oft die Chronik
vermeldet, sich ein scharfer Nord- oder Weststurm erhob, jedes Widerstandes
spottend, durch die mit der Abkühlung zerfallende Schlacke brauste und
sie ruhelos in dichten Wolken davontrug, daß weit und breit des Bleibens
nicht war, oder wenn die Wogen des Rheines hoch gingen und in das
heiße Schlackenfeld eindrangen, daß Dämpfe emporstiegen und sich über
die ganze Gegend lagerten, dann — ja dann durfte der Mut doch nicht
sinken trotz vielseitiger Klagen und trotz geharnischter Winke der Polizei,
die nun friedlich bei den Akten ruhen, und mit einem meminisse iuvat
vertröstete man sich auf bessere Zeiten, die nicht ausblieben. Denn zumeist
ging die Schüttung zwar nicht in sehr anmutiger, aber ruhiger Weise
vor sich, und friedlich lagerten sich nebeneinander die Massen, die
Spanien, Elba, Styros und der Westerwald sandten.

Die Schlackenschüttung wäre, von unruhigen Zeiten abgesehen, an
sich noch einfach gewesen, wenn sie sich, der ursprünglichen Annahme entsprechend, in gleicher Weise auf die ganze Fläche erstreckt hätte. Es
stellte sich aber bald heraus, daß es nicht ratsam sei, ein bis an den
Rhein reichendes kahles Feld herzustellen, zumal die vorhandene Bleich-
wiese guten Grundes genug bot. Es wurde daher beschlossen, den fruchtbaren Boden vor der Zuschüttung der Wiese mit Hilfe der vorhandenen
Geleise abzufahren und am Rhein in der Weise zu lagern, daß die An-
pflanzung einer Baumreihe und die Herstellung von Anlagen in den
über das Recheck des Platzes hinausfallenden Teilen des Geländes möglich war. Auf diese Weise konnte eine ansprechende Umrahmung gewonnen und der Eindruck der ebenen, gleichförmigen Fläche abgeschwächt
werden. In diesem Sinne wurde auch nach Möglichkeit verfahren, um
dem Werke des Vereins und damit der Spielsache mehr und mehr Freunde
in der Bevölkerung zu gewinnen, obwohl die Aufwendungen und die
Schwierigkeit der Bauleitung erheblich zunahmen. Denn es wurden nicht
nur an 4000 cbm Grund bewegt, sondern es mußte auch dessen Ab-
und Anfuhr und die Schlackenschüttung völlig regelrecht ineinander
greifen und diese nach dem Rheine zu nach bestimmten, durchaus
nicht einfachen Profilen vorgenommen werden, ein Bemühen, dem das
schwierige Material oft genug den hartnäckigsten Widerstand ent-
gegensetzte.

Zu dieſer Erweiterung des urſprünglichen Planes kam eine Reihe anderer, die ſich bei fortſchreitender Arbeit teils als nötig, teils als erwünſcht erwieſen, um den Platz ſeiner Umgebung und der ſpäteren Verwendung möglichſt entſprechend einzurichten. So wurde er nicht erheblich tiefer als der Mauerrand gelegt, wie anfangs beabſichtigt war, ſondern in gleiche Höhe damit, und die erwünſchte Begrenzung dadurch hergeſtellt, daß man die Rabatten vom Rheine her leicht anſteigen ließ. Der Ausweg erwies ſich als ſehr glücklich und hatte die Anlegung eines ſchmalen Weges zwiſchen Rabatte und Platz zur Folge, der dann vollſtändig um ihn herumgeführt wurde und ſich nun nicht nur als ſehr brauchbar und bequem für das Publikum erweiſt, ſondern zweckmäßig zwiſchen Platz und Umgebung vermittelt und mit ſeiner ſchmalen, grünen Böſchung ihn gefällig umgrenzt. Frühzeitig ſtellte ſich dann die Notwendigkeit heraus, das Spielfeld mit Drahtgewebe einzufriedigen, nicht um es völlig abzuſperren, denn es ſind mehrere Eingänge offen geblieben, ſondern um es für ſeinen Zweck möglichſt frei zu halten und Bälle und Publikum zu ſchützen. Schließlich wurde eine Waſſerleitung angelegt, einmal um die ſchwerſten Übelſtände des Baues zu mildern, dann um ſpäter beim Spielen der allzu großen Staubentwickelung vorzubeugen und ſchließlich um erwünſchtenfalls den Spielplatz in eine Eisfläche zu verwandeln.

Alle dieſe Einrichtungen, zu denen zuletzt noch die Herſtellung eines Haupteinganges mit vier Steinpfeilern, einem Tor und zwei Seitentüren kam, wären bei knappen Mitteln unmöglich geweſen, denn ſie waren ſämtlich trotz aller Sparſamkeit mit ſehr erheblichen Unkoſten verknüpft, da dauerhaft und anſprechend gebaut werden mußte. Der Verein war aber in der glücklichen Lage, ſeine Einnahmen auf mannigfache Weiſe durch Benutzung aller günſtigen Umſtände beträchtlich zu ſteigern; auch ihm wuchſen im Fluge die Schwingen. Zunächſt fand der Platz mit fortſchreitender Arbeit und zunehmender Geſtaltung ſo viel Anklang, daß ſich die Mitgliederbeiträge verdoppelten und ſchließlich 750 M. ergaben, eine unſchätzbare, weil wiederkehrende Hilfe; ſie wird vorausſichtlich auch nach Vollendung des Baues noch für eine Reihe von Jahren in Anſpruch genommen werden müſſen. Es gingen aber auch größere Beträge in erfreulichem Umfange ein, darunter weitere Stiftungen, eine zweimalige Bewilligung des Herrn Kultusminiſters, und zwar zu 500 M. aus Mitteln des Kultusminiſteriums und zu 1500 M. aus Anſtaltsmitteln, und Einnahmen von wiſſenſchaftlichen Vorträgen des Direktors der Anſtalt.

Herrn Prof. Dr. Biese (4) und des Herrn Prof. Dr. Clemen aus Bonn (1) zugunsten der Vereinssache. Eine ganz eigenartige, reiche Einnahmequelle entdeckte der Verein schließlich in dem Kies der fiskalischen Anbaggerung, der leider zu lange unbenutzt unter der Schlacke begraben wurde. Da es bester Rheinkies war, so wurde er, durchgeworfen, nicht nur zur Abdeckung des Platzes benutzt, sondern er wurde auch mit Einwilligung der Strombaubehörde an die Stadtverwaltung veräußert, die ihn in beträchtlichen Mengen, in grobem und feinem Zustande, zur Straßenpflasterung verwendete. Der Verkauf brachte dem Verein einen Erlös von mehr als 1500 M.

Mit Hilfe dieser reichen Mittel — sie stiegen bis jetzt insgesamt auf etwa 17 000 M. — war der Verein in den erfreulichen Stand gesetzt, mehr zu leisten, als er versprochen hatte, wenn auch der geplante Ausbau eines vorhandenen steinernen Schuppens aus der romantischen Bleichezeit zu einem schmucken Wärterhaus mit zwei seitlichen, offenen Hallen noch aussteht. Er hat nicht nur den Spielplatz entlang, sondern weitere 200 m aufwärts ein hohes, stark befestigtes Ufer geschaffen und damit die Wassergefahr für die Stadt vermindert, ohne nennenswerte städtische Mittel in Anspruch zu nehmen, er hat unter großen Aufwendungen zwar nicht sehr umfangreiche, aber doch wertvolle Anlagen hergestellt, die sich zunehmender Beliebtheit erfreuen und mit dem Verlust der Bleiche aussöhnen werden, und er hat endlich seine Hauptaufgabe, den Bau eines Jugendspielplatzes, nicht nur gelöst, sondern in einer der Umgebung und des Zweckes würdigen Weise gelöst.

Nicht in freudloser Umgebung zwischen Schuppen und Giebeln, in dumpfer, rauchiger Luft, wohin es wohl verbannt wird, fristet hier das Spiel ein künstliches, blasses Dasein, sondern an einem bevorzugten Punkte der Stadt, unter den Augen frohgesinnter, des Anblickes sich freuender Menschen, umflutet von Luft und Licht, in engster Berührung mit einer eindrucksvollen, farbenfrohen, bilderreichen Natur blüht es lebensfreudig auf und weckt körperliche, geistige und sittliche Kräfte.

Der Jugend gehört die Zukunft unseres Volkes und Reiches, diesen kommt zugute, was für jene geschieht. Darum ist kein Preis zu groß und das Beste gerade gut genug. Gehört wird das oft, betätigt selten. Wenn hier damit Ernst gemacht worden ist, so mögen die wahren Absichten gewürdigt werden.

5.

Zweites vaterländisches Festspiel im Volksgarten zu M.-Gladbach am 28. August 1904.

Von H. C. Heesch in M.-Gladbach.

Von dem prächtigsten Sonnenschein begünstigt, haben die Festspiele zu M.-Gladbach nach einer dreijährigen Unterbrechung zum zweitenmal einen sehr schönen Verlauf genommen. Bald nach 1 Uhr sammelten sich die Vereine auf dem Kaiserplatze und Punkt 2½ Uhr setzte sich der stattliche Festzug mit mehr als 3000 Teilnehmern und fünf Musikkapellen nach dem Volksgarten in Bewegung. Auf den Festwiesen war neben dem Volksgartenhaus eine Tribüne errichtet, um die sich die Vereine mit ihren Fahnen gruppierten. Der Beigeordnete Dr. Porzelt hielt eine kurze Ansprache, in der er auf die hohe Bedeutung der vaterländischen Festspiele hinwies. Mit einem vieltausendstimmigen „Hurra" auf den treusorgenden Landesherrn wurde das Fest eröffnet. Unser allverehrtes Stadtoberhaupt sandte aus Belgien folgenden Drahtgruß: „Den vaterländischen Festspielen erhebenden Verlauf wünschend, erhoffe ich von denselben rechte Förderung der Liebe zu Kaiser und Reich und einmütige Anhänglichkeit an unsere Heimatstadt. Oberbürgermeister Piecq." Von diesem Telegramm nahm das Publikum mit lebhaftem Bravo Kenntnis.

Als die vereinigten Gesangvereine das allbekannte „Deutsche Lied" von Kalliwoda in sehr schöner Weise vorgetragen, zogen die zahlreichen Gruppen von Vereinigungen unter klingendem Spiele auf die ihnen angewiesenen Spielplätze.

Der prächtige Volksgarten mit seinen ausgedehnten Rasenflächen, umkränzt von dem schönsten Buchenwalde, bot bei dem wundervollen Sonnenschein mit dem farbenreichen Treiben der Jugend ein köstliches Bild. Das frische, fröhliche Tummeln wurde von der gewaltigen Zuschauermenge, es sollen mehr als 20000 gewesen sein, mit dem regsten Interesse verfolgt. Es ist anzuerkennen, daß die zwischen den Spielplätzen hin- und herwogenden Massen sich ganz musterhaft benahmen. Die zahlreichen Gesangvereine, die mit richtigem Verständnis die schönen, alten deutschen Volkslieder ertönen ließen, haben nicht weniger zum Gelingen der Festspiele beigetragen, als die vielen Sport- und Turnvereine. Das Ganze war von echt rheinischem Frohsinn getragen, es war ein Anblick, der die Herzen erfreut und erhebt. Viel zu schnell wurde für alle bald nach 7 Uhr das Schlußfignal gegeben. Die Vereine sammelten sich vor der Tribüne, und als die Gesangvereine das Altniederländische Dankgebet: „Wir treten zum Beten" mit Orchesterbegleitung wirkungsvoll vorgetragen, nahm der Kreisarzt Dr. Krause das Wort zu einer längeren Anfprache. Die mit Beifall aufgenommene Rede ließ er ausklingen in ein dreifaches donnerndes „Hoch" auf das schöne, teure, deutsche Vaterland, und „Deutschland, Deutschland über alles!" brauste es gewaltig über den großen Platz. Nun ging's mit Musik zurück in die Stadt. Der Zug, dem sich groß und klein angeschlossen, bot ein buntes lebendiges Bild. „Heil dir im Siegerkranz", „Deutschland, Deutschland über alles", „Ich bin ein Preuße" — klang es aus vielen hundert Kehlen in den schönen Abend hinein. Auf dem Kaiserplatz angekommen, nahmen die Teilnehmer um das Kaiserdenkmal Aufstellung. Der Vorsitzende des Festausschusses, Hauptmann der Gardelandwehr Monforts, der sich in hervorragender Weise um das Gelingen des Festes verdient gemacht hat, dankte allen für die Mitarbeit an dem herrlich gelungenen Feste. Vor drei Jahren wie heute haben die Festspiele gezeigt, daß Gladbachs Bürgerschaft vaterländische Feste zu feiern versteht, und so hoffe er, daß im nächsten Jahre in gleicher Weise die vaterländischen Festspiele begangen werden können. Vaterlandsliebe, Königstreue und echte Kameradschaft mögen blühen, wachsen und gedeihen! Hoch, hoch, hoch! Nach dem begeistert aufgenommenen Hoch wurden zwei Strophen der „Wacht am Rhein" gesungen, und die Feier war beendet.

Der Festausschuß muß sich nun die Frage vorlegen, welche Erfahrungen die zweite Feier gebracht hat. Schon bei der ersten Feier am 29. September 1901 wurde erwogen, ob die Unsicherheit der Witterung im September, die Kürze der Tage, es nicht zweckmäßig erscheinen lasse, die Festspiele zu einer früheren Zeit abzuhalten. Ob es aber praktisch ist, den Festtag wieder in die großen Ferien zu legen, erscheint zweifelhaft. Die höheren Schulen haben die Spiele eingeführt und dürfen dabei nicht fehlen. Von größter Wichtigkeit für die Veranstaltung der vaterländischen Festspiele sind die deutschen Spielverbände. Sie bieten eine feste Organisation und die beste Gewähr für das Gelingen. Was eine große Spielgesellschaft vermag, zeigte das erste rheinische Spielfest zu M.-Gladbach am 15. Mai 1899. Der Gladbacher Fußballklub, der größte im Rheinland, konnte das erste Spielfest glänzend und erfolgreich gestalten. Ein gutes Einvernehmen mit den Sportvereinen bietet daher die beste Gewähr für das Gelingen der vaterländischen Festspiele.

6.
Volks= und Jugendspiele im Siegerlande.
Von W. Sorschepiepe in Siegen.

Die Seier des 25jährigen Bestehens des Turnvereins „Jahn", eingetr. Verein, zu Siegen gab mir willkommene Gelegenheit, das Interesse weiter Kreise auf die Ausbreitung der Spielbewegung im Siegerlande zu lenken.

Von jeher schenkte man neben dem Gerätturnen auch den Turn= spielen und volkstümlichen Übungen, namentlich in unserem Vereine, aufmerksamste Beachtung. Im Jahre 1895 war ein Vortrag unseres Ehrenmitgliedes Dr. med. S. A. Schmidt=Bonn die Veranlassung, die neueren Lauf= und Ballspiele nach den vom Zentralausschuß herausgegebenen Regeln einzuüben und zu versuchen, uns noch Fernstehende für die Pflege der durch Spiele aller Art bereicherten Leibesübungen zu gewinnen. Anfangs wollte dies nicht recht gelingen. Man stand dieser Neuerung vielfach kühl bis ans Herz gegenüber; auch fehlte ein geeigneter Spielplatz. Die in Frage kommenden Plätze waren insofern auf die Dauer nicht zweck= entsprechend, als der eine, der sogenannte „Hasengarten", im oberen Teile der Stadt gelegen, sich als zu klein erwies und der andere, die sogenannte „Radschläse", eine Bergwiese weit außerhalb der Stadt, ebenfalls zu wenig Raum bot, wobei die große Entfernung nur die Benutzung an Sonn= tagen zuließ.

Die Anlage unseres Jahnplatzes im Jahre 1897 brachte langsam aber sicher die Spielbewegung vorwärts. Zunächst gründeten die Schüler der oberen Klassen des hiesigen Realgymnasiums einen Fußballklub, dann folgte die Errichtung unserer Fußballabteilung, und später wurde noch ein Siegener Fußballklub ins Leben gerufen. Ferner bildete sich eine Tennis=Gesellschaft. Alle benutzten unseren seinerzeit im Jahrbuche be= schriebenen Platz.

Mit regem Spieleifer beteiligten sich nach und nach immer mehr Turner an den verschiedenen, unter Leitung unseres Spielwartes be= triebenen Spielen. Namentlich ältere Turner — sogar frühere Wett= turner — fanden sich pünktlich ein.

Jährlich veranstalteten wir ein Frühlingsanspielen und im September oder Oktober ein Herbstabspielen. Alles ohne jedes festliche Beiwerk, schlicht und turnerisch, unter Einladung von jedermann. Dazu kamen im Laufe des Sommers verschiedene Wettspiele, die ebenfalls jedem kosten=

los zugänglich waren. Nur ausnahmsweise, wenn eine auswärtige Mannschaft, der wir das Fahrgeld vergüten mußten, herangezogen wurde, haben
wir ein ganz bescheidenes Eintrittsgeld erhoben.]

Wenn wir so nach außen hin auf die breite Masse einzuwirken suchten,
so ließen wir daneben uns die Gelegenheit nicht entgehen, die Jugend
für unsere gute Sache zu erwärmen.

Zunächst stellten wir unseren Platz dem Realgymnasium gegen mäßige
Vergütung nachmittags zur Verfügung. Der Erfolg ist der, daß die
Schüler bis auf den heutigen Tag sozusagen nicht vom Platze zu bringen
sind. Die Weihnachtswünsche der Schüler erstreckten sich häufig schon auf
Spielgeräte, und so kann man denn in vielen Straßen die Jugend bei
den verschiedensten Spielen, leider zumeist beim Fußballspiel beobachten.

Mit der Zeit wurden die Behörden auf uns aufmerksam. Schreiber
dieses wurde vom Herrn Landrat Dr. Bourwieg zum Kongresse nach Dresden
und im Mai dieses Jahres nach Quedlinburg entsandt. Doch damit nicht
genug. Auf unsere Veranlassung veranstaltete der Herr Landrat auf dem
Jahnplatze einen Spielkursus, den Herr Oberturnlehrer Schröter-Barmen
leitete, und in dem eine Anzahl Lehrer und interessierte Turner zu Spielleitern ausgebildet wurden.

Wir aber gingen weiter und stellten unseren Platz nebst sämtlichen
Spielgeräten vorläufig unentgeltlich für die Spiele der Volksschüler an
schulfreien Nachmittagen zur Verfügung, und nun spielen Mittwochs und
Samstags nachmittags von 5—7 Uhr „freiwillige Volksschüler". Sodann
gaben wir den Platz auch zur Benutzung an Vormittagen seitens der
Real- und Volksschüler frei, so daß derselbe seiner Bestimmung gemäß,
fast ständig benutzt wird.

Weiter traten wir, da es an Spielplätzen mangelt, an den Magistrat
heran mit der Bitte, während der schulfreien Zeit die Spielplätze bei den
Schulen für die spielende Jugend frei zu geben. Die erste Eingabe wurde
abgeschlagen, eine erneute hatte den erwünschten Erfolg. Jedoch die
Herrlichkeit war von kurzer Dauer. Die am 6. April genehmigte Benutzung des Platzes wurde unterm 5. Juni bereits wieder zurückgezogen.

Es soll aber nicht unerwähnt bleiben, daß der Magistrat auf dem
„alten Kirchhofe" außer gärtnerischen Anpflanzungen und der Errichtung
eines Schutzhauses einen schönen Kinderspielplatz angelegt hat. Ebenso
wird in diesem Winter eine an der Rosterstraße gelegene Halde eingeebnet und zu einem Spielplatze hergerichtet, der in diesem neu entstehenden,

Turnverein „Jahn" in Siegen.

etwas abgelegenen Stadtteile die Pflege der Jugendspiele sichert. Außerdem ist der Hafengarten zu Spielzwecken freigegeben worden.

Der Siegener Turnverein folgte später unserem Beispiele und pachtete auf mehrere Jahre eine größere Wiese. Als die Pachtzeit abgelaufen war, glaubte man ohne Spielplatz auszukommen, bis denn in diesem Jahre bei der im vergangenen Jahre neuerbauten stattlichen Turnhalle ein Spielplatz eingerichtet wurde.

Bezeichnend ist auch, daß, während früher das Realgymnasium das vaterländische Gedenkfest durch eine Ansprache und Gesangsvorträge in der Aula beging, diesmal eine größere Spielveranstaltung und Wettkämpfe auf dem Jahnplatze zur Ausführung gelangten.

Aber nicht nur in Siegen selbst haben die Spiele eine Pflegestätte gefunden, sondern auch verschiedene Nachbargemeinden schenken dieser Art der Leibesübungen erhöhte Aufmerksamkeit und bringen Opfer.

In Weidenau und Kaan-Marienborn spielten an schulfreien Nachmittagen unter Leitung eines Lehrers jedesmal durchschnittlich 40 bis 50 Kinder. Die Spielzeit begann in Weidenau am 14. Juni und dauerte bis Anfang November, in Kaan-Marienborn wurde bis Ende September gespielt. Man hofft in Weidenau im nächsten Jahre einen geeigneteren Platz zu erwerben. Dagegen soll der in Kaan-Marienborn bisher benutzte Platz durch Vergrößerung und Einzäunen verbessert werden. Gespielt wurde nach den Schröterschen Regeln.

In Klafeld-Geisweid lösten sich zwei Hauptlehrer in der Leitung der Jugendspiele ab. An 24 Nachmittagen wurde gespielt, und zwar vom 13. Juli bis 25. Oktober. Die Beteiligungsziffer schwankte zwischen 70 und 30. Bei den Knaben kamen 32, bei den Mädchen 25 Spiele zur Einübung. Erstere bevorzugten: Jagdball, Neckball, Kreisfußball, Fußball, Eilbotenlauf, Diebschlagen, Tag und Nacht, während von den Mädchen: Haschen im Kreise, Tag und Nacht, Diebschlagen, Katz und Maus, Jakob, wo bist du?, Jagdball, Wanderball und Ballraten viel gespielt wurden.

In Siegen spielten an 15 Tagen je zwei Stunden unter Leitung eines Lehrers durchschnittlich 25 Knaben auf dem Jahnplatze. Geübt wurden hauptsächlich: „Komm mit, Kreislaufen, Jakob, wo bist du?, Wettlaufen, Wettlaufen im Kreise, Haschen im Seil, Letztes Paar herbei, Henne und Habicht, Fuchs im Loch, Holland und Seeland, Tag und Nacht, Zielreißen, Drittenabschlagen, Schlaglaufen, Diebschlagen, Kettebrechen, Mauerbrechen, Türkenkopf, Seilziehen im Kreise und im Viereck-

Hüpfender Kreis, Kreisfußball, Burgball, Wanderball, Jagdball, Reiterball, Schleuderball, Schlagball und Tamburinball."

Sämtliche Spielleiter haben an dem Schröterschen Kursus in Siegen
teilgenommen.

Die Erfahrung lehrte, daß alle Knaben und Mädchen mit Lust
und Liebe bei der Sache waren und ihr Betragen nichts zu wünschen
übrig ließ. Im Laufe der Zeit werden sich bei diesem Unternehmen
auch wohl Mittel und Wege finden, um den Spielbetrieb so zu gestalten,
daß der Nutzen nicht nur einzelnen wenigen sondern möglichst vielen zugute kommt; denn nur dadurch kann die gute Sache gewinnen.

Auch die meisten Vereine des Siegerland-Turngaues pflegen die
Turnspiele, und durch hin und wieder veranstaltete Wettspiele erhält
die Spielbewegung einen Ansporn; doch soll nicht verschwiegen werden,
daß hier wie anderwärts das Geräturnen den Volks- und Jugendspielen
noch vielfach vorgezogen wird.

Im Jahre 1904 begannen wir am 6. März mit den Spielen auf
dem Jahnplatze, die am 16. November durch die Unterwassersetzung des
Platzes zur Herstellung der Eisbahn unterbrochen wurden. Während
dieser Zeit beteiligten sich an

72 Zeiten 1622 Turner

an allgemeinen Spielen und volkstümlichen Übungen.

Vornehmlich gepflegt wurden: Schleuberball, Faustball, Tamburinball, Schlagball.

Unsere Fußballabteilung übte außerdem an

55 Zeiten mit 812 Spielern.

Der Siegener Turnverein spielte während der gleichen Zeit an

64 Zeiten mit 924 Teilnehmern.

Zum Schluß möchte ich noch an der Hand einiger Aufzeichnungen
über unseren Eisbahnbetrieb 1903/04 zeigen, wie wir auch dieser Art
der Leibesübungen gerecht zu werden versuchen.

Unsere Eisbahn war an 22 Eislauftagen in Benutzung, und zwar
am 27., 29., 30. und 31. Dezember, vom 1. bis einschließlich 7. Januar,
am 11. und 12. Januar und vom 20. bis einschließlich 28. Januar.

Die durch häufiges Überrieseln fast stets in tadellosem Zustande befindliche Bahn erfreute sich der Gunst des Publikums. Die Zahl der an
Erwachsene und Kinder ausgegebenen Einzelkarten beträgt 6163, außerdem wurden 248 Zehnerkarten abgesetzt. Angenommen, diese Karten
wären infolge Umschlages der Witterung nur zu drei Viertel ausgenutzt,

was einer Zahl von 1860 Einzelkarten gleichkäme, so wäre die Bahn in 22 Eislauftagen von 8023 Personen, also durchschnittlich 365 täglich, benutzt worden.

Der Jahnplatz erfuhr im Jahre 1902 eine wertvolle Ergänzung. An der Turnerstraße, die zum Platz führt, wurde das Vereinshaus mit Wirtschaftshalle errichtet und dem Betrieb übergeben. In dem dreistöckigen Hause befindet sich unten, neben der Wohnung des Kastellans, das Vereinszimmer, das zu Sitzungen und Zusammenkünften nach dem Turnen und Spiele dient. Die beiden oberen abgeschlossenen Etagen sind in Miete gegeben. Von dem Vereinszimmer gelangt man auf die Veranda; das Dach der Wirtschaftshalle, woselbst man im Sommer, durch Sonnensegel geschützt, angenehmen Aufenthalt finden und das fröhliche Treiben mit seinen anziehenden und stets wechselnden Bildern vollständig überblicken kann. Durch eine seitwärts angebrachte eiserne Treppe ist die Veranda mit dem Spielplatze direkt verbunden. Auf diesem wurde in der Mitte ein auswechselbarer Hydrant angelegt, der im Sommer zur Besprengung der Fläche, im Winter zur Berieselung der Eisbahn dient. Die an drei Seiten befindliche doppelreihige Lindenallee ist an der Vorderseite des Platzes entlang bis zum Alchebach durchgeführt und eine breite Treppe, vom Eingang zum Spielplatz führend, eingebaut.

Durch Anlage eines zweckentsprechenden Turn-, Spiel- und Sportplatzes, eifrige Pflege aller turnerischen Übungen, jeglicher Spiele, des Eislaufes und häufige Wanderungen glauben wir den Anregungen des Zentralausschusses gefolgt zu sein. Zu unserer Freude haben wir, wenn auch nach jahrelanger Arbeit, aus eigener Kraft wohl mehr erreicht, als wir erhoffen durften.

7.

Ferienspiele zu Münster im Jahre 1904.

Bericht des Lehrer-Turnvereins an die staatlichen und städtischen Behörden Münsters, mitgeteilt von W. Beder, Universitäts-Turn- und Fechtlehrer in Münster.

Die Vereinigung von Lehrern der Stadt Münster zur Förderung des Turnens und der Volks- und Jugendspiele hatte schon im vorigen Jahre die Einrichtung von Ferienspielen ins Auge gefaßt; jedoch gelang es nicht, die vorhandenen Hindernisse zu überwinden.

Einer behördlichen Anregung folgend wurde in einer Vierteljahrsversammlung des Vereins am 15. Juni d. J. die Frage der Ferienspiele

von neuem verhandelt. Die zahlreich erschienenen Mitglieder waren einstimmig der Ansicht, daß die Einrichtung von Ferienspielen, die nach den
Erfahrungen anderer Städte wie Bielefeld, Bonn, Crefeld und Essen sich
als äußerst segensreich erwiesen hatte, auch für die schulpflichtige Jugend
unserer Vaterstadt dringend wünschenswert sei; sah doch der Verein in
den Ferienspielen ein vortreffliches Mittel, unter weitgehendster Berücksichtigung der Ungebundenheit, welche den Ferien ihren besonderen Reiz
verleiht, den Beschäftigungstrieb der Kinder in die rechten Bahnen zu
lenken und manchen losen Streichen und leichtsinnigen Ausschreitungen vorzubeugen. Es wurde daher zur Wahl eines Ausschusses geschritten, der
die nötigen Vorarbeiten in die Hand nehmen sollte. In einer am 13. Juli
anberaumten Versammlung, bei welcher der Verein die Ehre hatte, den
Herrn Oberregierungsrat Dr. Franke und den Herrn Regierungsrat Schläger
als Vertreter des Herrn Regierungspräsidenten in seiner Mitte zu sehen,
berichtete der Ausschuß über die gemachten Vorarbeiten. Im Anschluß
daran wurde zunächst darüber verhandelt, auf welche Weise die erforderlichen Geldmittel für Anschaffung von Spielgeräten und Entschädigung für die
Spielleiter beschafft werden könnten. Die Versammlung war nämlich durchaus der Ansicht, daß auch die Leitung der Spiele, falls die Einrichtung
Dauer und Bestand haben solle, entsprechend vergütet werden müsse.
Als Vergütung wurde der Betrag von 6 M., der im Durchschnitt auch
in anderen Städten gezahlt wird, pro Tag und Spielleiter als angemessen
erachtet. Es wurde beschlossen, Gesuche um Beihilfen an den Herrn Oberpräsidenten, an die Königl. Regierung, an den Magistrat der Stadt
Münster und an die Vorstände der beiden Schulgemeinden der Stadt zu
richten. Als Spieltage wurden Montag, Mittwoch und Freitag festgesetzt,
und zwar sollte am Montag nachmittag und Freitag vormittag auf dem
Neuplatze und einem freien Platze an der Wolbecerstraße und Mittwoch
vormittag mit der gesamten teilnehmenden Schuljugend auf der Loddenheide gespielt werden. Da sich auf eine Anfrage eine genügende Zahl
von Mitgliedern als Spielleiter meldete, wurde beschlossen, unter allen
Umständen in diesem Jahre einen Versuch mit den Ferienspielen zu machen,
wenn die Frage der erforderlichen Geldmittel auch nur eine annähernd
befriedigende Lösung finden sollte. Alle ferneren Arbeiten, wie die Beschaffung der Spielgeräte, die spezielle Einrichtung und Leitung der Ferienspiele wurden dem gewählten Ausschuß übertragen. Die Königl. Regierung
hatte die Güte, die Erlaubnis zur Benutzung der Loddenheide als Spielplatz von der Königl. Garnisonverwaltung zu erwirken. Einem Gesuche

des Ausschusses auf Überlassung der beiden anderen Plätze wurde von der in Frage kommenden Behörde und dem Besitzer des Platzes an der Wolbeckerstraße in liebenswürdiger Weise entsprochen.

Obschon auf eine schriftliche Anfrage an die Mitglieder des Vereins sich für jeden Spieltag etwa 9 Herren, darunter mehrere unentgeltlich, zur Übernahme der Leitung zur Verfügung gestellt hatten, so wurden für jeden Spieltag doch nur 6 Spielleiter bestellt, da nur auf eine Teilnehmerzahl von etwa 500 Kindern gerechnet wurde, und es ganz aussichtslos erschien, die Vergütung ausgedehnterer Leitung ermöglichen zu können. Vorsichtigerweise wurde den Spielleitern seitens des Ausschusses vor der Übernahme ihres Amtes eröffnet, daß sie voraussichtlich nur auf eine teilweise Vergütung für die geleistete Arbeit rechnen dürften. Zugleich wurden die Herren, welche für die betreffenden Spieltage nicht verpflichtet waren, aufgefordert, auch an diesen Tagen die Leitung von Spielen freiwillig und unentgeltlich zu übernehmen. Dieser Aufforderung sind mehrere Mitglieder des Vereins gern nachgekommen, denn im Durchschnitt waren 9 Lehrer an jedem Spieltage auf den Spielplätzen anwesend.

Aus dem von dem Ausschusse unter Mitwirkung der Spielleiter aufgestellten genauen Spielplan, der in den hiesigen Zeitungen bekannt gegeben wurde, sei hier folgendes angeführt: „Die Spiele beginnen am 8. August. Es wird an drei Tagen in der Woche gespielt und zwar am Montag von 4—6 und am Freitag von 9—11 Uhr auf dem Neuplatze und dem Platz hinter der Overbergschule an der Wolbeckerstraße; am Mittwoch von 9—11 Uhr auf der Loddenheide. Die Auswahl des Spielplatzes steht den Kindern frei. Zur Loddenheide werden die Kinder unter Aufsicht hin und zurück geführt und es findet der Abmarsch dorthin 8¹/₄ Uhr von drei verschiedenen Stellen, dem Neubrückentor, dem Ludgeritor (Eingang der Gas- und Brockhoffstraße) und dem Schulplatz der Overbergschule aus statt. Die Kinder haben sich zu den Spielen zur angegebenen Zeit pünktlich einzufinden und den Anweisungen der Spielleiter unbedingt Folge zu leisten, widrigenfalls sie für den Tag oder auch für die ganze Spielzeit von den Spielen ausgeschlossen werden. Während auf dem Neuplatze und dem Platze an der Overbergschule wegen des beschränkten Raumes hauptsächlich die Kreisspiele, Kreisballspiele und nur kleinere Bewegungsspiele gepflegt werden können, wird auf der Loddenheide den Kindern Gelegenheit gegeben werden, in den größeren Lauf- und Ballspielen ihre jugendliche Kraft und Gewandtheit zu erproben und zu stärken."

Die Anträge des Ausschusses auf Bewilligung von Geldmitteln an die vorhin bezeichneten Behörden hatten den Erfolg, daß von der Stadt Münster 300 M., dem Herrn Oberpräsidenten 200 M. und der evangelischen Schulgemeinde 150 M. bewilligt wurden. Der Vorstand der katholischen Schulgemeinde teilte erst am Schlusse der Ferienspiele mit, daß derselbe der Frage einer Geldbewilligung erst näher treten könne, wenn seitens des Vereins vorher ein Bericht über die Verwendung der Gelder erstattet werde.

Da der Verein bei seinen Unternehmungen naturgemäß nicht mit Beträgen rechnen kann, die ihm vielleicht noch zur Verfügung gestellt werden könnten, so muß in diesem Jahre auf einen Zuschuß der katholischen Schulgemeinde verzichtet werden. Hoffentlich wird der Vorstand der katholischen Schulgemeinde im kommenden Jahre die gute Sache im Dienste der Jugend durch Bewilligung einer größeren Summe fördern helfen. — Erfreulicherweise hat auch Se. Exzellenz der Herr Kultusminister auf einen Bericht der hiesigen Königl. Regierung hin 100 M. für Beschaffung von Spielgeräten überwiesen.

Die eingegangenen Beträge sind in folgender Weise verwandt worden:

Spielgeräte und Reparaturen . . . . 216,31 M.
Spielleitung . . . . 528,00 ·
Kleinere Ausgaben (Trinkgelder für Spiel-
leute, Porto, Drucksachen usw. . . . 25,69 ·
Zusammen . . 770,00 M.

Eine außerordentlich zweckmäßige Einrichtung traf der Ausschuß dadurch, daß er an jedem Samstage der Spielzeit eine Zusammenkunft mit den Spielleitern der abgelaufenen und kommenden Woche anberaumte, um die gesammelten Erfahrungen zu besprechen und sie für den Spielplan der nächsten Woche nutzbringend zu verwerten.

Sogleich am ersten Spieltage zeigte sich, wie unbegründet die Bedenken mancher waren, daß für diese Neuerung kein Bedürfnis vorhanden sei, hatten sich doch am Montag auf dem Neuplatze 150 und auf dem Platze an der Overbergschule 220 Kinder eingefunden. Am Mittwoch, den 10. August marschierten von den drei Sammelpunkten Neubrückentor, Overbergschule und Ludgeriplatz über 800 Kinder unter dem Gesange patriotischer und Wanderlieder zur Loddenheide. Am Freitag, den 12. August, spielten auf dem Neuplatze ungefähr 170 und an der Overbergschule 180 Kinder.

Aber die vielfachen Beläſtigungen auf dieſen Plätzen durch die Zuſchauer, die gefährliche Nähe der Straßenbahn, der mit Steinen und Scherben
beſäte Boden, die geringe Ausdehnung der Plätze, welche viele Ball- und
Laufſpiele unmöglich macht, vor allem aber die weit ſtärkere Beteiligung
an den Spielen auf der Loddenheide und der wohltätige Einfluß des Hin-
und Rückmarſches haben die Spielleiter veranlaßt, für die folgenden Wochen
die Loddenheide als ſtändigen Spielplatz zu wählen.

Daß dieſe Wahl dem Wunſche der Kinder entſprach, zeigte am beſten
der weitere Verlauf der Ferienſpiele. An den nun folgenden elf Spieltagen, welche alle vom herrlichſten Wetter begünſtigt waren, zogen durch-
ſchnittlich 700 Kinder von den drei Sammelpunkten zur Heide. Am
18. Auguſt, dem Jahrestage der Schlacht von Gravelotte, beteiligten ſich
gegen 1200 Kinder an einem Kriegsſpiele; der Sedantag führte ſogar
1500 jugendliche Streiter auf den Kampfplatz. An dieſem Tage hatten
ſich auch die Zuſchauer nach Hunderten auf der Loddenheide eingefunden.
Nach Erſtürmung des feindlichen Lagers hielt der Univerſitätsturnlehrer
Herr Becker eine kurze, kernige Anſprache an die Kinder, in der er auf
die Bedeutung des Tages hinwies, in begeiſterten Worten ſie zur Liebe
gegen König und Vaterland aufforderte und mit brauſendem Hoch auf
den Schirmherrn und Förderer jeglicher Leibesübung ſchloß. Wenn Zahlen
beweiſen, ſo kann man mit Recht behaupten, daß die Ferienſpiele auch
für die Schuljugend der Stadt Münſter ein Bedürfnis ſind. Die Beteiligung der Kinder an den einzelnen Spieltagen zeigt folgende Über-
ſicht:

Montag, den 8. Auguſt	Neuplatz, Overbergplatz . . .	440
Mittwoch, · 10. ·	Loddenheide	825
Freitag, · 12. ·	Neuplatz, Overbergplatz . . .	350
Montag, · 15. ·	Loddenheide	400
Mittwoch, · 17. ·	Kriegsſpiel (Gravelotte) . . .	1200
Freitag, · 19. ·	Loddenheide	760
Montag, · 22. ·	·	600
Mittwoch, · 24. ·	Ferienwanderung (3 Gruppen) .	900
Freitag, · 26. ·	Loddenheide	480
Montag, · 29. ·	·	350
Mittwoch, · 31. ·	Ferienwanderung (3 Gruppen) .	725
Freitag, · 2. September	Kriegsſpiel (Sedan)	1500
Montag, · 5. ·	Loddenheide	340
Mittwoch, · 7. ·	·	360

Eine solche zahlreiche Beteiligung hatte wohl niemand erwartet. Es war für jeden Kinderfreund eine herzerquickende Freude, die fröhliche Kinderschar mit fliegenden Fahnen unter Gesang und Musikbegleitung zum heiteren Spiele marschieren zu sehen. Und welch fröhliches Leben entwickelte sich auf der Heide! Hier wurde Schleuderball, Schlagball usw. gespielt; dort entspannen sich rege Wettkämpfe im Laufen und Tauziehen. Auf der einen Seite der Heide sah man tapfere Schützen die feindlichen Hügel erstürmen; auf der anderen Seite wurden die Gebüsche und Wälle von „Räubern und Gendarmen" besetzt. Im einzelnen wurden im Verlaufe der Spieltage folgende Spiele eingeübt bzw. gepflegt:

I. Ballspiele:

1. Schlagball,
2. Reiterball,
3. Steckball,
4. Jagdball,
5. Kreisfußball,
6. Schleuderball,
7. Faustball,
8. Deutsches Fußballspiel,
9. Stoßball,
10. Hocken.

II. Lauf- und Fangspiele:

1. Diebschlagen,
2. Schlaglaufen,
3. Zweiten- und Drittenabschlagen,
4. Henne und Habicht,
5. Stafettenlauf,
6. Schnitzeljagd.

III. Kampfspiele:

1. Tauziehen mit Wettlauf,
2. Räuber und Gendarm,
3. Burgstürmen,
4. Kriegsspiele.

Die Freiheit der Kinder in der Beteiligung an den Spielen wurde in keiner Weise beschränkt und jeder Wunsch in bezug auf die Wahl der Spiele möglichst berücksichtigt. Unter Vermeidung jedes unnötigen Zwanges entfaltete sich so von 9—11 Uhr ein von heiterem Frohsinn und ungebundener Jugendlust getragenes reges Treiben auf der Heide. Um dem Trinkbedürfnis der Kinder entgegenzukommen, war die Einrichtung getroffen, daß für 5 Pf. eine Tasse Kaffee oder ein Glas Fruchtsaft verabreicht werden konnte. Das Frühstück brachten die Kinder mit.

Um eine Abwechselung in den regelmäßigen Spielplan zu bringen, wurden an zwei Vormittagen Ferienwanderungen unternommen. Wegen der großen Zahl der teilnehmenden Kinder wurden diese in drei Gruppen eingeteilt, welche auf verschiedenen Wegen nach Hiltrup, Nienberge und Roxel marschierten.

Diese Ferienwanderungen dauerten mit kurzen Unterbrechungen vier bis fünf Stunden und verfolgten zugleich den Zweck, den Kindern die Kenntnis der nächsten Umgebung Münsters zu vermitteln und zur sinnigen Naturbetrachtung anzuleiten.

Die Ferienspiele wurden am 7. September, am Tage vor dem Wiederbeginne des Unterrichts an der evangelischen Volksschule hierselbst, geschlossen. Nachdem die drei Spielgruppen in der letzten Stunde nochmals zu einem gemeinschaftlichen Kriegsspiele vereinigt gewesen waren, hielt der Vorsitzende des Vereins eine Schlußansprache an die versammelten Kinder. Er hob das im allgemeinen recht gute Betragen der Kinder hervor, ermahnte sie, jetzt nach Schluß des fröhlichen Spieles wieder mit Ernst und Fleiß an die Schularbeit zu gehen und stellte den Knaben wie auch den Mädchen die Wiederholung der Spiele für die nächstjährigen Ferien in Aussicht.

Er schloß mit dem Danke an die Behörden und Personen, die durch die Bewilligung von Geldmitteln oder auf andere Weise das Zustandekommen und den glücklichen Verlauf der Ferienspiele ermöglicht haben. Dieser Dank fand in einem dreimaligen Hoch der Kinder seinen kräftigen Ausdruck.

Obschon die Ferienspiele in erster Linie für die Kinder hiesiger Volksschulen bestimmt waren, so sind doch die Schüler höherer Lehranstalten, die sich an den Spielen beteiligen wollten, selbstverständlich nicht zurückgewiesen worden. Zu den Spielen fanden sich auch zahlreiche Mädchen auf der Heide ein, so daß es bedauert werden muß, daß für dieses Jahr keine Turnspiele für Mädchen eingerichtet werden konnten; es ist aber in Aussicht genommen, für das nächste Jahr dem Spielbedürfnis der Mädchen in geeigneter Weise Rechnung zu tragen.

Bei dem Hin- und Rückmarsche, namentlich bei letzterem, zeigte sich die bedauerliche Erscheinung, daß sehr viele Schüler sich dem Marsche in Reihe und Glied nicht anschlossen, sondern vorher oder hinterher trotteten, obschon jedem Zuge eine Fahne (das Geschenk eines wohlwollenden Bürgers) vorangetragen wurde, und an den letzten Spieltagen das Trommler- und Pfeiferkorps der evangelischen Schule die Lust am gemeinschaftlichen Marsche ungemein erhöhte.

Leider zeigte es sich auch — was bei der Vereinigung von so vielen Kindern aus den verschiedensten Schulsystemen erklärlich ist —, daß der Text der gemeinschaftlichen Marschlieder nur sehr wenigen Kindern bekannt war, so daß gewöhnlich nur eine Strophe von allen gesungen wurde. Es ist also dafür Sorge zu tragen, daß bei einer Wiederholung der Spiele vorher eine Verständigung über die gemeinschaftlichen Lieder erzielt und die Lieder in den einzelnen Schulen mit den Kindern eingeübt werden. Um die Kinder an einen geordneten Marsch zu gewöhnen, wäre es wünschenswert, daß auch in anderen Schulen die Bildung eines Trommler- und Pfeiferkorps in Anregung gebracht würde. Nach dem Beispiele anderer Städte dürfte es sich vielleicht auch empfehlen, an den Versammlungsorten Marken auszuteilen, die die Berechtigung zur Beteiligung am Spiel oder zu einer sonstigen Veranstaltung in sich schließen müßten.

Eine besondere Schwierigkeit bot die Unterbringung der Spielgeräte, da das Abholen und Hinbringen derselben zur Stadt untunlich erschien. Nach verschiedenen Bemühungen gelang es, in einem unbenutzten Raume des für den Ausschank von Kaffee und Fruchtsaft gewonnenen Wirtes einen passenden Aufenthaltsort zu gewinnen. Angenehmer und zweckdienlicher wäre allerdings die Unterbringung auf dem Spielplatze selbst oder in der Nähe desselben gewesen und wird die Errichtung eines Schuppens für Spielgeräte daselbst vom Verein ins Auge gefaßt werden müssen.

Die im Interesse der Kinder wünschenswerte Bewirtung derselben mit Kaffee und Fruchtsaft hatte leider die unangenehme Erscheinung im Gefolge, daß beim Erscheinen des Kaffeewagens manche Schüler im unbewachten Augenblicke vom Spiele verschwanden, ohne die eingerichtete Spielpause abzuwarten. Entweder muß die Verabreichung einer Erfrischung unterbleiben, oder es muß Fürsorge getroffen werden, daß die Spiele nicht zur Unzeit gestört werden. Auch für die Ferienwanderungen, bei denen die Kinder in diesem Jahre durchweg auf die mitgebrachten Erfrischungen angewiesen waren, muß in Zukunft für eine Erquickung der Kinder Sorge getragen werden, am besten durch unentgeltliche Verabreichung einer Erfrischung auf einem vorher bestimmten, freien Platze und nicht in einem Wirtshause.

Bei der außerordentlich regen Beteiligung machte sich der Mangel an erforderlichen Spielleitern bzw. Aufsicht führenden Lehrern, vereinzelt auf der Heide und namentlich bei einzelnen Ausflügen in unangenehmer Weise bemerkbar, da bei einigen Wanderungen für 300—400 Kinder nur zwei Lehrer die Aufsicht führten. Wenn auf dem abgegrenzten Spielplatze einem Lehrer auch 100 Kinder überwiesen werden können, so darf bei einer Wanderung die Zahl der von einem Lehrer zu beaufsichtigenden Kinder nur 60—80 betragen.

Unangenehm wurde oft der sehr große Andrang des Publikums empfunden, namentlich wurden die Kriegsspiele sehr durch die wenig rücksichtsvolle Anwesenheit des nach Hunderten zählenden Publikums beeinträchtigt. Es wäre zu erwägen, ob nicht eine Abgrenzung der eigentlichen Spielplätze in irgendwelcher Form, vielleicht durch Kaltwasser usw. möglich wäre, was für die Spiele selbst auch noch andere Vorteile in sich schlösse. Das Fernhalten des Publikums würde auch die Spielleiter der Mühe überheben, das von den Zuschauern fortgeworfene Papier aufsammeln zu lassen, was von den Kindern nur ungern besorgt wurde. Immerhin muß aber die Teilnahme des Publikums an den Ferienspielen und der Anklang, den dieselben gefunden haben, als eine erfreuliche Tatsache betrachtet werden.

Am Sedantage war es durch das tätige Wohlwollen eines Bürgers hiesiger Stadt, des Herrn Kommerzienrats Kieselamp, möglich geworden, den Kindern als Belohnung für ihre rühmlichen Kriegstaten je zwei bis vier Äpfel oder Birnen zu verabreichen. Ebenso wurden am letzten Spieltage den Kindern von dem Herrn Kaufmann Post 6 Zentner schöne Äpfel und Birnen gespendet, die derselbe durch eigenes Fuhrwerk zur Heide sandte.

An den beiden Gedenktagen von Seban und Gravelotte hatte auch das hiesige 13. Infanterieregiment in liebenswürdiger Weise eine Anzahl von Trommlern und Pfeifern zur Verfügung gestellt, welche nach Beendigung der Kriegspiele der jugendlichen Schar zu einem gemeinschaftlichen Parademarsch auf der Heide und zum Rückmarsche zur Stadt aufspielten.

Mit großer Freude und Genugtuung hat es die Spielleiter und den ganzen Verein erfüllt, daß das Betragen der Schüler im ganzen musterhaft gewesen ist, da keine grobe Widersetzlichkeit, keine rohe Ausgelassenheit und kein Streit unter den Kindern vorgekommen ist. Auch ist im ganzen Verlauf der Spiele glücklicherweise kein einziger Unfall zu verzeichnen gewesen.

So haben denn die Ferienspiele, getragen von der Gunst des Publikums und dem Wohlwollen der Behörden, namentlich der Königl. Regierung hierselbst und insbesondere des Herrn Regierungspräsidenten, einen über Erwarten schönen um nicht zu sagen glänzenden Verlauf genommen.

8.

Die deutsche Jugend- und Volksspielbewegung in Oberschlesien.

Von Inspektor Münzer in Bismarckhütte in Oberschlesien.

I. Entwickelung der oberschlesischen Spielbewegung.

Jugendspiele sind in Oberschlesien schon seit Jahrzehnten vereinzelt in Volksschulen und höheren Lehranstalten gepflegt worden. Einige Orte, wie Beuthen, Ober-Glogau, Cosel, Ratibor, Kattowitz, Myslowitz und Königshütte entsendeten Lehrer zur Ausbildung in der Leitung von Jugend- spielen nach Görlitz, Berlin, Posen. In Leschnitz versammelte der unermüd- liche Schulrat Weichert schon 1893 seine Lehrer um sich, um sie in der Leitung von Jugendspielen auszubilden und sorgte für einen eifrigen Spiel- betrieb an den Schulen seines Aufsichtsbezirkes. Das Wirken des Herrn Kreisschulinspektors Hoffmann, noch mehr aber das des Herrn ersten Bürger- meisters Stolle in Königshütte verschaffte dem Jugendspiel in Königshütte einen mächtigen Aufschwung. Dennoch hätte die Spielbewegung in Ober- schlesien keinen allgemeinen Charakter angenommen, wenn nicht frühzeitig die Königl. Regierung in Oppeln mächtig fördernd eingegriffen hätte. Nach dem Grundsatz: „Feste, aber mit leiser Hand" hat Herr Regierungs- rat Dr. Küster in Oppeln die Jugend- und Volksspiele, deren germani- sierende und hohe erziehliche Bedeutung er zuerst in Oberschlesien klar erkannt hat, zu einem, den ganzen Regierungsbezirk bald umspannenden mächtigen Bau ausgebildet, so daß „sein Name", wie der dankbare Verband oberschlesischer Jugend- und Volksspielleiter in einer überreichten künst- lerischen Adresse kundgegeben hat, „mit dem von ihm so hervorragend ge- förderten Kulturwerke Oberschlesiens allzeit verknüpft bleiben wird". Seine ganz im Sinne des Zentralausschusses schon 1901 verfaßte Denkschrift über den Stand der Jugend- und Volksspiele in Oberschlesien, in welcher besonders auf die Pflege der Volksspiele hingewiesen wird und die Mittel und Wege zur Erreichung dieses Zieles klar gekennzeichnet sind, war das Signal zu einer allgemeinen oberschlesischen Spielbewegung. Die von ihm entworfenen Fragen über Spielzeit, Spielplätze, Beteiligung am Spiel, Spiel- leitung, Art der Spiele, Spielsprache, Veranstaltung von öffentlichen Spielen, Teilnahme der Eltern und Erwachsenen am Spiel, Förderung durch Geld- mittel, Vorschläge zur Weiterentwickelung, welche am Schluß der Spielzeit seitens aller spielleitenden Lehrer in einem Spielbericht an die Königl. Regierung zu beantworten sind, wirken bereits seit vier Jahren sehr beebend und fördernd auf die Ausbreitung und Vertiefung der deutschen Jugend- und Volksspielbewegung in Oberschlesien.

Aus eigener Kraft und mit Überwindung vieler Schwierigkeiten hat sich durch die kräftige Initiative einiger Lehrer das Jugendspiel in Bismarckhütte bereits zum Volksspiel entwickelt. Schon 1900 traten hier die Lehrer zu einer freien Vereinigung zusammen, weil sie das Bedürfnis fühlten, sich nach schwerer geistiger Berufsarbeit durch Faustballspielen, Schleuderball und deutsches Schlagballspiel zu erfrischen. Auf die Schüler, welche damals noch die Spiele in der alten Sing- und Reigenspielrichtung ausführten, übte dieser Verein insofern einen günstigen Einfluß aus, als beim zweiten großen Spielfeste in Bismarckhütte am 22. September 1901, bei welchem an 2000 Spieler wirkten, zum erstenmal auch Spiele mit der schulentwachsenen Jugend vorgeführt wurden.

II. Die Entwickelung und Tätigkeit des oberschlesischen Spielverbandes.

Der Besuch des deutschen Spielkongresses in Köln 1902 seitens des Spielinspektors Münzer, die enge Fühlungnahme mit dem Vorstande des Zentralausschusses, noch mehr aber der Spielkursus in Bismarckhütte 1902 bilden einen Merkpunkt in der oberschlesischen Spielbewegung. Es erfolgte nämlich als Frucht dieser Vorkommnisse am 3. September 1902 die Gründung der Spielvereinigung des oberschlesischen Industriebezirkes, welche sich zum Ziele setzte, nicht nur spieltüchtige Lehrer heranzubilden, sondern auch durch Wettspiele und Spielfeste die Spielbewegung in weitere Volkskreise zu tragen.

Jetzt trat auch ein Wendepunkt in der Spielrichtung ein. Es wurde ein besonderer Wert auf die schönen deutschen Kampfspiele, Schlagball ohne Einschenker, Barlauf, Faustball, Tamburin gelegt; denn die Praxis ergab bald, daß nur diese Art von Spielen den jungen Mann, das heranwachsende junge Mädchen befriedigen können. Freilich wird noch einige Zeit vergehen, ehe die Auffassung des oberschlesischen Spielverbandes, daß das deutsche Spiel nicht bloße Spielerei, sondern eine ernste Arbeit im Gewande jugendlicher Freude ist, daß es nicht nur erfrischen soll, sondern auch der aufschäumenden Jugendkraft des Oberschlesiers hinreichende Beschäftigung bieten muß, in Oberschlesien von allen spielleitenden Lehrern gewürdigt wird. Die Regeln des Zentralausschusses gelten überall für die Ausführung der Spiele als Richtschnur.

Mit Eifer und Geschick verfolgte die junge Vereinigung ihr Ziel; sie erwarb sich nicht nur unter den Lehrern Freunde und Anhänger, sondern es gelang ihr auch, die Gemeinden und Hüttenverwaltungen zu gewinnen. Herr Regierungsrat Dr. Küster trat bald in enge Fühlung mit der neuen Vereinigung und erwies sich als ihr größter Gönner. Mit Dank sei es hier hervorgehoben, daß er sich weder durch ungünstige Witterung (18. April 1903), noch durch große Arbeitsüberlastung abhalten ließ, zu den Hauptveranstaltungen der Vereinigung aus Oppeln zu kommen, um ihr mit Rat und Tat zur Seite zu stehen; auch Kreisschulinspektor Wiercinski aus Königshütte trat bald in die neue Vereinigung und suchte fördernd und helfend einzugreifen. In einer Reihe von Spieltagen an verschiedenen Orten, wie in Bismarckhütte, Kattowitz, Zabrze, Lipine, Schoppinitz, an welchen unter Beteiligung einer großen Zuschauermenge Wettspiele ausgeführt wurden, suchte die Vereinigung ihre Aufgaben zu erfüllen. Infolge dieser rührigen Tätigkeit hat sich das Vereinsgebiet nach und nach auf fünf Kreise ausgedehnt. Die Vereinigung mußte zu einem oberschlesischen Spielverbande umgewandelt werden.

Am 16. April 1904 erfolgte die Gründung des oberschlesischen Spielverbandes. Allseits freudige Zustimmung fand der Vorschlag, Herrn Regierungsrat Dr. Küster zum Ehrenvorsitzenden und Herrn Kommerzienrat Kollmann, welcher sich um die Pflege der Spiele in Bismarckhütte und Förderung der Spielkurse verdient gemacht hat, zum Protektor zu ernennen.

Nach den von der Generalversammlung genehmigten Satzungen umfaßt der Verband Spielvereine, Spielabteilungen der Turnvereine sowie Einzelmitglieder aus solchen Orten, an welchen noch keine Verbandsvereine vorhanden sind. Der Zweck des Verbandes ist die Hebung der Volks- und Jugendspiele durch Veranstaltung von Wettspielen und Spielfesten, durch Einwirkung auf die öffentliche Meinung zur Schaffung von Spiel-, Eislaufplätzen und Schwimmanstalten, durch Unterstützung der Ortsgruppen mit Spielgeräten und enge Fühlungnahme mit dem Zentralausschuß. Wettspiele werden vom Verbande aus veranstaltet:

a) für Männer namentlich im deutschen Schlagball ohne Einschenker, Barlauf, Faustball, Tamburin, Fuß- und Schleuderball;

b) für Damen in Tamburin, Barlauf und Faustball.

Im Winter wird Eislauf gepflegt. Bei den Spielen dürfen nur deutsche Ausdrücke gebraucht werden. Verbandsorgan ist die Zeitschrift für Turnen- und Bewegungsspiele „Körper und Geist".

Die Folge bewies, daß mit der Gründung des oberschlesischen Spielverbandes ein glücklicher Griff getan worden ist. Es erklärten in kurzer
Zeit drei Spiel- und drei Turnvereine ihren Beitritt zum Verbande. Derselbe zählte bald nach seiner Gründung 412 Mitglieder, gegen 50 Mitglieder, mit welchen die Spielvereinigung des oberschlesischen Industriebezirks
am 3. September 1902 ins Leben gerufen worden ist.

Ein reiches Arbeitsfeld eröffnete sich dem aufblühenden Verbande.
Mit Eifer und Geschick gingen die einzelnen Verbandsvereine an ihre
Aufgaben heran. Die Arbeit trug reiche Früchte. Was man vor kaum
zwei Jahren mit mitleidigem Achselzucken bespöttelt, wurde Tatsache.
Männer und Jünglinge, Frauen und Mädchen eilten auf die Spielplätze.
Man begann das Spiel zu würdigen. Immer neue Turn- und Spielvereine traten dem Verbande bei, so daß er, wie aus nebenstehender Statistik
zu ersehen ist, nach dreivierteljährigem Bestehen 10 Turn-, 9 Spielvereine, also
19 Vereine und 117 Einzelmitglieder, zusammen 972 Mitglieder zählt,
von denen 241 dem Lehrerberufe angehören. Auch die Herren Kreisschulinspektoren Wiercinski-Pleß, Dr. Schwiercina-Königshütte, Kolbe-Katto-
witz, Dr. Rzesnitzek-Rybnik, Klink-Hultschin, Dr. Wolter-Lublinitz, Weyher-
Myslowitz, Schwarzer-Königshütte und Nickel-Beuthen gehören dem Verbande als Einzelmitglieder an.

III. Das erste vaterländische Volks- und Wettspielfest in Bismarckhütte.

Am 25. September 1904 fand das erste Verbandsfest statt, das als
erstes vaterländisches Volks- und Wettspielfest, nach dem Muster der Dresdener
und Kölner Feste veranstaltet worden ist. Dieses Fest gab zum ersten-
mal dem oberschlesischen Volke ein Bild der siegenden Macht der deutschen
Volksspiele, indem es den erstaunten, nach vielen Tausenden zählenden
Zuschauern die Stärke des oberschlesischen Spielverbandes vor Augen führte.
Die Bevölkerungskreise aus Bismarckhütte hatten in Opferwilligkeit und
freiwilligen Gaben zur würdigen Ausgestaltung des Festes sich überboten.
An dem Festzuge, der sich unter Führung von zwei Musikkapellen um
Punkt 3 Uhr mit dem Vertreter des Herrn Regierungspräsidenten, Regierungsrat Dr. Küster an der Spitze, in Bewegung setzte, nahmen 28 Vereine
und etwa 1000 Spieler und Turner teil. Der Weg wies eine Anzahl
geschmückter Ehrenpforten, die meisten Häuser hatten patriotischen Festes-
schmuck. Einen besonderen lieblichen Anblick gewährten die Damen mit
ihren weißen, braunen und blauen Spielerkappen, deren blühendes Aus-
sehen dem Vorteil des Spieles ein beredtes Wort sprach. Vor den Denk-

Statistik
über die Spieltätigkeit des oberschlesischen Spielerbandes 1904.

Lfd. Nr.	Name des Vereins	Zahl der Mitglieder	Der erste und der letzte Spieltag	An wieviel Tagen wurde wöchentlich gespielt?	Ges. samtl. Spieltage	Wie lange wurde durchschnittl. an den einzelnen Tagen gespielt?	Zahl der Teilnehmer durchschnittlich / überhaupt	Welche Spiele wurden geübt?	Wie oft sind die Wettspiele veranstaltet worden?	Wie werden die Mitglieder im Winter beschäftigt?	Bemerkung
1	Spielverein Bismarckhütte	180	16.III.,31.X	4	87	2½	35 / 2883	Deutscher Schlagball, Barlauf, Faustball, Tamburin, Korbball, Faustball, Burgball, Ballfangd, Tiedball, Kreiswurfball, Eislauf, Schleuderball	2mal	Eislauf	—
2	Turnverein "Frisch-Frei" Birkenhain	30	20.III.,21.X	2	38	2½	10 / 580	Wie oben	1mal	Turnen u. (Zimmerspiele)	—
3	Spielverein Lipine	50	4.V., 12.X	(Je nachdem Witterung)	45	2½	13 / 574	„	2mal	—	—
4	Spielverein St. Dombrowa	19	—	3	—	—	19	„	1mal	Eislauf	—
5	Spielverein Bielschowitz	30	—	—	—	—	25	„	—	Eislauf	—
6	Spielverein Zabrze	41	—	1	12	2	60% / 288	„	1mal	—	—
7	Spielverein Lagiewnik	30	—	2	53	2	92% / 92%	„	2mal	Chorgesang	—
8	Turnverein „Jahn" Schoppinitz	75	15.IV.,15.X	—	132	2	—	„	3mal	Eislauf	—
9	Turnverein Ruda	48	—	—	14	3	— / 364	„	2mal	—	Bericht fehlt
10	Spielverein Laurahütte	50	—	—	—	—	—	„	2mal	—	—
11	Turnverein Miechowitz	30	3.V. 31.X	—	35	2	19 / 527	„	2mal (Turn-märsche)	—	—
12	Turnverein Bobrek	35	—	—	—	—	—	„	—	—	Bericht fehlt
13	Spielverein Hubertushütte	28	1.VI.,15.X	3	51	2	—	„	1mal	Erziehungsabende	—
14	Turnverein Bryzowitz	40	—	—	—	—	—	„	—	—	Neu gegr.
15	Turnverein Kunzendorf	25	11.IX.,31.X	1	8	—	75%	„	—	Eislauf	Neu gegr.
16	Turnverein Bottigwerf	50	—	—	—	—	—	„	—	—	Neu gegr.
17	Turnverein Kattowitz	50	—	—	—	—	—	„	—	—	Neu gegr.
18	Spielverein Laband	22	2.X. 29.I.	2	31	2	30	„	—	Eislauf u. (Zimmerspiele)	Neu gegr.
19	Turnverein Pleß	44	30.III.,13.X	2	71	2	—	„	Spielfest	Eislauf u. (Zimmerspiele)	Neu gegr.
20	Einzelmitglieder	117	—	—	—	—	—	—	—	—	—
	Summa	972									

mälern des Heldenkaisers Wilhelm I. und seines eisernen Kanzlers Bismarck wurden unter einer patriotischen Ansprache des Herrn Sanitätsrat Dr. Fröhlich Kränze niedergelegt. Der große Festplatz hatte eine praktische Einteilung erfahren, der nicht nur den Spielern selbst vollste Bewegungsfreiheit ließ, sondern auch den Zuschauern in vollstem Maße gerecht wurde. Im Hintergrunde war eine Tribüne für die Ehrengäste errichtet, in welcher die Fahnen der Vereine untergebracht wurden und die Vertreter der Behörden: Königlicher Regierungsrat Dr. Küster, Regierungs- und Gewerberat Böhmer, Regierungsassessor v. der Wense, Regierungsassessor Meinecke, Landrat Dr. Lenz, Landrat Dr. v. Ziller, die Herren Landräte aus Tarnowitz, Kattowitz, sowie zahlreiche hervorragende Schulmänner, die Spitzen der oberschlesischen Hütten- und Grubenverwaltungen, die Vertreter der Kommunen und Gemeinden Platz nahmen. Der Berichterstatter eröffnete das Fest mit einer Ansprache, welche mit einem Hoch auf das deutsche Vaterland ausklang, an das sich der brausende deutsche Nationalsang: „O, Deutschland hoch in Ehren" anschloß.

Gespielt wurde gleichzeitig auf drei Abteilungen des Spielplatzes. Der erste Wettkampf: Birkenhain gegen Bismarckhütte endete mit einem Siege der Damenabteilung Bismarckhütte. Der Tamburinball, vor wenigen Jahren hier noch unbekannt, hat sich rasch eingebürgert. Das Schlagen des kleinen leichten Gummiballes erfordert eine geübte Hand, ein sicheres Auge, und nötigt zu schnellen Bewegungen, doch nur auf kurze Entfernungen. Namentlich bei den Damen erfreut sich dieses Spiel der größten Beliebtheit. Es war deshalb nicht zu verwundern, daß das schöne Geschlecht als Sieger triumphieren konnte. Gleichzeitig wurde Korbball von Herren und Damen aus Bismarckhütte vorgeführt. Dieses Spiel bietet den Damen einen Ersatz für Fußball und gewährt einen erfreuenden Anblick in dem hin- und herfliegenden Ball und dem sich dabei abspielenden Kampf um Eroberung des gegnerischen Korbes. Auf dem dritten Spielfelde wurde das in Turnerkreisen besonders beliebte Schleuderballspiel ausgeführt; es kämpfen Turnverein Schoppinitz gegen Ruda. Sieger: Schoppinitz. Nach einer halben Stunde erfolgten Wettspiele im Faustball, Schlagball und freie Gesellschaftsspiele. Der erste Faustballkampf zwischen Bismarckhütte—Lagiewnik blieb unentschieden, ein zweiter zwischen Bismarckhütte—Schoppinitz endete mit einem Siege der Bismarckhütter. Mit ebenso großer Fertigkeit und Gewandtheit im Zusammenspielen erfolgte ein Schlagballwettkampf zwischen Bismarckhütte—Laurahütte—Lipine, welcher mit dem Siege von nur einem Punkte seitens der zusammengesetzten Partei endete. Große

Fertigkeit zeigte auch das Barlaufſpiel zwiſchen Bismarckhütte gegen Lipine — Laurahütte, in welchem Bismarckhütte ſiegte. Die an den Wettkämpfen nicht beteiligten Spieler wurden durch Geſellſchaftsſpiele unterhalten. Ein Eilbotenlauf mußte wegen eintretender Dunkelheit unterbleiben. Der Verbandsſpielwart Lehrer Krebs ſprach bei der darauf unter Abbrennung eines prachtvollen Feuerwerkes erfolgten Siegerverkündung ſeinen Dank für die rührige Vereinstätigkeit aus: „Mit Stolz, ſo hob er an, kann der oberſchleſiſche Spielverband auf ſein erſtes Verbandsfeſt zurückblicken. Die meiſten Vereine ſind erſt im Laufe des Sommers gegründet worden, viele haben noch keine geeigneten Spielplätze, aber überall ſproßt friſches geſundes Leben, welches beweiſt, daß die Einführung der Volksſpiele in Oberſchleſien einem tiefgefühlten Bedürfnis entſpricht.“

Zu Ehren der Sieger und Teilnehmer an dem Feſte fanden in zwei großen Sälen Kommerſe ſtatt, bei welchen patriotiſche Lieder geſungen wurden und turneriſche Übungen mit lebenden Bildern und Theaterſtücke abwechſelten. Der Vertreter des Herrn Regierungspräſidenten Regierungsrat Dr. Küſter hielt eine Anſprache, in welcher er ſeinen Dank für die Veranſtaltung des hochpatriotiſchen Werkes ausſprach und des näheren auf die großen kulturellen Mittel einging, welche die Königliche Regierung in Oppeln zur Abwehr der großpolniſchen Bewegung in Oberſchleſien ſo wirkungsvoll anwendet, nämlich Jugend- und Volksſpiele, Volksbibliotheken und Volksunterhaltungsabende. Durch das Feſt, das ſo glänzend verlaufen iſt, ſei der Beweis erbracht worden, daß dem Spiel eine hervorragende ſoziale Bedeutung innewohne, indem es die echt germaniſche Eigenſchaft der Luſt und Freude an der Natur und an den Leibesübungen weckt und fördert. Seine Rede, welche mit einem Kaiſerhoch ausklang, weckte bei der Verſammlung wirkliche Begeiſterung, deren Wirkung, wie der folgende Redner im Sinne aller Anweſenden mit flammenden Worten ausſprach, nah und fern in Oberſchleſien in vermehrter hingebender Arbeit für das Volkswohl hervortreten wird.

IV. Pflege des Eislaufes.

Eine Belebung und Verſtärkung der Mittel, das Volk in geſundheitlicher und germaniſatoriſcher Hinſicht zu beeinfluſſen, hat der oberſchleſiſche Spielverband durch Pflege des Eislaufes geſchaffen. Bei gutem Willen werden ſich auch im Induſtriebezirk Eisbahnen herſtellen laſſen, wie dies z. B. die Gemeinde Bismarckhütte bewieſen hat, welche für die Arbeiter und Beamten eine abends elektriſch beleuchtete Eisbahn geſchaffen hat.

Ein Lungenbad in staubfreier Luft bei ausgiebiger Bewegung im Winter zu nehmen, ist besonders dem in Rauch, Staub und in nervöser Hast lebenden Bewohner des Industriebezirkes sehr dienlich, zumal auch die Folgen der Genußsucht, Bequemlichkeit und Verweichlichung hier noch mehr als anderswo zutage treten.

Die Freuden des schnellen Dahingleitens auf spiegelglatter Fläche sind ein gutes Ersatzmittel für die zweifelhaften Freuden des Ballsaales; sie sind auch ein gutes soziales und deutsches Einigungsmittel. Durch systematische Pflege des Eislaufes, durch Abhaltung von Jugend-, Preis-, Kunst- und Wettlaufen, durch geordnetes Paarlaufen sucht der oberschlesische Spielverband den in Oberschlesien bereits eingeführten Eislaufsport zu beleben und in die richtigen Bahnen zu lenken. Um seine Aufgaben besser erfüllen zu können und durch geschulte Läufer Anregung zu geben, hat sich der oberschlesische Spielverband mit Gesinnungsgenossen jenseits der schwarz-gelben Pfähle verbunden und ist dem deutschen Eislaufbezirk „Sudetenländer" beigetreten; er ist auch Mitglied des „Deutschen Eislaufverbandes", dessen Protektor Seine Kaiserliche Hoheit der Kronprinz des Deutschen Reiches ist. Bei dem diesjährigen Meisterschaftslaufen in Olmütz am 29. Januar war der oberschlesische Spielverband durch seinen Vorsitzenden vertreten.

V. Oberschlesische Lehrkurse.

Als bestes Mittel, Begeisterung für die deutschen Jugend- und Volks-spiele zu wecken, hat sich die Abhaltung von Lehrkursen zur Ausbildung von Jugend- und Volksspielleitern erwiesen. Lehrkurse sind in Oberschlesien außer vier Kursen in Königshütte an folgenden Orten abgehalten worden: Bismarckhütte (5), Leschnitz, Zabrze.

Um das Bedürfnis nach spielleitenden Lehrern in Oberschlesien weiter zu decken und die Spielbewegung an verschiedenen anderen Orten lebhafter zu gestalten, finden im Jahre 1905 weitere Lehrkurse statt, welche weiter unten in dem Kapitel „Spielkurse 1905" aufgeführt sind.

VI. Förderung der Spielbewegung durch Großindustrie, Kommunen und Gemeinden.

Das Interesse der Hütten- und Grubenverwaltungen, Kommunen und Gemeinden für die deutsche Jugend- und Volksspielbewegung in Ober-schlesien ist im Wachsen. An der Spitze der opferwilligen Kommunen steht Königshütte, dessen Spieletat im Jahre 1904 für Besoldung von 56 Spielleitern, sowie für Veranstaltung von Spielkursen, Spielfesten

5200 M. beträgt. Aber auch die Magistrate von Beuthen (Oberschlesien), Kattowitz, Myslowitz, Ratibor, Neustadt, Oppeln, Cosel, Oberglogau, Zülz, sowie viele Landgemeinden im oberschlesischen Industriebezirk, welche in der Opferwilligkeit für kulturelle deutsche Bestrebungen vielen Orten in Deutschland voranleuchten, haben ganz enorme Leistungen zur Besoldung vieler Spielleiter auf ihre Etats übernommen und beschaffen auch die Mittel zur Bezahlung der Spielgeräte. Ebenso groß ist der Wetteifer in der Beschaffung von Spielplätzen, welche oft enorme Summen verschlingen. Die Großindustrie geht mit leuchtendem Beispiel voran. Der Grubenfiskus Zabrze errichtet einen 20 ha großen Volkspark, welcher mit sehr geräumigen Spielplätzen ausgestattet sein wird. Die Anlage soll an 200000 M. Kosten verursachen. Um den deutschfeindlichen Bestrebungen der Sokolisten ein Ziel zu setzen, wird auch dort, wo die drei Kaiserreiche Deutschland, Rußland, Österreich zusammenstoßen, an der Dreikaiserecke bei Myslowitz, ein Bismarckturm und ein mächtiger Spielplatz entstehen.

VII. Spiele mit der schulentwachsenen Jugend. Jugendheime.

Um die schulentwachsene Jugend nicht schutz- und wehrlos der staatsfeindlichen Wühlarbeit der Sozialisten und Großpolen zu überlassen, um sie im volkserzieherischen und nationalpatriotischen Sinne weiter zu bilden, um die Früchte einer opferreichen Schularbeit zu sichern und weiter auszubauen, wendet man bei dem Mangel an ländlichen Fortbildungsschulen in Oberschlesien mit Erfolg die deutschen Jugendspiele an. Sie erweisen sich gleichzeitig als bestes Mittel, dem Tatendrang der Jugend eine gesunde, nützliche Ablenkung zu geben und so die Jugend vor sittlichen Gefahren zu bewahren. Zur Beschäftigung der schulentlassenen Jugend mit deutschen Jugendspielen haben sich in Oberschlesien drei Richtungen entwickelt.

1. Die schulentlassene Jugend wird an freien Wochen-, besonders aber an Sonntagen mit Spielen beschäftigt. Mit dem Austritt aus der Schule behalten die spieleifrigen Kinder ihre Anhänglichkeit an ihren Spielleiter; denn die Kampfspiele Schlagball ohne Einschenker, Barlauf u. a. sind immer eine große, treibende Kraft. Mit Sing- und Reigenspielen, welche an manchen Orten noch immer übermäßig im Vordergrund stehen, ziehen wir die schulentwachsene Jugend, die eine kräftigere Kost verlangt, nicht an. Sie wird an vielen Orten in Oberschlesien zum Spiel herangezogen, namentlich in Königshütte, wo 1904 von neun Spielleitern 250 Spielstunden geleitet worden sind. Große Spielfeste mit solchen Knaben und

Mädchen, wie z. B. die 1903 und 1904 in Königshütte veranstalteten und so glänzend verlaufenen großen Spielfeste am Redenberge, wirken immer sehr anregend auf den weiteren Besuch der deutschen Jugendspiele, sie sind auch eine gute Vorbereitung für Volksspielfeste.

2. Auf Anregung des Herrn Ministers für Handel und Gewerbe sind in Oberschlesien seit 1900 mehrere Jugendheime entstanden, welche nach und nach zu guter Entwickelung gelangt sind. Die Aufgaben der Jugendheime bestehen darin, den Zöglingen nicht nur geistige Anregung durch Lektüre, illustrierte Zeitschriften, durch Gesang, Vorträge, Zimmerspiele (wie Salta, Lotto, Halma, Schach, Wettrennen, Domino usw.) zu verschaffen, sondern dieselben auch durch Bewegungsspiele im Freien zu erfrischen und nützlich zu beschäftigen. Deshalb hat man die Jugendheime, welche durch opferreiche Arbeit des Herrn Landrat Lenz, besonders im Landkreise Beuthen sehr gut entwickelt sind, in besonderen Sälen oder Häusern untergebracht, an welche sich meistens ein Spielplatz anschließt. Die Leitung ist meistens einem spieltüchtigen Lehrer anvertraut. In vielen Jugendheimen sind zwei spielleitende Lehrer an Sonntagnachmittagen beschäftigt. Sie sind an Sonntagen von 4—7 Uhr geöffnet und entwickeln sich gut in Bismarckhütte, Birkenhain, Schwientochlowitz, Neuheidut, Bobrek, Deutsch-Piekar, Roßberg, Scharley. Aber auch das seit fünf Jahren bereits bestehende Jugendheim Laurahütte erfreut sich unter der tatkräftigen Leitung des Herrn Gemeindevorstehers Schroeter einer guten Entwickelung, ebenso das von der durch Wohlfahrtseinrichtungen rühmlichst bekannten Verwaltung der Donnersmarckhütte in Zabrze eingerichtete. Gut geleitete Jugendheime befinden sich auch im Kreise Ratibor, wie in Petrzkowitz, Ludgierzowitz, Koblau, Bolatitz. Dort, wo besondere Räume nicht vorhanden sind, versammelt sich die Jugend bis zu 18 Jahren an Sonntagnachmittagen von 4—6 Uhr oder von 3—5 Uhr in der Schule. Es wird gesungen, es werden Theaterstücke eingeübt, auch gelegentlich ein Spaziergang unternommen, besonders aber auch im Freien viel gespielt. Aus den meisten, mir gütigst zur Verfügung gestellten Berichten ist zu entnehmen, daß dort, wo die Jugendheime von ausgebildeten Volksspielleitern geleitet werden, welche den Spielen der Zöglinge nicht nur zuschauen, sondern persönlich mitspielen, der größte Besuchseifer herrscht.

3. Die schulentwachsene Jugend wird auch viel in den Jugendabteilungen der Turn-, besonders aber in den der Spielvereine beschäftigt. Die große Anziehungskraft, welche die deutschen Volksspiele auf die Jugend ausüben, wirkt besonders dort günstig, wo auch Erwachsene sich denselben

Übersicht

über die Tätigkeit der oberschlesischen Jugendheime im Jahre 1904.

Ort der Jugendheime	Wann gegründet?	An wieviel Sonntagen war das Jugendheim benutzt?	Wieviel Stunden wurden die Zöglinge an Sonntagen beschäftigt?	Anzahl der Teilnehmer im Durchschnitt	Spiele im Freien	Spiele in geschlossenen Räumen	Wieviel Vorträge wurden gehalten?	Pflege des deutschen Gesanges
Bismarckhütte (Kr. Beuthen O.-S.)	1901	ca. 40	3	ca. 50	Ballspiele, Barlauf, Drittemahlschlagen, Tamburin, Faustball, Schleuderball, deutscher Schlagball, Schlaglauf	Halma, Salta, Mühle, Domino, Puff, Dame, Geduldspiele, Mikadomino, Baumeister, Wettrennen, Dexterspiel, Quostispiel, Kolorito, Würfelspiele, Rätselspiele	—	—
Birkenhain (Kr. Beuthen O.-S.)	1904 Beginn der Spiele am 26. September 1904	8	2—3	19	Wie oben	Wie oben	5	Wird gepflegt
Bobrek (Kr. Beuthen O.-S.)	1904	24	2	15	.	.		
Deutsch-Piekar (Kr. Beuthen O.-S.)	1904	36	2—3	28	.	.	10	Wird gepflegt
Neu-Heiduk (Kr. Beuthen O.-S.)	27. Nov. 1904	6	2—3	50	keine		4	
Roßberg (Kr. Beuthen O.-S.)	1904	19	2—3	28	Wie oben		6	
Schwientochlowitz (Kr. Beuthen O.-S.)	4. Sept. 1904	19	2—3	47	.	.	17	Wird gepflegt
Laurahütte (Kr. Kattowitz)	2. Juni 1900	ca. 40	2—3	40	.	.	10	.
Bolatitz (Kr. Ratibor)	Nov. 1904	8	2	15	keine	.	8	.
Ludgierzowitz (Kr. Ratibor)	1904	6	2	14	.	.	4	.
Petrzkowitz (Kr. Ratibor)	1904	—	—	—	—	—	—	Berichte fehlen
Koblau (Kr. Ratibor)	1904	—	—	—	—	—	—	
Donnersmarckhütte (Kr. Zabrze)	1901	—	—	—	—	—	—	

an Sonntagen mit Luft hingeben. Zwischen den jüngeren und älteren Spielern entsteht oft ein Wetteifer, welcher auf die Spielfertigkeit und die Spielfreude von dem denkbar besten Einfluß ist. In solch freiwilliger Vereinstätigkeit fühlt sich die Jugend, wie die Erfahrung lehrt, am wohlsten. Veranstaltungen, welche die Jugend zu sehr an „Schule" erinnern, erfreuen sich bei der Menge keiner Beliebtheit. Daß auch Erwachsene an diesen Spielen Vergnügen haben, spornt die Jugend zu größtem Eifer an. Deshalb drängt sich die schulentwachsene Jugend in großen Scharen zu den oberschlesischen Spielvereinen, welche seitens aller nationalgesinnten Parteien kräftigste Unterstützung verdienen. Wenn dann nach gemeinsamer Luft und Anstrengung, nach einem Schwitz- und Sonnenbad der Sonntagsabend anbricht und die aus alten und jungen Leuten zusammengesetzte Spielerschar auf dem Heimwege das herrliche „Guts-Muths-Lied" oder „O, Deutschland hoch in Ehren" anstimmt, dann fühlen sich die Herzen gehoben und heilige patriotische Vorsätze steigen aus dankbaren Herzen zum Himmel empor.

VIII. Pflege der Jugendspiele an Volksschulen.

Die größte Ausbreitung haben die Jugendspiele an den oberschlesischen Volksschulen gefunden. Nach einer im April 1904 vom Unterzeichneten verfaßten Denkschrift wurde das Jugendspiel im Jahre 1903 in acht Schulinspektionsbezirken an 150 Schulen systematisch betrieben, nämlich in zusammen 103 Ortschaften der Kreise Beuthen, Kattowitz, Myslowitz, Königshütte und Oppeln, vornehmlich aber in der Stadt Königshütte und in den Kreisen Zabrze, Beuthen, sowie im Kreisschulinspektionsbezirk Leschnitz. Es wurden 13200 Spielstunden geleistet, und es beteiligten sich im ganzen ungefähr 32000 Kinder am Jugendspiel.

Im Jahre 1904 hat der Spielbetrieb an den oberschlesischen Volksschulen sich bereits verdoppelt; er ist jetzt auf die Kreise Beuthen, Kattowitz, Zabrze, Gleiwitz, Tarnowitz, Pleß, Ratibor, Groß-Strehlitz, Oppeln ausgebreitet.

IX. Errichtung und Aufgaben der oberschlesischen Spielinspektion.

Bei dieser so ungemein günstigen Entwickelung der Jugend- und Volksspielbewegung in Oberschlesien war die Schaffung einer einheitlichen Zentralleitung der oberschlesischen Spielinspektion, welche gleichsam die Krönung eines sorgsam vorbereiteten, weitsichtigen Planes der Königlichen Regierung in Oppeln und den Schlußstein der ersten längeren Entwickelungs-

periode bildet, die notwendige, fich von felbft ergebende Folge. Diefe Einrichtung hat nicht nur in den Kreifen der fpielleitenden Lehrer, fondern
auch bei anderen deutfch-national gefinnten Bevölkerungskreifen lebhafte
Genugtuung hervorgerufen; denn nun erft kann fich das deutfche Jugend-
und Volksfpiel ungehindert mit größerer Kraft und Einheit im ganzen
Regierungsbezirk entfalten.

Der Spielinfpettor ift der Vertrauensmann aller fpielleitenden Lehrer
und hält jährlich mehrere Spielkurfe ab, um alle fpielleitenden Lehrer
nach und nach auszubilden. Er forgt dafür, daß möglichft das ganze
Jahr gefpielt wird; denn gerade Schlagball und Barlauf können in der
Tat faft das ganze Jahr, auch im Winter, gefpielt werden. An den
heißeften Tagen des Sommers wird gebadet oder gefchwommen, im Winter,
foweit es die Gelegenheit erlaubt, Schlittfchuh gelaufen. Der Spielinfpettor
forgt für Befchaffung der Spielplätze, der Spielgeräte und für einheitliche
Durchführung der Spiele an allen Orten, insbefondere auch für ihre Be-
treibung nach den Regeln des Zentralausfchuffes.

Die Wirkung diefer feit 1. September 1904 dem Vorfitzenden des
oberfchlefifchen Spielverbandes, Herrn Münzer, übertragenen Einrichtung
hat fchon jetzt eine vermehrte Tätigkeit auf dem Jugend- und Volksfpiel-
gebiet in Oberfchlefien zur Folge. Zunächft follen die deutfchen Jugend-
und Volksfpiele im oberfchlefifchen Induftriebezirk derartig ausgebaut
werden, daß möglichft an jedem Orte nicht nur Spiele mit den Schulkindern, fondern auch mit der fchulentwachfenen Jugend und mit den
Arbeitern und Beamten ausgeführt werden können; vornehmlich in den
Grenzkreifen Kattowitz, Beuthen und auch in Zabrze follen recht viel
Lehrer in der Spielleitung ausgebildet werden. Deshalb finden in Bismarckhütte zwei Lehrkurfe ftatt. Sodann follen auch fämtliche oberfchlefifche
Städte, foweit dies noch erforderlich ift, für Aufnahme der geregelten
Spiele an Volksfchulen und für Spiele mit der fchulentlaffenen Jugend
gewonnen werden. Aber auch auf dem Lande, wo die Jugend vielfach
noch durch weitere Schulwege, ganz befonders aber durch wirtfchaftliche
Mitarbeit abgehalten wird, an den Spielen regelmäßig teilzunehmen,
muß die Spielbewegung kräftiger einfetzen, und zwar zunächft in den
von der polnifchen Bewegung am meiften bedrohten Kreifen zuerft; deshalb finden auch Lehrkurfe in Ratibor, Pleß, Oppeln, Rybnik, Gleiwitz,
Tarnowitz, Deutfch-Krawarn und Neuftadt (Oberfchlefien) ftatt. Durch
Fleiß und Energie wird es fich ermöglichen laffen, auf dem Lande die
junge Welt im Spiel wenigftens fo weit auszubilden, daß fie an Sonn-

tagnachmittagen, bei Schulspaziergängen, die vielfach zu ländlichen Volks-
festen werden, und den eigentlichen Festtagen sich und die übrige Bevölkerung
durch geordnete deutsche Volksspiele erfreuen können.

So mußte dort, wo zwei slavische Großstaaten ein blühendes, durch
deutschen Fleiß reich gesegnetes Land umklammern und die deutsche Bevölkerung für Erhaltung und Kräftigung ihrer mühsam errungenen wirtschaftlichen und kulturellen Güter einen schweren Kampf mit einem ver-
schlagenen, harten Gegner führen muß, das deutsche Jugendspiel zum
Volksspiel sich am kräftigsten in kurzer Zeit entwickeln. Möge dieses große
deutsche Kräftigungs- und Einigungsmittel, das uns in dem mühsamen
Kampfe an der deutschen Ostmark Waffe, Schutz und Schirm ist, im
ganzen deutschen Vaterlande uns neue Freunde und Helfer wecken!

9.
Kriegsball.
Von G. Oswald in Breslau.

Vorwort.

Im Jahre 1890 lernte ich im Alten Turnverein-Breslau (II. Abteilung) „Kriegsball" kennen. Von der nächsten Turnstunde an betrieben
meine Schüler das Spiel. Neben großen Vorzügen hatte es aber auch
große Schwächen. Der Gefangene trat nämlich zur Gegenpartei, die ihn
zum Gefangenen gemacht hatte, über und spielte — durch die Spielregel
genötigt — als Glied dieser Partei gegen seine eigenen Kampfgenossen.
Häufig genug ließ er sich darauf absichtlich wieder gefangen nehmen, um
zu seiner Partei zurückzukommen. Überhaupt ermöglichte es unredliches
Spiel jedem Spieler, Glied der von ihm bevorzugten Partei (Mittelpartei)
zu werden. Das machte das Spiel zum Ringen ohne Ende, zum Kampf
ohne Sieg, zu unehrlichem Spiele.

Im Sommer 1892 fand ich eine diese Fehler beseitigende Spielweise.
Bei ihrer Anwendung wird die Entscheidung eines jeden Kampfes zumeist
in weniger als fünf Minuten herbeigeführt; die Gefangenen treten auf
ein Gefangenenmal, und jedem beendeten Kampfe folgt Stellungswechsel,
der die Spieler in bezug auf Spielfeld und Kampfbedingungen gleichstellt.
Seit 1892 habe ich diese Spielweise zur Anwendung gebracht. Eine
Änderung erfuhr in dieser langen Zeit von den Regeln allein die
Wertung.

In dieser Form nun ist Kriegsball von allen für Knaben in Betracht kommenden Massenspielen mit dem großen Vollballe meines Erachtens das beste.

1. Es ist leicht zu erlernen;
2. es ist, richtig betrieben, gefahrlos;
3. es übt den Körper vollkommen allseitig, wie kaum ein zweites Spiel;
4. es ist ein rechtes Massenspiel, das auch die Masse in steter Bewegung erhält;
5. es kann dessenungeachtet auch von einer geringeren Spielerzahl, selbst noch von drei Spielern betrieben werden;
6. es ist Parteispiel und läßt drei Züge um die Höchstzahl der erreichten Punkte wetteifern;
7. es eignet sich für das männliche Geschlecht und zwar für alle Altersstufen etwa vom neunten Jahre an aufwärts;
8. es verlangt im Verhältnis zu andern Spielen nur einen mäßig großen Platz und stellt dazu nicht einmal besondere Anforderungen an denselben;
9. es verursacht fast keine Kosten, und das allein ist für viele Schulen in Dörfern und kleinen Städten ausschlaggebend. Man forme das einzige zu Kriegsball gehörige Gerät, den großen Vollball, nach Regel 2 nur selbst und überlasse das Umnähen event. der Handarbeitsstunde der Mädchen.

Von Kriegsball gilt, was von unsern schönsten Spielen gesagt werden kann: Leib und Seele stellen alle Kräfte in seinen Dienst. Lauf', spring', wirf! Wag' oder flieh'! Aufmerksamkeit und besonnene Ruhe sichern die Abwehr, schneller Entschluß und Ungestüm verstärken den Angriff. Gehorsam dem Führer, Gemeinsinn dem Kampfgenossen! Jede Mannestugend wird geübt und Kraft, Ausdauer und Gewandtheit vermehrt.

Auch Erwachsenen, welche nur über einen kleinen Spielplatz verfügen und deshalb Schleuder-, Faust- und Fußball nicht betreiben können, kann Kriegsball nicht warm genug empfohlen werden. Das Spiel sollte in keiner Schule, in keinem Turnvereine, in keinem Spielbuche, besonders aber in keinem amtlichen Leitfaden für Turnen und Spiel der Volksschulen fehlen.

Methode der ersten Einübung des Spieles.

1. Spielfeld herstellen (Regel 3—7).
2. Züge bilden und aufstellen (Regel 8—11 und 14).
3. Stellungswechsel der Züge wiederholt ausführen lassen (Regel 12).

4. Parteien und ihre Aufgabe bestimmen (Regel 15 und 16).

5. Gefangenenmale bestimmen (Regel 6 und 31).

6. Das flüchtige Berühren des Balles mit der Fußsohle mit darauf folgendem Aufnehmen vormachen (Regel 19).

7. Das Aufhalten des rollenden und besonders des fliegenden Balles vormachen (Regel 19 und 22).

8. Wer erlangt das Recht zum Wurfe (Regel 18 und 25)?

9. Unter der Annahme, der Ball liege im Mittelfelde oder in einem Außenfelde, die Bewegungen der Parteien in ihren Feldern wiederholt ausführen lassen (Regel 29).

10. Wer scheidet als Gefangener aus (Regel 30 und 31)?

11. Spielende (Regel 32 und 33).

12. Erste Belehrung der Partei im Mittelfelde.

    a) Euer Führer erhält den Ball zum ersten Wurfe (Regel 18).

    b) Wer von euch im weiteren Verlaufe des Spieles den Ball zum Wurfe aufnehmen will, muß ihn in jedem Falle vorher mit der Fußsohle berührt haben, denn euch kommt jeder Wurf vom Außenfelde, vom Feinde. Tretet deshalb den liegenden Ball flüchtig; haltet den rollenden und fliegenden, wenn irgend möglich, mit der Fußsohle auf und erfaßt ihn erst darauf (Regel 19, 22 und Zusatz a hinter 21).

    c) Ihr werft am vorteilhaftesten von der Grenze aus (Regel 26).

    d) Liegt der Ball in einem Außenfelde, so flieht an die Grenze des anderen Außenfeldes. Euer Führer achte auf genaue Ausführung dieser Bewegungen und rufe euch nötigenfalls laut zu: „Zurück!" (Regel 29 und Zusatz).

Bei Wiederholung der Belehrung genügt für die Partei im Mittelfelde:

    α) Jeden Ball mit der Fußsohle berühren!

    β) Von der Grenze aus werfen!

    γ) An die entferntere Grenze fliehen, wenn der Ball in einem Außenfelde liegt!

13. Erste Belehrung der Partei in den beiden Außenfeldern.

    a) Bei Beginn eines jeden Spieles, spätestens sobald der Ruf „Achtung!" erfolgt, zieht ihr euch möglichst weit zurück (Regel 18).

    b) Wer von euch den von der Partei des Mittelfeldes, von eurem Feinde, in euer Feld geworfenen Ball aufnehmen will, muß ihn vorher mit der Fußsohle berührt haben. Haltet den Ball aber nicht im Fluge, auch nicht sofort nach dem Niederfallen mit dem Fuße auf; ihr bringt euch dadurch nur nutzlos in Gefahr. Der Ball bleibt ja bestimmt in eurem Felde liegen, und einer von euch erhält ihn bestimmt zum Wurfe. Im Nutzen eurer Partei liegt es nicht, daß dieser oder jener gerade wirft, sondern daß ihr niemals getroffen werdet (Regel 19, 22 und Zusatz b hinter 21).

    c) Haben eure Verbündeten, eure Freunde im anderen Außenfelde aber so kräftig geworfen, daß der Ball durch das feindliche Feld hindurch bis in euer Feld fliegt oder rollt, so dürft ihr diesen Ball sofort mit den Händen erfassen, also auch im Fluge auffangen und sofort zum Wurfe benutzen (Regel 20).

d) Ihr werft am vorteilhaftesten von der Grenze aus (Regel 26).

e) Befindet sich der Ball im Mittelfelde, also bei eurem Feinde, so weicht von der Grenze zurück; liegt der Ball in einem Außenfelde, also bei euch selbst oder euren Freunden, so rückt — allen voran der Werfende — an die feindliche Grenze vor. Euer Führer achte auf genaue Ausführung dieser Bewegungen und rufe euch nötigenfalls laut zu: „Vor!" oder „Zurück!" (Regel 29 und Zusatz).

Bei Wiederholung der Belehrung genügt für die Partei in den beiden Außen-feldern:

α) Den aus dem Mittelfelde geworfenen Ball mit der Fußsohle berühren!

β) Den aus dem Außenfelde geworfenen Ball sofort mit den Händen erfassen!

γ) Von der Grenze aus werfen!

δ) Vorrücken, wenn der Ball in einem Außenfelde liegt!

ε) Zurückweichen, wenn der Ball im Mittelfelde liegt!

Der Spielleiter achte auf genaue Befolgung dieser Regeln; sie werden bei der ersten Einübung nach jedem Spiele kurz wiederholt und noch einmal wenigstens vor Beginn des Spieles in den nächsten zwei Spiel- oder Turnstunden.

Es empfiehlt sich, bei der ersten Einübung des Spieles die Würfe nur markieren und nach jedem Wurfe die Vor- oder Rückbewegungen ausführen zu lassen, bevor der nächste Wurf markiert wird, auch wohl diejenigen zu bestimmen, die sich treffen lassen sollen, um so den Gang des Spieles allen klar zur Erkenntnis zu bringen.

Zur Veranschaulichung folgt die Beschreibung des Spiel-verlaufes in seinem Anfange, geeignet zum Nachspielen und Fortsetzen mit bloßer Markierung des Wurfes.

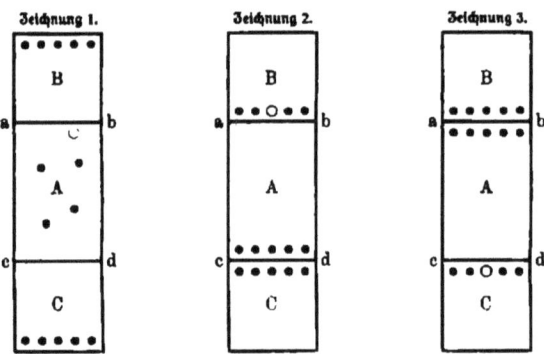

Zeichnung 1.   Zeichnung 2.   Zeichnung 3.

● ● ● ● ● = Besatzung.

○ = der den Ball in der Hand haltende Mann der Besatzung.

1. Nach Regel 18 erhält der Führer der Besatzung des Mittelfeldes den Ball zum ersten Wurfe. Er ruft: „Achtung!" Die Besatzungen beider Außenfelder

ziehen sich möglichst weit zurück (Zeichnung 1). Nun erfolgt der erste Wurf, und zwar von der Grenze aus, angenommen gegen die Besatzung des Feldes B, ohne einen Mann zu treffen.

2. Die Besatzungen der beiden Außenfelder (B, C) rücken an die Grenzen a b und c d vor; die Besatzung des Mittelfeldes (A) zieht sich an die Grenze c d zurück (Zeichnung 2). Ein Mann aus B tritt den Ball, weil er vom Feinde ins Lager geworfen wurde, erfaßt ihn, springt auch bis an die Grenze a b vor und wirft gegen die Besatzung des Mittelfeldes.

3. Es gelingt einem Spieler des Mittelfeldes, diesen vom Feinde kommenden Ball mit der Fußsohle aufzuhalten, schnell zu erfassen und einen Mann der fliehenden Besatzung des Feldes C zu treffen. Der Getroffene scheidet als Gefangener aus und tritt auf das Gefangenenmal f 2 (Zeichnung 4).

4. Die Besatzung des Mittelfeldes weicht an die Grenze a b zurück; die Besatzungen beider Außenfelder stürmen an die Grenzen a b und c d vor (Zeichnung 3). Schon hat ein Mann in C den Ball (er kam vom Feinde) getreten und aufgenommen. Die Besatzung des Mittelfeldes zu beunruhigen, fliegt jetzt der Ball im Bogen hinüber in das Feld B. Dort wird er, als ein von der verbündeten Partei geworfener Ball, sofort mit den Händen erfaßt und der nach c d fliehenden Besatzung des Mittelfeldes nachgeworfen. Der Wurf traf. Der Getroffene scheidet als Gefangener aus und tritt auf das Gefangenenmal e (Zeichnung 4). Der Ball bleibt in A liegen.

5. Der nächste Wurf ist wieder gegen die Besatzung eines Außenfeldes gerichtet; usw.

Die Besatzung des Mittelfeldes richtet ihren Wurf im weiteren Verlaufe des Spieles stets nach Belieben gegen Feld B oder C (beides feindliche Felder); die Besatzung eines Außenfeldes wirft entweder gegen die Besatzung des Mittelfeldes (gegen den Feind) oder sie wirft den Ball der Besatzung des anderen Außenfeldes (der verbündeten Partei) zum Fangen zu.

Es wird gespielt, bis entweder die Besatzung des Mittelfeldes oder die Besatzung beider Außenfelder zusammen drei Mann verloren haben.

Kriegsball.

I. Spielgedanke.

1. Zwei verbündete, örtlich getrennte Abteilungen bedrängen durch Werfen mit einem großen Vollballe den aus gesicherter Stellung sich durch Gegenwurf wehrenden Feind. Die Zahl der Gefangenen, d. h. der Getroffenen, entscheidet den Kampf.

Schneller Lauf, sicherer Wurf, gewandtes Ausweichen, dauernde Aufmerksamkeit, besonnene Ruhe und rascher Entschluß führen zum Siege.

II. Spielgerät.

2. Als Spielgerät wird ein großer, weicher Vollball ohne Henkel oder Schlaufengriff — für Knaben $3/_4$—1 kg schwer und bis 20 cm im

Durchmesser, für Erwachsene entsprechend schwerer und größer —
benützt.

Billig und gut ist der selbstgefertigte Ball. Ein faustgroßes Knäuel
Papier wird mit Werg und darüber mit einer Schicht Watte umhüllt, darauf
mit Wolle (aufgezogene verrichtet es auch) dicht umwickelt und zuletzt in
enger Spirale mit Stopfstichen umnäht. Der Ball ist weich, elastisch und
haltbar.

III. Spielfeld.

Zeichnung 4 zeigt das Spielfeld a b d c auf dem großen Spielplatze
m n o p, Zeichnung 5 auf dem kleinen r s t u und Zeichnung 6 auf einem
schmalen Spielplatze.

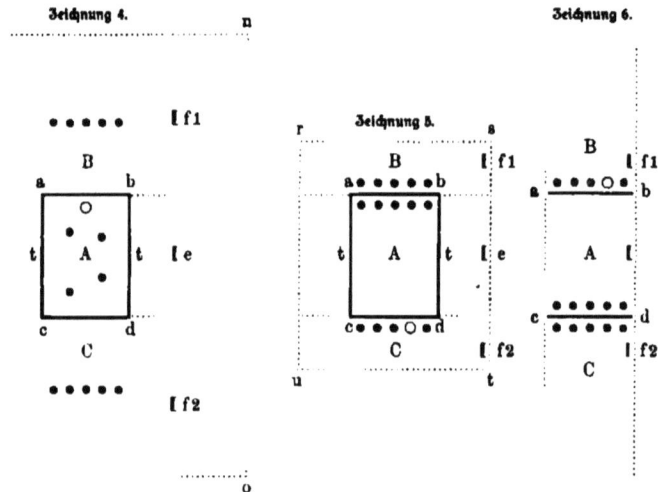

Zeichnung 4.   n   Zeichnung 5.   Zeichnung 6.

Nur die vier Grenzlinien des Mittelfeldes a b d c sind in geeigneter
Weise (durch Einritzen, durch Legen von Latten) auf dem Spielplatze zu
bezeichnen. Die punktierten Linien dienen der Erklärung und sind nur bei
ernstlichen Wettspielen auf dem Spielplatze anzugeben.

Auf schmalem Platze hat man nur die Linien a b und c d anzugeben.

3. Unterscheide das Mittelfeld A, die beiden Außenfelder B und C, die
   Gefangenenmale e, f 1 und f 2 und die Felder t!

4. Das Mittelfeld A ist auf großem (Zeichnung 4), wie auf kleinem
   Spielplatze (Zeichnung 5) so lang (a c), daß nicht gerade jeder von
   einem Außenfelde (B, C) aus geworfene Ball bis ins andere Außen·

feld fliegt (11 bis 14 Schritt), und so breit (ab), daß für jeden Mann seiner Besatzung ein guter Schritt gerechnet ist.

Der Spielleiter reguliere die Länge (a c) des Mittelfeldes!

5. Das Außenfeld B (beginnend an der Linie ab und deren Ver-längerung) und das Außenfeld C (beginnend an der Linie cd und deren Verlängerung) bleiben in bezug auf Länge und Breite auf großem Platze unbegrenzt (Zeichnung 4), auf kleinem Platze erleiden sie, nie das Mittelfeld, die Verkürzung (Zeichnung 5).

6. e, f1 und f2 sind Gefangenenmale (Regel 31).

7. Die Felder t bleiben unbenützt (Regel 23 und 30c).

Vorteilhaft, aber nicht notwendig ist es, Latten oder Stangen auf die Grenzen a b und c d zu legen.

IV. Zahl der Spieler, Bildung, Aufstellung und Stellungswechsel der drei Züge.

8. An einem Spiele beteiligen sich, soll es für alle gleich übend und unterhaltend sein, am besten nicht mehr als 21 Spieler.

Eine größere Zahl bildet besser zwei oder mehr gesonderte Gespiel-schaften, bei deren Einrichtung Gewandtheit und guter Wurf ausschlag-gebend sind.

Selbst von drei Spielern könnte das Spiel noch betrieben werden.

9. Aus einer Gespielschaft werden drei Züge gebildet,

am besten so: Die Spieler stellen sich in einer Stirnreihe auf. Die 3 gewandtesten (A, B, C) treten vor und wählen abwechselnd, wobei C als der schwächste beginnt, stets einen für ihren Zug, bis als letzter auch der schwächste Spieler einem Zuge zugeteilt worden ist.

10. A, B und C bleiben für die ganze Spieldauer die Führer ihres Zuges; ihnen wird bedingungslos Gehorsam geleistet.

11. Jeder der drei Züge besetzt ein Feld.

12. Bei Übungspielen wechselt nach jedem Spiele die Besatzung des Mittelfeldes mit der Besatzung eines Außenfeldes die Stellung; es steht im

	1. Spiel	2.	3.	4.	5.	6.
Außenfeld B Zug	B	C	A	B	C	A
Mittelfeld A Zug	A	B	C	A	B	C
Außenfeld C Zug	C	A	B	C	A	B

Bei diesem Wechsel rücken z. B. nach dem ersten Spiele die Züge A und B ein Feld vor; Zug C aber muß vom Außenfelde C nach dem Außenfelde B (natürlich außerhalb des Mittelfeldes) marschieren.

Die Züge sind nach je drei Spielen in bezug auf Spielfeld und Kampfbedingungen gleichgestellt.

13. Bei Wettspielen besetzt jeder Zug jedes Feld 10 Minuten.

Die Gefangenen treten nach Beendigung jedes Spieles während dieser zehn Minuten in ihr Feld zurück (Regel 32).

14. Bei Übungsspielen bestimmt der Spielleiter die erste, zweite und dritte Besetzung der drei Felder; bei Wettspielen wird dieselbe durch das Los entschieden.

Ein Spieler tritt vor die drei Züge, wendet ihnen den Rücken zu und wird von dem Spielleiter (Schiedsrichter), welcher an einen Zug herantritt, gefragt, welches Feld dieser Zug zu besetzen habe. Als Antwort kann erfolgen: Mittelfeld, linkes (näheres) Außenfeld, rechtes (entfernteres) Außenfeld. Es erfolgt darauf die Bezeichnung eines zweiten Zuges und Feldes. Der dritte Zug besetzt das übriggebliebene Feld.

In derselben Weise wird gelost, welcher Zug zu zweit und zu dritt das Mittelfeld zu besetzen hat.

V. Parteien und deren Aufgabe.

15. Die Spieler sind nun zwar in drei Züge geteilt, stehen auch in drei Feldern, bilden aber nur zwei Parteien; denn die Besatzungen der beiden Außenfelder sind Verbündete; sie bilden die eine Partei. Die Besatzung des Mittelfeldes bildet die andere (Regel 27 und 28).

Es kämpfen also:

im ersten Spiele die Züge B und C gegen Zug A
- zweiten » » » C » A » » B
- dritten » » » A » B » » C

usw. (Regel 12).

16. Die Besatzungen der beiden Außenfelder haben die Aufgabe, Spieler aus dem Mittelfelde mit dem Balle zu treffen und dadurch zu ihren Gefangenen zu machen. Die Besatzung des Mittelfeldes sucht ebenso Spieler aus beiden Außenfeldern durch Treffwürfe zu ihren Gefangenen zu machen (Regel 30 a).

VI. Spielregeln.

17. Der Kampf wird durch Werfen mit einem großen Vollballe ausgefochten.

Ganz unzulässig ist es, zwei Bälle zu benützen. Die Vor- und Rückbewegungen der Besatzung des Mittelfeldes (siehe über ihren Wert Zusatz zu

Regel 29) würden dann fast ganz wegfallen, weil diese Partei oft gleichzeitig von beiden Seiten mit dem Wurfe bedroht und deshalb in die Mitte ihres Spielfeldes gedrängt werden würde. Das Spiel würde zur Spielerei, im günstigsten Falle zu einem feigen und gefährlichen Ziel- und Totwerfen werden.

18. Bei jedem Spiele erhält der Führer der Besatzung des Mittelfeldes den Ball zum ersten Wurfe. Auf seinen Ruf: „Achtung!" ziehen sich die Besatzungen beider Außenfelder möglichst weit zurück (Zeichnung 1). Jetzt erst erfolgt der erste Wurf.

> Durch diesen soll kein Gegner überrascht oder überlistet werden; er wird in den meisten Fällen keinen Gefangenen machen.

19. Der vom Feinde geworfene Ball muß von dem Spieler, der ihn auf- nimmt, vor dem Aufnehmen mit der Fußsohle berührt werden. Es kann dies in zweifacher Weise geschehen: a) der liegende Ball wird vor dem Aufnehmen flüchtig getreten; b) der rollende und fliegende Ball wird mit der Fußsohle aufgehalten und darauf sofort erfaßt.

> Diese Regel kennt keine Ausnahme. Fasse deshalb den vom Feinde in dein Spielfeld geworfenen Ball erst an, wenn du ihn selbst vorher mit der Fußsohle berührt hast!
>
> Von dieser Regel kann — ohne den Wert des Spieles zu vermindern — in keinem Falle abgesehen werden, weil allein ihre Befolgung es den Be- satzungen der Außenfelder ermöglicht, gleichzeitig an die Grenzen vorzurücken, wenn sich der Ball in einem der Außenfelder befindet, und auch rechtzeitig fliehen zu können, wenn der Ball im Mittelfelde liegen bleibt (Regel 29).
>
> Dazu verhindert die Befolgung dieser Regel den Ausbruch von Streitig- keiten über Getroffen- und Nichtgetroffensein.

20. Der von der verbündeten Partei geworfene Ball darf sofort mit den Händen erfaßt werden.

21. Auch der von irgendeinem Gegenstande (von einem Baume, von dem getroffenen Feinde) in das Feld des Werfers zurückprallende Ball darf sofort mit den Händen erfaßt werden.

> Regel 19 und 20 angewendet auf jede Partei, heißt:
>
> a) Der Spieler im Mittelfelde muß jeden in sein Feld geworfenen Ball vor jedem Aufnehmen mit der Fußsohle berühren; denn ihm kommt jeder Wurf vom Außenfelde, also vom Feinde.
>
> 1. Den in seinem Felde (A) oder in t (Zeichnung 4) liegenbleibenden Ball tritt der Spieler des Mittelfeldes, ehe er ihn aufnimmt. Er tritt ihn auch dann, wenn durch diesen Ball ein Spieler seiner Partei ge- troffen und dadurch gefangen wurde. Selbst wenn ein Spieler seiner Partei aus irgendeinem Grunde auf den regelrecht mit der Fußsohle berührten, vielleicht auch schon aufgenommenen Ball verzichtet, muß der den Ball nun Aufnehmende ihn doch erst mit der Fußsohle berühren.

Der vom Feinde geworfene Ball darf eben in keinem Falle von Hand zu Hand gehen.

2. Den durch sein Feld rollenden oder fliegenden Ball hält der Spieler des Mittelfeldes, wenn irgend möglich, mit der Fußsohle auf und erfaßt ihn darauf (ohne den Ball noch zu treten) zum Wurfe, und von diesem Aufhalten des Balles mit der Fußsohle macht er wacker Gebrauch, um den Ball oft zum Wurfe zu bekommen.

b) Der Spieler im Außenfelde muß jeden von der Besatzung des Mittelfeldes (also vom Feinde) geworfenen Ball vor dem Aufnehmen mit der Fußsohle berühren; er darf aber jeden vom andern Außenfelde (also von der verbündeten Partei) kommenden Ball, den liegenden, den rollenden, wie den fliegenden, sofort mit den Händen erfassen.

Zum ersten Teile dieses Satzes:

1. Den von der Besatzung des Mittelfeldes (also vom Feinde) in sein Feld geworfenen Ball tritt der Spieler des Außenfeldes, ehe er ihn zum Wurfe aufnimmt. Er tritt ihn auch usw. wie bei a 1.

2. Der Spieler des Außenfeldes hält wohl den vom Feinde (vom Mittelfelde) geworfenen rollenden, doch nur im Falle der Not — wenn ein Ausweichen nicht mehr möglich sein sollte — den fliegenden Ball mit der Fußsohle auf, um sich nicht nutzlos in Gefahr zu begeben. Der Ball bleibt ja bestimmt in seinem Felde liegen; ein Spieler seiner Partei erhält ihn bestimmt zum Wurfe.

Zum zweiten Teile des Satzes b ist nur zu bemerken, daß die Besatzung eines Außenfeldes den Ball auch zuweilen der Besatzung des andern Außenfeldes zum Fangen zuwerfen kann, um die Besatzung des Mittelfeldes (den Feind) zu beunruhigen.

22. Das Aufhalten des vom Feinde geworfenen und noch fliegenden Balles mit der Fußsohle darf nur vorlings erfolgen, d. h. die Brust des Aufhaltenden, sein Fuß, der fliegende Ball und der Werfende müssen sich in einer geraden Linie befinden.

Die Befolgung dieser Regel verhindert den Ausbruch von Streitigkeiten über Getroffen- und Nichtgetroffensein an dem Fußrist.

23. Liegt der Ball im Mittelfelde, auf den Grenzlinien a b, c d und deren Verlängerungen oder in den Feldern t, so gehört er der Besatzung des Mittelfeldes (Zeichnung 4).

24. Liegt der Ball in einem Außenfelde, so gehört er der Besatzung dieses Feldes.

25. Das Recht zum Wurfe erwirbt derjenige, welcher den Ball zuerst mit der Fußsohle berührt oder ihn im erlaubten Falle (nur in den Außenfeldern, Regel 20 und Zusatz b hinter 21) zuerst mit den Händen erfaßt.

26. Geworfen wird in jedem Falle am sichersten von den Grenzlinien a b
und c d aus.

> Nur die schnelle Erwiderung des Wurfes von der Grenze aus
> hat Aussicht auf Erfolg; darum vermeide jede Unterbrechung des Spieles,
> springe rasch an die feindliche Grenze und wirf ohne Zeitverlust!

27. Die Besatzungen beider Außenfelder werfen gegen die Besatzung
des Mittelfeldes, oder sie werfen sich gegenseitig den Ball zum
Fangen zu.

> Letzteres geschieht, um die Besatzung des Mittelfeldes zu beunruhigen, um
> den Feind besser zum Wurfe zu bekommen (Ende des Zusatzes b hinter 21).

28. Die Besatzung des Mittelfeldes wirft ganz nach Belieben, bald gegen
die Besatzung des Außenfeldes B, bald gegen die von C.

> Kam der Ball aus Feld B, wirft sie am besten nach C, dem nächsten
> Feinde (Regel 29 und Zeichnung 2); kam der Ball aus C, wirft sie am
> besten nach B (Zeichnung 3).

29. Liegt der Ball im Mittelfelde, so weichen die Besatzungen beider
Außenfelder möglichst weit zurück, und der Werfende des Mittelfeldes springt an die feindliche Grenze vor (Zeichnung 1). Liegt
der Ball in einem Außenfelde, so flieht die Besatzung des Mittelfeldes
an die Grenze des anderen Außenfeldes, während gleichzeitig die
Besatzungen beider Außenfelder — allen voran der Werfende — bis
an das Mittelfeld vorspringen (Zeichnung 2 und 3).

> Auf die Ausführung dieser Bewegungen ist durchaus zu
> halten; mit ihr steigt und fällt der Wert des Spieles. Deshalb
> ermuntern die Anführer in den Außenfeldern ihre Züge durch lauten Zuruf:
> „Vor!" zum Vorrücken; sie geben Befehl: „Zurück!" zum Zurückweichen. Der
> Anführer im Mittelfelde veranlaßt durch den Ruf „Zurück!" seinen Zug,
> schnell die vom werfenden Feinde entferntere Grenze aufzusuchen.
>
> Ein Fehler ist es, sich allein auf seine Gewandtheit im Ausweichen
> zu verlassen; nur unerwartet schnellem Wurfe suche man durch Sprung oder
> Niederwerfen zu entgehen.
>
> Zu vermeiden ist auch das Hintereinanderstehen; der Vordermann
> weicht dem Wurfe aus und der Hintermann wird getroffen.

30. Als Gefangener scheidet aus:

a) wer vom Feinde getroffen wird;

> Als „getroffen" gilt jede freiwillige und unfreiwillige Berührung
> mit dem vom Feinde geworfenen Balle, solange dieser Ball von dem
> betreffenden Spieler nicht mit der Fußsohle berührt worden ist.
>
> Trifft der vom Feinde geworfene Ball zwei oder mehr Spieler,
> so scheiden alle Getroffenen als Gefangene aus.

b) wer den vom Feinde geworfenen Ball aufnimmt, ohne ihn vorher mit der Fußsohle berührt zu haben (Regel 19);

c) wer in anderer Stellung als vorlings den vom Feinde geworfenen fliegenden Ball mit der Fußsohle aufhält (Regel 22);

d) wer die feindliche Grenze überschreitet;

> Überschreitet der Werfende die Grenze, so ist der etwa Getroffene nicht Gefangener; der Werfende aber scheidet als gefangen aus.

e) wer die Felder t betritt; doch darf, wenn der Ball in t liegen bleibt, die Besatzung des Mittelfeldes ihn straffrei aus t holen (Regel 7 und 23).

31. Der Gefangene tritt auf das Gefangenenmal. Gefangenenmal e ist für die aus dem Mittelfelde, Gefangenenmal f 1 für die aus dem Außenfelde B, Gefangenenmal f 2 für die aus dem Außenfelde C tretenden Gefangenen bestimmt.

VII. Spielende.

32. Als beendet gilt ein von mehr als 15 Mann durchgeführtes Spiel, sobald eine Partei (d. h. entweder die Besatzung des Mittelfeldes oder die Besatzungen beider Außenfelder zusammen) drei Mann (bei geringerer Spielerzahl zwei oder einen Mann) verloren hat.

> Bei kühlem Wetter beendet bestimmt ein Treffwurf das Spiel.

33. Nach Beendigung eines Spieles treten die Gefangenen in ihre Züge zurück; die Besatzungen wechseln darauf nach Regel 12 die Stellung; das neue Spiel beginnt nach Regel 18.

34. Um keinen Zug zu benachteiligen, müssen stets drei, sechs, neun usw. Spiele durchgeführt werden (Zusatz zu Regel 12).

VIII. Wertung bei Wettspielen.

35. Jeder Treffwurf, von der Besatzung eines Außenfeldes gegen die Besatzung des Mittelfeldes gerichtet, zählt 1 Punkt; jeder Treffwurf, von der Besatzung des Mittelfeldes gegen die Besatzung eines Außenfeldes gerichtet, zählt 2 Punkte.

36. Gesiegt hat der Zug, der bei einer bestimmten Zahl Spiele (Regel 32) oder während einer bestimmten Zeit (zehn Minuten in jedem Felde, Regel 13), die meisten Punkte erworben hat.

Schlußwort.

Turnspiele müssen ein festes Gewand tragen; sie müssen einheitlich, nach feststehenden Regeln betrieben werden, und Spielleiter müssen imstande sein, Althergebrachtes, sowie die Berücksichtigung örtlicher und persönlicher Eigenheiten für einheitliche Spielgesetze aufzugeben. Nur so wird das Turnspiel zu einem die Jugend unseres Volkes umschlingenden Bande, nur so wird es zu einer Macht, die auch seinem höchsten Zwecke, das Nationalgefühl zu stärken, vollkommen gerecht werden kann.'

B. Wandern.

1.

Wandern als Mittel der Jugendbildung.[1)]

Von Schuldirektor Dr. Otto W. Beyer in Leipzig, Mitglied des Allg. deutschen Vereins für Schulgesundheitspflege.

Alle Fragen, bei denen es sich um die Bildung der Jugend handelt, haben zunächst eine hygienische Seite. Und so sei hier zuerst vom hygienischen Werte des Wanderns für die Jugend geredet.

Unsere Jugend kann gerade durch die Maßregeln, die wir für ihre Bildung treffen, hygienisch bedroht werden, wenn da nicht das Nötige vorgekehrt wird. Und zwar folgendermaßen:

1. Der Unterricht der Schule ist fast ausschließlich Sitzunterricht, bei dem die Jugend ganz vorwiegend sitzende Arbeit zu verrichten und sich überhaupt einer sitzenden Lebensweise zu befleißigen hat. Nun brauche ich ja auf die Schäden, die sich aus längerem Sitzen bei geistiger Arbeit ergeben, nicht näher einzugehen. Fast jeder Erwachsene, der anhaltend geistig tätig sein muß, spürt sie an sich selbst; wir können schon deshalb annehmen, daß auch das Kind sie spüren wird, und zwar im allgemeinen verstärkt. Gegen solch übermäßiges Sitzen schafft nun zunächst das Wandern ein Gegengewicht.

2. Der Unterricht bildet ganz vorwiegend die intellektuellen Anlagen des Kindes; man spricht daher auch tadelnd von dem zu sehr entwickelten Intellektualismus der Schule. Schuld daran sind in erster

---

1) Nach einem auf der Generalversammlung des deutschen Vereins für Volkshygiene zu Frankfurt a. M. gehaltenen Vortrage.

Linie die Eltern dadurch, daß sie zu allererst von der Schule verlangen, das Kind solle etwas Tüchtiges lernen, d. h. es solle seinen Verstand ausbilden, damit es recht klug werde. Daß die bloße Ausbildung des Verstandes für das Kind aber unter Umständen eine sehr gefährliche Mitgabe fürs Leben werden könne, daran denken die wenigsten Eltern. Und doch liegt auf der Hand, daß Klugheit dem Menschen für sein eigenes Seelenheil geradezu verderblich werden kann, wenn sie sich mit einem unsittlichen Willen verbündet. Daher kommt es bei der Erziehung in erster Linie auf die Bildung des Willens, und zwar des sittlich gerichteten Willens an. Jeder Wille keimt aber am kräftigsten aus recht gerichteten Gefühlen hervor. Ihn gilt es also beim Unterricht ebenso auszubauen wie den Intellekt. Nun kann ja allerdings für diesen Zweck das Wandern kaum mehr leisten, als daß es die Entstehung gewisser Gefühle begünstigt, die — an sich selbst nicht sittlicher Natur — sich doch leicht in die sittliche Grundstimmung des Charakters einfügen, z. B. das Gefühl für das Schöne in der Natur, das Gefühl der Sympathie mit den Wandergenossen des Kindes, die Mitempfindung mit allem Lebendigen in der Natur, das Gefühl der Ehrfurcht vor den Wundern der Schöpfung usw. Aber, wenn auf der Wanderschaft auch nur solche Gefühle gepflegt werden, so arbeitet das doch schon ganz wesentlich einer sittlichen Grundstimmung des Charakters vor. Und derartige Gefühle können beim Wandern sehr stark gepflegt werden. Insofern kann das Wandern eine ganz wesentliche Ergänzung zu der durch den gewöhnlichen Unterricht vermittelten Bildung des jungen Menschen bieten. Überhaupt hat die Ausbildung des Gefühles im jungen Menschen einen besonderen Wert für sich, und hier ist es nun sehr günstig, daß die mannigfache Anregung aller Sinne während des Wanderns ganz von selbst eine große Menge von wertvollen Gefühlen bei der Jugend auslöst.

3. Die Gesundheit unserer Jugend kann bei dem gewöhnlichen Unterrichtsbetrieb unserer Schulen durch die Luftverschlechterung bedroht werden, die sich während des Sitzunterrichts der Schule aus verschiedenen Gründen — infolge der Lungen- und Hautatmung — auch bei den besten Lüftungseinrichtungen nach und nach einstellt. Die Arbeit des Wanderns hingegen geht im Freien vor sich, womit eine Luftverschlechterung von selbst ausgeschlossen ist.

4. Die Augen werden bei der Schularbeit vielfach unhygienisch beschäftigt; es gibt dabei zu viel Naharbeit und diese selbst ist zu einseitig, da sie eine Erholung des Auges durch Fernarbeit zu wenig berücksichtigt und ebensowenig die beste Sehentfernung für Naharbeit immer festhält. Die

Folge ist eine doppelte: körperlich Kurzsichtigkeit, geistig ein Mangel in der Auffassung von Totalitäten. Die Naharbeit ist mit einer Vertiefung in Einzelheiten verbunden, bei der Fernarbeit, die beim Wandern vorwiegt, ist gerade die Auffassung von Totalitäten der Hauptgewinn. Also es wird durch zu viel Naharbeit der Augen, um einen Herbartschen Ausdruck hier anzuwenden, das zur geistigen Gesundheit nötige, richtige Verhältnis zwischen Vertiefung und Besinnung verschoben. Erhält dagegen durch Wanderungen die Fernarbeit des Auges das Übergewicht, so kann dies zu einer Schulung in der raschen Überblickung größerer Massen und damit in einem wesentlichen Stücke der Besonnenheit benutzt werden.

5. Die Bewegung des Wanderns setzt Muskelgruppen in Tätigkeit, die beim Sitzunterricht der Schule ganz ungeübt bleiben, nämlich die Muskulatur der unteren Extremitäten, wodurch das Blut ihnen zugeführt und von den oberen Partien des Körpers abgelenkt wird; besonders wichtig ist die Ablenkung des Blutes vom Gehirn; denn das neue Blut, das diesem an Stelle des verbrauchten zugeführt wird, macht das Gehirn erst wieder zu neuer Denkarbeit fähig.

6. Sehr wichtig ist ferner, daß beim Wandern der Körper dem wechselnden Einflusse der Witterung, der bewegten Luft und vielfach auch der Bestrahlung durch die Sonne ausgesetzt ist. Schon diese Einflüsse des Wanderns auf den Körper sind wichtig genug, um das Wandern als ein bevorzugtes Mittel der Jugendbildung erscheinen zu lassen.

Aber neben der Hygiene des leiblichen Lebens fördert es auch die des geistigen.

Wandern besteht doch nicht bloß darin, daß man stumpfsinnig jeden Tag ein bestimmtes Pensum von Kilometern hinter sich bringt, ohne Rücksicht darauf, durch welche Gegenden man gekommen ist und was man dabei gesehen hat. Freilich gibt es — glücklicherweise selten — auch Leute, die eine Wanderschaft so benützen. Ihnen gilt das treffende Gedicht von Anastasius Grün: Zwei Wanderer. — Die Regel aber bilden, wie gesagt, die Wanderer der ersteren Art glücklicherweise nicht; denn die Landschaft, die man wandernd unter die Füße bekommt, hat doch einen ganz bestimmten räumlichen Inhalt: Berg und Tal, Wald und Wiesen, Fluß und See, Bäume, Felsen, vielleicht Wasserfälle u. dgl. Und diesem räumlichen Inhalt gegenüber verhält sich doch der Geist nicht etwa passiv, sondern höchst aktiv: er sucht den Inhalt seinem Bestande einzuverleiben, ihn zu apperzipieren. Nicht bloß in bezug auf die Raumreihen gilt dies, sondern auch in bezug auf das, was sich mit der Raumreihe ganz unwillkürlich verbindet, näm-

lich in bezug auf gewisse Gefühlswerte, den Stimmungsgehalt der Landschaft. Erst durch den Gefühlston, den sie auf diese Weise erhält, wird sie ganz unser, wird ihre Durchwanderung zu unserem persönlichen Erlebnis; der Gefühlston ist gewissermaßen das Eigentumszeichen,
das der Geist einer Vorstellung aufprägt. Solange sie dieses Eigentumszeichen noch nicht hat, läßt sie uns kalt, wie in unserem Gedichte den ersten
Wanderer das Geschaute kalt gelassen hatte. Aber im allgemeinen stellt
sich dieser Gefühlston von selbst ein, weil eben der Geist in ihm sein
eigenstes Leben lebt.

Und so haben wir beim Wandern einen Zustand, wie wir ihn oft
genug für den Unterricht sehnlich herbeiwünschen und doch mit aller methodischen Kunst unter Umständen nur unvollkommen oder gar nicht herbeizuführen vermögen: den Zustand des Interesses, das der Aneignung
neuen Bildungsstoffes schon auf halbem Wege entgegenkommt. Dazu kommt
dann noch die ungewöhnliche seelische Resonanz, die sich infolge des körperlichen Wohlgefühles, das eine rechtschaffene Wanderleistung von selbst zur
Folge hat und infolge der dabei auf den Geist einströmenden Eindrücke
beim Wandern einstellt. Die ganze Sinnenfreude, mit der die Welt förm-
lich durchtränkt ist, wird durch das Wandern entbunden, die Sinne alle
miteinander feiern jetzt einen wahren Schmaus. Was je in solchen Momenten
neu angeeignet werden soll, braucht nicht mehr in dumpfer Stube erbüffelt
zu werden, es wird durch das einfache Erleben unverlierbar eingeprägt.
„Was ich nicht erlebt habe, das habe ich mir erwandert", sagt das größte
Kind dieser alten Stadt, unser großer Lebenskünstler Goethe, dessen jüngstes
— und nicht schlechtestes — Denkmal, das Straßburger, ihn geradezu
als Wanderer zeigt, wie er sich denn auch selbst mit Vorliebe gerade in
jener innerlich für ihn so bedeutungsvollen Zeit den Wanderer nennt.
Zahlreich sind die Stellen in seinen Schriften, namentlich in seinen Gedichten,
die seinen vertrauten Verkehr mit der Natur preisen, der er auf seinen zahlreichen Wanderungen in ihr innerstes Herz schauen lernte. Ich will nur
erinnern an die Lieder „Auf dem See".:

> Und frische Nahrung, neues Blut
> Saug' ich aus freier Welt;

an das herrliche „An den Mond":

> Füllest wieder Busch und Tal
> Still mit Nebelglanz,
> Lösest wieder auch einmal
> Meine Seele ganz.

und an das berühmte aus der Sesenheimer Zeit „Willkommen und Abschied":

Es schlug mein Herz, geschwind zu Pferde!	Schon stand im Nebelkleid die Eiche,
Es war getan fast, eh' gedacht;	Ein aufgetürmter Riese, da,
Der Abend wiegte schon die Erde,	Wo Finsternis aus dem Gesträuche
Und an den Bergen hing die Nacht;	Mit hundert schwarzen Augen sah.

Daß uns doch dieses Lernen durch Erleben in der Schule so ganz und
gar fehlt und uns dafür nur das Lernen durch trockenes, staubiges Er-
büffeln geblieben ist! Ein gut Teil des unerfreulichen, verstaubten Eindruckes, den die Schule nicht selten macht — obgleich vieles nach dieser
Richtung hin schon wesentlich besser geworden ist als früher und wir
weitere Besserung von der Zukunft sicher erwarten dürfen — ein Teil dieses
Eindruckes kommt eben daher, daß die Schule mit dem ausgezeichneten
Bildungsmittel des erlebenden Lernens, rühmliche Ausnahmen abgerechnet,
zu wenig anzufangen weiß, sich die überaus wertvollen Hilfskräfte geradezu
entgehen läßt, die mit dieser Form des Lernens gegeben sind. Ein weiterer Vorteil dieser Form des Lernens ist der, daß der Jugend durch den
konsequent festgehaltenen Verkehr mit den Dingen selbst, wie er auf solchen
Wanderungen gepflegt werden kann, ein ausgeprägter Wirklichkeitssinn
anerzogen wird, wie er gerade uns Deutschen besonders nötig ist. Richard
Wagner sagt einmal: „Wir hören zu viel, wir lesen zu viel, wir sprechen
zu viel, aber wir sehen zu wenig." Er hat recht; und wenn er bei seinem
Ausspruch zunächst nur an die Erwachsenen gedacht haben mag, auch unsere
Jugend — sie sogar erst recht — hört zu viel, liest zu viel und spricht
zu viel, während das zu klarer sauberer Auffassung der umgebenden Welt
und damit zur Grundlage jeglicher Beurteilung unerläßliche Sehen und
verweilende Betrachten im allgemeinen zu kurz kommt. Es ist geradezu
ein Unglück für unsere deutsche Jugend, daß ihr durch unsere ganze gegenwärtige Kultur ein so heilloser Respekt vor dem gedruckten Buche anerzogen
wird: weniger Respekt vor den Büchern, mehr Respekt vor der Natur — das
wäre ihr viel heilsamer. Man fühlt sich wirklich versucht, mit dem Dichter
auszurufen:

> Fahr' aus, du Geist, der in mich kam,
> Schulweisheit und du Bücherkram,
> In alle Winde fliehe,
> Daß die Natur einziehe!

Damit würden wir uns nur wieder auf die Grundzüge unseres deutschen Charakters besinnen: deutsche Art ist vor allem naturfroh und natur-

finnig; fie hat ein Bedürfnis, vertraut mit der Natur zu verkehren. Darum
ift auch das Wandern die Übung einer echt deutfchen Jugend, und die
Luft an frifcher, fröhlicher Wanderfchaft ein echt deutfcher Trieb, der die
Deutfchen als Volk und als einzelne von jeher ausgezeichnet hat und der auch
unferen Kindern im wahrften Sinne des Wortes „im Blute fteckt". Kein
Volk hat eine folche Fülle von Wanderliedern, die jede, auch die leifefte
Abtönung der verfchiedenen Wanderftimmungen zum vollendeten Ausdruck
bringen, kein Volk, vielleicht das englifche, das Volk der globe-trotters
ausgenommen, hat unter den Männern, die wir als die reinften Vertreter
ihres Volkstums anfehen können, folche leidenfchaftliche Verehrer des Wanderns, wie das deutfche. Und felbft den Verirrungen des modernen Vagabun-
dentums liegt doch zum guten Teil der Wandertrieb zugrunde, der hier
nur entartet ift, der aber, recht geleitet, zu einer Quelle des edelften Ge-
nuffes werden kann.

Aber feinen ganzen Segen entfaltet das Wandern erft dann, wenn
gefellfchaftlich zufammen gewandert wird. Es foll das natürlich nicht das
letzte Ziel der auf diefem Wege zu erwerbenden Bildung fein. Diefes kann
vielmehr nur liegen in der Durchbildung der einzelnen Perfönlichkeit bis
zu dem Grade, daß diefelbe imftande ift, völlig felbftändig und von anderen unabhängig fich Wanderziele zu ftecken und fie auf Wanderungen
und größeren Reifen durchzuführen. Daß dies in der Tat ein erftrebens-
wertes Ziel ift, geht fchon daraus hervor, daß einzelne Schulen — aber
leider nur einzelne — ihren Schülern die Erreichung einer derartigen
Selbftändigkeit durch Stipendien erleichtern, die fie für folche Einzelwan-
derungen ausfetzen. Das kann aber natürlich nicht der Anfang der jugendlichen Wanderpraxis fein. Diefer kann vielmehr nur damit gemacht werden,
daß die Wanderungen unter Führung eines geeigneten Erwachfenen ge-
meinfchaftlich unternommen werden und daß die Wandergefellfchaft als
eine Wandergenoffenfchaft organifiert wird, in der jeder feine be-
ftimmte Tätigkeit auszuüben, jeder an feinem Platz feine Pflicht zu tun
hat, wenn die Wanderung gelingen foll. Es muß alfo jeder wiffen, daß
er nicht bloß um feinetwillen, fondern für das Wohl der ganzen Genoffen-
fchaft mitzuarbeiten hat — das foll in ihm foziale Gefinnung erzeugen,
wie wir fie dem zukünftigen Bürger nicht früh genug einpflanzen können.
Solche Veranftaltungen, wo die Jugend Gelegenheit erhält, foziale Tugenden
zu üben, kann man in der Erziehung nie zu viele haben; jede von
ihnen muß forgfältig ausgenutzt werden, und fchon der Umftand, daß
folche Wanderungen dazu vortrefflich Gelegenheit geben, müßte ihnen Ein-

gang in die Erziehung, namentlich in die Erziehung der zukünftigen Bürger, verschaffen.

Wenn man das alles unbefangen erwägt, so kann man sich dem Schlusse nicht entziehen, daß die Jugend um ihrer Bildung willen mehr wandern muß als bisher. Seume sagt einmal: „es würde in der Welt alles besser gehen, wenn man mehr ginge"; dieses Wort eines Mannes, der selbst ein leidenschaftlicher Wanderer war, hält in sehr glück-licher Prägung den Zusammenhang zwischen dem allgemeinen Fortschritte der Welt und der Übung des Fußwanderers fest. Diese Übung in idealster Auffassung war noch in einem großen Teil des vorigen Jahrhunderts weit mehr verbreitet als jetzt, namentlich, daß man wanderte, weil es einem als eine menschenwürdige Aufgabe erschien, sich dadurch weiter auszu-bilden und innerlich zu vervollkommnen. Man denke an Goethe, Arndt, Seume, Ritter, Jahn u. a. Einen Höhepunkt erreichte sie in den Jahren nach den Freiheitskriegen, die das deutsche Vaterlandsgefühl so mächtig gehoben hatten, namentlich durch das Beispiel Jahns und seiner Turner, das zunächst in den Kreisen der damaligen Burschenschaft und der ihren Bestrebungen sonst noch nahestehenden jungen Männer fortwirkte. Der ideale Schwung, der sich damals in der schönen Brüderlichkeit der Wander-genossen, in der spartanischen Einfachheit ihrer Wandergewohnheiten und der Schlichtheit bei Durchführung ihrer Wanderungen zeigte, ist seitdem kaum jemals wieder erreicht, geschweige denn wieder übertroffen worden. Die Gegenwart, die alle Leibesübungen möglichst sportmäßig ausgestaltet sehen möchte und damit etwas dem deutschen Wesen ursprünglich Fremd-artiges in sie hineinträgt, ist einer solchen Schlichtheit im allgemeinen nicht günstig; die Art des Wanderns, wie sie damals — etwa im zweiten und dritten Jahrzehnt des vorigen Jahrhunderts — geübt wurde, kommt ihr bereits ziemlich altväterisch vor und fordert sie zum Spott heraus. Der moderne Durchschnittsmensch aber meidet nichts so ängstlich, als was ihn irgendwie anders erscheinen lassen könnte als die große Masse seiner Mit-menschen. Für uns Erzieher dagegen liegt in der damaligen Art des Wanderns eine Tradition vor, die uns wertvoll erscheint, und die wir in die Gegenwart herüberzuretten versuchen sollen.

Es gilt, die Jugend hierzu eigens zu erziehen. Aber auch das will methodisch angefangen sein, so einfach und selbstverständlich es aussieht.

Man muß zu diesem Zwecke bei der Jugend schon sehr früh an-fangen. Schon von Beginn des Schulbesuches an, also im Durchschnitt schon mit sechsjährigen Kindern, sollte man, womöglich jeden Tag, kleine

Spaziergänge von 1—2 Stunden machen, die sich zunächst kein weiteres
Ziel zu stecken brauchen, als allerlei Beobachtungen, die den Kindern interessant sind, in der allernächsten Umgebung anzustellen. Diese kleinen
Spaziergänge müssen aber viel häufiger gemacht werden, als es jetzt geschieht. Der Unterricht im Freien müßte, wenigstens für die
ersten beiden Schuljahre, die Regel, der Unterricht im Schulzimmer die Ausnahme sein. Nach und nach würde sich von selbst
das Bedürfnis einstellen, das, was draußen beobachtet worden ist, schriftlich
festzuhalten durch Schreiben und Zeichnen; damit wäre dann die seßhafte
Zimmerarbeit im Gegensatze zum unseßhaften Beobachtungsunterrichte gerechtfertigt. So würde sich der Übergang aus der vollen Ungebundenheit
der vor der Schulzeit liegenden Jahre zur Sitzarbeit der Schule viel natürlicher
vollziehen, als dies bisher geschieht. Die allernächste Umgebung, die
Heimat im engsten Sinne des Wortes, wäre also das Übungs-
feld für diese ersten Studien, die Heimat mit Feld und Flur, mit
Wald, Wiese und Gärten, mit Berg und Tal, Fluß und See. Aus diesem
kleinen Raume der engsten Heimat haben zahlreiche Geschlechter unserer
Vorfahren ihre ganze geistige Nahrung gezogen, und noch zahlreichere
Geschlechter der Zukunft werden lediglich auf sie angewiesen sein. Aber
hier heißt es: Suchet, so werdet ihr finden! Wer sich liebevoll in dieses
Gebiet versenkt, der wird bald gewahr werden, daß sein Reichtum nicht
leicht auszuschöpfen ist. Eben in der neuesten Zeit besinnen wir
uns wieder auf den Schatz, den jeder an seiner Heimat besitzt.
Heimatkunst, Volkskunde der Heimat, heimatliches Leben, Heimatpflege und
Heimatschutz, alles, was bodenständig ist in unserem Wesen, kommt wieder
zu Ehren, und jedenfalls nicht zu unserem Schaden; denn gerade wir
Deutschen haben alle Ursache, uns unserer Heimat recht liebevoll anzu-
schließen; gerade wir haben das volle Recht zu sagen: Dies ist unser;
so lasset uns sagen und so es behaupten, d. h. festhalten. Gerade der
starken, heimatlichen Gebundenheit — die uns namentlich vor den Fran-
zosen auszeichnet — gerade diesem wurzelhaften Verwachsensein mit der
Heimat verdanken wir unsere besten Kräfte. Es zeugt darum vom feinsten
Verständnis der deutschen Volksseele und ist eines der größten und liebens-
wertesten Züge im Bilde unseres großen, ersten Reichskanzlers, daß er dieses
Heimatsgefühl der deutschen Stämme stets so liebevoll geschont hat. Und
die deutschen Stämme haben ihm das hoch angerechnet. Seine unvergleichliche Volkstümlichkeit verdankt er wesentlich dem Umstand mit, daß
jeder Deutsche in ihm auch den verständnisvollen Freund und Schirmherrn

seiner Stammeseigentümlichkeit verehrte. Und ähnlich dankt es uns die
Heimat, wenn wir sie hochhalten:

> Es ist das kleinste Vaterland
> Der größten Liebe nicht zu klein;
> Je enger es dich rings umspannt,
> Je näher wird's dem Herzen sein.

Auf die Größe des Vaterlandes kommt es dabei wirklich nicht in
erster Linie an. „Patriam amo, non quia magna est, sed quia mea"
sagt ein lateinisches Sprichwort, in das sich sogar ein Reimstab verirrt
hat (magna, mea) und sagt es schöner als die deutsche Übersetzung:
nicht weil es groß ist, liebe ich mein Vaterland, sondern weil es mein
ist. Und wenn diese Heimat eine Wüste wäre, wir müßten unsere Jugend
doch zuerst in ihr heimisch machen. Denn jeder werdende Mensch muß
zuerst an seiner allernächsten Umgebung versuchen lernen, was sich ihr
für seine Bildung und auch für die Befriedigung seiner sonstigen Bedürfnisse abgewinnen läßt. „Was du ererbt von deinen Vätern hast, erwirb
es, um es zu besitzen" — wenn dieses Wort Goethes irgendwo zu Recht
besteht, so gewiß zu allererst in bezug auf die Heimat. Dadurch allein,
daß du in ihr geboren bist, ist sie noch lange nicht dein; sie wird es
erst dadurch, daß du sie dir durch liebevolle Versenkung in ihre Eigenart
innerlich aneignest; tust du das nicht, so kann es dir ergehen, wie es
im Liede heißt: „— und bleibst du auch im Vaterhaus, wirst doch wie
in der Fremde sein": Du bleibst dann ewig ein Fremdling in ihr. Nun
soll man aber ja nicht glauben, daß besondere landschaftliche Schönheit
der Heimat dazu gehört, um sie liebenswert zu finden. Schon für den
Erwachsenen ist das nicht der Fall, noch weniger für die Jugend. Für
die eigentliche Schönheit der Landschaft, die zu ihrem Verständnis eine
lyrisch gestimmte Seele verlangt, geht der Jugend, die zunächst im ersten
Jugendalter mehr episch veranlagt ist, das volle Verständnis erst in dem
Zeitpunkt auf, wo überhaupt die lyrischen Stimmungen die Seele zu füllen
beginnen, zur Zeit der Pubertät. Aber schon lange vor diesem Zeitpunkt
wird eine Gegend dem Kinde sympathisch, in der es etwas erlebt hat,
was eine angenehme Erinnerung in ihm zurückließ. So vergißt es sicherlich
nicht den Anger, auf dem es sich einmal mit guten Kameraden gegen
eine feindliche Partei siegreich behauptet hat, es vergißt nicht die Sand-
grube, wo es den feuchten Sand in allerlei Bauwerke oder in freie Gestalten seiner Phantasie verwandelt hat, es vergißt nicht die Stelle im
Flusse, wo es einmal — vielleicht stundenlang — barfüßig gefischt und

getrebst hat, nicht die Sandbank an einer anderen Stelle des Flusses, auf der es mit Hacke, Schaufel und Spaten Dämme aufgeworfen, kleine Flußläufe abgelenkt, Wehre errichtet, Fluten gestaut, Wasserfälle geschaffen, Teiche ausgegraben und sonst noch allerlei ähnliche Wasserlustbarkeit getrieben hat. Mit solchen und ähnlichen Erinnerungen müssen wir unseren Knaben und Mädchen ihre Heimat bevölkern, dann verwachsen diese Erinnerungen mit der Heimatvorstellung zu einem unlöslichen Stücke ihres geistigen Wesens. In solchen Erinnerungen, die man unter den einfachsten Verhältnissen bei der Jugend anbauen kann, wurzelt zugleich auch ein Wohlgefühl, das, wenn diese Erinnerungen zahlreich genug sind, einen goldigen Schimmer über die ganze Jugendzeit wirft; und dabei sind sie frei von jedem schmutzigen Bodensatze, den andere Erinnerungen, namentlich großstädtischer Jugend, so leicht mit sich führen.

Nicht also so sehr das, was die Heimat wirklich enthält, sondern das, was wir in sie hineinlegen, bestimmt den Inhalt unserer Vorstellung von ihr:

> Dein Auge kann die Welt trüb oder klar dir machen;
> Wie du sie ansiehst, wird sie weinen oder lachen,

sagt Rückert.

Wir brauchen also nicht zu fürchten, daß unsere Heimat, auch wenn sie für den Erwachsenen des Reizes ermangeln sollte, auch für unsere Jugend zu wenig interessant sein werde. Ist sie es dennoch, so liegt es nur daran, daß wir nicht das Richtige hineingelegt haben.

Ein ausgezeichnetes Mittel gibt es, um diese Wanderungen unter allen Umständen interessant zu machen. Wir brauchen nur jede solche Wanderung mit einem sachlichen Ziele in Verbindung zu setzen, gewissermaßen in eine Aufgabe einzukleiden. Dabei kommt es vor allem darauf an, solche Einkleidung recht lebensvoll zu gestalten. Wenn ich z. B. größeren Leipziger Kindern die Aufgabe stelle: Wir wollen heute nach dem Südosten von Leipzig wandern, so erscheint das Ziel für die Kinder, selbst für die größeren, die auch schon für die Topographie interessiert sind, zu inhaltsleer und richtet infolgedessen auch den Willen des Kindes viel zu wenig. Ganz anders wird die Sache, wenn ich die Aufgabe so fasse: Wir wollen heute das Schlachtfeld des 16. Oktober 1813 besuchen und sehen, ob wir nicht ein Bild der damaligen Kämpfe aus diesem Besuche gewinnen können. Sofort werden bei Leipziger Kindern, mit denen das unterrichtlich durchgesprochen worden ist, eine ganze Schar historischer Erinnerungen wach, Erwartungen werden erregt in bezug auf das, was

uns darüber die dortige Gegend wird sagen können, und damit ist das
Interesse der Kinder viel stärker in Bewegung gesetzt als im vorigen Falle,
wo das Ziel nur geographisch aufgefaßt werden sollte. Dergleichen Einkleidungen — bei denen es sich nicht gerade nur um Erkenntnisziele zu
handeln braucht, sondern die sehr gut auch Arbeitsziele sein können, und
zwar Ziele für körperliche Arbeit — solche Einkleidungen lassen sich nun
je nach dem genus loci die verschiedenartigsten denken, und einem jeden,
der es mit diesen Wanderungen versuchen will, kann nicht genug empfohlen werden, sich solche Einkleidungen zu Hause im stillen Kämmerlein
recht viele und recht packende zurechtzulegen. Er selbst und die Kinder,
die mit ihm wandern, werden den größten Gewinn davon haben. Es
kann nicht genug betont werden, daß ebenso wichtig, wie die Wanderung
selbst, die Formen der Einkleidung sind, die für sie gewählt werden.
Abwechselung liebt ganz allgemein der Mensch, vor allem aber liebt sie
die Jugend.

Dabei können diese Heimatausflüge und Heimatwanderungen nach
und nach immer mehr in der Zeit ausgedehnt werden: aus den mehrstündigen Ausflügen könnten solche von einem bis zwei, in den obersten
Klassen vielleicht von drei bis vier Tagen werden; ja, wo ein besonders
tatkräftiger Schulmann an der Spitze eines Schulwesens steht, setzt er es
vielleicht durch, daß ihm noch größere Ausflüge bewilligt werden. Warum
sollen nicht unsere deutschen Schulen als obligatorisch zur Schulerziehung
gehörig ihre Wanderwoche oder Wanderwochen haben, ähnlich wie in
England die großen Public Schools ihre Wochen für Wettrudern? Dehnen
sich auf diese Weise die Wanderungen immer weiter aus, so muß damit
auch eine immer sorgfältigere Gliederung der Wandergenossenschaft, mit
immer höher gesteigerter Verantwortlichkeit des einzelnen Teilnehmers,
Hand in Hand gehen. Dabei muß aufs umsichtigste alles ausgenützt werden,
was geeignet ist, die Kosten solcher Wanderungen möglichst zu vermindern,
nicht bloß, weil auf diese Weise ihr wohltätiger Einfluß immer mehr
verallgemeinert werden kann, sondern auch, weil die Rücksicht auf die
Erziehung möglichste Einfachheit der Einrichtung fordert: je einfacher, je
mäßiger man lebt, um so länger bleibt man genußfähig, um so gespannter
bleibt die Energie, wenn es einmal gilt, auch härtere Aufgaben zu bewältigen.

Wenn nun so die Volksschule in der Heimat ihre Wanderziele suchen sollte, so müßten die höheren Schulen diese Wanderziele erweitern auf das ganze Vaterland, weil aus ihnen die

führenden Stände der Nation hervorgehen sollen, und diese sich ihr Recht
auf eine solche Führung durch Weite des Blickes und besonderen Schwung
des Vaterlandsgefühles erst erworben haben müssen. Sie sollten die sechs
oder neun Jahre, während deren sie die Jugend in der Schule festhalten,
nicht vorübergehen lassen, ohne daß sie ihr Gelegenheit gegeben hätten,
sich eine auf eigene Anschauung und eigenes Erleben gegründete Kenntnis
unseres schönen Vaterlandes in den wesentlichsten Typen deutschen Landes
und Volkes zu erwerben. Die Jugend unserer höheren Schulen
sollte wandernd einen freien Anschauungskursus in deutscher
Landes- und Volkskunde durchmachen. Hier hätte die obenerwähnte
Wanderwoche ihren guten Sinn und fände auch eine äußerst lohnende
Aufgabe vor.

Bei diesen Wanderungen der höheren Schulen würden nun vor
allem unsere Mittelgebirgslandschaften den Vorzug verdienen,
und zwar aus verschiedenen Gründen: sie befriedigen am besten und angenehmsten das Bedürfnis nach Orientierung; sie bieten den jugendlichen
Wanderern mehr Poesie als die Ebene; sie weisen auch im allgemeinen
ursprünglichere Züge der Kultur auf; die Wanderung in ihnen regt wegen
der im Gebirge unumgänglichen Tiefatmung weit kräftiger an und es
läßt sich somit die touristische Leistung besser steigern; endlich lassen sie
auch die Wirkung der Naturkräfte weit drastischer und für die Jugend
verständlicher hervortreten. Es wäre nur für die Schüler der einzelnen
höheren Schulen eine Reihenfolge solcher Schülerwanderungen aufzustellen,
welche ebensowohl dem Hauptzweck — der Stärkung des Vaterlandsgefühles —
gerecht werden müßte, als auch dem Umstande, daß die Schüler aus den
verschiedenen deutschen Landschaften mit einem ganz verschiedenen Bestande
von Heimatvorstellungen an solche Wanderungen herantreten. Darum ist
auch eine für alle höheren Schulen ganz allgemein gültige Folge der
Wanderziele gar nicht denkbar. Nur das darf man vielleicht als eigentlich
selbstverständlich hinstellen, daß sich dieser Anschauungskursus sowohl auf
die deutschen Hochländer wie auf das deutsche Tiefland erstrecken, auch
einen deutschen Strom und die deutsche Küste (Flach- wie Steilküste) in
ihren Bereich ziehen und innerhalb der einzelnen Landschaften wieder das
Schönste im Sinne des Naturfreundes, das Merkwürdigste in geographischer
und geologischer Beziehung, das Lehrreichste in bezug auf Industrie, Handel
und Verkehr, das Denkwürdigste in Rücksicht auf Geschichte, das Wichtigste
für das Verständnis der politischen Gegenwart und das, was an Kunst
ganz besonders hervorragt, vorwiegend berücksichtigen müßte. Auch die

Hauptstämme unseres deutschen Volkes müßten unsere jungen Wanderer auf diesen Wanderungen kennen lernen: die Franken, Schwaben, Alemannen, die Bayern, Hessen, Niedersachsen, Friesen, Thüringer, Obersachsen. Die Jahre, die unsere höheren Schulen für diesen Zweck verfügbar haben, sind gerade für ihn unersetzlich: der Schwung der Empfindung, die Frische der Auffassung, die Anspruchslosigkeit, die Freiheit von den Sorgen des Amtes und Familienlebens, die rein menschliche Freude an guter Kameradschaft findet sich nie so wieder, wie in diesen goldenen Jahren der Jugendzeit. Der jugendliche Wanderer in diesen Jahren ist eigentlich der Vertreter des idealen Wanderers, des Reisenden, der im Reisen selbst seinen Lohn findet. Gerade er gehört zu den Glücklichen, die das Reisen als eine freie Kunst betreiben können, ja als Übung in der freiesten aller freien Künste, der Lebenskunst, und es kommt ihm dabei zustatten, daß er gegenüber den Eindrücken, die die Wanderschaft ihm bringt, sein Herz noch nicht vergeben hat; er gibt sich ihnen allen hin, er steht den Gegenständen noch mit der unverbrauchten Eindrucksfähigkeit des unbefangenen Menschen gegenüber. Gerade wer so wandert, als ob er auf der Wanderschaft gar keinen besonderen Zweck erreichen wollte, der erreicht gewöhnlich das Höchste, was solche Wanderungen als Wandergewinn bringen können, nämlich eine Steigerung und Veredelung seines ganzen inneren Wesens. Und welche Fülle von Anschauungen müßte sich auf solchen Wanderungen darbieten! Wer die deutschen Gaue mit offenem Blicke durchwandert hat, der hat Europa im kleinen gesehen: zu allen in Europa vertretenen Landschaftstypen findet sich in Deutschland Verwandtes. Und mag jemand das deutsche Land als Freund landschaftlicher Schönheit durchstreifen, oder als Naturforscher, als Industrieller und Landwirt oder als Freund vaterländischer Geschichte, als Kulturhistoriker oder als Volksforscher — in jedem Falle findet er seine Rechnung, und auch der Jugend, die noch nichts von dem allen ist, tut sich nach allen diesen Richtungen Belehrung in reichster Fülle auf. Namentlich die Volksforschung wäre ein Gebiet, das der Jugend auf solchen Wanderungen in der angenehmsten Weise nahe gebracht werden könnte. Schon allein die Mundarten sind ein Gegenstand von unerschöpflichem Reiz, und auf nichts horcht die Jugend lieber, als auf die Abweichung in Sprechart und Mundung bei fremden Personen. Den Abschluß dieses Wanderkurses sollte eine Reise in die bayerischen Alpen bilden, nicht aber in die Alpen überhaupt. Diese sollten für eine spätere Zeit aufgespart bleiben. Die heutige Jugend hat freilich die Neigung, das, was sonst an Genüssen für das ganze Leben reichen sollte, schon in möglichst jungen Jahren vorwegnehmend auszukosten. Namentlich ist eine Alpenreise ein sehr begehrtes Objekt für die jugendliche Renommier- und Genußsucht. Und wenn sie auch für die Wanderlust des Erwachsenen ein herrliches Objekt ist, so sollte doch bei der Jugend unserer höheren Schulen im allgemeinen einer solchen Neigung energisch entgegengetreten werden, sonst wird nur maßlose Begehrlichkeit und frühreife Blasiertheit großgezogen. Nur da, wo man überzeugt sein kann, daß hinter dem Wunsche eines jungen Menschen nach einer solchen Reise ein durchaus gefestigter Charakter und eine unbezähmbare Wißbegierde steht, sollte sie ausnahmsweise gestattet werden. Es gibt in unseren Mittelgebirgen, namentlich wenn man die bayerischen Alpen noch dazu nimmt, noch Wanderziele genug, die geeignet sind, die Kräfte selbst eines Schülers der obersten Klasse einer neunklassigen höheren Schule vollauf zu beschäftigen.

2.
Der Spaziergang in gesundheitlicher Bedeutung.
Von Dr. med. K. Beerwald in Berlin.

Eines der grundsätzlichsten Gesetze der Gesundheitslehre ist dasjenige von der Abwechselung. Wie schon bei der Arbeit selbst der Wechsel der Arbeitsart, also vielleicht der Übergang von körperlicher zu geistiger Tätigkeit oder von einer Handarbeit zu einer anderen, die mehr den Unterkörper in Anspruch nimmt, einen gesundheitlichen Vorteil bedeutet, so wird diese Wirkung natürlich noch um vieles größer, wenn es sich um direkte Gegensätze handelt, wenn also auf die Arbeit die Erholung, auf Wandern Ruhen, auf Wachen Schlafen folgt.

Für jeden Arbeiter, mag seine Beschäftigung eine geistige oder körperliche sein, mag er in freier selbständiger Beschäftigung oder als Angestellter wirken, ist eine jährliche Unterbrechung der laufenden gewohnten Arbeit unerläßlich. So sehr aber auch die Gesundheitspfleger mahnend an diese Tatsache erinnern, ist doch nur einem kleinen Teil vergönnt, ihr zu genügen, da der wohlmeinenden Forderung auf der einen Seite die wirtschaftlichen Schwierigkeiten auf der anderen entgegenstehen. Keine Ferienreise, und sei sie noch so kurz, ist ohne Geldmittel möglich, und schon das Ausspannen und das Unterbrechen der Arbeit für eine längere Zeit, ohne Verlassen der Häuslichkeit, ist nur den wenigen gestattet, welche nicht, wie man zu sagen pflegt, aus der Hand in den Mund leben, und

welche nicht an dem kommenden Tag auf den Arbeitsertrag aus dem
vorhergehenden unbedingt angewiesen sind. Aber gerade diese große Zahl
der Wenigbegüterten ist ganz besonders gezwungen, ihrer Gesundheit zu
leben, weil ihre Gesundheit für sie das einzige Kapital ist, von dem
sie ihre und ihrer Familie Bedürfnisse bestreiten. Daher wird es zur
Pflicht, nachzuprüfen, ob nicht auch ihnen bei ihren bescheidenen Mitteln
die Möglichkeit gegeben ist, wenigstens einigermaßen sich das gewünschte
Ausruhen von der Arbeit zu gönnen, ob nicht für jene Ferien ein Ersatz
ihnen geschaffen werden kann; und das ist in der Tat möglich.

Ein Ersatz gibt freilich niemals voll die Werte, für die er eintreten
soll, und auch hier bleibt der Ersatz, der sich bietet, hinter der Wirkung
eines vielleicht mehrwöchigen Urlaubes zurück. Aber ein Spaziergang,
und das ist der gedachte Ersatz, wenn er täglich gemacht wird und wenn
er auch einigemal im Jahr auf ein bis zwei Tage ausgedehnt werden
kann, wird doch stets seinen wohltuenden Einfluß äußern und wird wenigstens
eine kleine Erholung bringen, wo eine größere die Verhältnisse verbieten.
Es muß aber auch ein wirklicher Spaziergang sein und nicht ein Ge-
schäftsgang, welcher so vielfach als gleichwertig betrachtet wird. Nicht
selten hört man in den verkehrsreichen Großstädten, daß der beschäftigte
Beamte oder Kaufmann absichtlich auf die Benutzung der Straßenbahn
bei seinem Gang nach dem Bureau verzichtet, um sich genügende körperliche Bewegung zu machen, und wenn er dann sehr häufig erhitzt und
überstürzt, da die Zeit zum Beginn seiner Tätigkeit drängte, am Ziele
angekommen ist, so glaubt er in ausreichendem Maße die gesundheitliche
Forderung nach Bewegung erfüllt zu haben. Das ist ebensosehr ein
Irrtum, als wenn der Handwerker sagen würde, er habe ja genügende
körperliche Bewegung und brauche daher keine Spaziergänge. Wenn auch
ohne weiteres zugegeben werden soll, daß bei einer rein sitzenden Lebensweise der Gang nach dem Bureau oder Kontor, sofern dafür die nötige
Zeit vorgesehen ist und der Gang nicht zuletzt in ein Hasten ausartet,
dem Körper dienlicher ist als die Fahrt mit der Straßenbahn, so sind
doch die Vorteile eines Spazierganges ganz andere und werden weder
aus einem Berufsgang gewonnen, noch durch körperliche Arbeit überflüssig
gemacht. Wer in Geschäften durch die Straßen eilt, ist in seinem geistigen
Leben bereits so in seine Aufgaben vertieft, daß die Hirnzellen in emsigster
Arbeit sich befinden und unbedingt jenes heiteren Ausruhens entbehren, das
für einen richtigen Spaziergang eine unerläßliche Vorbedingung ist. Ohne
dieses Ausruhen kann ein Spaziergang niemals die Erquickung bringen,

welche er bringen soll und kann; Geist sowohl als Körper müssen während seiner Dauer möglichst untätig sein, sie müssen gewissermaßen beide dahinschlendern. Denn auch die körperliche Leistung bei einem Spaziergang ist keineswegs als Arbeit im gewöhnlichen Sinne des Wortes aufzufassen, sondern sie ist viel mehr als eine ausgleichende Tätigkeit zu bezeichnen, sei es gegenüber einer ausgesprochenen Gehirnarbeit oder einer auf bestimmte Muskelgruppen beschränkten Handarbeit, wie sie beide durch den Beruf veranlaßt werden. Indessen kommt noch ein weiteres, sehr wichtiges Moment hinzu, was den Charakter des Spazierganges prägt. Aus dem Häusermeer der Stadt mit seinem Dunst und seiner mit Schmutz erfüllten Luft führt uns der Spaziergang unter die grünenden Bäume, in den Wald, in die Berge, und in dieser Berührung mit der Natur liegt für uns moderne Menschen, die wir in die Städte gebannt sind, eine Erquickung, wie sie unseren Großvätern, eben weil diese noch mitten in der Natur lebten, unbekannt war. Die Sehnsucht nach Wald und Berg, nach Tal und Bach wird sich um so stärker einstellen, je mehr das Berufsleben uns von der Landschaft fernhält und in die Stadt zwingt, und besonders im Frühling und Sommer, wenn wieder das Grün und die Blumen die Erde schmücken, werden wohl nur wenige so abgehärtet gegen empfindsame Stimmungen sein, daß sich nicht bisweilen ein neidisches Gefühl bei ihnen regt gegen den Landmann und Dörfler. Auch der Städter will wieder beobachten können, wie aus der braunen Knospe die Blätter und Blüten sich herausdrängen, er will sich freuen können am kräftigen Erdgeruch, der sich im Mai und Juni mit dem Blumenduft der Fluren mischt, es genügt ihm nicht allein unter den staubigen Bäumen seiner Promenaden zu wandeln. Darum liegt in der Freude, die die Rückkehr zu der Natur im Spaziergänger wachruft, eine Kräftigung, welche nicht unterschätzt werden darf, und welche uns die Arbeit am nächsten Tage viel leichter erscheinen läßt, als es ohne diesen kleinen Ausflug in die nähere Umgebung der Stadt der Fall wäre. Es ist gleichsam das Gefühl des aus der Fremde in die Heimat Zurückkehrenden, das uns beschleicht, wenn wir wieder durch die Felder und Wiesen wandern, und dieses Gefühl wird natürlich um so mächtiger werden, je weiter sich eine solche Wanderung erstrecken kann, je mehr sie uns von der Stadt mit ihren Eigenheiten entfernt. Der idealste Spaziergang ist daher ein solcher, der nicht nur auf Stunden, sondern über einen Tag oder mehrere ausgedehnt wird, und wo leicht das Gepäck und leicht das Herze sind. Denn der alte Spruch: „Non curatur qui curat" gilt von jeder Ausspannung

16*

nach Arbeit und Mühe, und frei muß das Herz und das Gemüt sein selbst bei dem kleinsten Spaziergang, wenn er stärken und kräftigen soll. In weiterem Sinne können zu dem Spaziergang auch jene körperlichen Bewegungen gerechnet werden, die ebenfalls der Erholung dienen und sonst dieselben Bedingungen erfüllen, die wir für einen Spaziergang als unerläßlich erkannt haben. Von diesem Standpunkt aus kommen besonders das Rudern und das Radfahren in Betracht. Kaum gibt es eine körperliche Übung, die in gleich vorzüglicher Weise unsere Muskelgruppen anspannt wie das Rudern, und wenn auch dieses Körperspiel nicht in allen Gegenden und zu allen Jahreszeiten geübt werden kann, so sollte es doch, sobald die Möglichkeit geboten ist, nicht vergessen werden. Trotz der nicht unbeträchtlichen Anforderung an Körperkraft ist das Rudern hervorragend geeignet, dem durch geistige Arbeit, aber auch dem durch einseitige Handarbeit ermüdeten Körper Erholung zu bringen, weil es durchaus andere Muskelgruppen als das handwerkliche Berufsleben in Anspruch nimmt. Von größter Bedeutung ist dabei, daß durch eine Ruderpartie der Stoffwechsel wesentlich befördert wird, wofür ein Beweis das rege Hungergefühl ist, welches sich stets nach ihr einstellt. Dieser beschleunigte Stoffwechsel entfernt schneller die Ermüdungsstoffe, welche von der Tagesarbeit als Ballast im Körper zurückgeblieben sind, und trägt dadurch hervorragend zur Beruhigung des Nervensystems bei, welche entlastende Wirkung ein einfacher Spaziergang wohl auch hat, jedoch in geringerem Maße, während dagegen in dieser Beziehung dem Rudern das Radfahren, solange es in verständiger Form und verständigem Tempo geübt wird, nahe kommt. Das ist allerdings sowohl für das Rudern wie für das Radfahren ein großer Nachteil gegenüber dem Spaziergange, daß beide leicht übertrieben werden und dann der Segen, den sie hätten bringen können, zu einem Schaden wird. Ein zweiter Nachteil für beide ist, daß sie bestimmte Vorbereitungen und Werkzeuge erfordern. Die beiden letzteren fallen bei einem Spaziergange überhaupt fort, und zu Übertreibungen reizt er um vieles weniger, obgleich auch bei ihm manchmal in unverständiger Verkennung ein Ziel gesteckt wird, das nicht mit den Kräften aller Teilnehmer im Einklang steht. Vor allem Frauen und Kinder leiden bisweilen unter dem Egoismus des Mannes, und bei Familienausflügen wird nicht immer auf die Schwächeren die nötige Rücksicht genommen. Das ist unbedingt zu tadeln. Besonders bei einer Wanderung, die einen oder mehrere Tage dauert, soll das Ziel stets so gesteckt sein, daß es ohne Mühe für alle erreichbar ist und nicht der eine oder der andere nur mit hochgradiger Ermüdung und Anspannung aller seiner Kräfte am Ziele ankommt. Es ist daher viel richtiger, wenn dem stärkeren Manne die Gangart von Frau und Kindern nicht genügen, daß er lieber mit gleichaltrigen Freunden seinen Spazier- gang oder 'seinen Ausflug macht und seine Angehörigen mit näherem Ziele sich bescheiden.

Eine besondere Beachtung verlangt bei jedem Spaziergang die Trink- gewohnheit. Es liegt kein Grund vor, dagegen zu eifern, daß auf dem Spaziergang, vor der Rückkehr zur Stadt, ein Glas Limonade oder Milch oder auch Bier getrunken wird; gänzlich verkennt aber der die beabsichtigte Wirkung, welcher nur des Gasthausgartens wegen das benachbarte Dorf aufsucht und dort sich alkoholischer Unmäßigkeit, wozu jedes Quantum über ein Liter Bier in 24 Stunden gerechnet werden muß, hingibt. Schon das Trinken größerer Flüssigkeitsmengen, die keinen Alkohol enthalten, ist bei den hier genannten körperlichen Betätigungen nicht zu empfehlen, da durch solchen Mißbrauch allein die Schweißbildung erhöht und die Leistungsfähigkeit herabgesetzt wird. Derjenige wird sich bei einem Spazier- gang, einer Wanderung, einer Ruderpartie oder einer Radfahrt am wohlsten fühlen und das meiste leisten, der seiner Neigung zum Trinken selbst der unschuldigsten Flüssigkeiten zu widerstehen weiß, und dem zur Stillung des wirklich vorhandenen und nicht bloß eingebildeten Durstes Früchte oder einige Schlucke am besten etwas angesäuerten Wassers genügen. Vor allem soll auch das maßlose Trinken aus dem hervorsprudelnden Wald- quell vermieden werden, da es neben der dem Körper schädlichen Zu- fuhr unnötiger Wassermassen durch die Kälte seines Wassers einen Darm- katarrh hervorrufen kann.

Noch eines Umstandes sei gedacht, wenn der Spaziergang und vor allem der kürzere zu voller Geltung kommen soll. Wenn auch bei längeren Wanderungen die Windrichtung gleichgültig ist, weil ja nach einiger Zeit der Wanderer unbedingt aus dem Luftkreis der Stadt kommen muß, so ist das nicht ebenso gleichgültig für den kürzeren Spaziergang, auf den zwei oder höchstens drei Stunden verwandt werden können. Darum soll man niemals kleinliche Gewohnheiten den täglichen Spaziergang bestimmen lassen und nicht jeden Tag die gleiche Strecke ablaufen. Die Luft, in der man spazieren geht, muß eine gute und reine sein, damit nicht die Lunge sich mit Staub und Kohlenteilchen — von Krankheitserregern ganz zu schweigen — überfüllt, und um das zu erreichen, werde der Spaziergang stets nach der Windrichtung bestimmt und gegen den Wind ausgeführt.

In großen Städten ist es direkt geboten, mit der Straßenbahn an das
Weichbild der Stadt zu fahren und dann von diesem hinauszugehen in
die Landschaft, eine Ausgabe, die wenige Pfennige nicht übersteigt. Diese
verschiedene Wahl des Zieles macht auch den Spaziergänger mit der Umgebung seiner Heimatstadt bekannter, als es sonst der Fall wäre, und
die bedauerliche Tatsache, daß viele Leute in der nächsten Umgebung
ihrer Heimat weniger Bescheid wissen als in weit entfernten Ländern,
wird dann mehr und mehr schwinden, und die Freude an der engeren
Heimat wird an die Stelle der heutigen Unkenntnis treten. So hat die
Wahl des Spazierganges nach gesundheitlichen Grundsätzen auch diesen
schönen ethischen Erfolg, der ebenfalls dazu beitragen möge, dem Spaziergang in allen Kreisen, denen eine längere Erholung versagt ist, zu der
gebührenden Anerkennung zu verhelfen. Jene aber, denen eine längere
Erholung versagt ist, mögen diese in regelmäßigen Spaziergängen suchen,
und sie mögen gewiß sein, daß sie sich dadurch ihre Arbeit um vieles leichter
und erträglicher machen werden.

3.

Der Wandervogel.

Von Dir. Dr. A. Siebert in Reinickendorf-Berlin.

> „Laßt mich wandern, laßt mich wandern,
> Da mein Blut noch Feuer hat.
> Auch daheim soll mir's gefallen,
> Bin ich flügellahm und matt.
> Junges Blut,
> Froher Mut
> Sind das beste Reisegut."
>
> Paul Kerckhoff.

„Durch die Pflege des Wanderns erziehlich auf die deutsche
Jugend einzuwirken", — sie hinauszuführen aus der Enge der Stadt,
aus der dumpfen Stube, von den früh aufreibenden Genüssen und Auf-
regungen des modernen Lebens, — hinaus in die Natur, zu den Wäldern
und Fluren, zu den Flüssen und Seen unseres weiten und schönen deutschen
Vaterlandes: — das ist das Ziel des „Wandervogels" in Berlin.

Für diese Bestrebungen unseres Vereines möchten wir auch die Leser
des Jahrbuchs gewinnen, die als Erzieher und Freunde der Jugend oder
als Vertreter staatlicher und städtischer Behörden Anteil an den Strömungen
des öffentlichen Lebens nehmen.

„Wir rufen die Jugend hinaus in die schöne Natur [1]), wo sie ihren Körper stählen, ihre Sinne erfrischen und ihren Geist bereichern können. Im Vereine mit gleichgesinnten rüstigen Wanderern, beim frohen Liederklange, mit schmalem Beutel, aber heiterem Herzen sollen sie die Fluren ihres Vaterlandes durchpilgern. Studenten, erprobte Wanderer unter den größeren Schülern selbst sind dabei ihre Führer. Der echte Wandervogel meidet möglichst die Gasthäuser, ihre dem Luxus dienenden Tafeln und weichen Betten. Ein selbstbereitetes Mahl von Erbswurst, Rührei und Schinken, die warme Milch, der duftende Kakao auf eigenem Spiritusherde in schattigem Walde oder auf freiem Felde bereitet, ersetzt ihm alle Genüsse der Table

Auf blumiger Au.

d'hôte, und das Lager auf dem Heuboden ist dem Wegmüden warm und weich genug. Alkohol und Nikotin sind verpönt. Der Wandervogel verzichtet auf die Bedienung des befrackten Kellners; denn — „selbst ist der Mann". Er ist Koch, Kellner, Hausknecht und Portier in einer Person, „und in der Fremde weiß er sich zu helfen". Was ein anderer im Laufe des Tages an Trinkgeldern für Kellner ausgibt, das genügt ihm zum Unterhalte seines täglichen Lebens. Der wohlgefüllte Rucksack, der Wanderstab und ein frohes Herz: das sind sein einziges Gepäck, mit dem er leicht durch die Welt kommt."

_____

1) Prof. Dr. L. Gurlitt in seinem „Aufruf an Lehrer, Eltern, Freunde der Jugend" in Nr. 2 des „Nachrichtenblattes des Wandervogels".

Was unserer modernen Jugend immer mehr droht verloren zu gehen: Gesundheit und Natürlichkeit, — das hoffen wir durch den Wandervogel zu erhalten oder zu stärken.

Wer selbst einmal jung gewesen ist, Freundschaft gegeben und genossen hat und mit frohen Wandergesellen am hellen Morgen hinausgezogen ist in den lachenden Sonnenschein, der weiß, wie das Herz weit wird, der Sinn frei, wie sich im Wandern und Zusammenleben Freund zu Freund findet, wie die Großstadtgewohnheiten zurücktreten, wie der Knabe und der Jüngling sich offener, freier geben und selbständiger werden. —

Es ist in deutschen Landen zu allen Zeiten gewandert worden. Besonders die Turnvereine und später auch der Zentralausschuß für Volks- und Jugendspiele haben tatkräftig die Pflege des Jugendwanderns in die Hand genommen. Seit Jahn mit seinen Turnern hinausgezogen ist, um im Kampfe mit der Natur Vaterlandsliebe, Manneskraft und Wagemut zu gewinnen, sind Hunderte und Tausende deutscher Turner als Lehrer und Jugendfreunde mit wanderlustiger Jugend durch die Wälder gezogen, und eine reiche Poesie hat sich um die Erlebnisse der Wanderburschen geschlungen. Die deutschen Turner haben auch hier durch ihre Tätigkeit und Opferfreudigkeit sich den Dank des deutschen Volkes verdient.

Aber die Gelegenheit zum Wandern wird besonders in den Großstädten trotzdem nicht oft genug gegeben — vor allem nicht oft genug benutzt. Nur wenige haben die Möglichkeit, zu regelmäßigem Wandern in allen Jahreszeiten Anschluß zu finden.

Es gibt zwar viele Schulen, an denen von den Lehrern in weitgehender und aufopfernder Weise den Schülern Gelegenheit zum Wandern gegeben wird; aber je größer der Kreis der Großstadt und ihrer Gewohnheiten wird, um so größer werden die Schwierigkeiten. Bei der heutigen Belastung der Lehrerkollegien der höheren Schulen mit wissenschaftlichen und technischen Arbeiten ist es erklärlich, daß bei vielen Anstalten sich die Unmöglichkeit herausgestellt hat, Wanderfahrten zu veranstalten, — wenigstens in größerem Umfange. —

Hier ist das Wirkungsfeld des Wandervogels; hier kann er bei richtiger Benutzung seinen wohltätigen Einfluß geltend machen.

Unsere „Wandervögel" ziehen zu ihren Fahrten aus zu Zeiten, an denen ältere Herren oft behindert sind, Sonntags, an freien Tagen, in den Ferien. Halbtagsfahrten wechseln mit Tageswanderungen ab; in den Ferien wird je nach Bedürfnis eine Reihe mehrtägiger Wanderungen unternommen.

Besonderer Beliebtheit erfreuen sich die Kriegsspiele, die oft in die Tageswanderungen eingelegt werden.

Schließen wir uns einmal einer Fahrt des „Wandervogels" an.

„Treffpunkt 8 Uhr, Jagdschloß Grunewald!" ist unsere heutige Losung. Wir kommen mit einigen Minuten Verspätung an —, noch rechtzeitig, da die Führer noch einen Zug abgewartet haben, der Wandervögel aus Berlin und Friedenau brachte. Es stand am schwarzen Brett unserer Schule, auch wohl in den Anzeigern von Steglitz, Zehlendorf, Groß-Lichter-

Im klaren See.

felde, Wilmersdorf und Friedenau. Die Wanderungen werden vom Führerkollegium entworfen und angesagt, von ihm wird auch der Treffpunkt bestimmt, die einzelnen Führer setzen für ihre Orte die Abmarschzeiten fest. Für uns heißt es: „Abmarsch vom Bahnhof Steglitz 7 Uhr!"

Abmarsch! Wir begrüßen uns, zählen die Teilnehmer — es ist eine stattliche Zahl; heute ist ein großer Tag: Kriegsspiel.

In Dahlem schallt uns aus vielen Kehlen der Kriegsruf der Wandervögel entgegen: die Groß-Lichterfelder warten bereits auf uns.

In lebhaftem Marsche geht es vorwärts zum Treffpunkte. Dort treffen wir mit den Wilmersdorfern, den Zehlendorfern, den Berlinern und Charlottenburgern zusammen.

Nachdem man die Hände geschüttelt hat, alte Bekanntschaften erneuert und neue gemacht, wird zum Kriegsspiel eingeteilt, Parteien, Führer, Unparteiische werden bestimmt. Welches jugendliche Herz schlüge da nicht schneller! Wir haben auch eine große Aufgabe: Gelände kennen lernen, die Stärke des Gegners feststellen und vor allem — der Entscheidungskampf! — Jetzt heißt es alle Sinne und alle Kräfte anspannen, die Vorteile des Bodens ausnutzen, Klugheit und Gewandtheit zeigen; — jetzt heißt es: richtig führen und sich richtig unterordnen! — —

Noch lange nachher wirken die Ereignisse dieses Tages bei unseren jungen Leuten und unseren Jungen nach. Sie haben alle etwas gefunden, an dem ihr Herz hängt. Dem einen gefällt die Wanderfahrt, dem anderen die guten Freunde, dem einen die Betätigung körperlicher Kräfte, dem anderen das Organisieren im kleinen, das Anspannen geistiger Fähigkeiten zu einem größeren Ziel. Sie haben alle ein Betätigungsfeld gefunden, die Schüler — aber auch die Studenten —, das gerade die, welche sonst unter der Studierlampe oft lebensfremde Wissenschaft studieren, froher und sicherer macht. —

So ist es bei den Tagesfahrten, so bei den längeren Wanderungen und den übrigen Veranstaltungen. Der „Wandervogel" bietet seinen Angehörigen ein Feld zu freier Betätigung, zur Mitarbeit und zur inneren Anteilnahme.

Darauf beruht die Zukunft unserer jungen Bewegung. — Vorläufig hat sie ihr Wirkungsfeld nicht weit über den Kreis ausgedehnt, in dem sie entstanden ist, — die westlichen Vororte Berlins. Auch die Zahl der Teilnehmer ist noch gering. Die größte Beteiligungsziffer wies ein Ausflug mit 108 Teilnehmern auf. Aber der Gedanke des Wanderns ist so gesund, zum Glück auch so zeitgemäß, und die Form des „Wandervogels" — nach manchen Wandlungen — scheint sich so gut zu bewähren, daß die Vereinigung und ihre Ziele bald eine größere Verbreitung finden werden.

Die ersten Anfänge des „Wandervogels" liegen schon um acht Jahre zurück. Schüler des Steglitzer Gymnasiums zogen zu gemeinsamen Wanderungen hinaus in den Wald unter Führung zweier Studenten, ehemaliger Mitschüler, der Herren Hoffmann und Fischer, so wie vor ihnen jahrhundertelang deutsche Jugend das weite Land durchstreift hat, so wie an vielen höheren Schulen selbständig gewandert wird.

Doch mit einem Unterschiede: Die maßgebenden Führer organisierten die Wanderungen; man schloß sich enger zusammen, man glaubte — besonders unter dem Einflusse des langjährigen „Oberbacchanten" Fischer — nicht nur für sich, sondern auch für einen größeren Kreis etwas

Besonderes, Wertvolles geschaffen und eine besonders wertvolle Form gemeinsamen Wanderlebens gewonnen zu haben.

Gleich den mittelalterlichen Scholaren wollte man wandern und streifen unter der Führung von Bacchanten und der Leitung des Oberbacchanten, die für sich Treue und unbedingten Gehorsam beanspruchten. Und, was das wirklich Neue und Wertvolle war, — man beschränkte sich nicht auf die eine Schule —, es schlossen sich bald Schüler und ehemalige Schüler der verschiedensten Anstalten an, meist aus den Vororten Berlins, aber auch aus Posen, Lüneburg, München usw.

Im Laufe der Zeit hat der „Wandervogel" manche Wandlungen durchgemacht, wie es bei einer derartig naturwüchsigen und aus kleinen Verhältnissen heraufgewachsenen Gestaltung natürlich war. Die Treuverbindlichkeit und das Bacchantenverhältnis gab Anlaß zu Schwierigkeiten im Innern und der Schule gegenüber. Infolgedessen entschloß sich die Mehrheit des Ausschusses zur Auflösung des alten Verbandes und zur Neugründung auf einer Grundlage, die der Schule und dem Elternhause gegenüber ausreichende Garantien gab und eine Ausdehnung auf weiterer Grundlage verbürgte.[1]

Die wesentlichsten Paragraphen der Satzungen des eingeschriebenen Vereins „Wandervogel" (Vorsitzender Prof. Dr. L. Gurlitt) sind[2]:

§ 1. Der Verein „Wandervogel" hat den Zweck, durch die Pflege des Wanderns erziehlich auf die deutsche Jugend einzuwirken.

Der Verein, dessen Eintragung in das Vereinsregister beantragt werden soll, hat seinen Sitz in Steglitz bei Berlin. Er erstreckt seine Tätigkeit über ganz Deutschland.

§ 2. Mitglied des Vereins kann auf Antrag beim Vorstande jeder rechtsfähige Deutsche werden, der sich im Besitze der bürgerlichen Ehrenrechte befindet und sich zur Zahlung eines Jahresbeitrages von mindestens drei Mark verpflichtet.

§ 7. Der Vorstand besteht aus sieben Mitgliedern und wählt aus seiner Mitte einen Vorsitzenden[2], einen stellvertretenden Vorsitzenden[3] und einen Schatzmeister[4].

1) Ein Teil der Mitglieder des alten Ausschusses, der Bacchanten und Eingetragenen ist dem neuen Verein nicht beigetreten, sondern hat sich zu dem „Alt-Wandervogel" zusammengeschlossen. Das Haupt der Bewegung ist der Großbacchant (Rechtskandidat Fischer). Ferner gibt es Oberbacchanten, Bacchanten, Burschen und Eingetragene. Den Führern zur Seite steht ein Ehren- und Freundesrat. Vorsitzender ist der Schriftsteller W. Kirchbach. Ihre Zeitschrift trägt den Namen „Wandervogel".
2) Zu haben bei Prof. Dr. L. Gurlitt, Steglitz, Arndtstr. 3) Schriftsteller H. Sohnrey, Steglitz, Albrechtstr. 4) Prof. Dr. Albrecht, Groß-Lichterfelde-Berlin, Schillerstr. 11.

§ 12. Als Mittel zur Erreichung des Zweckes des Vereins dient in erster Linie die Veranstaltung von Wanderfahrten.

Über die hierbei zu befolgenden Grundsätze erläßt der Vorstand unter Zuziehung des Obmanns des Führerkollegiums (§ 14) eine besondere Anweisung.

Die Teilnahme an den Wanderfahrten ist nicht von der Zahlung eines Jahresbeitrags abhängig und legt den Beteiligten keinerlei Verpflichtungen auf als die, sich den Anordnungen der bestellten Führer zu unterwerfen.

§ 13. Zur Vorbereitung und Leitung der Wanderfahrten wird vom Vorstande ein Führerkollegium eingesetzt; neu hinzutretende Mitglieder des Führerkollegiums werden auf Vorschlag des Kollegiums vom Vorstande ernannt, dem auch das Recht des Ausschlusses von Mitgliedern des Kollegiums zusteht.

§ 14. Der Vorstand ernennt einen Obmann des Führerkollegiums.

§ 15. Das Führerkollegium stellt das Programm der Wanderfahrten und die Einzelheiten der Ausführung fest.

§ 17. Zur weiteren Förderung seiner Zwecke gibt der Vorstand ein Nachrichtenblatt heraus.

Übersicht über die im Jahre 1904 seit der Vereinsgründung (29. Juni 1904) ausgeführten Reisen.

Nr.	Datum	Dauer Tage	Weg	Führer	Teilnehmerzahl	Kosten
			a) In den großen Ferien 1904.			
1	9.—11. VII.	3	Bernau — Liepnitzsee — Werbellinsee — Templin	stud. phil. Schumann	13	5 M.
2	11.—13. VII.	3	Birkenwerder — Lanke — Spechthausen — Falkenberg — Freienwalde	Primaner Menadier	10	5 "
3	13.—14. VII.	2	Zehlendorf — Trebbin	Primaner Sielaff	6	2,25 "
4	16.—18. VII.	3	Belzig — Setzsteig — Wiesenburg	stud. phil. Weber	11	5 "
5	23.—25. VII.	3	Kgs. Wusterhausen - Teupitz — Scharmützelsee—Fürstenwalde	stud. phil. Copalle	15	5 "
6	16.—30. VII.	15	Kyffhäuser — Sondershausen—Langensalza—Eisenach—Thüringerwald — Erfurt—Weimar	Primaner Sielaff	6	30 "

Nr.	Datum	Dauer Tage	Weg	Führer	Teil- nehmer- zahl	Kosten	
7	3.—13. VIII.	11	Chemnitz — Annaberg — Fichtelberg — Keilberg — Karlsbad — Komotau — Teplitz — Pirna — Dresden	stud. phil. Weber	9	28	M.
8	3.—14. VIII.	12	Merseburg — Naumburg — Kösen — Jena — Saalfeld — Paulinzelle — Blankenburg — Schwarzburg — Rennstieg — Ruhla — Eisenach	stud. phil. Schumann und stud. phil. Copalle	11	35	„
9	13.—14. VIII.	2	Oranienburg und Umgegend	Primaner Sielsch	8	3	„

b) In den Oktoberferien 1904.

10	1.— 5. X.	5	Küstrin — Tamsel — Dietz — Berlinchen — Landsberg	stud. phil. R. Weber	7	12	„
11	1.— 7. X.	7	Grätz — Wollstein — Bomst — Neu-Kranzig — Goltzen — Züllichau — Tschicherzig — Grünberg	Primaner V. Schmidt (Posen)	10	9	„
12	2.— 9. X.	8	Mölln — Ratzeburg — Lübeck — Ratekau — Scharbeuz — Haffkrug — Eutin — Malente — Plön — Kiel	stud. phil. Schumann	17	25	„
13	3.— 5. X.	3	Biesenthal — Werbellinsee — Joachimsthal — Oderberg — Chorin — Chorinchen	Primaner Menadier	7	5	„

Der Verein und sein Vorstand betrachten sich als „Patrone" der „Wandervögel". Lehrer, Eltern und Freunde der Jugend haben sich hier zusammengefunden, um den Schülern Gelegenheit zu Wanderfahrten und Ferienreisen zu geben, Preisermäßigungen, Eintritt in geschichtlich, kulturell und landschaftlich wertvolle Sehenswürdigkeiten zu erwirken usw. Wir möchten auch dazu beitragen, unserer Jugend den Blick zu weiten für die Denkmäler der Vergangenheit unseres Volkes, für die Schöpfungen der Kunst wie der Gewerbe- und Fabriktätigkeit.

So ist in den vergangenen Oktoberferien ein Teil der Wandervögel hinaufgezogen nach Ostholstein[1], hat den Menschenschlag des Landes und die Landschaft in Herbststimmung kennen gelernt, hat das Meer gesehen,

---

1) Ausführliche Berichte über Ferienwanderungen findet man im Nachrichtenblatt des „Wandervogel".

die alte Hanseftadt Lübeck und zuletzt Kiel mit dem Kriegshafen und der
kaiferlichen Werft. Ihre Befichtigung unter Führung von kaiferlichen Beamten und Offizieren wurde ihnen durch Vermittelung eines Vorftands-
mitgliedes in zuvorkommendfter Weife ermöglicht. Und — der Höhepunkt
des Erlebens für jugendliche Herzen — man aß im Seemannsheim und
übernachtete dort „auf kaiferlichen Strohfäcken".

Die Einfachheit der Lebenshaltung und die naturgemäße
Lebensweife ift der Grundzug des Wanderlebens. Sie find freiwillig angenommen und werden darum gern durchgeführt.

Eine andere wertvolle Eigenart des „Wandervogels" ift,
daß außerhalb des Zwanges der Schule und des Elternhaufes
unfere heranwachfende Jugend hier lernt, fich frei und un-

Auf kaiferlichen Strohfäcken.

befangen in eigener Zucht zu bewegen. Selbftbetätigung, Mitarbeit,
freie Betätigung an praktifchen Zielen find wertvolle Beigaben. Sie wandern
und leben zufammen nach eigenen Vorfchriften, unter eigener Verantwortlichkeit, unfere Knaben und jungen Leute. Die Selbftzucht, die nötig ift, um ein
derartiges Zufammenleben möglich zu machen, hat fich noch immer bewährt;
fie ift oft ftrenger als die Anforderungen, die von Älteren getroffen werden.

In das innere Leben und Treiben im Wandervogel gewinnt Einblick, wer das Nachrichtenblatt des Wandervogels durchfieht; noch beffer,
wer mit zur Wanderfahrt hinauszieht, die gemeinfamen Freuden und Leiden
miterlebt, gemeinfam einkauft und abkocht, im Bett oder beffer auf dem
Heuboden übernachtet, in Regen und Sonnenfchein Frohfinn und Spann-
kraft behält und fieht, wie an den kleinen Erlebniffen die Jugend froher,
gefunder und felbftändiger wird.

Sie, die Sie dieses Jahrbuch lesen und den Wunsch haben, dem Ihnen nahestehenden Kreise, möglichst dem ganzen deutschen Volke, Körper und Geist gesund und leistungsfähig zu erhalten, werden ebenso freundlich wie dringend eingeladen, den Bestrebungen des Wandervogels Wohlwollen und Unterstützung zuteil werden zu lassen. Haben Sie Söhne, oder junge Freunde, oder Bekannte, die gelernt haben, recht zu wandern, die es lernen möchten, oder denen Sie es wünschen, so schicken Sie sie zum Wandervogel. Gemeinsam mit anderen „Wandervögeln" werden sie hinausziehen, Brust und Herz werden ihnen weit werden. Sie werden im Zusammenleben Freundschaft geben und empfangen und — wenn weiter nichts — einige frohe Stunden durchleben, auf die sie später mit ungetrübter Freude zurückblicken werden.

4.
Der militärische Gang.
Von Generalarzt Dr. Meisner in Berlin W.

Als Mittel zur Kräftigung der Beinmuskeln, zur Erreichung einer geraden, festen Haltung und eines sicheren, strammen Ganges und mehr als andere Mittel zur Gewöhnung des Menschen zu Selbsterziehung, Disziplin und Ordnung gilt der militärische Gang, der Marsch. Die Art seiner Ausführung hat ebenso wie manches andere, z. B. die militärische Tracht, im Laufe der Zeiten sehr gewechselt und aus Drillsucht und Unverstand d. h. Unkenntnis der anatomischen und physiologischen Verhältnisse des menschlichen Körpers manche Verirrung gezeitigt, anderseits aber auch, je mehr sie sich diesen Verhältnissen angepaßt hat, zu den großen Erfolgen unserer letzten Kriege nicht zum wenigsten durch die Überwindung großer Wegestrecken seitens unserer Fußtruppen geführt.

Mit der Ausbildung im Marschieren treten mehr und mehr die Freiübungen der Beine insofern in Wettstreit, als sie als die Vorübung des militärischen Ganges bewertet und gefordert werden.[1] Es erscheint aber vom theoretischen und praktischen Standpunkte aus fraglich, ob sie in der Tat mehr zu leisten vermögen, als der, ebenso wie sie, methodisch anzulernende Marsch, der ihnen gegenüber den unbestreitbaren Vorteil der Bewegung von der Stelle und damit die Grundlage für alles Mar-

---

[1] von Dithfurth, Gymnastik und ihre militärische Verwertung. Berlin, Mittler & Sohn, 1905.

schieren bietet. Denn daß die Form dieser Bewegungen zum großen
Teile eine andere sein muß als bei den Freiübungen auf der Stelle, ergibt sich von selbst. Daraus dürfte sich aber auch weiter ergeben, daß
die Ausbildung im Marschieren neben den allgemeineren Zwecken dienenden
Freiübungen auch mit der Anlernung der bei und zu diesem Gange notwendigen Formen der Bewegung beginnen und geübt werden muß, die
zudem eine willkommene Abwechselung in den gymnastischen Unterricht
bringt und eine nicht zu unterschätzende Ausgleichsbewegung darstellt. Sie
hat daher auch für die körperliche Erziehung der Jugend ihre große
Bedeutung.

Je nach seiner strafferen und genaueren Ausführung unterscheidet
man den gewöhnlichen Marsch und den Parademarsch und, wenn dieser
in seine einzelnen Phasen zerlegt wird, den langsamen Schritt, obschon
die Reglements derartige Unterscheidungen nicht kennen und vorschreiben.
Sie eingehend zu würdigen, erscheint an der Hand der neuerdings besonders
gegen den Parademarsch gerichteten Einwürfe auch für die Beurteilung
des militärischen Ganges als Erziehungsmittel der Jugend besonders
geboten.

Auf der letzten Versammlung Deutscher Naturforscher und Ärzte ist
ein auch in Buchform erschienener Vortrag[1]) gehalten worden, in dem
unter Berücksichtigung der anatomischen und physiologischen Verhältnisse
des menschlichen Körpers eine Würdigung der Eigentümlichkeiten des gewöhnlichen Marsches und des Parademarsches mit seiner Vorübung, dem
langsamen Schritte, gegeben wird. Daran wird eine Erörterung der
Schädigungen der Gesundheit geknüpft, die auf diese Eigentümlichkeiten
des Parademarsches und langsamen Schrittes zurückzuführen sind.

In diesem Vortrage wird ausgeführt, daß bei dem gewöhnlichen,
von dem Exerzier-Reglement[2]) vorgeschriebenen und den natürlichen Verhältnissen des Körpers angepaßten Marsche das linke Bein leicht gekrümmt, ohne zu schlenkern, vorgebracht, die Fußspitze ein wenig nach
unten und außen gebogen, der Oberleib vorgenommen und der Fuß ganz
leicht und flach in einer Entfernung von 80 cm auf den Boden gesetzt,
das Knie beim Niedersetzen auf die Erde durchgedrückt und das rechte
Bein leicht gekrümmt herangezogen wird.

---

1) Dr. Franz Thalwitzer, Der Parademarsch, eine ärztliche Betrachtung.
Dresden, Paul Alicke, 1904.
2) Exerzier-Reglement für die Infanterie. Abdruck von 1889. Berlin,
Mittler & Sohn, 1889.

Bei dem Parademarsche wird dagegen das linke Bein gekrümmt, das Knie ziemlich hoch gehoben und der Unterschenkel mit kräftigem Ruck vorgestreckt, die Fußspitze stark nach unten auswärts und das Knie nicht erst beim Hinsetzen, sondern schon beim Vorbringen stark durchgedrückt und der Fuß, und zwar der Vorderfuß zuerst, bei starker Streckung des Beines nicht leicht, sondern scharf in einer Entfernung von nicht 80 cm, sondern 90—100 cm auf den Boden gesetzt. Die Abwickelung des Fußes erfolgt dabei nicht erst, nachdem das betreffende Bein seine Rolle als Standbein aufgegeben hat, sondern solange es noch Standbein ist. Dadurch ist der Mann gezwungen, um die Länge des Schrittes herauszubekommen, eine dem freien Auge noch eben wahrnehmbare Sprungbewegung zu machen, bei einbeiniger Zehenstellung.

Die Mechanik dieser Übung ist von der des gewöhnlichen Marsches, bei dem die Abwickelung des Fußes niemals unter der Last des Körpers zu erfolgen hat, so grundverschieden, daß die Bezeichnung Marsch für sie eigentlich zu Unrecht besteht und sie nur unter dem Gesichtspunkte einer turnerisch-gymnastischen Übung gewürdigt werden kann. Sie bedingt theoretisch eine unzweckmäßige Überlastung des Fußes wegen der unnatürlichen Schwierigkeit der Abwickelung, die durch die Unmöglichkeit, das Knie dabei zu beugen, noch vermehrt wird; ferner eine unzweckmäßige Erschütterung des Beines beim Aufsetzen des Fußes und eine unzweckmäßige Überstreckung des Kniegelenkes; schließlich eine unzweckmäßige Anstrengung der Muskulatur des ganzen Körpers zur Erhaltung des Gleichgewichtes, indem die Unterstützungsfläche des Körpers in einer Phase jedes Schrittes auf die kleine Ellipse des Zehenballens zusammenschrumpft.

Dadurch wird das gerade Gegenteil von der Schonung der Kräfte erreicht, die das Exerzier-Reglement verlangt, so daß auch unter dem Gesichtspunkt einer turnerisch-gymnastischen Übung dieser Marsch unzweckmäßig erscheint. Er ist aber auch für eine Reihe von Gesundheitsstörungen verantwortlich zu machen, vor allem für die Entstehung der Fußgeschwulst, demnächst für die von Verstauchungen und Sehnenscheidenentzündungen am Bein, von Gelenkrheumatismus und Herzleiden und schließlich sogar von Seelenstörungen. Daraus ergibt sich, daß die Gründe für seine Beibehaltung, die sich der ärztlichen Beurteilung entziehen, sehr schwerwiegend sein müssen.

Hiergegen ist folgendes zu bemerken: der Parademarsch ist, theoretisch betrachtet, lediglich eine Form des gewöhnlichen Marsches, die sich nur

durch die straffere Haltung des Körpers und besonders der unteren Glied-
maßen und durch eine schnellere und genauere Ausführung der einzelnen
Phasen der Bewegungen von dem gewöhnlichen Marsche unterscheidet.
Einerseits bedingt nämlich schon der gewöhnliche reglementsmäßige Marsch
eine stärkere Anspannung der Muskeln als der natürliche physiologische
Gang, und andererseits der Parademarsch nicht die hohen Anforderungen
einer unnatürlichen Überanstrengung des Körpers, wie sie in obiger Schilderung erscheinen.   Die Anstrengungen des reglementsmäßigen Marsches sind
hier zu niedrig, die des Parademarsches zu hoch bewertet. Natürlicher Gang,
reglementsmäßiger Marsch und Parademarsch stellen im wesentlichen die
Stufen einer Steigerung der durch die gleiche Bewegungsform in Anspruch
genommenen Muskeltätigkeit dar.   Denn die Ansicht, daß der reglementsmäßige Marsch dem natürlichen Gange entspricht, ist nicht zutreffend, weil
bei dem natürlichen Gange das im Kniegelenk gebeugte Bein zuerst mit der
Ferse und dann erst unter Streckung im Knie- und Hüftgelenke und Plantarbeugung im Fußgelenke mit Ballen und Zehen den Boden erreicht, bei
dem reglementsmäßigen Marsche und dem Parademarsche aber, bei diesem
stärker, bei jenem leichter, die ganze Fußsohle, also Ferse, Ballen und Zehen
zugleich, unter stärkerer Beugung und Streckung im Hüft- und Kniegelenke
und stärkerer Plantarbeugung im Fußgelenke den Boden berührt.   Eine
Berührung des Bodens zuerst mit dem vorderen Teile des Fußes und dann
mit der Ferse ist mit dem im Knie gestreckten Beine nur bei kurzen
Schritten von etwa 50 cm Länge ausführbar und damit auch das zeit-
weilige Ruhen der Körperlast auf der kleinen Ellipse des Zehenballens
bei dem Parademarsche ausgeschlossen. Man erkennt das leicht daran, daß
eine Truppe, die einen solchen strammen Parademarsch ausführen will,
nicht von der Stelle kommt.   Die Abwickelung des Fußes erfolgt ferner
auch bei dem gewöhnlichen Gange stets, solange das betreffende Bein
noch Standbein ist; denn es stützt sich bis zur letzten Phase der Abwickelung,
dem Abstemmen von dem Boden, mittels Ballen und Zehen noch auf
diesen, und erst, nachdem mit Hilfe dieses Abstemmens der Oberkörper
nach vorn geworfen worden ist und das andere Bein mit der ganzen
Fußsohle den Boden erreicht hat, gibt es seine Rolle als Standbein vollständig auf[1]).   Bis dahin besteht der „Doppelstütz", indem das Standbein erst Stoßbein und dann erst Gangbein wird.   In der Tat findet
schon hierbei eine meist unmerkliche Sprungbewegung statt, die bei kurz-

1) Imm. Munks Lehrbuch der Physiologie. Bearbeitet von Professor P. Schultz.
7. Aufl. Berlin, Hirschwald, 1905.

beinigen Menschen, die lange Schritte machen, als Wippen oder Hüpfen oft sehr augenfällig werden kann. Daraus ergibt sich aber auch, daß theoretisch zwischen dem natürlichen Gange und dem reglementsmäßigen Marsche und Paradamarsche kein anderer Unterschied besteht als der, daß bei diesen die Bewegungen des gewöhnlichen Ganges straffer und ausgiebiger und in ihren einzelnen Phasen schneller und genauer aus- geführt werden als bei jenem. Etwas Unnatürliches wird daher, im Gegensatz zu manchen Kunstschrittarten in Turn- und Tanzsaal, in der Art dieser Bewegungen nicht erblickt werden können.

Aber auch vom praktischen Standpunkte aus betrachtet gestalten sich die Vorgänge bei weitem nicht so un-  zweckmäßig und nachteilig, wie sie in der Schilderung des Vortrages erscheinen.

Zunächst wird nirgends ein Über- maß von Kraftentfaltung bei Beugung und Streckung der Gelenke in den dienst- lichen Bestimmungen[1]) verlangt. Bei „Stillgestanden“ kennen die Reglements nur „ein loses Durchdrücken der Knie nach hinten, ein Zurückziehen der Knie, ohne sie steif zu halten, ein Durchdrücken der Knie ohne krampfhafte Anspannung so weit, als es die Bauart des Mannes erlaubt“. Beim Marsche wird das Knie beim Aufsetzen des Fußes auf den Boden durchgedrückt. Von einem starken Durch- drücken oder Überstrecken ist und kann aber nicht die Rede sein, weil das Bein so gehalten werden muß, daß es jeden Augenblick ohne weiteres in die Stillgestanden-Stellung übergehen kann. Dasselbe gilt auch von dem Auswärtsstellen der Fußspitzen, die nur so weit nach auswärts ge- dreht sein sollen, daß sie nicht ganz einen rechten Winkel bilden. Darum heißt es auch: „Der Paradamarsch soll frei und ungezwungen sein.“ Sie kennen ferner nur ein flaches und leichtes Aufsetzen des Fußes beim Marsche und eine Schrittlänge von 80 cm und nichts von dem veralteten gekünstelten Streckgang mit Aufsetzen der Fußspitze und von längeren Schritten.

1) Exerzierreglement für die Infanterie, I, 2 u. III, 11. — Desgl. für die Kavallerie I, 10.

Die Reglements stellen daher keineswegs so scharf und eng begrenzte Forderungen an Haltung und Gang bei der Ausführung des Parademarsches, wie es manchem Beobachter erscheinen könnte. Sie können es auch schon darum nicht, weil sie einen ziemlich weiten Spielraum lassen müssen, innerhalb dessen die Großen und die Kleinen, die Langbeinigen und die Kurzbeinigen und die mit geringen Form- und Richtungsfehlern der Füße und der Beine Behafteten mit einer wenigstens scheinbaren Gleichmäßigkeit marschieren und paradieren können. Nicht der Kinematograph, sondern das photographische Augenblicksbild, das die einzelnen Phasen des Schrittes festhält, gibt Zeugnis davon, wie folgende Pausen

von Augenblicksaufnahmen stramm marschierender Soldaten zeigen. Trotz der Bekleidung erscheint schon die Stellung der Beine im Kniegelenke auf solchem Paradebilde sehr verschieden, mehr aber noch die in dem enger bekleideten Fußgelenke. In der Tat sieht man dann, daß auch hierbei die Füße meist zuerst mit der Ferse den Boden berühren und das reglementsmäßige flache und gleichzeitige Aufsetzen der ganzen Fußsohle lediglich in dieselben einzelnen, nur je nach der Gestalt der Füße sich mehr oder weniger schnell folgenden Phasen, wie bei dem gewöhnlichen Gange, zerfällt.

Was den langsamen Schritt betrifft, so besteht derselbe darin, daß das ausschreitende Bein langsam und im Kniegelenke leicht gebeugt gehoben, dann nach vorn gestreckt und mit der ganzen Fußsohle schnell auf den Boden gesetzt wird, so daß die Last des Körpers ziemlich plötzlich auf dasselbe zu ruhen kommt.[1]) Anders ist der Vorgang nicht verständlich. Er stellt somit keine Abart, sondern nur eine Verlangsamung oder Zerlegung des Schrittes in seine einzelnen Phasen dar, ohne die Grenzen der natürlichen Bewegungsformen zu überschreiten. Nach militärischem Urteil ist er als Vorübung zum Parademarsch zu entbehren.[2])

---

1) Dr. F. A. Schmidt, Haltung und Gang in „Wehrkraft durch Erziehung". Leipzig, R. Voigtländer, 1904.

2) von Meerscheidt-Hüllessem, General der Infanterie z. D., Die Ausbildung der Infanterie. I. Teil. Berlin, Mittler & Sohn, 1904.

Ob er aber auch als gymnastische Übung für die Fußtruppen ganz aus-
zuschließen ist, erscheint fraglich. Denn jede kriegerische Leistung derselben
ist in erster Linie von der Leistungsfähigkeit ihrer Beine nicht bloß beim
Gehen an sich, sondern auch beim Gehen mit Überwindung von allerhand natürlichen und künstlichen Hindernissen abhängig. Dazu gehören
aber nicht bloß kräftige Beine, sondern auch eine möglichst vollkommene Beherrschung des von dem Gefühle der Fußsohle abhängigen Gleichgewichtes[1]
des Körpers. Von diesem Standpunkte aus betrachtet, gibt es aber keine
Übung, die diesen Anforderungen nach beiden Richtungen hin besser entspricht, als der langsame Schritt.[2]

Berücksichtigt man schließlich noch, daß die Ausbildung des Rekruten
mit der Einübung des natürlichen gleichmäßigen Ganges beginnt, der bei
den meisten durch Gewöhnung und Erziehung, durch Beruf und kleine Körper-
fehler zum Teil recht arg vernachlässigt ist, und dieser erst die des reglementsmäßigen und des Parademarsches und des langsamen Schrittes folgt,
so ist damit ein leichter Übergang zu den Marscharten mit straffer Körperhaltung geschaffen, den ebensowenig wie die ganze Methode der Ausbildung
der Vorwurf der Unzweckmäßigkeit treffen kann. Es ist auch ein großer
Irrtum, wenn geglaubt wird, daß die Zeit der ersten Ausbildung mit dem
Einüben dieser Marscharten ausgefüllt wird; denn sie wird häufig genug
von Anfang an außer durch manche andere gymnastischen Übungen durch
ein freies Gehen im Gelände unterbrochen und dadurch ihr Zweck im
ganzen, marschfähige Soldaten zu erziehen, in vollkommenster Weise
erreicht.

Dementsprechend sind nun auch die Folgen des Parademarsches und
des langsamen Schrittes nicht so verhängnisvoll, wie es nach der gegebenen Darstellung erscheinen könnte. Denn aus den statistischen Sanitätsberichten ergibt sich zunächst, daß in den Garnisonen, wo nur berittene
Truppen stehen, der Gelenkrheumatismus und die Nervenkrankheiten, einschließlich der Geisteskrankheiten, ebenso häufig sind, wie in der ganzen
Armee (8 bzw. 5,5‰); daß die Krankheiten der Kreislauforgane, einschließlich Herzleiden, und der Bewegungsorgane zwar seltener (11 : 14
bzw. 32 : 52‰), die mechanischen Verletzungen aber, und davon die
Verstauchungen der Gelenke, sehr viel häufiger sind (210 : 153 bzw.
40 : 37‰). Es kommt daher nur die Fußgeschwulst als Eigentümlich-
keit der infanteristischen Ausbildung in Betracht, von der wir wissen, daß

1) Munk, l. c.   2) Schmidt, l. c.

sie, obschon ein ziffermäßiger Nachweis nicht zu erbringen ist, fast ausschließlich bei den Fußtruppen und vorzugsweise bei der Infanterie vorkommt.

Als Fußgeschwulst bezeichnet man eine Anschwellung der Weichteile
des Mittelfußes, besonders auf dem Fußrücken. Wie die Untersuchung
mit Röntgenstrahlen ergeben hat, handelt es sich dabei in den schwereren
Fällen meistens um einen Bruch des zweiten oder dritten Mittelfuß-
knochens, seltener um die eines anderen oder mehrerer. Der zweite und
dritte Mittelfußknochen erscheint dazu besonders veranlagt, weil beim
Stehen und Gehen die Last des Körpers vorzugsweise auf sie zu ruhen
kommt. In den leichteren Fällen ist sie die Folge von Zerrungen und
Zerreißungen der an diese Knochen sich ansetzenden Bänder und Muskeln,
möglicherweise auch ihrer Knochenhaut. In allen Fällen ist die Ursache
eine bei dem Gebrauch des Fußes zum Gehen einwirkende Schädlichkeit,
die ebensowohl in dem harten Aufschlag des Fußes, wie in einem Fehl-
oder Hohltreten zu suchen ist, besonders wenn der Fuß bereits durch längeren
Gebrauch ermüdet oder auch durch eine von der gewöhnlichen Form ab-
weichende Gestalt dazu veranlagt ist.

Der Parademarsch und der langsame Schritt haben indessen an diesen
Verletzungen den geringsten Anteil. Es ergibt sich das schon aus dem seltenen
Vorkommen des Leidens bei den berittenen Truppen, die im Anfang ihrer
Ausbildung wenigstens den Parademarsch nach der gleichen Vorschrift
üben.[1]) Dann aber entfällt nach den statistischen Sanitätsberichten über
die preußische Armee in den fünf Jahren von 1896/7 bis 1900/1 die
größte Zahl an Erkrankungen an Fußgeschwulst auf die Monate Juli,
August und September, also auf eine Zeit der Ausbildung, in der Parademarsch und langsamer Schritt am wenigsten geübt werden, wohl aber
weite Wege im Gelände zurückzulegen sind. Denn von 1000 Mann der
jeweiligen Monatsdurchschnittstärke erkrankten an Fußgeschwulst in diesen
fünf Jahren durchschnittlich:

im Oktober	1,8	im April	1,9
„ November	2,8	„ Mai	2,6
„ Dezember	1,6	„ Juni	2,7
„ Januar	1,6	„ Juli	3,4
„ Februar	1,3	„ August	3,0
„ März	2,0	„ September	3,6

---

1) Exerzierreglement für die Kavallerie.

Nur etwa 30 % aller Fußgeschwülste beruhen auf Brüchen von Mittelfußknochen. Es würden sich also diese Zahlen, hoch gerechnet, um diesen Wert erhöhen, weil möglicherweise die Brüche der Mittelfußknochen in der Spalte der Knochenbrüche des Fußes verrechnet sein können, die übrigens, mit Ausnahme des Ansteigens im November, in den einzelnen Monaten derselben Häufigkeitskurve folgen. Daraus läßt sich schließen, daß der Parademarsch und der langsame Schritt gerade an den schwereren Fällen der Fußgeschwulst nicht wesentlich beteiligt sind.

Von den an Fußgeschwulst Erkrankten bedurften nur 28 % der Lazarettpflege, 99 % wurden wieder dienstfähig und die Behandlungsdauer betrug im Durchschnitt nur 11 Tage. Diese Zahlen sprechen eine beredtere Sprache als alle Hypothesen über die Folgen des Parademarsches und des langsamen Schrittes. Ein Vergleich des Ausfalles an Diensttagen infolge dieses Leidens mit dem infolge anderer Leiden erscheint nur zulässig, wenn es sich um Erkrankungen handelt, die wie die Fußgeschwulst auf den unmittelbaren Einfluß des Dienstes zurückzuführen sind. Tuberkulose, Typhus und Dysenterie, mit denen in dem Vortrage ein Vergleich angestellt worden ist, sind weder dem militärischen Dienste eigentümlich, noch überhaupt häufig in der Armee. Vergleicht man aber z. B. diese Zahlen der Fußgeschwulst mit denen des Fingergeschwüres, dessen Entstehung in den meisten Fällen kleinen Verletzungen bei der Handhabung der Waffen und der Ausrüstungsgegenstände zuzuschreiben ist, so ergibt sich, daß der Ausfall an Diensttagen infolge des einen und des anderen ziemlich gleich ist und nur der Unterschied besteht, daß das Fingergeschwür eine längere Behandlungsdauer mit weniger Heilungen in Anspruch nimmt. Danach wäre im Sinne des Vortrages die Forderung, die Handhabung der Waffen zu beschränken, ebenso gerechtfertigt, wie diejenige, die Ausbildung im Marschieren zu ändern.

Der schnelle und günstige Verlauf auch der schwereren Fälle von Fußgeschwulst mit Knochenbruch, sowie die einfache zur Heilung erforderliche Art der Behandlung, die im wesentlichen nur in ruhiger Lagerung besteht, ist die Ursache davon, daß diese Erkrankungen in der Zivilbevölkerung nur selten zur Kenntnis und ärztlichen Behandlung kommen. Es ist daher verfehlt, daraus den Schluß zu ziehen, daß das Leiden in der Zivilbevölkerung nur selten oder gar nicht vorkommt. Das sogenannte Verbellen der Füße, das meist nichts anderes als eine Fußgeschwulst darstellt, ist häufig genug im Munde des Volkes.

Auffallend ist, daß das Leiden in den einzelnen Armeekorps in recht verschiedener Häufigkeit auftritt. In den fünf Berichtsjahren kommen auf 1000 Mann der Iststärke von Erkrankungen an Fußgeschwulst:

im Gardekorps	22,0	im XII. Armeekorps	40,5
" I. Armeekorps	23,1	" XIII. "	27,5
" II. "	36,1	" XIV. "	29,0
" III. "	29,7	" XV. "	26,2
" IV. "	20,5	" XVI. "	34,1
" V. "	33,2	" XVII. "	22,1
" VI. "	19,8	" XVIII. "	14,3
" VII. "	37,2	" XIX. "	18,2
" VIII. "	19,8	" I. bayer. Armeekorps	26,2
" IX. "	36,3	" II. " "	31,4
" X. "	26,4	" III. " "	27,1.
" XI. "	33,9		

Danach ist die Fußgeschwulst in Pommern, Posen und Niederschlesien, Westfalen, Schleswig-Holstein nebst Mecklenburg und Hansastädten, im östlichen Teile des Königreichs Sachsen, in Lothringen und im nordöstlichen Teile von Bayern häufig, in der Provinz Sachsen, in Mittel- und Oberschlesien, in der Rheinprovinz, im Großherzogtum Hessen nebst Nassau und im westlichen Teile des Königreichs Sachsen selten. Daraus ist zu entnehmen, daß die Erkrankungen an Fußgeschwulst auch von einer gewissen Veranlagung einzelner Volksstämme abhängig sind.

Nur in einer Beziehung wird man daher den Anregungen des Vortrages unbedingt beistimmen können, nämlich in der Forderung, daß sich die Ausführung des Parademarsches und des langsamen Schrittes in den von dem Reglement vorgeschriebenen Grenzen hält. Besonders wird, wenn die Ermüdung als ein recht wesentliches Moment für die Entstehung der Fußgeschwulst anerkannt worden ist, außer jeglicher Überstreckung in den Gelenken das an sich schon schädliche und unschöne Hämmern mit den Füßen auf einem harten Exerzierplatze oder dem Asphalt oder Pflaster der Städte, das den fremdländischen Offizier zu der Frage veranlaßt hat: „Warum haut ihr euch eigentlich die Füße kaputt?"[1]) nach einem anstrengenden Marsche unbedingt zu verwerfen sein, weil dann zwei Faktoren und bei anormalen Füßen sogar drei als Ursache des Leidens wirksam sind.

---

1) von Meerscheidt-Hüllessem, l. c.

Nicht einverstanden aber wird man sich damit erklären müssen, daß die durch ein willkürliches und reglementswidriges Überschreiten dieser Grenzen entstandenen Gesundheitsstörungen der Methode zur Last gelegt werden und diese nicht bloß für die unmittelbaren Folgen der Beschädigung der Füße, sondern auch für die mittelbaren Folgen von allerhand äußeren und inneren Leiden und sogar Seelenstörungen verantwortlich gemacht wird, die sich mit gleichem Rechte auch aus anderen Berufs- und Lebensverhältnissen herleiten lassen, als aus der Ausbildung des Soldaten im Marschieren. Innerhalb dieser Grenzen aber kann und darf es sich nicht um eine Schonung der Kräfte, sondern nur um eine Schulung derselben handeln, wenn wir uns eine leistungsfähige und schlagfertige Armee erhalten wollen. Solange daher gegen die Methode nicht einwandfreie Gründe vorgebracht werden können, liegt keine Veranlassung vor, dieselbe zu ändern. Und daß die vorgebrachten Gründe nicht einwandfrei sind, beweist u. a. auch das fachmännische Urteil eines italienischen Physiologen:[1])

„Den Schaden, den ein Volk durch den Mangel körperlicher Erziehung erleidet, fühlt man weniger, wenn dieses Volk eine ausgesprochene militärische Erziehung hat. Der deutsche Paradeschritt, der vielen ganz unvernünftig vorkommt, ist für den Physiologen eine der besten Übungen zur Stärkung der Beine. Unsere italienischen Offiziere haben leider die Technik des Marsches und die Verfahren zur Erhöhung der Widerstandskraft viel zu sehr vernachlässigt. Es wäre von großem Nutzen, wenn auch in unserem Heere zur Übung der deutsche Paradeschritt eingeführt würde. Der Sieg von Sedan war ein Triumph der deutschen Beine, ein denkwürdiges Beispiel für die Tatsache, daß Schnelligkeit und Widerstandskraft im Marschieren unerläßlich sind für den Sieg."

Die Bedeutung des langsamen Schrittes für die körperliche Erziehung unserer reiferen Jugend ist bereits von anderer Seite hervorgehoben worden.[2]) Es ist aber auch zu wünschen, daß ein strammer Marsch — ob man ihn Parademarsch nennt oder nicht, ist dabei gleichgültig —, der sich in den Grenzen des Reglements hält, zur Förderung der Disziplin und der Haltung und zur Kräftigung der Beinmuskeln geübt wird. Unsere Kadetten üben ihn von jungen Jahren an, und Schaden hat er noch keinem gebracht.

---

1) Angelo Mosso, Mens sana in corpore sano. Milano, Fratelli Teves, 1904.
2) f. Schmidt, l. c.

C. Schwimmen.

Weiterentwickelung des Schulschwimmbetriebes.

Die Weltausstellung von St. Louis hat uns neben manchen anderen einen großen Gewinn gebracht: sie hat uns gezwungen, im eigenen Haushalt Abrechnung zu halten, d. h. festzustellen, was und wieviel im letzten Dezennium auf den verschiedenen Schulgebieten geleistet worden ist; denn St. Louis wollte mit dem, was es vorlegte, nicht eine Wiederholung, sondern eine Fortsetzung des Chicagoer Bildes sein.

Bei dieser Gelegenheit ist es uns zum Bewußtsein gekommen, welch eine Verbreitung das Wasserturnen — Schwimmen und Rudern — im heimischen Schulleben gefunden hat. Ermutigend ist das Ergebnis; es zeigt zugleich, daß sich das gesunde Volksurteil nicht eindämmen läßt durch ernste Mahn- und Warnungsworte solcher Leute, die dem Neuen immer mit übertriebener Zurückhaltung begegnen.

Die nachfolgenden Berichte sollen zeigen, wie in einer Reihe von deutschen Städten gearbeitet wird; nicht, wieweit das pflichtmäßige Schulschwimmen vorgedrungen ist. Wäre das letztere beabsichtigt, dann hätte noch manche weitere Gemeinde aufgeführt werden müssen.

An einigen Orten ist durch Gründung überdeckter, öffentlicher Badeanstalten für die allgemeine Volkswohlfahrt Großes geleistet worden. Bilder wirken hier mehr, denn Worte; deshalb haben wir dem nachfolgenden Texte solche eingeschoben. Sie zeigen Neuanlagen der letzten Jahre. Vivant sequentes!

1.

Der Schwimmunterricht in Hamburg im Jahre 1904.

Von Schulinspektor H. Fricke in Hamburg.

In dem am 31. März 1904 beendigten Schuljahre beteiligten sich 27 Schulen am Schwimmunterrichte. Die Schüler aus 13 Schulen wurden in Schwimmhallen, aus 14 Schulen in offenen Flußbadeanstalten unterrichtet. In den Hallenbädern wurden durchschnittlich pro Schule $76^{11}/_{13}$, in den Flußbädern $23^{1}/_{7}$ Stunden Schwimmunterricht erteilt.

Volksbadeanstalt in Hamburg.

Die in Betracht kommenden zweiten Klassen zählten im ganzen
2285 Schüler; von diesen wurden von der Teilnahme am Schwimmunterrichte befreit

wegen Schwäche . . . . 101 Schüler
　　　 *　 Herzfehlers . . . .   28 　*
　　　 *　 Verkrüppelung . . . . . .   9 　*
　　　 *　 anderer Krankheiten . . . 122 　*
　　　 *　 Ängstlichkeit . . . .   83 　*
　　　 *　 anderer Gründe . . . . .   75 　*
　　　　　　　　　　　 zusammen 418 Schüler (18,29 %).

Von den 1867 unterrichteten Knaben erlernten 1447 = 77,50 %
das Schwimmen (in Hallenbädern von 923 Knaben 819 = 88,73 %,
in Flußbädern von 944 Knaben 628 = 66,53 %).   500 Knaben
sind im Retten, 711 Knaben in Wiederbelebungsversuchen unterwiesen
worden.

Der Unterricht in den Schwimmhallen erforderte einen Kostenaufwand
von 3257,07 M. (3,53 M. pro Schüler), in den Flußbädern 406,46 M.
(0,43 M. pro Schüler). Die Gesamtkosten betrugen 3663,53 M. (1,96 M.
pro Schüler). Alle Schulen ohne Ausnahme berichteten, daß der Schwimmunterricht einen günstigen Einfluß auf die Schüler in gesundheitlicher und
erziehlicher Hinsicht ausgeübt habe.

In 16 Fällen hat der Lehrer ins Wasser springen müssen, um ein
sinkendes Kind zu retten.   Die Hilfe der Badewärter ist beim Retten
nie in Anspruch genommen worden.

Die Polizeibehörde hat in der Sommersaison 255 Schulkindern unentgeltliche Teilnahme am Schwimmunterrichte gewährt, der von den
Schwimmlehrern der Flußbäder erteilt wird.   Von diesen 255 Kindern
haben 159 = 62 % das Schwimmen gelernt. Die Kinder, die an diesem
Unterricht teilnehmen, stammen aus solchen Schulen, die infolge ihrer
großen Entfernung von einer Badeanstalt keinen schulmäßigen Schwimmunterricht erteilen konnten.

Im Laufe des Sommerhalbjahres wurden in zwei von der Oberschulbehörde eingerichteten Kursen 18 Lehrer und 15 Seminaristen als
Schwimmlehrer ausgebildet.

In der Mitte des Sommers wurde eine dritte Schwimmhalle vor
dem Lübecker Tor eröffnet, in der sofort 7 Knabenvolksschulen den
Schwimmunterricht aufnahmen.

Da diese Badeanstalt auch eine Schwimmhalle für Frauen hat, so steht der Einführung des Schwimmunterrichtes in die Mädchenvolksschulen kein Hindernis mehr entgegen; zurzeit ist man damit beschäftigt, die erforderlichen Vorbereitungen zu erledigen, so daß der Schwimmunterricht in den Mädchenschulen mit dem Beginn des neuen Schuljahres 1905 seinen Anfang nehmen kann.

2.

Bericht über den unentgeltlichen Schwimmunterricht an den Volksschulen in Hannover 1904.

Von Prof. Dr. E. Kohlrausch in Hannover.

Nachdem im Jahre 1902 zuerst der Versuch des Massenschwimm-unterrichtes mit 300 Volksschülern gemacht, die Zahl im folgenden Jahre auf 600 erhöht war, konnten im Sommer 1904, da die städtischen Be-hörden die erbetenen Mittel bewilligten, 800 Schüler, und zwar je 25 aus jeder der 32 Knabenschulen, zugelassen werden. Der Unterricht wurde in 50 Abteilungen, teils von Lehrern (44 Abteilungen), teils von Herren des Hannoverschen Schwimm-Clubs von 1892 erteilt. Dabei wirkten zwei Lehrer zusammen, und die Abteilungen lösten sich mit halbstündigem Wechsel ab. Die Schüler üben zuerst die Schwimmbewegungen auf 15 Schwimm-böcken (Trockenschwimmen), und erst wenn sie diese sicher beherrschen, kommen sie ins Wasser an Longen (Angeln). Letztere sind an Gerüsten aufgehängt, die in den Fluß eingebaut sind und das gleichzeitige Üben von 15 Schülern gestatten.

Da die Wasserhöhe des Flusses vom Wetter abhängig ist, so erwächst aus diesem Wechsel dem Unterricht eine gewisse Schwierigkeit, die früher weniger hervortrat, im letzten dürren Sommer mit seinem Wassermangel sich jedoch recht störend fühlbar machte. In den ersten zwei Jahren litt der Unterricht unter zu kaltem Wetter; im letzten Jahre war die Temperatur für die Badenden geradezu ideal; aber das Baden mußte bisweilen des Wassermangels wegen ganz ausfallen. Die Übungen begannen Mitte Mai und konnten fast bis Mitte September durchgeführt werden. Von Mitte Mai bis Ende Juni übten 20 Abteilungen von 15 Schülern je dreimal wöchentlich eine halbe Stunde in der Zeit von 3—8 Uhr; ebenso 20 Ab-teilungen im August und September. Im Juli (mit Ausnahme der ersten Tage — Schützenfest —) 10 Abteilungen von 20 Schülern täglich. In der

Ferienzeit zog man die Schüler der weitest entfernten Schulen (Vorortschulen) heran, die in früheren Jahren nicht hatten berücksichtigt werden können.

Die Einengung in der Zeit und die Abhängigkeit vom Wetter und Wasserstande wird weniger fühlbar sein, wenn erst die im Bau begriffene, große, neue städtische Badeanstalt mit in Benutzung genommen werden kann. Das Baden im Fluß unter freiem Himmel ist gerade für die Gesundheit ganz unschätzbar; aber der Unterricht bleibt von unliebsamen

Volksbadeanstalt in Frankfurt a. M.

Störungen doch nicht frei. Dennoch haben auch in diesem Jahre in den 13—16 (etwa 20 in den Ferien) Übungszeiten etwa 75 % der Teilnehmer das Schwimmen sicher erlernt.

Für den Unterricht ist es ein Vorteil, daß für jede Volksschulturnhalle acht Schwimmböcke angeschafft sind, und die Knaben die Schwimmvorübungen schon in den Turnstunden erlernen. Sie können nun schon etwa bei der dritten Übung ins Wasser kommen. Und für diejenigen Schüler, die nicht zum Schwimmunterricht zugelassen werden können, haben diese Vorübungen

— ganz abgesehen von dem hohen turnerischen Wert in bezug auf Stärkung der Rückenmuskulatur — noch den Vorteil, daß sie, wenn sie im Freibade für sich üben, die Bewegungen kennen und das Schwimmen leichter erlernen können.

Solche Autodidakten haben sich in diesem Sommer bei unseren Schwimmproben oft mit als Schwimmer gemeldet und die Probe bestanden.

Die Kosten des Unterrichtes betrugen — hauptsächlich an Remuneration für die unterrichtenden Lehrer — gegen 1400 M., also auf den Schüler 1,75 M.

Von den 800 Schülern verblieben im Unterricht, der für alle freiwillig ist, 722, von denen 536 (74 1/4 %) als sichere Schwimmer entlassen werden konnten. Von den übrigen haben noch gegen 50 im Herbst und Winter das Schwimmen in der Schwimmhalle erlernt. Ein kleines Schauschwimmen vor geladenen Gästen, an dem über 300 Schüler teilnahmen, und bei dem Preise für schnelles und für gutes Schwimmen erteilt wurden, beschloß den Unterricht.

3.
Der Schwimmunterricht in der Elberfelder Volksschule.
Von Rektor H. Lotz in Elberfeld.

Angeregt durch die Erfolge des Schülerschwimmunterrichtes in Hamburg, hat man auch hier im Herbst 1899 einen diesbezüglichen Versuch gemacht. Derselbe fiel über alles Erwarten gut aus. Alle 28 Knaben wurden zu Freischwimmern ausgebildet. Obwohl in der Folgezeit noch oftmals Knaben im Trockenschwimmen unterrichtet wurden, so fehlte doch die Fortsetzung im Wasser. Erst das Jahr 1902 brachte uns mit der Hauptversammlung des rheinischen Turnlehrervereins auch den planmäßigen Schülerschwimmunterricht. Der von dem Schreiber dieses in der Einladungsschrift zu jener Hauptversammlung veröffentlichte Aufsatz über „Die Notwendigkeit und Möglichkeit des pflichtmäßigen Schwimmunterrichtes in der Volksschule, vornehmlich der Industrie- und Großstadt" und seine damalige praktische Vorführung lenkten die Aufmerksamkeit auf diese wichtige Leibesübung in ganz besonderem Maße hin. In der nachfolgenden Besprechung wurde folgender Beschluß gefaßt: „Der Rheinische Turnlehrerverein hat sich von der Möglichkeit eines schulmäßigen Schwimmunterrichts überzeugt und ersucht seinen Vorstand, bei allen Städten der Rheinprovinz, in denen Badegelegenheit vorhanden ist, dahin vorstellig zu werden, daß ein Versuch mit der Einführung des Schwimmunterrichts nach Elberfelder Weise gemacht werde." Für Elber-

feld bedeutete dies den Anfang des eigentlichen Klassenschwimmunter-
richtes.

Der Unterricht zerfällt in zwei Teile: in die Vorübungen auf dem
Lande — das Trockenschwimmen — und in das Wasserschwimmen. Für
das Trockenschwimmen wird der von dem Verfasser dieser Abhandlung kon-
struierte Schwimmbock benutzt (s. Bild 1 u. 2). Derselbe hat ein feldstuhl-
artiges Gepräge, ist leicht, läßt sich überall, in der Halle wie im Freien, ohne
Zeitverlust verwenden und nach dem Gebrauche zusammengeklappt in eine

Bild 1.

Ecke stellen, ohne nennenswerten Raum zu beanspruchen. Der eine Balken
geht vom Drehungspunkte aus in einem Winkel senkrecht nach oben und ist
40 cm länger als der andere. Oben ist ein Winkeleisen angebracht, in
dem der Brustgurt hängt. Der Knabe liegt mit Bauch und Brust auf zwei
breiten, starken Gurten und kann ungehindert die Arm- und Beinbewegungen
ausführen. Für jede Turnhalle hat die Stadt je zehn solcher Böcke angeschafft.

Bei der Einübung der Armbewegungen weichen wir insofern von dem
herkömmlichen Gebrauche ab, als wir bei sämtlichen Bewegungen die Hand-

flächen nach unten gekehrt halten. Dadurch wird die Bewegung vereinfacht und ein späterer verkehrter Gebrauch ausgeschlossen. Ferner gehen wir aus der Stellung der seitwärts geführten Arme sofort in die Beugehaltung auf der Brust, ohne zuvor einen mit den gestreckten Armen ausgeführten Nieder= druck ins Wasser gemacht zu haben. Letztere Bewegung ist nicht nur nicht nötig — kein Schwimmer führt sie aus —, sondern für den Schwimmunterricht sogar schädlich. Denn einesteils erfordert sie einen großen Kraftaufwand, der die Ermüdung noch schneller eintreten läßt, andernteils wird durch diesen Nieder=

Bild 2.

druck der Körper so hoch aus dem Wasser emporgehoben, daß beim Nach= lassen desselben ein um so größeres Eintauchen ins Wasser stattfindet. Letz= teres zu verhüten, ist für einen ruhigen Fortgang des Unterrichtes erstes Erfordernis. Denn bringt erst Wasser in die Nase, wird die so sehr angestrengte Atmungstätigkeit noch gehemmt, — dann valet alle Schwimmbewegungen! Die weitaus größte Zahl der Knaben wird das Schwimmen sofort unter= brechen und aufspringen.

Auf das Trockenschwimmen verwenden wir mindestens sechs Stunden. Wird es dergestalt gründlich betrieben, so bewährt es sich auch im nach=

folgenden Wasserschwimmen, wie all unsere Versuche, die wir seit fünf Jahren anstellen, bewiesen haben.

Doch trotz gründlichster Einübung der Schwimmbewegungen gelingt es nur wenigen, sich sofort über Wasser zu halten. Dazu kommt, daß das ungewohnte kalte Baden auf viele so sehr einwirkt, die Atmung dermaßen stört und irritiert, daß sie anfangs ihrer selbst kaum mächtig sind. Es bedarf deshalb einer Einrichtung, welche den Knaben anfangs eine feste und sichere Lage im Wasser gibt.

Bild 3.

In der Elberfelder Badeanstalt (s. Bild 3) haben wir folgende Vorrichtung: In der Höhe der Galerie der Schwimmhalle ist über dem Teil für Nichtschwimmer ein Rechteck von 4 m Breite und 11 m Länge mit weit abgerundeten Ecken in ⊢ Eisenform angebracht. Über dieses Eisen laufen auf der Innenseite Rollen, welche durch einen Bügel mit unter dem Eisen herlaufenden Sicherheitsrollen verbunden sind. An diesen Bügeln sind Leinen mit Gurten befestigt. Die Länge ist so abgepaßt, daß der Knabe den Gurt bloß über Kopf und Schulter zu streifen braucht, um sogleich die richtige Schwimmlage zu haben.

An dieser Vorrichtung müssen an den beiden Langseiten 16 Knaben zu gleicher Zeit genau wie auf dem Schwimmbock nach Zählen die Schwimmbewegungen im Wasser ausführen. Nach drei- bis viermaligem Üben sind alle so weit gefördert, daß sie die Schwimmbewegungen gut ausführen und ans Wasser gewöhnt sind. Bei unseren ersten Versuchen ließen wir sie dann

Bild 4.

an dem Rechteck rundschwimmen. Doch sind wir davon sehr bald abgekommen, da die Schwimmfertigkeit noch so unterschiedlich ist, daß die Knaben den nötigen Abstand nicht zu halten vermögen.

Deshalb greifen wir jetzt sofort zur Schwimmbüchse (s. Bild 4). Sie ist eine einfache ovale Blechbüchse, die durch einen Brustgurt wie ein Tornister auf dem Rücken befestigt wird. Sie hat eine solche Tragkraft, daß sie

18*

einen erwachsenen Mann über Wasser hält. Dies wird den Schülern gezeigt, indem sich einige mit derselben regungslos ins Wasser legen. Sind
dennoch Knaben zu furchtsam, so benutzen wir eine 2 m lange Stange mit
einer Schleife, wie sie in den meisten Badeanstalten zur Rettung Ertrinkender
gebraucht wird (s. Bild 5). Der Schüler steckt den Kopf durch die Schleife,

Bild 5.

so daß das Kinn auf dem unteren Bogen derselben ruht. Auch der Ängst-
lichste ist dann zum Schwimmen mit der Büchse bereit, weil ja der Kopf
über Wasser gehalten wird. Sind sie aber erst an das Schwimmen mit der
Büchse gewöhnt, dann ist die Hauptarbeit getan. Es bedarf jetzt nur noch
gründlicher Übung. Und diese wird erreicht, indem jedesmal 20 Schüler
auf der einen Seite ins Schwimmbecken steigen und dem auf der anderen

Seite desselben stehenden Lehrer zuschwimmen, der etwaige schlechte Bewegungen dann aufs beste korrigieren kann. Sobald sie mit der festgebundenen
Büchse gut schwimmen können, wird der Gurt lockerer gemacht. Doch darf
solches nicht zu früh geschehen, da sonst die Schüler unruhig werden und
nur hastige und kurze Schwimmstöße ausführen. Der Übergang vom ge-
lockerten Gurt zum freien Schwimmen macht sich dann ganz von selbst.

Auf diese Weise haben wir seit Anfang des Schuljahres 1902 in den
Knabenschulen, seit Anfang dieses Jahres in den Mädchenschulen den Schwimm-

Bild 6.

unterricht erteilt. Und da Schwimmen nichts anderes ist als Turnen im
Wasser, so werden für diesen Unterricht die zwei Turnstunden verwandt.
Das Trockenschwimmen wird von dem Turnlehrer in der Turnhalle in der
lehrplanmäßigen Turnstunde eingeübt. Die Mädchen tragen dabei Bade-
anzüge (s. Bild 6), die vom hiesigen Verein für Körperpflege für diesen Zweck
eigens zur Verfügung gestellt worden sind. Das Wasserschwimmen ist an den
vier Schulnachmittagen von 2—3 Uhr. Diese Zeit ist deshalb gewählt worden,
weil von 1—3 Uhr die städtische Badeanstalt, auf die wir mit unseren
Bestrebungen ausschließlich angewiesen sind, geschlossen ist. Eine Behinde-
rung des Badeanstaltsbetriebes wird mithin völlig vermieden. Wenn die

Besucher um 3 Uhr sich einstellen, haben die Kinder die Anstalt verlassen. Anfangs wurden gegen die Wahl dieser Stunde, als zu nahe nach dem Mittagsmahl gelegen, von maßgebender Stelle große Bedenken erhoben. Ärztliche Gutachten ließen uns dieselben jedoch als nicht erheblich erscheinen. Und jetzt, nachdem wir mehr als 3000 Knaben in dieser Stunde unterrichtet, ohne auch nur je die geringste Schädigung in gesundheitlicher Beziehung beobachtet zu haben, kann gegen die Unterrichtszeit füglich nichts mehr eingewendet werden. Daß die Verdauung durch das kühle Bad weder gestört noch gehemmt, sondern sogar sehr befördert wird, können wir jeden Nachmittag an den großen Butterbroten erkennen, welche die Knaben beim Anziehen aus der Tasche holen und mit sichtlichem Wohlbehagen verzehren.

Bei dieser Unterrichtsweise, die in Wahrheit Massenunterricht ist, ist es uns möglich, jedesmal zwei Klassen in einer Stunde gemeinsam im Wasserschwimmen zu unterrichten. Da nun die Kinder wöchentlich je zwei Stunden am Wasserschwimmen teilnehmen, so werden in den zwei Schwimmbecken der Badeanstalt je vier Knaben- und vier Mädchenklassen zu gleicher Zeit im Schwimmen ausgebildet. Die Übungszeit für das Wasserschwimmen beträgt 6—7 Wochen. Mithin werden im Jahre mit seinen 42 Unterrichtswochen mindestens $2 \times 4 \times 6 = 48$ Klassen zum Unterricht im Schwimmen herangezogen. Diese Anzahl entspricht einem Jahrgang hiesiger Volksschulen unter Ausschluß der Außenschulen.

Damit nun alle Kinder der Wohltat des Schwimmunterrichtes teilhaftig werden, ist derselbe in das sechste Schuljahr gelegt worden, weil einesteils erfahrungsgemäß ein recht hoher Prozentsatz über diese Klasse überhaupt nicht hinauskommt, andernteils die Kinder dieses Alters für den Schwimmunterricht durchaus geeignet sind. Die Turnstunde für dieses Schuljahr verlegt jetzt jede Schule auf den Nachmittag, so daß, wenn die Reihe zur Erteilung von Schwimmunterricht an sie kommt, die Kinder anstatt zur Turnhalle eben zur Badeanstalt wandern. In das Getriebe des Schulunterrichtes wird somit in keiner Weise störend eingegriffen. Auch haben sich die Kinder, die von 3—4 Uhr noch Unterricht haben, während dieser Stunde stets frisch, munter und aufmerksam erwiesen, je nachdem ihr persönliches Temperament solches gerade zuließ.

In den drei Jahren seines Bestehens hat sich der Schwimmunterricht hierorts das Wohlwollen aller beteiligten Kreise dermaßen erworben, daß er jetzt schon einen wesentlichen Teil in der körperlichen Ausbildung unserer Schuljugend darstellt. Lehrer, Eltern und Schüler finden es bereits ganz selbstverständlich, daß der betreffende Schuljahrgang im Schwimmen ausgebildet wird. Und da man von keiner Seite besonders darauf hinweist, daß das Erlernen dieser Übung dem freiwilligen Belieben des einzelnen anheimgegeben ist, so haben wir hier in Wirklichkeit den pflichtmäßigen Schwimmunterricht, dem weiter nichts fehlt, als die behördliche Approbation.

Damit nun auch nach vollendetem Unterricht die Schüler das Schwimmen fortsetzen können, hat die Verwaltung der Badeanstalt angeordnet, daß das Frauenschwimmbecken, das bisher nur schwach besucht wurde, Montags und Donnerstags von 4—6 den Mädchen, Mittwochs nachmittags von 3—7 und Sonntags vormittags von 7—12 Uhr den Knaben für 5 Pf. das Bad zur Verfügung steht. Von dieser Vergünstigung macht unsere Volksschul-jugend eifrigen Gebrauch. In den zwei Monaten ihres Bestehens sind mehr als 15000 Bäder genommen worden. Für die ärmeren Volksschüler aber hat der hierorts bestehende Verein für Körperpflege 20000 Badekarten an-gekauft und sie den einzelnen Schulen zur Verteilung überwiesen.

Auf diese Weise ist es uns unter sorgfältigster Ausnutzung gegebener Verhältnisse gelungen, nicht nur den Schülerschwimmunterricht auf alle Schulen auszudehnen, sondern auch das Schülerschwimmen in ausgiebigster Weise zu fördern.

4.
Schulschwimmbetrieb in Dresden.
Von Oberlehrer M. Kläßr in Dresden.

Der Dresdner Turnlehrerverein hat sich von jeher neben der Pflege des Turnens die der übrigen leiblichen Übungen angelegen sein lassen. Be-sonders hat er seine Teilnahme dem Baden und Schwimmen zugewendet. Die ersten Anfänge dieser Bestrebungen liegen weit zurück in der Geschichte des Vereins. Im Jahre 1879 berichteten Kollbeck, Hildebrand und Bier über die Übelstände in den städtischen Freibädern. In einer Eingabe an den Dresdner Stadtrat wurde darum gebeten, die Freibäder zu vermehren, ihre Einrichtung zweckmäßiger zu gestalten und den oberen Klassen der Volksschulen das Schwimmenlernen zu ermöglichen. Nur die ersten beiden Forderungen wurden erfüllt. Das Thema Baden und Schwimmen der Schüler wurde immer und immer wieder auf die Tagesordnung des Vereins gesetzt. Wiederholt wurden die Mitglieder angeregt, daß sie ihren Schülern wenigstens Anleitung zum Schwimmen geben sollten, indem sie „durch ge-eignete Vorübungen auf dem Lande, die mehrere Wochen hindurch in den Turnstunden des April und Mai anzustellen seien", das Schwimmen vorbereiteten. Ohne die Unterstützung der Behörden war jedoch nur wenig zu erreichen. Im Jahre 1897 stellte der damalige Vereinsvorsitzende Göthel in einem Vortrage erneut den Satz auf, daß zur körperlichen Ausbildung unserer Schüler unbedingt auch das Schwimmen gehöre. Zur weiteren Verfolgung dieser Angelegenheit wurde ein Ausschuß ins Leben gerufen, bestehend aus den Mitgliedern Göthel, Klähr und Wähmann. Nachdem sich der Ausschuß der Mithilfe einer großen Anzahl von Vereinen versichert hatte, wurde ein Gesuch an den Stadtrat abgegeben, in welchem gebeten wurde, „für einige 2. Knabenklassen der dem Knabenelbbade benachbarten Schulen im Sommer eine Gelegenheit zum unentgeltlichen Schwimmenlernen zu schaffen". Als Unterrichtsort war das Knabenbad an der Carolabrücke in Aussicht genommen worden. Ein Gutachten der Wohlfahrtspolizei über die im Gesuche verlangte Schließung des Knabenbades während der schulfreien Zeit sprach sich gegen eine Sperrung des Bades wegen des starken Besuches gerade während der genannten Stunden aus. Daher sah sich der Ausschuß zur Überreichung einer zweiten Eingabe veranlaßt, welche die Forderungen der ersten mehrfach ergänzte und abänderte. Die eingehende Begutachtung und Begründung beider Gesuche durch Schulrat Dr. Prietzel, der sehr tatkräftig für die Sache eintrat, brachte die Angelegenheit schließlich zum glücklichen Gelingen. Es wurde dem Verein „für das Jahr 1899 ein Berechnungsgeld von 800 M. gewährt zur Einrichtung von Schwimmunterricht an 480 Knaben des vorletzten und letzten Schuljahres unter der Bedingung, daß der Schwimmunterricht während der nächstjährigen Sommerferien unter Leitung des Turnlehrervereins von besonders im Schwimmen geübten und zur Erteilung von Schwimmunterricht geeigneten und geneigten Mitgliedern des Vereins erteilt werde". Das Knabenbad wurde uns während der Ferien vier Stunden lang des Tages zur Benutzung übergeben. Es galt nun, im Frühjahre 1899 die Durchführung der ausgearbeiteten Pläne in die Wege zu leiten. In den Ausschuß trat mit Beginn des Jahres der damalige neue Vereinsvorsitzende Fritz Eckardt ein. Wir hatten uns vorgenommen, in jeder Schwimmstunde 60 Knaben zu unterrichten, daher mußten wir unsere Aufmerksamkeit zuerst auf die Einrichtung des Bades lenken. Ein Bad, welches zum Massenschwimmen geeignet sein soll, muß eine immer gleichmäßige Wassertiefe zeigen, ungefähr 90—120 cm, damit die Schüler bei einem verunglückten Versuche sofort wieder in den Stand gelangen können. Tieferes Wasser, Kopfhöhe oder noch tieferes, eignet sich nicht zum Schwimmenlernen für größere Massen, da ein Unglücksfall bei einer solchen Wassertiefe leicht möglich ist. Im Bade an der Carola-

brücke fanden wir die geforderten, günstigen Verhältnisse. Das Bad bestand damals aus zwei Baffins, einem 28 m langen oberen von 1,10 m Tiefe

Grundriß.

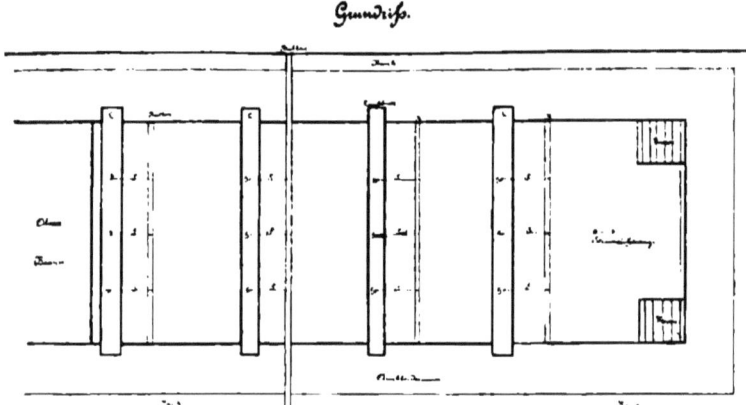

Aufriß.

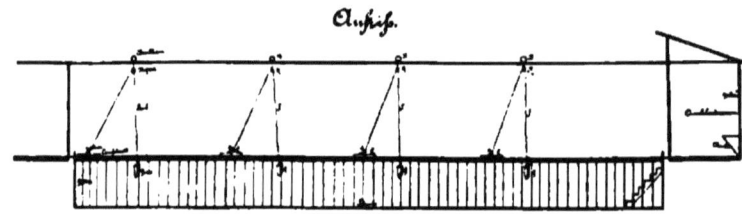

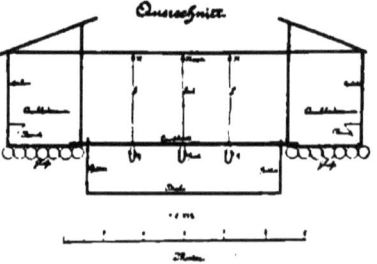

Querschnitt.

und aus einem 13 m langen
und 90 cm tiefen unteren Teile.
Das obere Baffin bestimmten
wir zum Üben mit dem Kork-
gurt und Freischwimmen, das
untere für das Schwimmen in
der Angel. Wir hängten zwölf
Vorrichtungen auf, die für
zwölf Schüler bestimmt waren.
Vier Laufbretter, quer über die Wafferfläche gelegt, ermöglichten die Annäherung an jeden einzelnen Schüler. Beifolgend geben wir Grundriß, Auf-

riß und Querschnitt des unteren Teiles, der obere ist neuerdings auf eine
Länge von 36 m gebracht worden. Da uns während der Ferien für jede
Schülerabteilung nur zwölf Stunden Übungszeit zur Verfügung stehen, so
durften wir das Unterrichtsziel nicht zu hoch stecken. Wir verlangen von unseren
Schülern, das obere Bassin abwärts zu durchschwimmen. Haben die Knaben
dies Ziel erreicht, so werden sie sich selbst weiter forthelfen und sich zu Freischwimmern ausbilden. Begabte Schüler erreichen die höhere Stufe auch schon
während der Sommerferien, wie mehrfache Versuche ergeben haben. Unser
Hauptaugenmerk mußten wir jedoch der Ausbildung der Methode zuwenden.

Schon Guts Muths, d'Argy, Schwägerl und andere hatten auf
den Wert der vorbereitenden Übungen auf dem Lande hingewiesen. Wir
machten uns die Erfahrungen dieser Männer zunutze und stellten die geeigneten Übungen zu einer Gruppe zusammen, die wir erst als Freiübungen
üben ließen. Dabei hatten wir den Vorteil, daß wir eine größere Anzahl
Schüler (in unseren Kursen 60) gleichzeitig beschäftigen konnten. Sind die
Knaben zur vollständigen Beherrschung der vorgeschriebenen Bewegung gelangt, so bringen wir sie in eine Lage, die sie im Wasser einnehmen. Man
kann zu diesem Zwecke die Schüler auf den Bock, den Schwebebaum oder
die Schwebekanten legen. Am praktischsten haben wir es jedoch gefunden,
wenn man einen doppelteiligen Gurt anwendet, der die Knaben am besten
in der Schwimmlage hält. (Unser Trockenschwimmgürtel ist von der Firma
Töpfer & Herbrig, Dresden, Marstraße, zum Preise von 2,25 M. zu beziehen.) Dieser Gurt wird am Reck, Barren oder an den Ringen aufgehängt.
Haben wir den Schüler in die Schwimmlage gebracht, so sind wir imstande,
genau alle seine Bewegungen zu überwachen. Wir können die Fuß- und
Handhaltung genau beobachten und verbessern. Wir vermögen das richtige
Atemholen während der Bewegung als unverlierbares Eigentum einzuprägen,
d. h. Einatmen beim Beugen der Glieder, Ausatmen beim Strecken. Mit
einem Wort, die ganze Schwimmbewegung kann schon tadellos in der Luft
ausgeführt werden.

Im nachfolgenden geben wir die vom Schwimmausschuß zusammengestellten Übungen:

Vorübungen zum Schwimmen. („Trockenschwimmen".)

Ausgangshaltung: Grundstellung, Arme hochgehoben, Hände in Rist-
            haltung, Finger gestreckt und fest geschlossen, die Dau-
            men und Zeigefinger berühren einander, Kopf etwas
            zurückgebeugt.

A. Ohne Geräte.

I. Armübung: Im ³/₄ Takte: „Eins!" „Zwei!" „Drei·und!"

   1. Bewegung: „Eins!" Die gestreckten Arme werden langsam seitwärts bis zur Schulterhöhe gesenkt. (Die Handflächen zeigen jetzt nach unten.)

   2. Bewegung: „Zwei!" Die Hände (Finger fest geschlossen) werden im kurzen Bogen an der Brust vorüber vor das Kinn geführt, bis sich die Hände in Ristlage wieder nebeneinander befinden. Während der 1. und 2. Bewegung wird eingeatmet.

   3. Bewegung: „Drei!" Die Arme werden zur Ausgangshaltung nach oben gestoßen. Auf „und" ist Pause. Während der 3. Bewegung wird ausgeatmet. Man achte von Anfang an sorgfältig auf tiefes Atmen.

II. Beinübung (ein Bein übt): Da die Beintätigkeit kurz nach der ersten Armtätigkeit einsetzt, so wird auf „Eins!" Pause gehalten.

   1. Bewegung: „Zwei!" Knieheben links. Das Knie wird etwas nach außen gedrückt, die Fußspitze ist nach unten gestreckt. Die Ferse befindet sich in der Nähe des Standbeines. Es ist besonders darauf zu achten, daß ein Knieheben und nicht ein Fersenheben ausgeführt wird.

   2. Bewegung: „Drei!" Die Fußspitze wird angezogen und das Bein kräftig seitwärts nach außen gestoßen und sofort.

   3. Bewegung: auf „und" schnell in die Grundstellung zurückgeführt. Dasselbe rechts.

III. Armübung bei vorgebeugtem Rumpfe, Kopf weit zurückgebeugt.

IVa. Beinübung beidbeinig: 1. Pause. 2. Tiefes Kniebeugen. 3. Hüpfen in die Seitgrätschstellung und sofort auf „und" in die Grundstellung.

IV b. Beinübung beidbeinig im Liegestütz auf dem Boden ausgeführt.

V. Arm- und Beinübung verbunden, ein Bein übt.

VI. Arm- und Beinübung verbunden mit Hüpfen wie IVa.

VII. Armübung nach Zweizählen. } Näheres hierzu in Übung IX.
VIII. Beinübung nach Zweizählen.

IX. Arm- und Beinübung wie V, es werden aber nur zwei Zeiten gezählt.

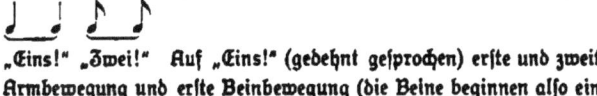

„Eins!" „Zwei!" Auf „Eins!" (gedehnt gesprochen) erste und zweite
Armbewegung und erste Beinbewegung (die Beine beginnen also eine
Viertelzeit später), dazu gründliches Einatmen; auf „Zwei!" (kurz gesprochen) dritte Armbewegung, zweite und dritte Beinbewegung, dazu Ausatmen. Also auf „Eins!" Beugen der Glieder und Einatmen,
auf „Zwei!" Strecken und Ausatmen.

X. Arm- und Beinübungen wie VI, aber nach Zweizählen.

B. Am Gerät.

Die Beinübungen lassen sich im Hange am Reck, an den wagerechten
Leitern, an den Schaukelringen usw. einüben. Ferner können sich die Schüler
auf eine Bank, den Schwebebaum, die Schwebebretter, den Barren, den Bock
legen oder am besten in den „Trockenschwimmgurt", welcher am Barren,
Reck oder an den Ringen befestigt wird. Sie üben erst die Arm-, dann die
Beinübung und zuletzt die Verbindung beider, erst nach Dreizählen, dann
aber fleißig nach Zweizählen. Es ist besonders darauf zu achten, daß bei
den Vorübungen am Gerät die Knie nach dem Bauche gezogen, keinesfalls
aber die Fersen in die Nähe des Gesäßes gebracht werden.

Der Versuch, welchen wir mit der Einrichtung des Massenschwimmens
angestellt hatten, gelang. Bei der ersten Schwimmprobe verzeichneten wir
303 Schwimmer; 44 Knaben hatten geringen Erfolg aufzuweisen; bei
40 Knaben war der Erfolg ausgeblieben. Im Laufe der letzten sechs Jahre
haben wir 2905 Knaben unterrichtet; 1717 wurden zu Schwimmern ausgebildet; bei 450 war geringer und bei 321 kein Erfolg zu verzeichnen;
417 Knaben sind zurückgetreten teils freiwillig wegen häuslicher Verhältnisse,
Krankheit usw., teils unfreiwillig wegen schlechten Betragens oder unent-
schuldigter Versäumnisse. Wenn wir uns auch vorläufig mit diesen Ergebnissen
bescheiden müssen, so gehen unsere Pläne dahin, die Wohltat des Schwimmen-
lernens allen Schülern der 2. Knabenklassen unserer Bezirksschulen zuzuwenden. Es wäre dann allerdings nötig, den Unterricht von den Ferien
weg in die Schulzeit zu verlegen. Einen Versuch, das Schwimmen der
Mädchen in ähnlicher Weise wie das der Knaben einzurichten, haben wir
unternommen, doch scheiterte er, da uns der Rat eine Beihilfe zu dieser Veranstaltung verweigerte.

Die Vorstadtgemeinde Cotta hatte seinerzeit ein Berechnungsgeld von
420 M. zur Erteilung von Schwimmunterricht ausgeworfen. Allviertel-

jährlich werden hier 30 Kinder (Knaben oder Mädchen) vom Bademeister in einer gedeckten Halle im Schwimmen ausgebildet.   Der Unterricht ist Einzelunterricht; die Erfolge sind recht gut.   Bei der Einverleibung der Gemeinde wurde auch diese Einrichtung von der Stadt mit übernommen und fortgeführt.   Um auch den Bürgerschülern eine billige Gelegenheit zum Schwimmenlernen zu bieten, hat der Schwimmausschuß im Jahre 1904 einen besonderen Kursus in einem öffentlichen Bade abgehalten.   Die Kosten wurden durch die Schüler gedeckt; die Ergebnisse waren befriedigend.   Der Versuch nach dieser Richtung soll fortgesetzt und nach Befinden auch auf Mädchen ausgedehnt werden.   Im Jahre 1904 sind an den Volksschulen Dresdens 586 Knaben und 60 Mädchen im Schwimmen unterrichtet worden; 471 Knaben und 54 Mädchen wurden mit Erfolg unterwiesen.

5.

Schwimmunterricht an Leipziger Volksschulen.

Von Bernhard Striegler, städtischer Turnlehrer in Leipzig.

Durch einen Beschluß des Stadtverordnetenkollegiums wurde die Schulbehörde der Stadt Leipzig veranlaßt, der Frage, Schwimmunterricht an Schüler der Volksschulen erteilen zu lassen, näher zu treten.

Von vornherein war man sich dabei klar, daß von dem im Schwimmunterricht bisher üblichen und in den meisten Fachkreisen für allein richtig und für allein berechtigt gehaltenen Einzelunterricht abgesehen werden mußte.   Auf Veranlassung des Prof. M. Küchenmeister, des städtischen Turninspektors, wurde die Ausführung des Planes dem Turnlehrerverein zu Leipzig und die Oberleitung dessen erstem Vorsitzenden, Oberlehrer Paul Erbes, übertragen.   Die an anderen Orten, besonders in Dresden, gemachten Erfahrungen wurden bei der äußeren Einrichtung des Unternehmens unter Berücksichtigung der heimischen Verhältnisse nutzbar verwendet.

Um von vornherein der Sache eine gesicherte Grundlage zu geben, wurde vor dem ersten Hauptkursus, der für die Sommerferien des Jahres 1902 geplant war, ein Vorkursus mit einer geringen Schülerzahl (10) unter Leitung des Turnlehrers Bernhard Striegler (des Berichterstatters) abgehalten.   Durch diese praktische Maßnahme wurde es ermöglicht, einen bis ins einzelne gehenden Plan für die Handhabung des Unterrichtes und besonders auch für die Regelung seiner äußeren Verhältnisse schaffen zu können.   Besonders wurde mit diesem Vorkursus den am Hauptkursus beteiligten Schwimmlehrern Gelegenheit geboten, einen Einblick in die praktische Handhabung des Schwimmens als Klassenunterricht zu nehmen.

Die Schulbehörde bestimmte zur Teilnahme acht Bezirksschulen, deren Direktoren aus den drei oberen Klassen je 40—48 Knaben aussuchten. Die Schüler wurden vorher vom Schularzt auf etwa vorhandene Herzfehler oder starke Blutarmut hin untersucht. Jeder Schüler erhielt eine Anmelde-karte, auf der Eltern oder Erzieher ihre Zustimmung zur Teilnahme schrift-lich auszudrücken hatten.

Der Unterricht erstreckte sich zunächst auf vier sogenannte Trocken-schwimmstunden, die in jeder der acht Gruppen in den betreffenden Turn-hallen während der zwei Wochen vor den Sommerferien abgehalten wurden. In diesem Vorunterricht wurden die Schüler mit Schwimmfreiübungen und entsprechenden Gerätübungen beschäftigt und so weit gebracht, daß sie die Gliederbewegungen und die Haltungen, wie es das Schwimmen verlangt, genau und vor allem zeitlich richtig zusammengepaßt erlernten. An diese Vorarbeit schloß sich in den vier Wochen der Sommerferien der Unter-richt in dem an der Pleiße gelegenen städtischen Schwimmbade, das während dieser Zeit in den Stunden von morgens 8 Uhr bis mittags 12 Uhr für den öffentlichen Verkehr gesperrt war, an. Jeder Schüler hatte zwölf Schwimmstunden, je eine einen Wochentag um den anderen, durchzumachen. In jeder Stunde waren zwei Lehrer gemeinschaftlich tätig. Der Gang der Schwimmstunden war der, daß, nachdem die Schüler verlesen und von ihnen je zwölf zu gleicher Zeit an je eine mit breitem Gurt versehene befestigte Angel gehängt waren, Arm- und Beinbewegungen erst getrennt, später zusammen ausgeführt wurden. Darauf legten sich die Schüler gegenseitig Korkgürtel um und erhielten Anleitung, sich in selbständigen Schwimm-bewegungen zu versuchen. Inzwischen übte die zweite Zwölfergruppe an der Angel usw. Die Schüler, die gelernt hatten, die Breite des Bades (20 m) unter vorschriftsmäßigen Bewegungen und Haltungen ohne Kork-gürtel zurückzulegen, wurden zu Schwimmern erklärt und, wenn sich keine fehlerhaften Bewegungen wieder einstellten, nicht mehr an die Angel ge-nommen, dafür aber im Rückenschwimmen, im einfachen Wasserspringen und im Dauerschwimmen, soweit es die Unterrichtszeit den Lehrern er-laubte, unterwiesen. Dadurch wurde das Interesse der Vorgeschrittenen bis zuletzt wach erhalten und die Schüler zu regelmäßigem Besuche des Bades und damit zu heilsamer Ausnutzung der Ferienzeit veranlaßt.

Der Kursus des Jahres 1902 wurde von 288 Schülern regelmäßig besucht. Davon erlernten 197 das Schwimmen, das sind 68 %. Beim

Kursus des Jahres 1903 konnten von den 310 regelmäßigen Besuchern des Unterrichtes 242 als Schwimmer erklärt werden, das sind nahezu 78 %. 1904 waren 399 Schüler gemeldet, 328 machten den Kursus voll durch und 264 schwammen sich frei — 80 ½ %. Bei allen drei Kursen trat die erfreuliche Erscheinung zutage, daß in der ersten Woche verhältnismäßig sehr viele Freischwimmer zu verzeichnen waren. So entfielen 1902

Damenschwimmbad in München.

auf die erste Woche 75 von 197, im nächsten Jahre 121 von 242 und 110 von 264 Schwimmern im Jahre 1904. Dieser bemerkenswerte Umstand ist ein gutes Zeugnis für den Wert der Vorübungen im Trocknen. Diese Schwimmer der ersten Woche sind vornehmlich solche Schüler, die bereits regelmäßig ins Bad gegangen sind, und deren bisherige vergebliche Schwimmversuche durch die Vorübungen im Trocknen und die ersten Übungen an der Angel in die richtigen Bahnen geleitet wurden. Auch die Schüler, die ohne Erfolg an den Kursen teilnahmen, und die

sich nicht die Fertigkeit des Schwimmens aneignen konnten, haben unver-
kennbaren Nutzen aus dem regelmäßigen Besuche der Übungsstunden gezogen. Vor allem lernten sie regelmäßig ins Bad zu gehen und die so
vielfach zu beobachtende Wasserscheu zu überwinden. Solche wasserscheue
Schüler erschweren die gesamte Unterrichtsarbeit allerdings in hohem Maße.
Sie verlangen eine besondere Behandlung, die sich unter großer Geduld
und Nachsicht mit den geringsten Fortschritten bescheiden muß. Es ist
aber im Interesse der Ergebnisse des Unterrichtes zu fordern, daß die
Schüler, die an einem solchen kurz bemessenen Kursus teilnehmen wollen,
bereits vorher genügend oft im Freien gebadet haben, damit nicht die
wertvollen ersten Schwimmstunden damit vergeudet werden müssen, die
Kinder von der Wasserscheu zu befreien und sie erst an das nasse Element
gewöhnen zu müssen.

Jeder der Schwimmkurse wurde durch eine öffentliche Schwimmprobe
beschlossen. Vertreter der Behörden und, was höchst erfreulich war, in
überaus großer Zahl die Eltern der beteiligten Knaben fanden sich dazu
ein. Diese Prüfung bestand in der Vorführung der Trockenfreiübungen,
der Übungen an der Angel, des Schwimmens im Korkgürtel, des Frei-
schwimmens, einfachen Wasserspringens und des Dauerschwimmens. Die
besten Schüler erhielten jeder eine Badehose mit dem Stempel: Schwimm-
preis von der Schulbehörde der Stadt Leipzig und außerdem die
sechs ersten je eine Bücherprämie. Am Schlusse wurden die Schüler in
schlichter Weise bewirtet. Hier sei angefügt, daß es sich als sehr gute Einrichtung bewies, den Schülern nach jeder Stunde zu ihrem Frühstück eine
Tasse guter heißer Fleischbrühe zu verabreichen.

Über die Geräteeinrichtung ist folgendes zu bemerken. Für jede Schüler-
gruppe sind sechs Trockenschwimmgürtel angeschafft worden. Diese Auf-
hängevorrichtung besteht aus einem Doppelgurt, der mit zwei Haken an
der Reckstange, an den Ringen oder dgl. anzubringen ist. Der eine Gurt
trägt den Schüler dicht unter den Armen, der andere dicht unter den
Hüftknochen in wagerechter Lage etwa einen Meter über dem Boden.
Nebenher sei bemerkt, daß die Schüler auch bald dahin zu bringen sind,
die Übungen im Liegen auf einem Bock, Pferd, Springkasten, Schwebe-
balken, wagerechter Leiter auszuführen zu lernen. Das Üben im Gürtel
ist aber dem Üben im Liegen auf irgendeinem erhöhten Gegenstande
vorzuziehen. In der Badeanstalt sind vier wagerechte Balken etwa 2 m
über dem Wasserspiegel angebracht, an deren Unterseite drei Holzkloben
befestigt sind. Über diese läuft eine Leine, die an einem Ende einen

einfachen Gurt trägt, und die mit dem anderen Ende an dem dicht über der Wasseroberfläche angebrachten in der Richtung der Balken liegenden Laufbrett befestigt wird. Je drei Schüler hängen nebeneinander an einem Balken. Die Gurte sind je nach der Verschiedenheit des Wasserstandes bequem verstellbar.

Das Unternehmen erfuhr in den Jahren 1903 und 1904 eine erfreuliche Erweiterung, indem die Schulbehörde einem Schwimmverein (Schwimm-

Herrenschwimmbad in München.

verein Leipzig-West) auf dessen Ersuchen eine Gruppe von 40 Schülern zum Schwimmunterricht überwies. Die Art des Unterrichtes entsprach fast ganz der vom Turnlehrerverein erprobten Methode, wenn auch durch die im Verhältnis zur Zahl der Unterrichtenden — es teilten sich zehn Mitglieder in die Arbeit — geringe Zahl der Schüler (40) eine stärkere Berücksichtigung des Einzelunterrichtes erfolgen konnte, als bei der großen Schülerzahl des Turnlehrervereins, der die Sache grundsätzlich als Massenunterricht behandelt, wenn er auch die Gelegenheit, sich ebenfalls mit dem einzelnen Schüler zu beschäftigen, reichlich ergreifen läßt.

Im vorigen Jahre verfügte die Schulbehörde die geregelte Vor-nahme der Trockenschwimmübungen für alle 2. und 3. Knabenklassen der Volksschulen. Jeder Schule wurden vier Trockenschwimmgürtel zur Verfügung gestellt. Die Turnlehrer B. Striegler und W. Lorenz gaben auf Veranlassung des Schulausschusses der Stadt Leipzig ein Heftchen, be-titelt: Übungen für das Trockenschwimmen. Anhang: Übungen an der Angel im Wasser. Winke. Mit 34 Bildern[1]) heraus. Um den Trockenschwimmunterricht einheitlich zu gestalten, wurde jedem Turn-lehrer und jeder Schulbibliothek ein Stück dieses Heftchens überwiesen.

D. Rudern.

1.

Das Schülerruderheim zu Königsberg i. Pr.

Von Prof. Dr. Ernst Wagner, Direktor des Königl. Wilhelmsgymnasiums daselbst.

Zu den erfreulichsten Ereignissen auf dem Gebiete der Pflege der Leibes-übungen unter unserer Jugend, die das Jahr 1904 zu verzeichnen hat, dürfte die Eröffnung des Schülerruderheims zu Königsberg gehören, d. h. eines stattlichen, wohleingerichteten Bootshauses mit drei vorzüglichen Booten für die Schüler der dortigen höheren Lehranstalten. Wie durch die rast-lose Bemühung des ostpreußischen Provinzialschulkollegiums und durch die glänzende Freigebigkeit eines Privatmannes unter tatkräftigster Unterstützung des Herrn Ministers die größten Schwierigkeiten mit erstaunlicher Leichtig-keit überwunden wurden und das scheinbar Unmögliche binnen Jahresfrist sich verwirklichte, hat der Verfasser dieser Zeilen im Novemberheft der Monats-schrift für höhere Schulen kurz berichtet. Eine ausführlichere Schilderung der Entwickelung des segensreichen Unternehmens und der dabei gemachten Erfahrungen wird überall da willkommen sein, wo ähnliche Pläne ihrer Verwirklichung harren, und wohl auch für jeden Interesse haben, dem das körperliche und geistige Wohl der heranwachsenden Generationen und mit ihm die Zukunft unseres Vaterlandes am Herzen liegt.

---

1) Das Heftchen kann gegen Einsendung von 33 Pf. in Marken von B. H. Strieg-ler, Leipzig-R., Hohenzollernstraße 9, bezogen werden. Schulbehörden werden zur Massenverteilung Partiepreise gewährt.

Daß das Rudern unter der Jugend der höheren Schulen Königsbergs einen guten Boden finden würde, ergab ſchon die Probe, die im Auguſt und September 1903 mit den Primanern der beiden Königl. Gymnaſien, des Friedrichskollegiums und des Wilhelmsgymnaſiums, gemacht wurde. Auf Anregung des Königl. Provinzialſchulkollegiums erklärten ſich die beiden älteſten Rudervereine der Stadt, der Königsberger Ruderklub und der Ruder= klub Germania, bereit, je etwa 18 Schülern die Gelegenheit zu Ruderübungen und die erforderliche Anleitung zu geben.

Die Aufforderung zur Beteiligung erging am Wilhelmsgymnaſium, über das der Unterzeichnete allein zu berichten vermag, zunächſt nur an die Schüler der Unterprima. Sie meldeten ſich, 44 an der Zahl, ſämtlich dazu. Als die Bedingungen für die Zulaſſung, die Fähigkeit, eine halbe Stunde zu ſchwimmen, und die Zuſtimmung der Eltern, bekannt gegeben wurden, zeigte es ſich, daß es einigen daran fehlte, und andere ſchreckte der weite Weg zum Bootshauſe des Klubs Germania, reichlich eine halbe Stunde vom Gymnaſium bis zum ſogenannten Holländer Baum unterhalb der Stadt ab, es blieben aber noch 24 Schüler, deren eifrige Bitten um Zulaſſung den Vorſtand des Ruderklubs veranlaßten, über die Zahl von 18 hinaus= zugehen und die Teilnahme allen zu geſtatten.

Der Inſtruktor des Klubs, Herr Prokuriſt Conradt, übernahm mit dankenswerteſter Bereitwilligkeit die Ausbildung der Mannſchaften und die Leitung der Übungsfahrten, die an zwei Nachmittagen der Woche ſtatt= fanden und bis in den Spätherbſt hinein fortgeſetzt wurden. Mit den Tüchtigſten konnten bald auch an Sonntagen weitere Fahrten unternommen werden. Obwohl die Übungen erſt in der zweiten Auguſtwoche begannen, legten die jungen Ruderer doch ſchon im Herbſt dieſes erſten Jahres nach Ausweis ihres Fahrtenbuches im ganzen 360 km zurück. Die Koſten be= liefen ſich für jeden Teilnehmer zunächſt auf 8 M. für den Ruderanzug (vgl. § 4 der anhangsweiſe mitgeteilten Ruderordnung) und auf 0,25 M. monatlich als Entgelt für die Dienſtleiſtungen des Klubdieners. Das Pro= tektorat hatte der Direktor übernommen, doch konnte er aus Mangel an Sachkenntnis ſich bei den Fahrten, worin ihn hier und da auch ein Amts= genoſſe vertrat, nur als Zuſchauer oder Paſſagier beteiligen. Ähnlich waren die Einrichtungen bei der Ruderabteilung des Friedrichskollegiums, die dem Königsberger Ruderklub angegliedert war.

Auf die Aufforderung, über ihre Erfahrungen der Schulbehörde zu berichten, konnten die beiden beteiligten Direktoren ſich über die Wirkungen des Ruderns auf Körper und Geiſt der Schüler ſowie über den unter ihnen herrschenden Ton nur gleich günstig äußern. Auf Grund dieser Erfahrungen bewilligte dann der Herr Minister die Mittel zur Anschaffung einer Sechser-dollengig für die im folgenden Jahre in weiterem Umfange wieder auf-zunehmenden Ruderübungen an den höheren Schulen Königsbergs.

Für zwei weitere Boote, eine Achterdollengig und einen Halbausleger-vierer sowie für die Erbauung eines Bootshauses hatte mit glänzender Freigebigkeit schon vorher ein Privatmann, der durch sein tatkräftiges Wirken für gemeinnützige Zwecke und namentlich für das körperliche Wohl unserer Jugend bekannte Prof. Dr. Walter Simon (s. Titelbild), die Mittel bereit gestellt. Die erhebliche Schwierigkeit, in der betriebsamen Handels- und In-dustriestadt einen Bauplatz am Pregel zu gewinnen, löste sich dadurch, daß die Fortifikationsbehörde der Festung ein geeignetes Grundstück von 25 Ar auf der Insel zwischen den beiden Pregelarmen gegenüber der Bastion Alter Pregel am Friedländer Tor gegen eine Pacht von 2,50 M. jähr-lich dem Provinzialschulkollegium zu diesem Zwecke überließ.

So waren im Laufe des Winters die Vorarbeiten für den Bau so weit erledigt, daß die Errichtung des Bootshauses im Frühjahr beginnen konnte. Als es seiner Vollendung entgegenging, berief das Schulkollegium den besten Kenner und eifrigsten Förderer des Schülerruderns, Herrn Prof. Widenhagen aus Berlin, und gab ihm Gelegenheit, in einer Kon-ferenz mit den Direktoren der höheren Schulen und durch Vorträge vor den Schülern wie vor geladenen Gästen aus den Kreisen der Eltern und Gönner unserer Jugend seine Gedanken über die Bedeutung und den Zweck des Schülerruderns zu entwickeln und das Interesse dafür zu wecken.

Von den sechs Vollanstalten Königsbergs erklärten sich darauf außer den beiden obengenannten königlichen Gymnasien noch drei bereit, ihren Schülern die Ruderübungen zu gestatten. Da indessen das Königl. Friedrichs-kollegium mit dem Königsberger Ruderklub ein dauerndes Verhältnis ein-gegangen war, verzichtete es auf die Benutzung des zur Verfügung ge-stellten Bootshauses, und es beschränkte sich demnach die Zahl der beteiligten Anstalten auf vier, nämlich das Königl. Wilhelmsgymnasium, das Kneip-höfische Stadtgymnasium, das Städtische Realgymnasium und die Königl. Oberrealschule auf der Burg.

Inzwischen waren die Boote, von den rühmlichst bekannten Werften Fr. Lürssen in Aumund bei Vegesack (Sechser und Achter zusammen für 1555 M.) und W. Rettig in Stralau bei Berlin (Vierer zu 600 M.) fertiggestellt, eingetroffen und der Bau des Bootshauses vollendet. Am

24. Juni, dem letzten Tage vor dem Beginn der Sommerferien, konnte es feſtlich geſchmückt ſeiner Beſtimmung übergeben werden. Auf die Ein-ladung des Provinzialſchulkollegiums hatte ſich eine zahlreiche Verſammlung auf dem einſam gelegenen Bauplatze am Pregel eingefunden, Vertreter der königlichen und ſtädtiſchen Schulbehörden und der drei Rudervereine Königsbergs, Direktoren, Lehrer und Primaner der höheren Lehranſtalten. Der Direktor des Königl. Provinzialſchulkollegiums, Herr Geheimer und Ober-regierungsrat Prof. Dr. Kammer, eröffnete das Schülerruderheim, wie er das neu begründete Anweſen nannte, mit einer warmen Anſprache über ſeine Zwecke und die Hoffnungen für die Entwickelung unſerer Jugend, die

Das Schülerruderheim zu Königsberg i. Pr.

ſich daran knüpften. Der Verfaſſer dieſer Zeilen ſprach im Namen der ſo reich beſchenkten Jugend den Dank für die ſchöne Gabe aus, der ſich in freudigem Streben nach der Erfüllung jener Hoffnungen betätigen müſſe, und ſchloß mit einem dreifachen hip hip hurra auf die Begründer des Ruder-heims, den Herrn Miniſter, Herrn Oberregierungsrat Kammer und den ebenfalls anweſenden Herrn Prof. Dr. Simon. Die im Vorjahre eingeübte Mannſchaft des Wilhelmsgymnaſiums brachte ſodann die drei Boote zum erſtenmal zu Waſſer und bemannte ſie zu einer Probefahrt. Sie erhielten durch Herrn Oberregierungsrat Kammer der Reihe nach, wie ſie vorgeführt wurden, ihre Namen, der Achter Kaiſer Wilhelm II., der Sechſer Großer Kurfürſt, der Vierer Prinz Heinrich. Zugleich bat Herr Prof. Simon, be-kannt zu geben, daß er beabſichtige, noch ein viertes Boot zu ſchenken, das den Namen Königsberg tragen solle. Ein braufendes Hoch der Jugend dankte für diefen neuen Beweis hochherziger Freigebigkeit.

An die Feier schloß sich eine Befichtigung der inneren Räume des Bootshaufes an. Der Bau, deffen zweckmäßige Geftaltung wir dem gütigen Rat und der freundlichft übernommenen Beauffichtigung des Herrn Regierungs- baurats Bohnen verdanken, ist zum Preife von 7200 M. in Holz und, da das niedrige Flußufer vom Hochwaffer häufig überflutet wird, auf einem Pfahlrofte errichtet. Er bietet, wie der Grundriß zeigt, in feinen fechs um die mittlere Bootshalle gelegenen Garderoberäumen reichlichen Platz zum Umkleiden für die Rudermannfchaften. Da für jede der beteiligten Anftalten ein Raum ausreicht, find gegenwärtig noch zwei von ihnen un- benutzt. Den einen bezeichnete der Bauplan als Schülerzimmer, doch hat sich das Bedürfnis nach einem solchen bisher nicht geltend gemacht, viel- mehr erwies sich die offene Veranda als der beliebtefte und völlig aus- reichende Aufenthaltsort für wartende Schüler. Nimmt man an, daß jede Schule, was gewiß wünfchenswert ist, ihren eigenen Ankleideraum erhält, so würden sich Schwierigkeiten erst bei der Beteiligung von mehr als fechs Lehranftalten ergeben. Die Zahl der Schüler würde durch den Raum keine Einfchränkung erleiden, da zur Aufbewahrung der Ruderanzüge nur fehr wenig Platz erforderlich ist. Rechnet man für jeden der fechs Ankleide- räume zehn Schüler zu gleichzeitiger Benutzung, so können sich 60 Ruderer zugleich fertig machen, eine Zahl, die zu einmaliger Bemannung von durch- fchnittlich zehn Booten hinreichen würde, während der Bootsraum höchftens für acht Boote, wenn je zwei übereinander lagern, Platz bietet. Da nun jedes Boot an jedem Nachmittage mindeftens zwei Fahrten machen kann und für jeden Ruderer nur zwei von den fechs Nachmittagen der Woche in Betracht kommen, so ist in der Tat nicht zu fürchten, daß ein Mangel an Raum je eintreten könnte. Schon die jetzige Flottille mit einer Be- fatzung von 18 Mann ohne die Steuerleute würde bei zwei Fahrten täglich an fechs Nachmittagen zur Ausbildung durch zwei Übungsftunden wöchent- lich für $2 \times 18 \times {}^6/_2 = 108$ Schüler hinreichen. Im Sommer 1904 be- teiligten sich 60; daß ihre Zahl sich verdoppeln wird, ist schwerlich an- zunehmen, doch würden die Räume und das Bootsmaterial nach Einftellung des vierten Bootes auch dann reichlich genügen.

Die Ausftattung der Ankleideräume ist ungemein einfach, sie befteht zunächft nur aus Kleiderhaken an den Wänden und je einem niedrigen, tifchartigen Sitzgeftell in der Mitte, auf dem eine größere Zahl von Schülern Rücken gegen Rücken fitzend sich gleichzeitig umkleiden kann. Zur Auf-

bewahrung der Ruderanzüge hoffen wir verſchließbare Fächergeſtelle aus
Latten bald zu beſchaffen.

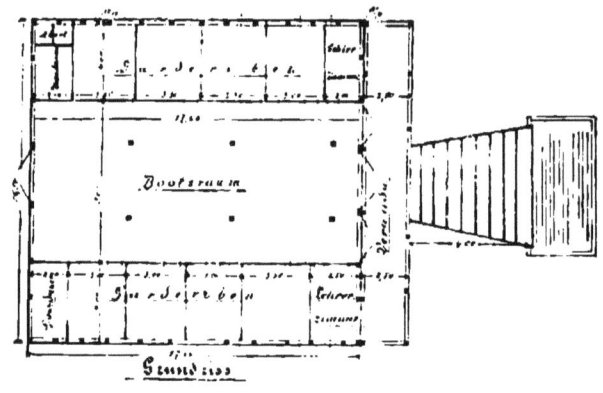

Die Mittelhalle dient zur
Aufnahme der Boote, die zunächſt auf Böden ruhen. Es
wird beabſichtigt, ſtatt deſſen
eiſerne Halter an den Trägern
des Daches anzubringen, wodurch das Lagern zweier Boote

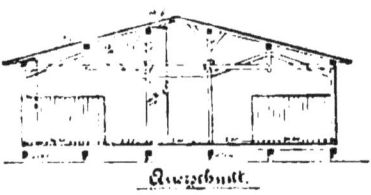

übereinander ermöglicht werden würde. Nach dem Urteil erfahrener Prak-
tiker des Ruderbetriebes bilden übrigens dieſe freiſtehenden Träger eine Gefahr für die Boote inſofern, als dieſe bei ungeſchicktem Tragen durch Anſtoßen

leicht beschädigt werden können. Ob es Schwierigkeiten gemacht haben würde, den Raum frei zu überspannen und die Träger in die Wände der Seitenräume zu verlegen, muß bautechnischem Fachurteile überlassen bleiben.

Den Zweck der übrigen Räume ergibt der Grundriß. Von der Einrichtung zweier Duschen, die der ursprüngliche Bauplan vorsah, wurde auf ärztlichen Rat Abstand genommen, da das Abduschen des Körpers nach der Fahrt, das die meisten Rudervereine empfehlen, neuerdings für nicht unbedenklich erklärt wird. Statt dessen erwies sich die Einrichtung eines Raumes für einen Hausdiener als wünschenswert. Da das Ruderheim einsam gelegen ist und doch wiederum an einer Stelle, die in der schönen Jahreszeit von halbwüchsigen Burschen zum Baden gern aufgesucht wird, so bedurfte es einer ständigen Aufsicht. Es wurde daher mit einem Empfänger der Invalidenrente ein Vertrag abgeschlossen, wonach dieser es übernahm, während der Monate April bis September den ganzen Tag über im Ruderheim anwesend und zu kleinen Dienstleistungen bereit zu sein, in den Wintermonaten aber täglich einmal von der Unversehrtheit des Gebäudes sich zu überzeugen. Er erhält dafür in jedem Sommermonat 30, im Winter monatlich 10 M., also 240 M. jährlich und ist ermächtigt, alkoholfreie Getränke und sonstige Erfrischungen an die Besucher des Heims zu verkaufen. Die für seine Besoldung sowie für den sonstigen Unterhalt des Gebäudes erforderlichen Mittel sollen, soweit sie nicht durch die Beiträge der Schüler und hoffentlich durch Zuschüsse von seiten der Behörden gedeckt werden können, durch Schülerkonzerte im Laufe des Winters aufgebracht werden.

Während der Sommerferien wurde das Ruderheim von einer etwa zwölf Mann starken Ferienmannschaft eifrig benutzt, im August traten 60 Primaner der vier obengenannten Schulen zusammen und begründeten in zwei Versammlungen, an denen ihre Direktoren teilnahmen, die Rudervereinigung der Schüler höherer Lehranstalten zu Königsberg auf Grund der von einem Ausschuß nach dem Vorbilde ähnlicher Schülervereine aufgesetzten Satzungen, die anhangsweise hier mitgeteilt werden.

Die Ruderer wurden in vier Abteilungen geteilt und für jede an zwei Nachmittagen der Woche je eine Übungsstunde angesetzt, für die außerhalb dieser Stunden fallende Zeit wurde die Benutzung der Boote zu Sonderfahrten unter bestimmten Voraussetzungen freigestellt. Schwierigkeiten machte die Frage, wer die Ausbildung einer so großen Zahl von Schülern übernehmen würde. Zwar erklärten sich einige jüngere Mitglieder des Königsberger Ruderklubs, dessen Bootshaus dem Ruderheim fast gegenüberliegt, in dankenswertefter Weife bereit, neben dem Inftruktor des Klubs Germania, Herrn Conradt, auszuhelfen, doch erwies fich bei der Derfchiedenheit der Anfchauungen über rubertechnifche Einzelheiten diefe Arbeitsteilung als nicht durchführbar, und es blieb nichts anderes übrig, als daß die tüchtigften der im Dorjahre ausgebildeten Ruderer die Ausbildung ihrer Mitfchüler übernahmen unter fteter Anleitung unferes unermüdlichen Helfers und Beraters vom Ruderklub Germania.

Daß eine gründlichere und technifch vollkommenere Ausbildung des einzelnen zu wünfchen ift, als fie unter diefen Umftänden erreicht werden kann, fteht außer Frage. Wir hoffen dem erftrebenswerten Zuftande zunächft dadurch näher zu kommen, daß wir künftig geeigneten Schülern der Oberfekunda die Teilnahme geftatten, um eine Anzahl geübter Ruderer im dritten Jahrgange zu haben. Für eine fernere Zukunft ift es fodann gewiß zu erhoffen, daß frühere Mitglieder der Rudervereinigung auch nach ihrem Abgang von der Schule ihre Dienfte der guten Sache zu widmen bereit fein werden. Don höchfter Bedeutung für die Entwickelung des Unternehmens in jeder Hinficht würde es freilich fein, wenn unter den Lehrern der beteiligten Anftalten fachmännifch gebildete Kollegen fich fänden, in deren Hände die Ausbildung gelegt werden könnte.

Don dem Ruderbetriebe, der fich unter den gefchilderten Derhältniffen entwickelte, mögen einige Zahlen, die dem Fahrtenbuche des Dereins entnommen find, eine Dorftellung geben. Im Herbft 1903 wurden von den Primanern des Wilhelmsgymnafiums in 72 Fahrten 360 km zurückgelegt, die Zahl der Mannfchaftskilometer betrug 1440, der eifrigfte Ruderer machte in 20 Fahrten 114 km, der Durchfchnitt ftellte fich auf 73 km.

Im Sommer 1904 (Beginn Anfang Juli mit einer kleinen Ferienmannfchaft, voller Betrieb erft feit Anfang Auguft) wurden in 243 Fahrten 2444 km zurückgelegt, und zwar, wenn die Steuerkilometer außer Betracht bleiben, 8372 Mannfchaftsruderkilometer, im Durchfchnitt von dem einzelnen Ruderer 138 km. Die größte Leiftung betrug 862 km in 69 Fahrten. Der Dierer Prinz Heinrich kam 102mal zu Waffer und machte 1232 km, der Achter Kaifer Wilhelm II. 53mal mit 598 km, der Sechfer Großer Kurfürft 76mal mit 557 km. Die übrigen 57 km wurden auf 12 Fahrten mit Booten der Germania und des Königsberger Ruderklubs zurückgelegt.

Den Schluß des erften Fahrfommers bildete für den jungen Ruderverein ein feierliches Abrudern, zu dem die Spitzen der Behörden, die Herren Mitglieder des Königl. Provinzialfchulkollegiums, die Dorftände der Rudervereine, die Direktoren und eine Anzahl von Dertretern der Lehrerkollegien der hiesigen höheren Lehranstalten und sonstige Gönner des Rudersports eingeladen waren.

Am Freitag, 30. September, nachmittag 3 Uhr, lag der Dampfer Puck für die Gäste, die den jungen Ruderverein mit ihrer Anwesenheit bei seinem ersten Feste beehren würden, am Lindenmarkt zur Abfahrt bereit, um sie auf dem Wasserwege nach dem etwas entlegenen Bootshause zu bringen, wo die Rudermannschaft, in Parade aufgestellt, ihre Ankunft erwartete. Da infolge des außergewöhnlich niedrigen Wasserstandes die Landung des Dampfers erschwert war, wurde von der geplanten Besichtigung des Bootshauses Abstand genommen. Der Unterzeichnete sprach daher an Bord Sr. Exzellenz dem Herrn Oberpräsidenten der Provinz, Freiherrn von Moltke, und den übrigen Anwesenden, Damen und Herren, für die erwiesene Ehre den freudigen Dank der jungen Ruderer aus, der durch ein dreifaches brausendes hip hip hurra bekräftigt wurde. Darauf wurden die Boote zu Wasser gebracht und traten, den Dampfer umgebend, die Fahrt stromaufwärts an.

Von einem Wettrudern wurde abgesehen, da ein gewaltsames Anspannen der Kräfte, wie es der Wettbewerb leicht herbeiführt, zunächst vermieden werden sollte, und da auch die Verschiedenheit der Bootstypen eine Wettfahrt nur mit entsprechenden Vorgaben gestattet haben würde. Trotzdem versuchte gelegentlich ein Boot das andere zu überholen, um seine Leistungsfähigkeit zu zeigen. Das zeitige Nahen der Dämmerung nötigte leider zu frühzeitiger Umkehr. Sie erfolgte bei dem malerisch 7 km von der Stadt auf einer Anhöhe des Ufers gelegenen Gute Jerusalem. So schloß die von unvergleichlich schönem Herbstwetter begünstigte Fahrt zum Bedauern aller Teilnehmer allzufrüh und mit ihr die Zeit der planmäßigen und für die Rudermannschaften verbindlichen Übungsfahrten des ersten Jahres, wenn auch die günstige Witterung der Ferientage noch zu einigen Sonderfahrten lockte.

Und wie steht es nun, wird man fragen, mit den Einwirkungen des Ruderns auf die Jugend, mit den Hoffnungen, die von der einen, und den Befürchtungen, die von der anderen Seite daran geknüpft werden? Die Antwort kann, soweit es die kurze Beobachtungszeit gestattet, nur in jeder Hinsicht günstig lauten. Wie es der Unterzeichnete schon an anderer Stelle zu seiner Freude aussprechen durfte, ist nichts weder außer noch in der Schule vorgekommen, was auch nur zu Bedenken hätte Anlaß geben können, weder war die viel befürchtete Zerstreuung an der Rudermannschaft zu bemerken, noch ließ der Arbeitseifer nach, dagegen herrschte in ihr ein frischer, fröhlicher Geist und der beste Wille, sich in die selbstgeschaffene Ordnung zu fügen, ja bei mehr als einem Schüler machte sich auch beim Unterricht der belebende Einfluß der gesunden Leibesübung durch erhöhte Freudigkeit geltend.

Auch der Verkehr der Schüler verschiedener Anstalten, der hier und da Bedenken erregte, hat zu keinen Unzuträglichkeiten Anlaß gegeben. Wo anfangs bei der Beratung der Satzungen und der Wahl der Vorstandsmitglieder Gegensätze hervorzutreten schienen, ließen sie sich durch die anwesenden Direktoren leicht ausgleichen, im übrigen entwickelte sich ein gesunder und kameradschaftlicher Ton. Die Übungsmannschaften mußten schon mit Rücksicht auf die anzusetzenden Stunden möglichst einheitlich aus den Schülern derselben Anstalt zusammengesetzt sein, dagegen fanden sich zu Sonderfahrten gern die geschicktesten Ruderer zusammen ohne Rücksicht auf die Zugehörigkeit zu dieser oder jener Schule.

So scheint die bisherige Entwickelung des Ruderns auch bei uns, wie überall, wo es bisher Eingang gefunden hat, zu den schönsten Hoffnungen zu berechtigen, möchte auch fernerhin ein glücklicher Stern darüber walten, möchten aber auch diese Zeilen ein wenig dazu beitragen, Vorurteile und Bedenken, die gegen seine Einführung noch so vielfach herrschen, zu entkräften und zu zerstreuen!

Satzungen des Königsberger Schüler-Ruder-Vereins.

Zweck des Vereins.

§ 1. Der am 24. Juni 1904 gegründete

Königsberger Schüler-Ruder-Verein

will seinen Mitgliedern Gelegenheit bieten, sich durch Pflege des Rudersports nach geistiger Arbeit zu erfrischen und körperlich zu kräftigen.

§ 2. Der Verein steht unter der Aufsicht der Direktoren der beteiligten Anstalten, von denen einer die Oberleitung übernimmt.

Bestimmungen über Aufnahme und Austritt.

§ 3. Zum Eintritt sind die Primaner der hiesigen höheren Lehranstalten berechtigt; an die Aufnahme sind folgende Bedingungen geknüpft:

a) Die schriftliche Erlaubnis des Direktors ist einzuholen,

b) der Nachweis ist zu führen, daß der Aufzunehmende $\frac{1}{4}$ Stunde schwimmen kann.

Der Eintritt kann jederzeit erfolgen, der Austritt nur am Ende eines Winterhalbjahres. Geht ein Mitglied des Vereins von der Schule ab oder wird ihm durch den Direktor die Erlaubnis entzogen, so hört seine Mitgliedschaft sofort auf.

§ 4. Der Ausschluß kann durch den Vorstand mit Genehmigung des Direktors der betreffenden Anstalt verfügt werden, wenn das Mitglied nach vorhergegangener Verwarnung weiter gegen die Satzungen und die Vereinsordnung verstößt.

Pflichten und Rechte.

§ 5. Jedes Mitglied ist verpflichtet:

a) an Eintrittsgeld M. 0,50 und an monatlichen Beiträgen für die Monate
April bis September M. 0,50, für die übrigen Monate M. 0,25 zu zahlen,
die bis zum 7. jedes Monats an den Obmann seiner Schule zu entrichten
sind. Für jeden Tag Verspätung erfolgt ein Zuschlag von M. 0,10,

b) den Anordnungen des Vorstandes unbedingt Folge zu leisten und die Vereinsordnung in allen Teilen einzuhalten,

c) den guten Ton im Verkehr mit den Kameraden zu beachten und ein freund-
schaftliches Verhältnis zu allen Mitgliedern anzubahnen,

d) an jeder vom Vorstande berufenen Versammlung teilzunehmen oder sich
vorher bei seinem Obmann zu entschuldigen,

e) zu den vorher festgesetzten Fahrten pünktlich zu erscheinen. Strafen für
unentschuldigtes Fehlen und Zuspätkommen sieht die Ruderordnung vor.

§ 6. Jedes Mitglied hat Wahl- und Stimmrecht und darf in den Versammlungen Anträge und Anfragen stellen; ihm stehen zu Sonderfahrten in schul-
freier Zeit die Boote — aber nur bei vorheriger Anmeldung nach den Bestimmungen
der Ruderordnung — zur Verfügung.

§ 7. Streitigkeiten zwischen den Mitgliedern entscheidet der Vorstand; Beschwerden über den Vorstand sind bei dem leitenden Direktor anzubringen.

Leitung des Vereins.

§ 8. Die Leitung des Vereins liegt in den Händen des Vorstandes, in dem
jede Schule mit mindestens einem Mitgliede — Obmann — vertreten sein muß,
und dessen Vorsitz der Ruderwart führt. Er besteht aus:

1. Ruderwart, 2. Bootswart, 3. Schriftwart, 4. Kassenwart, 5. Hauswart.

Der Vorstand erledigt sämtliche laufende Geschäfte des Vereins, hat aber zu
wichtigeren Beschlüssen die Genehmigung des leitenden Direktors einzuholen.

§ 9. Der Ruderwart vertritt den Verein nach außen und überwacht die Ausbildung der Ruderer. Er beruft und leitet die Versammlungen, prüft mindestens
einmal im Monat die Kasse und unterzeichnet die Kassenabschlüsse und Protokolle.
Er ist dem leitenden Direktor für die Innehaltung der Satzungen verantwortlich,
soweit nicht für Unregelmäßigkeiten in den einzelnen Schulen die Obmänner selbst
die Verantwortung tragen. Welches Vorstandsmitglied ihn zu vertreten hat, bestimmt die wählende Versammlung.

§ 10. Der Bootswart hat für die Instandhaltung der Boote und deren Zubehör zu sorgen und die nötigen Ausbesserungen und Ergänzungen zu veranlassen.

§ 11. Der Schriftwart führt den Schriftwechsel und die Mitgliederliste und
fertigt über die in den Versammlungen gefaßten Beschlüsse ein Protokoll an, das
er vom Ruderwart unterschreiben lassen muß. Er bewahrt alle Schriftstücke des
Vereins auf und hat am Ende des Vereinsjahres einen Bericht für die Chronik
anzufertigen.

§ 12. Der Kassenwart verwaltet die Kasse und besorgt die Einziehung der
Beiträge. Er hat dem leitenden Direktor und dem Ruderwart jederzeit, der Versammlung am Ende des Jahres, Rechnung abzulegen. Beträge über 30 M. sind

an den leitenden Direktor abzuliefern. Für alle Zahlungen muß er ſich vom Ruderwart Vollmacht geben laſſen.

§ 13. Der Hauswart ſorgt für die Ordnung im Bootshaus und verwaltet
das Inventar des Vereins, über welches Buch zu führen iſt.

Verſammlungen.

§ 14. Im März jedes Jahres findet eine Verſammlung ſtatt, in welcher der
neue Vorſtand gewählt wird. Weitere Verſammlungen können mit Zuſtimmung
des leitenden Direktors vom Vorſtand nach Bedarf jederzeit und müſſen einberuſen
werden, wenn ¹/₄ der Mitglieder dieſes ſchriftlich unter Angabe der Gründe beim
Vorſtand beantragt.

Der Beſchlußfaſſung der Verſammlung ſind vorbehalten:

        1. Sämtliche Wahlen,

        2. Genehmigung des Kaſſenberichts,

        3. Ernennung von Ehrenmitgliedern,

        4. Abänderung der Satzungen.

Die Mitglieder ſind über Ort, Zeit und Tagesordnung der Verſammlung
mindeſtens zwei Tage vorher in Kenntnis zu ſetzen, ebenſo ſind die Leiter der beteiligten Anſtalten rechtzeitig zu den Verſammlungen einzuladen. Alle Wahlen
ſind geheim; doch iſt die Wahl durch Zuruf geſtattet, wenn kein Widerſpruch erfolgt.

Alle Beſchlüſſe werden mit einfacher, ſolche, die eine Änderung der Satzungen
betreffen, mit ³/₄ Stimmenmehrheit gefaßt. Bei Stimmengleichheit entſcheidet die
Stimme des Ruderwarts, bei Wahlen jedoch das Los.

§ 15. Flagge des Vereins:

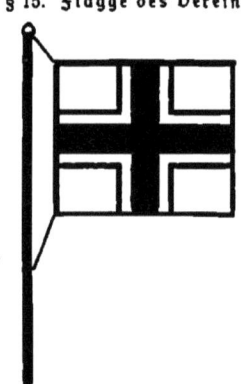

Ruderordnung.

§ 1. Das Rudern bezweckt neben Kräftigung des Körpers die Förderung
der Disziplin; jedes Mitglied iſt daher verpflichtet, die Beſtimmungen dieſer
Ruderordnung aufs genaueſte zu befolgen. Gegebenenfalls kann nach § 4 der
Satzungen vom Vorſtand der Ausſchluß verfügt werden.

§ 2. Die Ausbildung der Ruderer liegt in den Händen des Ruderwarts und der Instruktoren; ihren Anordnungen in rudertechnischen Angelegenheiten ist unbedingt Folge zu leisten.

Der Ruderwart setzt für die Übungsfahrten an den Nachmittagen einen Stundenplan fest, der zur Ansicht im Bootshaus aushängt, und bestimmt die Instruktoren für die einzelnen Fahrten.

§ 3. Die Ruderer werden in 2 Klassen eingeteilt.

a) Ruderer 1. Klasse, welche Boote zu Sonderfahrten belegen und Fahrten in sämtlichen Booten ohne Instruktor unternehmen dürfen.

b) Ruderer 2. Klasse, welche Extrafahrten nur in Booten mit festen Sitzen und zwar nur unter Leitung eines Instruktors machen dürfen.

    Ruderer 2. Klasse können nach abgelegter Probefahrt in die 1. Klasse versetzt werden.

§ 4. Der Instruktor hat für die gleichmäßige Ausbildung seiner ihm zugeteilten Mannschaft zu sorgen. Er hat ferner darauf zu achten, daß seine Mannschaft zu der Fahrt zur festgesetzten Zeit in sauberer, vorschriftsmäßiger Dereinstracht:

Mütze mit Schulfarben, weißem Trikot mit Schulfarben, kurzer dunkelblauer Hose und langen schwarzen Strümpfen antritt,

vor der Abfahrt das Boot und die Riemen auf ihre Brauchbarkeit hin untersucht und nach der Fahrt das Boot wie dessen Zubehör gesäubert an seinen Platz zurückstellt.

Während der Fahrt hat er für die nötige Manneszucht zu sorgen, ebenso hat er bei Anlegen an Land die Bewachung des Bootes zu veranlassen. Die Fahrt ist von ihm sofort nach der Rückkehr ins Fahrtenbuch einzutragen und etwaige Schäden dabei zu vermerken.

§ 5. Ist kein Instruktor im Boot, so übernimmt die Verpflichtungen der Steuermann, dessen Anordnungen in gleicher Weise zu beachten sind.

§ 6. Unentschuldigtes Fortbleiben von einer festgesetzten Übungsfahrt ohne Stellung eines Ersatzmannes wird mit M. 0,50 bestraft; für Zuspätkommen ist für jede fünf Minuten fünf Pfennige an Strafe zu zahlen. Bei Sonderfahrten bleiben entsprechende Abmachungen der Mannschaft überlassen.

Die fälligen Strafgelder sind sofort vom Steuermann oder Obmann einzuziehen.

§ 7. Boote zu Extrafahrten müssen vorher belegt werden; zu diesem Zwecke sind im ausliegenden Heft die nötigen Angaben über Boot, Tag und vermutliche Zeitdauer einzutragen.

§ 8. Für die sachgemäße Behandlung des Bootes und seines Zubehörs ist die ganze Mannschaft verantwortlich; bei grober Fahrlässigkeit muß die ganze Mannschaft den Schaden tragen.

Die oberste Entscheidung darüber steht dem Vorstande zu.

§ 9. Die Kommandos sind:

Mannschaft fertig — los! Achtung — halt! halt - - stopp! Riemen — bei! Riemen — klar! Achtung — streichen! Backbord (Steuerbord)! — Schlag voraus! die Nummern im Boot zählen von der Spitze an; die Seite links vom Steuermann ist Backbord, rechts Steuerbord. Beim Ein- und Aussteigen hat der Steuermann die Reihenfolge anzugeben.

§ 10. Das Rauchen während der Fahrt ist strengstens untersagt.

§ 11. Bei Fahrten in den Abendstunden ist die Laterne am Bug anzuzünden.

§ 12. Entgegenkommende Boote grüßt nur der Steuermann. Er grüßt zuerst, wenn sein Boot stromaufwärts fährt, oder ein Boot überholt.

2.

Meine letzte Fahrt im Schülerboot durch ostdeutsche Gewässer.

Von Oberlehrer Dr. Kuhse in Berlin.

Fast 25 Jahre sind verflossen seit Gründung der ersten Schülerruder-vereine — Rendsburg im Nordwesten und Ohlau im Südosten unseres Vaterlandes —, seit zehn Jahren hat das Schülerrudern unter Allerhöchster Protektion eine erfreuliche Entwickelung genommen, so daß im Sommer des vorigen Jahres schon an etwa 80 höheren Lehranstalten gerudert wurde. Mit der Zahl der rudernden Schüler ist auch die Zahl der ruder-technisch vorgebildeten und des Wassersports kundigen Lehrer gestiegen; ehemalige Schülerruderer sind nach beendetem Studium bemüht, den Sport, dem sie treu geblieben, zum Besten der Jugend zu verwerten, so daß das seit zehn Jahren angestrebte Ziel „die Schule soll die Pflege und Leitung der Ruderübungen grundsätzlich in die Hand nehmen" fast überall, wo die sonstigen Bedingungen des Wassersports gegeben sind, erreichbar ist. Auf Grund der bisherigen Erfahrungen beginnen sich auch die Ansichten über die Frage, welcher Wert der Pflege des Rennruderns im Schüler-ruderbetriebe beizulegen ist, mehr und mehr zu klären. Während in den Provinzen die Pflege desselben nur gelegentlich eines Sommerfestes als Vorbereitung einer internen Regatta, d. h. im Rahmen der engeren Schul-gemeinschaft hervortritt, steht in unserer Hauptstadt das alljährlich wieder-kehrende „Schau- und Wettrudern der Schüler höherer Lehranstalten" noch im Vordergrunde des Interesses. Nicht bestreiten läßt sich der Einfluß dieser Veranstaltung auf die Technik des Ruderns, und nicht nur wünschens-wert, sondern notwendig bleiben derartige Veranstaltungen, soll anders die rudertechnische Ausbildung der Schüler auf einer gewissen Höhe ge-halten werden. Bedenklich jedoch erscheint mir der Rahmen dieser Ver-anstaltung, falls sie das gesamte Interesse und die gesamte Rudertätigkeit der Schüler wie der Instruktoren während eines großen Teiles der schönsten

Jahreszeit ausschließlich für sich beanspruchen und dem meines Erachtens schönsten und gesundesten Zweig unseres edlen Sportes „dem Dauer- oder Wanderrudern" gar zuviel wertvolle Zeit entziehen sollte. Wanderfahrten zu Wasser sind das Gesundeste und Reizvollste, das dem jugendlichen Körper und Gemüt geboten werden kann. In leichtester Kleidung — Racehose, Trikot und leichtem, das Gesicht gegen die Wirkung der Sonnenstrahlen schützendem Strohhut — tage- und wochenlang ein Licht- und Luftbad nehmen, von frühem Morgen bis zum Abend staubfreie Luft einatmen, dank eigener Kraft durch Flur und Wald auf klarer Flut dahingleiten, was kann dem Körper und Geist zuträglicher sein? Das Nützliche mit dem Angenehmen verbindend lernt der Wanderruderer sein engeres Vaterland auf Wegen kennen, die nur ihm zugänglich sind, genießt von der Höhe des Flußspiegels Ausblicke auf die Ufer, wie sie sich keinem anderen bieten, an schönen Punkten rastet er oder sucht zu Fuß sie auf, falls sie abseits von der Wasserstraße liegen. Dieser, doch wohl für den Schüler wertvollste Zweig der schönen Ruderei wird noch lange nicht so gepflegt, wie er gerade von Schülern und Lehrern gepflegt werden kann, denen die Pfingst- und Sommerferien die erforderliche Zeit zur Verfügung stellen. Und gerade die märkischen Wasserstraßen fordern ja zum Wanderrudern heraus wie selten sonst, so daß jede Einschränkung desselben infolge eifrigen Rennbetriebes im Interesse der Jugend bedauerlich wäre! Einen derartigen Einfluß auf das Schülerrudern in Berlin muß aber die Verquickung des Wettruderns mit einem Schaurudern notwendigerweise herbeiführen. Während am Wettrudern nur eine Mannschaft, also vier Schüler teilnehmen bzw. sich auf dasselbe vorbereiten, bedingt das Schaurudern eine Ausdehnung des Trainings — wenn wir diesen Ausdruck auf das Schülerrudern anwenden wollen — auf den ganzen Verein. Schon im Winter werden die jüngsten Mitglieder im Bassin vorgenommen und bis zu den Sommerferien muß der Verein sein ganzes Augenmerk darauf richten, möglichst viele Vierermannschaften zum Schaurudern in gute Form zu bringen; denn je mehr Boote gestellt werden, um so größer sind die Aussichten auf den Gewinn des „Schönheitskranzes". An der Notwendigkeit des Wettruderns wird kein Sachverständiger zweifeln, der Wert des Schauruderns aber erscheint mir in hohem Grade zweifelhaft, um so zweifelhafter, als die Vorbereitung zu demselben unter ungleichen Bedingungen vor sich geht. Während die Schüler einiger Anstalten den ganzen Winter hindurch im Bassin rudern können, fehlt anderen Anstalten diese Gelegenheit; hier leiten alte erfahrene Herrenruderer als Instruktoren die Aus-

bildung der Schüler, dort bemüht sich ein Protektor allein, mit Hilfe der
älteren Schüler die jüngeren auszubilden; diese Anstalt besitzt wenige Boote,
jene ein Dutzend und mehr, hier gestattet man den Schülern zum Rudern
nur ein Minimum an Zeit mit Rücksicht auf die anderen Aufgaben der
Schule, dort hütet man sich den Eifer derselben einzuschränken. Soll der
Kampf mit gleichen Waffen ausgekämpft werden, so muß die Zahl der
wöchentlichen Übungsstunden für alle Anstalten festgelegt
werden und die Ausbildung einzig und allein in der Hand des
Protektors und seiner älteren aktiven Schüler liegen. Sonst
kämpft man mit ungleichen Waffen ohne Verschulden des einen, wie ohne
besonderes Verdienst des anderen Teiles. Das aber stellt den Wert der
ganzen Veranstaltung in ein zweifelhaftes Licht. Deshalb lasse man
das Schaurudern so wie es jetzt gehandhabt wird fallen[1]), das außerdem das Wanderrudern hemmend beeinflussen muß. Das Wettrudern
aber lege man auf einen anderen Termin, denn die Gründe, die einst
dafür sprachen, es möglichst im Anschluß an die Grünauer Regatta statt-
finden zu lassen, sind längst hinfällig geworden. Dieser frühzeitige Termin,
Mitte Juni, führt viele Übelstände mit sich. Die Übungen müssen über-
hastet werden, um die Mannschaften in Form zu bringen. Legt man
den Termin in die Mitte des September, so kann der Ruderbetrieb bis
zu den Sommerferien ohne Störung vor sich gehen, denn nach den Ferien
bleiben dem Protektor noch vier Wochen, um den besten seiner Mannschaften den letzten Schliff zu geben. Alle Mannschaften werden bis zu
den Sommerferien sich gleichmäßig Mühe geben, in guter Form zu rudern,
wenn sie wissen, daß erst nach den Ferien die Entscheidung fällt. So
wird der Einfluß auf die Technik bewahrt, die Unruhe und Hast aber,
die bei der jetzigen Lage des „Schau- und Wettruderns" von Beginn
der Ruderübungen an herrschen muß, fällt fort. Außerdem gewinnen
die Ruderer, da ihnen Zeit und Muße zur Pflege des Wanderruderns
bleibt, spielend die für jedes Wettrudern notwendige Ausdauer, ohne durch
ein überhastetes Training der Gesundheit zu schaden. — —

Seit Gründung des Rudervereins am Königl. Realgymnasium zu
Bromberg im Sommer 1894 sind mir Wanderfahrten zur liebsten Ferien-
erholung geworden und haben mir reichlich die kleine Mühe und Verantwortung gelohnt, der ich mich durch Leitung derselben unterzog. So

---

1) Wenigstens für die Wertung! Bedenklich ist es, wenn bei dieser die
Anzahl der Boote mitentscheidet, so daß eine große Schule, welche viele Fahr-
zeuge zu stellen vermag, von vornherein einen Vorsprung hat. (D. Schriftl.)

mannigfach unsere Wasserverbindungen sind, die uns abwechselnd nach
Danzig, Elbing, Königsberg, bald nach Stettin und Berlin geführt haben,
nicht immer ließen sich neue Wege finden, stets aber ließen Fahrten, die
ich persönlich zum dritten und vierten Male wiederholte, mich erkennen,
daß unser Wiederkommen überall gern gesehen wurde, und ich selbst
darf gestehen, daß ich mit schwerem Herzen Abschied nahm von meiner
ostdeutschen Heimat, ihren blauen Seen und Wasserläufen, ihrem biederen,
gastfreundlichen Menschenschlage.

So fand denn, als in diesem Frühjahr wieder eine größere Anzahl
meiner Schüler an mich mit der Bitte herantrat, mit ihnen eine Ferien-
fahrt zu unternehmen, ihr Gesuch ein williges Ohr und Herz, und ich
wählte den Weg, den ich im Sommer 1895 auf meiner ersten Fahrt ein-
schlug, auf der Weichsel und Nogat über Marienburg nach Elbing und
von dort südwärts steuernd zu den oberländischen Seen nach Deutsch-Eylau,
von wo die schmale Ellens uns zur Drewenz und diese uns zurück zur
Weichsel führen sollte. Elf Schüler — zwei Oberprimaner, fünf Unter-
primaner, vier Obersekundaner — hatten sich zur Fahrt, deren Dauer ich
auf zwölf Tage und Unkosten auf 45 M. angesetzt hatte, gemeldet. Da
mein Kollege, Oberlehrer Salomon, sich an der Fahrt beteiligen wollte,
so konnte ich getrost zwei Boote bemannen: Die Sechserdollengig „Bromberg“, die sich schon auf so mancher Fahrt als sicheres Tourenboot auf
rauhestem Wasser bewährt hatte, und unseren neuen Halbauslegervierer
— Deutsch-Rettig-Stralau —, den wir erst am Morgen der Abreise von
dem Güterbahnhof abholten und stolz durch die Stadt hinunter zur Brahe
trugen.

Von Bromberg nach Sartowitz. — 60 km.

Der Montagvormittag des 4. Juli verging im Fluge mit den Vorbereitungen zu unserer Fahrt. Während im Bootshause sich die Reisegefährten einfanden, um die Boote klar zur Fahrt zu machen, das notwendigste Handwerkszeug, Reservedollen, Kupferstreifen, Kupferstifte, Reserve-
riemen, Mast und Segel zu verstauen, eilte ich mit dem Proviantmeister
in verschiedene Geschäfte, um Erbswurst, Konserven, Zucker und Kaffee,
Spiritus und Butter einzukaufen. Altbewährtem Gebrauch folgend hatte
jeder Reisegefährte unseren Proviant um eine Flasche Rotwein und eine
Wurst, von Muttern gestiftet, vermehrt. Die Weinflaschen lagen unterm
Bug- und Heckbrett verstaut, in natürlichem Keller, der, stets vom Wasser
umspült, die Flaschen kühl hielt. Das Gepäck — jeder nahm eine zweite

Rudergarnitur und das Notwendigste für den täglichen Bedarf, nicht das Eßgeschirr zu vergessen, mit, die Landanzüge wurden voraus zunächst nach Elbing geschickt, von dort später weiter nach Deutsch-Eylau und Thorn befördert — fand vorn im Bug unter Zederndeck gegen Regen sicheren Schutz. Neben seinem Rollsitz hatte jeder Ruderer Plaid, Sweater und Sonnenhut zum Schutz gegen starken Regen, wie gegen Sonnenschein zur Hand. Jedes Boot hatte selbstverständlich einen Spirituskocher mit größerem Kochkessel an Bord. So ausgerüstet bemannten wir die Boote, fünf Mann im Vierer, acht Mann im Sechser, der Reservemann fand sein unbequemes Ruheplätzchen im Heck hinter dem Steuerkasten, und starteten beim schönsten

Sonnenschein, der uns während der ganzen Dauer der Fahrt treu blieb. Nach flotter Fahrt passierten wir ohne wesentlichen Auf-enthalt die Karls-dorfer Schleuse, wäh-rend wir an der Hafen-schleuse, 12 km unter-halb Bromberg, auf das Durchschleusen von Holztraften war-ten mußten. Da wir ohne ein geeichtes Schiffsgefäß geschleust wurden, mußten wir,

Abfahrt vom Boothause.

obgleich das Ablassen des Wassers selbstverständlich vor sich gehen mußte, ge-mäß dem neuen Schleusentarif, für jedes Boot 2 M. Schleusengebühr bezahlen. Würden die Sportsboote die grausame Prozedur des Eichens vertragen — zoll-lange Eisennägel und Eisenklammern würden, um die Wasserlinie zu markieren, in die Längsplanken geschlagen werden — so würde die Schleusengebühr für jedes Boot 10 Pf. betragen. Jetzt zahlt ein kleines Sportsboot für das Schleusen auf den Wasserstraßen zwischen Weichsel und Oder das Doppelte von dem, was ein großer Frachtdampfer zahlt! Man hat uns zwar gestattet, unsere Boote um die Schleusen herum zu tragen, und bei Sonntagstouren zur Weichsel haben wir uns dieser Mühe auch wiederholt unterzogen, aber Vergnügen bereitet es gerade nicht, ein vollgestautes Boot auszuladen,

20*

hundert Meter zu tragen und wieder zu beladen. So gelangten wir denn gegen 4 Uhr auf die Weichsel, und gehoben von dem Bewußtsein, nun für einige Tage auf breitem, freiem Strome ungehindert stromab zu gleiten, stimmten wir zum Takte der Riemenschläge ein munteres Ruderlied an. Nach einer Viertelstunde passierten wir die Fordoner Eisenbahnbrücke mit 1341 m Länge, der längsten in Deutschland, und machten dann eine Stunde später kurze Rast am linken Ufer bei Niederstreitz. Der Wind war meist überlandig, und nur, wenn die Richtung des Stromes ihm erlaubte, länger auszuwehen, regte er das Weichselwasser zu Wellen auf, von denen der Vierer zwar etwas geschaukelt, der Sechser aber nicht belästigt wurde. Unangenehm die Fahrt verzögernd machte sich der niedrige Wasserstand der Weichsel fühlbar, der uns zwang, streng nach den Stromzeichen zu fahren, um das Auflaufen auf einer Sandbank zu verhindern. Stromauf fahrend kann man eher versuchen, den geraden Weg einzuhalten, aber bei einer Talfahrt saugt sich das Boot beim Auffahren zu fest, und es entsteht eine lange Verzögerung. Gegen 7 Uhr tauchte am Steuerbordufer hochgelegen im Abendsonnenglanze Kulm auf. Die fliegende Fähre, welche sonst den Strom in voller Breite durchquert, hatte jetzt nur eine kurze Spanne zu durchfahren. Pioniere hatten über die sich hier mächtig ausbreitende Sandbank von beiden Ufern Schiffsbrücken geschlagen, die nur dem tiefen Wasser eine schmale Durchfahrt gestatteten. Nach halbstündiger Fahrt ließen wir auch Schwetz mit seinen interessanten Ruinen aus der Ordenszeit an Backbord liegen und legten gegen 8 Uhr 30 Minuten am hohen Ufer der Sartowitzer Herrschaft an. Nachdem wir uns umgekleidet, schleppten wir unser gesamtes Gepäck und loses Bootsmaterial hinauf zu dem freundlichen Gasthof des Herrn Pomplun, der, für Sommergäste eingerichtet, uns ausreichende Zimmer mit guten Betten zur Verfügung stellen konnte. Hier wie überall, in den besten Hotels der kleineren und größeren Städte, die wir besuchten, zahlte ich für Logis mit Morgenkaffee 1,50 M. für den Kopf.

Von Sartowitz nach Marienburg. — 90 km.

Am nächsten Morgen galt es zeitig aufzubrechen, da wir eine starke Strecke zurücklegen wollten. Indessen, obgleich um 5 Uhr allgemeines Wecken stattfand, waren wir doch erst um 6 Uhr 30 Minuten klar zur Abfahrt. Unsere Boote fanden wir unversehrt hinter der Buhne vor, wo wir am gestrigen Abend angelegt hatten. Die Sonne meinte es sehr gut mit uns, jedoch wurde die Wirkung ihrer Strahlen durch eine leichte, günstig wehende Brise gemildert. Bald tauchte am Steuerbordufer die hohe, bewaldete

Zieglers Höhe auf, und nach einſtündiger Fahrt glitten wir unter der Graudenzer Eiſenbahnbrücke durch und legten 7 Uhr 45 Minuten am Bootshaus des Graudenzer Rudervereins an, um uns mit friſchem Waſſer zu
verſehen. Als unſer Vierer unter der Brücke in Sicht kam, ſtarteten wir
und fuhren entlang an den Feſtungswerken der Zitadelle, in der einſt Fritz
Reuter ſeine Haft verbüßte; heute ſchleuderten Haubitzen in Zeitintervallen
mächtige Feuerſtrahlen gen Himmel, es war für die Artillerie die Zeit
der Schießübungen. Mächtige Sandbänke zwangen uns wieder im Zick-
zackkurs der ſchwachen Strömung zu folgen, und oft warnte uns ein feſt-
gefahrener Oberkahn vor den Untiefen. Trotzdem machten wir, da der
Wind uns ſtets günſtig blieb, flotte Fahrt und landeten um 9 Uhr 45 Minuten
an dem hohen Backbordufer, auf welchem ſich die Stadt Neuenburg erhebt. Auf einer Schurre ſtieg ich hinauf zur Stadt, um drei Brote als
Tagesration einzukaufen. Schon ſaßen wir bei unſerem frugalen Frühſtück, das ein Glas Rotwein würzte, als mit halbſtündiger Verſpätung
unſer Vierer anlangte, den wiederholtes Auffahren aufgehalten hatte.
Um 11 Uhr 30 Minuten ſetzten wir unſere Fahrt fort, entlang dem ſchönen
Backbordufer, das von Neuenburg meilenweit mit ſtattlich bewaldeten Höhen
die Weichſel begleitet, während das rechte Ufer ſich ziemlich flach ins Land
erſtreckt, ſo daß man die roten Dächer Marienwerders aus weiter Ferne
erblicken kann. Wenige Meilen von Mewe ſenkt ſich auch das linke Ufer,
um ſich noch einmal an der Mündung der Ferſe zur bedeutenden Anhöhe
zu erheben, auf der Mewe erbaut iſt, deſſen Strafanſtalt als Warnzeichen
weithin ſichtbar iſt. Da der günſtige Wind ſtärker einſetzte, ſetzten wir
unſer kleines Segel, einen Lappen von 6 qm Fläche, und trieben in be-
ſchaulicher Muße ſtromab, bis die fliegende Fähre von Kurzebrack gegenüber Marienwerder uns zwang, wieder zum Riemen zu greifen. Um
2 Uhr landeten wir in der Mündung der Ferſe, um zum erſtenmal abzukochen. Unter dem Schutze eines hohen Bollwerkes wurden die Spirituskocher aufgeſtellt, die Kochkeſſel mit Waſſer gefüllt, und nach einer halben
Stunde konnten wir die klein geſchabte Erbswurſt dem ſiedenden Waſſer
anvertrauen. Bald ſtieg dann auch der kräftige Duft der Erbsſuppe in
unſere Naſen und nach weiteren zehn Minuten durften wir unſeren Hunger
an der wohlſchmeckenden Speiſe ſtillen. Rechne ich noch die Unkoſten der
Flaſche Rotwein, die wir zur Suppe zutranken, ein, ſo koſtete uns die Mahlzeit insgeſamt 3 M. 25 Pf. Um 4 Uhr wurde aufgebrochen und nach
einſtündiger Fahrt die Montauer Spitze erreicht, wo die Nogat ſich zum
„Friſchen Haff" abzweigt. Anfangs war das Fahrwaſſer tiefer, aber bald

machten sich auch hier Sandbänke bemerkbar, und da die Stromzeichen wegen Stillstandes der Schiffahrt nicht mehr regelmäßig versetzt wurden, fuhren wir wiederholt auf. Bald nach 6 Uhr wurden auf dem Steuerbordufer die Zinnen der Marienburg sichtbar. Hinter der Schiffsbrücke lag eine gewaltige Sandbank und staute den Strom quer herüber nach Backbord,

Erbswurst!

so daß wir beim Passieren der Durch-fahrt mit gestreckten Riemen trotz guter Fahrt an den linken Ponton geworfen wurden. Die ge-streckten Riemen fingen den ziemlich starken Anprall auf, und unbeschädigt legte die Bromberg hinter der Brücke an einem Haffkahn an. Auch der Vierer konnte dieser Gefahr nicht entgehen, die seine Ausleger sehr gefährdete, aber rechtzeitiges Absetzen mit dem Bootshaken brachte auch ihn un-versehrt hindurch. Auf Stromversetzung muß man beim Pas-

sieren von Brücken wohl achtgeben. Im Hotel zur „Marienburg" fanden wir vorzügliches Quartier und Verpflegung.

Von Marienburg nach Elbing. — 40 km.

Nachdem wir uns reichlich ausgeschlafen hatten, machten wir am Vor-mittag des nächsten Tages zunächst einen Rundgang durch die Stadt, speziell durch die Lauben am Marktplatze, dann besichtigten wir unter Führung des Kastellans die Marienburg. Wir wurden durch den großen und kleinen

Remter, den Kapitelſaal und die Kirche und auch hinauf zu den Zinnen geführt, von wo wir einen weiten Blick in die Niederung hatten. Gegen 11 Uhr verließen wir das Schloß und begaben uns hinunter zu unſeren Booten. Um 11 Uhr 30 Minuten ruderten wir ab und paſſierten ſogleich die beiden mächtigen Eiſenbahnbrücken der Oſtbahn. Nach viertelſtündigem Rudern legten wir an einer Buhne an, um unſeren Magen zu beſchwichtigen, der ſchon ſehr nach dem zweiten Frühſtück verlangte, das uns bei eigener Verpflegung bedeutend billiger kam, als wenn wir im Marienburger Hotel gefrühſtückt hätten. Während der nächſten zwei Ruderſtunden verlief die Fahrt ziemlich reizlos, da die Nogat auf beiden Seiten von hohen Deichen begleitet wird, um die Niederung gegen Hochwaſſergefahr zu ſchützen. Um 2 Uhr 30 Minuten fanden wir an einer Buhne mit ſandiger Düne ein geeignetes Biwatplätzchen.

Für die Spirituskocher wurden zwei tiefe Ofenlöcher in den Sand gebuddelt, um die Spiritusflamme gegen Zugluft zu ſchützen. Zur Abwechſelung wurde heute Gulaſch auf der Pfanne gewärmt. Wir hatten in der Bromberger Konſervenfabrik von Lachmann Pfundbüchſen zum Preiſe von 0,85 M. erhalten, und fanden den Gulaſch ſehr ſchmackhaft. In Elbing mußte ich ſpäter für dieſelben Büchſen 1,45 M. bezahlen. Der Inhalt einer Büchſe reichte hin, um zwei Mann gründlich zu ſättigen trotz dem bekannten Appetit der Ruderer. Nach zweiſtündiger Mittagsraſt ruderten wir weiter, hatten auch zeitweiſe am Ufer der Niederungen einen Ausblick auf einzeln liegende Gehöfte, deren ſtattliches Äußere von Wohlhabenheit der Beſitzer zeugte.

Um 5 Uhr 30 Minuten kamen die freundlichen hoch gelegenen Häuſer und die Kirche des Dorfes Zeier in Sicht, und bald legten wir an der Schleuſe des Kraffohltanals an, der die Nogat mit dem Elbing verbindet. Nachdem wir meinen alten Marinekameraden, den Schleuſenmeiſter Schmidt begrüßt und von ihm mit „Kümmel und Braunbier" nach Hamburger Art bewirtet waren, legten wir den Reſt der Fahrt, etwa 10 km, auf dem ſchmalen Kanal zwiſchen ſaftiggrünen Wieſen flott zurück und ſahen Elbings Turm und Fabriken bald vor uns liegen. Um 7 Uhr 30 Minuten lagen wir an dem Bootshauſe des Rudervereins „Nautilus", deſſen Mitglieder uns mit einem kräftigen „Hip hip hurra!" begrüßten. Im Gaſthaus „Elbinger Hof", gegenüber dem Bootshauſe gelegen, das ſchon ſo manche Generation des Bromberger Schülerrudervereins vor uns beherbergt hatte, fanden wir vorzügliche Aufnahme. Nach dem Abendbrot verlebten wir noch einige fröhliche Stunden im ruder- und geſangeskundigen Kreiſe der Nautilaner in dem ſchönen Garten vor dem Bootshauſe.

Elbing.

Die beiden nächsten Tage wurden dem Besuch der näheren und weiteren Umgebung Elbings gewidmet, dieser industriereichen Stadt in der Nähe landschaftlich reizvoller Punkte. Während der Vormittage besichtigten wir unter sachkundiger Führung Schichaus Schiffswerft, wo wir nicht nur ältere und neuere Torpedoboote kennen lernten, sondern auch alle Hilfsmaschinen in Arbeit sahen, die dazu dienen, starke Eisenplatten zu durchlochen, zu durchschneiden und auszuhobeln. Am zweiten Vormittage lernten wir in Loesers Zigarrenfabrik, wie die Tabakblätter behandelt und durch die geschickte Arbeit von mehreren tausend Arbeitern und Arbeiterinnen Zigarren von jeglicher Form kunstvoll hergestellt werden. Am ersten Nachmittage fuhren wir mit dem Dampfer hinüber nach dem auf der Nehrung gelegenen freundlichen Badeorte Kahlberg, erfrischten uns durch ein Bad in der Ostsee und erfreuten uns an dem Strandleben; am zweiten Tage fuhren wir mit der Haffuferbahn bis Reimannsfelde, am Haff gelegen, und wanderten von hier durch ein idyllisches, hügeliges Waldterrain, genannt die Dörbecker Schweiz, nach dem Forsthaus Panklau auf der höchsten Erhebung, von wo man eine herrliche Aussicht über das Haff weg auf die blauen Wogen der Ostsee genießt. Am Abend des zweiten Tages trafen wir im Bootshause des „Nautilus" eine Vierermannschaft des Königsberger Rudervereins „Prussia", welche nebst ihrem Boot von Königsberg per Bahn angekommen war, um gleichfalls am nächsten Morgen mit uns die Fahrt nach den oberländischen Seen anzutreten. Dankbaren Herzens verabschiedeten wir uns von den liebenswürdigen Herren des „Nautilus", die so manches Mal seit meinem ersten Besuch im Jahre 1895 meine Schülerruderer freundlich aufgenommen und zu meiner Freude stets verstanden hatten, in taktvollster Weise den Verkehr mit den Schülern in den für die Jugend gebotenen Grenzen zu regeln. Es sei mir bei meinem Abschied von der Ostmark gestattet, auch an dieser Stelle dem Vorsitzenden des „Nautilus", Herrn Max Jantke, meinen warmen Dank für das meinen Schülern so oft bewiesene Wohlwollen auszusprechen. So hatten uns die beiden Ruhetage zu Lande reiche Abwechselung geboten, und mit Freuden dachte jeder daran, morgen wieder zum Riemen zu greifen und weiter zu wandern in das oberländische Seengebiet.

Von Elbing nach Maldeuten. — 45 km.

Am nächsten Morgen waren wir um 8 Uhr 30 Minuten klar zur Abfahrt. Den Elbing aufwärts rudernd, passierten wir mehrere Brücken und erreichten nach einer Fahrt von 6 km auf schwachströmendem Wasser den

Urfprung des Elbings, „den Draufenfee". Diefer etwas über eine Meile lange See hat einft eine gewaltige Ausdehnung befeffen, auf ihm follen die erften preußifchen Kriegsfchiffe „Friedland" und „Pilgrim" im Jahre 1237 erfchienen fein, um Ordnung und Frieden unter den heidnifchen Anwohnern herzuftellen. Heute ift die eine Quadratmeile faffende Fläche vertrautet und verfchilft, und nur eine fchmale Fahrftraße bietet den Fahrzeugen eben Raum genug, um den am Südende einmündenden oberländifchen Kanal zu erreichen. Wir hatten bereits auf dem Elbing unfer Segel gefetzt und freuten uns über jeden Fifcherkahn, den wir überholten; zu beiden Seiten der Fahrftraße bedeckten unzählige weiße Seerofen das Waffer.

Als wir einen Kirchturm, der anfangs dwars ab an Backbord lag, in der Mittfchiffslinie achter herauspeilten, gabelte fich die Fahrftraße, wir bogen links ab und erreichten nach einer weiteren Viertelftunde die Mün- dung des oberländifchen Kanals. Diefer verbindet den weftlichen Teil der waldreichen oftpreußifchen Seenplatte mit Elbing. Da jene etwa 100 m höher liegt, fo hätte man eine große Anzahl Schleufen anlegen müffen, um die Schiffahrt zu ermöglichen. Man hat dasfelbe erreicht durch ein Syftem von fünf Rollbergen, das im Jahre 1844 der Architekt Steenke nach ameri- kanifchem Vorbilde anlegte. Fünf Kanalfelder von verfchiedener Ausdehnung (1—5 km) find durch fünf fchiefe Ebenen getrennt, welche von auf Schienen laufenden mit Hilfe eines Drahtfeiles gezogenen Wagen genommen werden. Das Drahtfeil ohne Ende läuft über ein mächtiges Turbinenrad, das durch Waffer getrieben wird. Da ein Wagen bergab, ein anderer bergan läuft, fo hat die Turbine nur die Gewichtsdifferenz zu überwinden. Auf diefe Weife fteigt das von dem Wagen getragene Fahrzeug vermittels einer fchiefen Ebene um 20—30 m.

Nach einer etwa halbftündigen Fahrt auf dem ziemlich fchmalen Kanal führte derfelbe unfere Boote direkt auf eine fteil anfteigende grüne Ebene zu, an deren Rande wir die eifernen Seitengeländer einer vorn und hinten offenen Lore entdeckten. Wir hatten die erfte fchiefe Ebene bei Kußfeld erreicht. Da die Königsberger Pruffen, welche uns im Anfang des Kanals eingeholt hatten, fich eben bereit machten, in die Lore hineinzufahren, fo legten wir am Backbordufer an, um zu frühftücken. Ich ging hinauf zum Mafchinenhaus, uns anzumelden, und hatte dort für das Paffieren der fünf Rollberge per Boot 30 Pfennig zu entrichten. Inzwifchen waren die Königs- berger bergauf gefahren, und gleichzeitig glitt eine leere Lore die Ebene hinunter und in den Kanal hinein, bis ihre Sohle etwa einen Meter unter dem Wafferfpiegel lag. Wir fuhren hinein und legten an den beiden

Seitengerüsten die Boote fest. Alle Ruderer bestiegen die Laufplanken, der Bugmann hielt die Bugleine und belegte sie später, um ein Abgleiten des Bootes beim Aufwärtsfahren der Lore zu verhindern. Sobald wir klar zur Fahrt waren, wurde der Maschinist durch ein Glocken= zeichen aufmerksam gemacht. Er setzte die Turbine in Bewegung, das Seil zog an, und langsam fuhren wir heraus aus dem Waf= ser. Einige Ruderer stützten vermittels der Riemen das Boot, um es beim Fallen des Wassers in guter Lage zu halten. Bald lagen

Überfahrt.

die Boote friedlich nebeneinander auf den Planken der Sohle, und wir freuten uns der mühelosen Beförderungsweise, die Boote nebst Mannschaft um 20—30 m steigen ließ. Nachdem wir den Scheitel des Roll= berges überschritten hatten, glitten wir noch einige Meter bergab, dann hinein in das nächste Kanal= feld, die Boote wurden flott, wir bemannten sie und ruderten weiter dem nächsten Roll= berge zu, den wir bei Hirschfeld nach kurzer Fahrt erreichten. Nach=

Überfahrt.

dem wir diesen und die in Zwischenstrecken von einigen Kilometern auf= einanderfolgenden (Schoenfeld und Kanten) in gleicher Weise genommen hatten, langten wir gegen Mittag bei der letzten Ebene von Buchwalde an.

Während in der Ebene die Fahrt ziemlich reizlos geweſen war, gelangten wir
aufſteigend in hügeliges, mit Wald beſtandenes Terrain, in dem namentlich an
der letzten Ebene die Buche vorherrſcht. Bei dieſer iſt dem Erbauer des Kanals
ein Denkmal geſetzt worden.   Hinter Buchwalde lagerten wir uns unter
Bäumen, um auf einem am Ufer entdeckten Feldofen abzukochen, während
die Königsberger Pruſſen ſich landfein machten, um der Einladung eines in
der Nähe wohnenden Gutsbeſitzers Folge zu leiſten.   Heute konnte unſer
Speiſezettel zwei Gänge aufweiſen, „Erbſenſuppe mit Schweinsohren" und

Waldruhe.

„Bratfiſche", da ein eifriger Anhänger des Angelſportes ſein Angelgerät
mit auf die Reiſe genommen und heute im Kanal ſechs Fiſchlein gefangen
hatte.   Nach mehrſtündiger Mittagsruhe wurde um 4 Uhr die Fahrt fortgeſetzt; zunächſt zog ſich noch mehrere Kilometer der Kanal durch ſaftig-
grüne Wieſen hin, durchquerte den verſchilften Pinnauſee, führte am Hoffnungs-
kruge vorbei und mündete endlich in den Samrodtſee, der die Reihe der
oſtpreußiſchen Seen eröffnet, die ſich auf der Seenplatte von Norden nach
Süden erſtrecken und im Geſerichſee enden. Stellenweiſe von großer Tiefe
ſind ſie auch oft ſtark verkrautet, ſo daß man gut tut, die auf den Karten

angegebene Fahrstraße innezuhalten. Ihre Ufer bieten durch die Abwechselung von Wald, Feld und Wiese dem Auge liebliche Bilder. Bald nach
6 Uhr legten wir vor der Bahnhofswirtschaft von Maldeuten an am linken
Ufer des Samrodtsees. Hier fanden wir bereitwilligst Unterkunft, ein gutes
warmes Abendbrot und ein hartes Lager, das dem vorhandenen Schlaf-
bedürfnis keinen Abbruch tat. Vor dem Abendessen nahmen wir ein er-
frischendes Bad in dem klaren Wasser des Samrodt.

Von Maldeuten nach Deutsch-Eylau.

Der nächste Tag, ein Sonntag, sah uns schon zeitig zum Aufbruch
gerüstet. Bei herrlichem Sonnenschein starteten wir um 6 Uhr, um heute
den wohl landschaftlich reizvollsten Teil unserer Fahrt zurückzulegen. Nach
halbstündiger Fahrt auf dem bei Zölp, ein schluchtenreiches, enges Tal,
durchfließenden Kanal erreichten wir den Roethloffsee, den schönsten dieser
Seenplatte. Wenn er auch an Länge hinter dem Geserichsee zurücksteht, sind
seine bewaldeten Ufer doch lieblicher und wegen seiner geringeren Ausdehnung
leichter zu überblicken. Nach allen Himmelsrichtungen sendet er seine Ausläufer kilometerweit ins Land hinein. Nach einer Fahrt von fünf Viertel-
stunden bogen wir am Backbordufer wieder in den Kanal hinein, ruderten
über die kleinen Seen, den Zopfsee und den Großen Eiling, und lagen
gegen 10 Uhr vor der Schleuse von Liebemühl, die die Fahrt auf dem
Kanal nach Osterode absperrt. Da wir auf dem westlichen Arm des Kanals
dem Geserichsee zustrebten, hatten wir die Schleuse nicht zu passieren, waren
aber doch an der Weiterfahrt durch eine quer über den Kanal ausgespannte
Kette verhindert, die erst gesenkt wurde, nachdem wir den dem Staate
schuldigen Zoll von 10 Pfennig per Boot entrichtet hatten. Während der
nächsten zwei Stunden hatten wir ziemlich anstrengende Arbeit gegen den
stärker werdenden Nordwest, der allerdings die stark zunehmende Hitze milderte.
Der Kanal zog sich durch flaches Wiesenterrain, bis wir gegen 12 Uhr den
nordöstlichsten Ausläufer des Geserich erreichten. Die für den flachbordigen
Vierer reichlich starke Brise zwang uns das nordöstliche Ufer des Sees zu
halten, bedenklicher wurde das Passieren der Schwalgendorfer Bucht, wo
der See seine größte Breite, fast eine deutsche Meile, erreicht. Der Vierer
nahm denn auch reichlich Wasser über, so daß wir froh waren, als einige
im Luv liegende Inseln den Seegang dämpften. Bald nachdem wir diese
Passage hinter uns hatten, begrüßte uns eine aufkreuzende Segeljacht, vom
Besitzer, dem Dorfsitzenden des Deutsch-Eylauer Rudervereins, geführt. Der nun
zwischen waldigen Ufern nach Süden führende Arm erreicht an den breitesten

Stellen nur eine Ausdehnung von 2 km, ſo daß unſere Boote den Wellen gewachſen waren. Gegen 2 Uhr, unſere Magen knurrten ſchon bedenklich, kamen Boote in Sicht vom Ruderverein Deutſch-Eylau, in deren Begleitung wir die letzte Strecke bis zum Städtchen zurücklegten. Ein am Ausfluß des Eilenzflüßchens am Nordende der Stadt gelegenes freundliches Bootshaus nahm unſere Boote auf, wir aber eilten dem „Hotel zum Kronprinzen“ zu, wo uns ein vorzügliches Mittag winkte. Nach dem Kaffee machten wir einen Rundgang durch die Stadt und dann hinaus durch den das weſt-liche Ufer des Geſerich begleitenden Wald in Begleitung mehrerer Mitglieder des Rudervereins. Nach einſtündigem Marſch führte der Weg auf eine Wald-wieſe, die ſich nach dem See erſtreckte und einen herrlichen Blick über den-ſelben zum jenſeitigen Ufer geſtattete. Hier trafen wir beim Picknick eine große Zahl der Damen und Herren des Rudervereins und unſere Reiſe-gefährten, die Königsberger Pruſſen, die am ſelben Morgen von Buch-walde geſtartet und ſoeben eingetroffen waren. In dieſer munteren Ge-ſellſchaft verlebten wir einige frohe Stunden, bis gegen abend zu Waſſer und zu Lande heimgefahren wurde.

Die Drewenz.

Neumark — Strasburg — Gollub — Thorn.

Der Geſerich entſendet nach Süden ein ſchmales Flüßchen, die „Eilenz“, das zunächſt die öſtliche Verbindung mit dem Eilenzſee herſtellt, dann aus deſſen ſüdlichſtem Winkel mit reichlichem Waſſerbeſtand hervorbricht und das wieſen- und waldreiche Terrain zwiſchen Deutſch-Eylau und der Dre-wenz („Drehſchwanz“ wegen ihrer zahlloſen Windungen) durchfließt. Auf dieſer kaum zwei Meilen langen Strecke treibt die Eilenz drei bedeutende Waſſermühlen. Nach tagelanger Fahrt auf großen Gewäſſern bietet ſolch ſchmales Flüßchen mit ſeinen vielen Krümmungen eine reizvolle Abwechſelung; wenn auch meiſtens der Waſſerſtand zum Schwimmen der Boote ausreichte, ſo wurde doch die Fahrſtraße oft ſo eng, daß eine kunſtvolle Navigation angewandt werden mußte, um immer in flotter Fahrt zu bleiben; ab-wechſelnd mußte bald mit Backbord-, bald mit Steuerbordriemen gerudert werden, während der andere Bord mit ſeinen ſchleppenden Riemen dicht am Schilf des Ufers entlang glitt; hinter der zweiten Mühle ließen wir eine Strecke lang die Boote allein ſchwimmen und begleiteten ſie im Waſſer watend, da der Waſſerſtand zu gering war. Einem Paddelkanoe dürfte dieſe Fahrt keine Schwierigkeiten bereiten, und es wundert mich, daß noch keiner unſerer

Berliner Kanoeisten diese Tour — von Thorn startend über Elbing, Deutsch-
Eylau, Drewenz zurück nach Thorn, Bromberg auf Netze und Warthe zurück nach Berlin — ausgeführt hat. Das Vorurteil gegen die landschaftlichen
Reize des Ostens würde jedem Kanoeisten auf solcher Fahrt schwinden! Zehn
Jahre sind verflossen, seit diese Tour zum erstenmal von einem Sportsboote unternommen wurde; eine Zweiergig des Bromberger R. C. „Frithjof"
folgte meiner Spur vor fünf Jahren, und zu meiner großen Freude ist
der schon erwähnte Vierer der Königsberger „Prussia" im letzten Sommer
mit Erfolg die Drewenz von ihrem Ursprung aus dem Drewenzsee hinunter-
gefahren bis Thorn. So ist die Drewenz im Lauf der letzten zehn Jahre
vom Achter, Sechser, Vierer und Zweier mit Glück befahren worden,

aber noch nicht vom
Kanoe, dem sie mit
ihrer starken Strö-
mung und ihren
abwechselungsreichen
Ufern eine ideale
Fahrt verspricht, nicht
zu vergessen den Reiz,
den es gewährt, einige
Tage an der russischen
Grenze entlang zu
fahren.

Am Montag, den
11. Juli, ruderten wir
in Begleitung einer

Abfahrt von Deutsch-Eylau.

Zweiergig um 9 Uhr 30 Minuten von Deutsch-Eylau fort, setzten die
drei Boote, uns gegenseitig helfend, in kurzer Zeit um die Stadt-
mühle und erreichten nach zweistündiger Fahrt die Mühle Kl.-Seehren.
Nachdem wir auch um diese herumgesetzt hatten, begann der inter-
essanteste Teil der Fahrt, da die Eilenz sich jetzt als Waldbach in
schlangenförmigen Windungen zwischen bewaldeten Hügeln hinschlängelte.
Da die Fahrt nur langsam vor sich gehen konnte, wurde es 1 Uhr,
ehe wir die dritte Mühle „Kl.-Heide" erreichten. Nachdem der freundliche Mühlengutsbesitzer uns mit Buttermilch und kaltem Grog gestärkt
hatte, trugen wir die Boote um dies letzte Hindernis hinweg und
schwammen fröhlich der Drewenz zu, deren breiteres Fahrwasser wir
bald freudig begrüßten. Den oberen, langweiligen und langwierigen

Lauf der Drewenz, der nur durch Moorwieſen hindurchführt, hatten wir
uns erſpart, da wir von Rodzonne aus ſchon etwas Gegend genießen
konnten. Gegen 3 Uhr legten wir am Saume eines Waldes an, kochten
ab und hielten Sieſta.

Nach abermaliger
Fahrt von zwei
Stunden waren wir
im Dorfe Brattian,
in deſſen Kruge wir
unſere trockenen Keh-
len anfeuchteten. Don
Brattian an werden
die Windungen der
Drewenz ſtumpfer
und ihre Schläge
länger, ſo daß wir
die Meile bis Neu-
markt in 40 Minuten

Mittagspauſe an der Drewenz.

zurücklegten, wenn auch der Waſſerweg wohl 10 km betrug. In Neu-
markt, dem erſten Städtchen an der Drewenz, legten wir an einem Holz-

platz an, ſpeiſten
ſehr gut in „Linde-
manns“ Hotel und
fanden Quartier in
einer Kneippſchen
Kuranſtalt. An die-
ſem Tage hatten wir
etwa 70 km zurück-
gelegt. Bei der ſtar-
ken Strömung der
Drewenz würde das
Boot, ſobald es in
Fahrt iſt, wohl 12
bis 15 km zurück-
legen, allein an jeder

Mittagspauſe an der Drewenz.

Krümmung verliert es an Geſchwindigkeit und kommt oft ganz zum Stehen.

Nachdem wir am nächſten Morgen die im Kurgarten barfuß luſt-
wandelnden Kurgäſte mit ernſten Mienen begrüßt und an gutem Bohnen-

kaffee uns gestärkt hatten, starteten wir um 8 Uhr. Nach 45 Minuten lagen wir hinter der Brücke von Kauernik und blickten hinauf zu den Ruinen der alten Ordensburg, die einst hier den Verkehr beherrschte. Heiß brannte die Sonne heute hernieder und zwang uns zu einer mehrstündigen Mittagspause, als wir am schattigen Backbordufer eine Höhle entdeckten, in der Flößer vor uns abgekocht hatten. Zu unserer großen Freude fanden nach Trinkwasser ausgesandte Furiere in der Nähe eine fliegende Kantine, in der sie gutes Braunbier erstanden. Während unsere jungen Gefährten badeten und ihre Trikots wuschen, versuchte mein Kollege vermittels eines Rasiermessers die gewohnte Glätte seiner Wangen wiederherzustellen. Durch mehrstündige Ruhe gestärkt setzten wir gegen 4 Uhr unsere Fahrt

fort. Da uns die Krümmungen immer weniger Schwierigkeiten bereiteten, so lagen wir schon um 6 Uhr vor Strasburg an einer Holzschneidemühle. Nach unserer Schätzung hatten wir heute 80 km zurückgelegt. Im ersten Hotel des Städtchens, Hotel Sanssouci, fanden wir vorzügliche Aufnahme.

Rasieren an der Drewenz.

Um 7 Uhr verließen wir am nächsten Morgen unser Hotel, begaben uns vor die Stadt zum Lagerplatz unserer Boote und waren eine halbe Stunde später klar zur Abfahrt. Bei meiner ersten Talfahrt auf der Drewenz hatte ich für mich und meine Reisegefährten auf der Bürgermeisterei Pässe ausschreiben lassen, um gegebenenfalls die Grenze überschreiten zu dürfen. Da ich aber hierzu keine Gelegenheit fand, so unterließ ich schon bei der zweiten Fahrt und ebenso bei der jüngsten diese Vorsichtsmaßregel. Die russischen Posten hatten sich durch unser Erscheinen nicht beunruhigt gezeigt, gelegentlich waren wir von russischen Offizieren sogar angeredet worden. Nach einer Fahrt von anderthalb Stunden legten wir an unserem gewohnten Frühstücksplatze an. Von Strasburg an sind die Schläge der Drewenz schon so lang, daß man die Windungen ohne

Mißbehagen fich gefallen läßt, auch bieten die Ufer landfchaftlich hübfche Blicke auf deutfche und ruffifche Gehöfte; fobald aber die Fahrt an der ruffifchen Grenze entlang beginnt, ift die Aufmerkfamkeit ohnehin durch die Beobachtung der Grenzfoldaten und ihrer Wachhäufer dauernd gefeffelt. Um 10 Uhr fetzten wir unfere Fahrt fort und erreichten in wenigen Minuten den erften ruffifchen Grenzpfahl am Backbordufer. Bald tauchten die erften Grenzpoften auf, bei unferem Erfcheinen ftutzten fie wohl und griffen fefter ins Gewehr, da wir aber ohne jede Unruhe an ihnen vorüberruderten, fo fanden fie fich wohl auf irgendeine Weife mit unferer Erfcheinung ab. Nun war unfere Erfcheinung etwas ungewöhnlich und konnte eher an afiatifche Kulis als an zivilifierte Europäer erinnern. Der Anzug be= ftand aus ärmellofem, einft weißem Trikothemde, weißer kurzer Kniehofe, aus der die braungebrannten Schienbeine herausragten, die gebräunten Gefichter befchatteten breitrandige Strohhüte, fogenannte Flößerhüte, ähn= lich den chinefifchen Strohhüten. Unfere Hautfarbe glich der der gelben Raffe, eher dunkler als heller. Dies Bild muß man ins Auge faffen, um folgenden Vorfall richtig verftehen zu können. Wir hatten etwa den erften Kilometer an der ruffifchen Grenze zurückgelegt, als ich eine Gabelung des Fluffes wahrnahm; in breitem Strom floß die Drewenz geradeaus, während ein fchmaler Arm an Steuerbord abbog. Ich habe auf früheren Fahrten diefe Gabelung nicht bemerkt und muß daher annehmen, daß die Drewenz gelegentlich eines Hochwaffers ihren Weg abkürzte, indem fie eine fchmale Landzunge abfchnitt, die nun als ruffifche Infel von beiden Armen umfloffen wird. Die Talfahrt foll auf beiden Armen geftattet fein, obgleich der linke Arm durch ruffifches Gebiet fließt. Unglücklicherweife war am Tage vorher Floßholz in den linken Arm gefchwommen, und die Flößer hatten am Ufer angelegt, um in einem ruffifchen Gehöft Eier zu kaufen. Sie wurden von den Grenzfoldaten abgefaßt, fortgefchleppt und das Holz konfisziert. Die betreffenden Traften waren von den Ruffen an beiden Ufern befeftigt und verfperrten fo die Fahrftraße. Diefer Tatbeftand mußte mich in dem Glauben, im richtigen Fahrwaffer zu fein, beftärken. Vorfichtig näherte ich mich mit dem voran= fahrenden Sechfer dem Floßholz und legte, da fich das Waffer vor dem Holze ftark anftaute, am rechten Ufer, das ich deutfch wähnte, an. Sorg= los verließ ich mein Boot, um mir über die Situation klar zu werden und zu fehen, an welcher Stelle wir unfere Boote am leichteften heraus= nehmen und herumtragen könnten. Zu diefem Zweck betrat ich auch das Floßholz und fchritt immer in dem Glauben, deutfchen Boden unter den

Füßen zu haben, bis zur Mitte des Flusses vor. Nachdem ich mir Gewißheit verschafft hatte, kehrte ich gelassen zu meinem Boote zurück und
begann, Anordnungen zum Landtransport des Bootes zu treffen, als ich
plötzlich durch den gellenden Ruf: „Japonese, Japonese Kulis!" gezwungen
ward, mich umzusehen und einen Russen in leinener Sommeruniform mit
angeschlagenem Gewehr aus dem Dickicht des jenseitigen Ufers springen
und über das Floßholz auf uns zueilen sah. Mit möglichster Ruhe ging
ich sogleich ihm entgegen, um ihn am Schießen zu hindern, denn die wilde
Erregtheit, die sich in seinem Geschrei und seinen funkelnden Augen offen-
barte, ließ mich nichts Gutes ahnen. Der Kerl war in seiner Erregtheit eine prachtvolle Erscheinung: stämmig, volles rundes Gesicht, schwarzes
Haar, jedenfalls aus dem Süden, vielleicht im Kaukasus zu Hause. Ich
verstand ihn nicht, und er verstand mich nicht, aber immerhin schien meine
Ruhe und das gänzliche Fehlen von Waffen ihn so weit zu beruhigen, daß
er aus meinen Gesten entnahm, ich würde unser Boot an das andere Ufer
legen und mich seinen Anordnungen fügen. Während meiner Verhandlungen mit dem Russen hatte mein Kollege unseren Irrtum erkannt und
fing an, aus dem falschen Fahrwasser herauszustreichen, um in den rechten
Arm einbiegen zu können. Sobald der Russe diesen Fluchtversuch wahrnahm, eilte er zurück über das Floßholz an das andere Ufer und feuerte
mehrere Alarmschüsse in die Luft. Um Schlimmeres zu verhüten, zeigte
ich auf alle mögliche Weise, daß ich mich gutwillig fügen würde; trotzdem war ich froh, als ich am alten russischen Ufer angelegt hatte und
der Russe nicht länger unseren guten Willen bezweifeln konnte. Wir machten
unser Boot fest, verließen es, wie wir waren, und durften auch nicht wieder
hinein, denn immer noch schien der Russe in uns verkappte Soldaten zu
wittern, deren Waffen vielleicht im Boot versteckt lagen. Auf meine Aufforderung gab er nun mehrere Alarmschüsse ab, weil ich hoffte, daß ein
Offizier der nächsten Wache herbeieilen würde. In kurzer Zeit waren
wir auch von Grenzsoldaten zu Fuß und zu Pferde umringt, die neugierig
und mißtrauisch uns in unserer sonderbaren Kleidung betrachteten. Allein
die Ansicht desjenigen, der uns verhaftet hatte, „daß wir Japaner und
unsere Boote Kriegsboote seien", erschien doch auch den anderen wenig
glaubwürdig. Ein glücklicher Zufall wollte, daß einer der Russen aus
den Ostseeprovinzen stammte und gebrochen Deutsch sprach — an der
Grenze liegen Regimenter, die sich aus dem Innern Rußlands rekru-
tieren, um alles Fraternisieren mit der Bevölkerung zu verhüten. Ihm
machte ich nun klar, wer wir seien und was unsere Fahrt bezweckte,

und der Mann war intelligent genug, mich und unsere Reise zu verstehen.

Unterdessen war einer der berittenen Soldaten nach dem nächsten Wach-
hause gesprengt, um den Vorfall zu melden. Wir lagerten uns am Ufer
und boten den Russen Zigarren an, die aber nicht angenommen wurden.
Unsere Reisegefährten im Vierer hatten den neutralen Flußarm glücklich
erreicht, waren eine Strecke stromab gefahren und hatten sich dann an das
deutsche Ufer gelegt, um die weitere Entwickelung des Zwischenfalles abzuwarten. Ein besonders Beherzter hatte es sogar unternommen, im Gebüsch
des Ufers vorwärts zu kriechen, um einen Blick auf seine gefangenen Kameraden werfen zu können. Nach einer Viertelstunde erschien zu meiner Freude
ein Wachtmeister mit martialischem Schnauzbart, prüfte uns mit mißtrauischen
Blicken und erklärte, wir müßten insgesamt mit dem Boote zur nächsten
Zollkammer. Einstweilen gestattete er, daß wir uns landfein machten.
Dieser Kleiderwechsel war nun zweifellos für uns vorteilhaft, denn hatte
der Wachtmeister noch irgendeinen Verdacht hinsichtlich unserer Rasse gehabt, so mußte er jetzt, als wir im schmucken Sportkostüm vor ihm standen,
uns als zivilisierte Europäer anerkennen. Also mit dem Fang japanischer
Kulis war es nichts, aber immerhin konnten wir noch Schmuggler sein.
Um auch hierüber Gewißheit zu erhalten, mußte ich jeden Gegenstand aus
dem Boot dem Wachtmeister zureichen, an jeder leeren Flasche roch er und
überzeugte sich, daß kein Wodki vorhanden war. Während dessen hörte ich
meinen Kollegen vom jenseitigen Ufer mit ruhiger Stimme herüberfragen,
was aus uns werden würde. Ich rief ihm zu, weiterzufahren und in
Gollub auf dem Landratamte uns zu reklamieren. Einer der Schüler hatte
inzwischen in der Brusttasche seines Jacketts eine Reisekarte gefunden, mit
Hilfe derselben gelang es mir, dem Wachtmeister unsere Tour zu erklären,
Seine Kenntnisse in der Erdkunde waren jedenfalls sehr gering, so schien
er von deutschen Städten an der Drewenz gar nichts zu wissen und hielt
meine Angabe, daß wir auf dem Weg nach Gollub seien, für nicht glaubwürdig. Die Karte schien ihn nun doch zu überzeugen, daß wir auf der
Drewenz zur Weichsel und nach Thorn gelangen konnten. Ich meinerseits
hatte mich schon mit dem Gedanken, zur Zollkammer marschieren zu müssen,
abgefunden, aber mein Boot wollte ich denn doch nicht mitmarschieren
lassen und machte dem Wachtmeister die Schwierigkeiten klar, die ein Boots-
transport mit sich bringt. Da der Wachtmeister nicht Deutsch sprechen konnte,
so mußte unser Landsmann aus den Ostseeprovinzen als Dolmetsch dienen.
Endlich schien sich dann der Wachtmeister von unserer Harmlosigkeit über-

zeugt zu haben und gewährte uns freie Abfahrt. Er erklärte mir zwar, wir
hätten ihm viele Unannehmlichkeiten bereitet, aber als ich ihm eine Flasche
Rotwein (unsere letzte!) anbot und Zigarren, lehnte er stolz jedes Geschenk
ab. Dagegen bat mich der Dolmetsch mit leiser Stimme, die Flasche bei
der Abfahrt in das Gebüsch des Ufers zu werfen, da er uns doch gute
Dienste geleistet hätte. Dankbaren Herzens erfüllte ich seine Bitte und hoffe,
daß der arme Schlucker die Flasche gefunden hat; vielleicht liegt er jetzt
in den Erdhöhlen am Schapo und sehnt sich zurück nach den freundlicheren
Ufern der Drewenz. Begreiflicherweise waren wir in kürzester Zeit klar
zur Abfahrt, nahmen frohen Abschied von den Russen und eilten unseren
Kameraden nach. Nach kaum einer Viertelstunde sahen wir den Vierer
mit recht traurigem Schlage, ein Ausdruck der trüben Stimmung der Mannschaft, vor uns rudern. Mit freudigem „Hurra!" wurden wir begrüßt,
als ob wir einem jahrelangen Aufenthalt in Sibirien entronnen wären.
Bei der Weiterfahrt wurden die russischen Grenzsoldaten doch etwas miß-
trauischer von uns beobachtet, und „Herr Oberlehrer Salomon rasiert Deutschland", meinte die Sechsermannschaft, wenn der Vierer sich in möglichster
Nähe des deutschen Ufers hielt. Nachdem wir um 12 Uhr am deutschen
Ufer abgekocht und Mittagsruhe gehalten — es wurde mit jedem Tag
heißer —, setzten wir um 3 Uhr die Fahrt fort und erreichten um 5 Uhr
30 Minuten Gollub. Die Fahrstraße führt durch bewaldete Schluchten und
bietet größere Abwechselung und lieblichere Blicke als vor Strasburg. Bei
meinem alten Freunde „Silberstein" kehrten wir ein. Gollub ist durch eine
Brücke mit dem russischen Städtchen Dobrzyn verbunden. Wir wollten
gerne hinübergehen, doch war es schon zu spät, um Pässe zu erhalten. So
wanderten wir hinauf zu dem halbverfallenen Starostenschloß, in dessen
Resten sich eine Molkerei eingenistet hat. Von dort hatten wir eine prächtige
Aussicht auf die beiden Städte und das Tal der Drewenz mit ihren ver-
schlungenen Windungen. Mit Gollub hatten wir den unteren Lauf derselben erreicht, auf dem das Flußbett bis Leibisch recht seicht wird und mit
viel Geröll und großen Steinblöcken besetzt ist, so daß der Steuermann den
Kurs mit großer Vorsicht wählen muß. Landschaftlich bietet diese Strecke
den größten Reiz, da sie meistens durch Wald führt und das Flußbett sich
zwischen Hügeln hindurchschlängelt; unterhalb Leibisch, wo die Drewenz das
einzige Holzschneidewerk treibt, sind die Uferhügel leider ihres Waldschmuckes
beraubt. Wir brachen am nächsten Tage um 6 Uhr 30 Minuten auf und
erreichten nach vierstündiger ununterbrochener Fahrt, auf der sich die täglich zunehmende Sonnenglut recht fühlbar machte, Leibisch. Nach kurzem

Frühſtück in einem der ſtattlichen Gaſthäuſer des Dorfes ſetzten wir unſere
Boote mit Hilfe von wenigſtens zwölf Müllergeſellen, die Herr Stadtrat
Rittler, der Vorſitzende des Thorner Rudervereins und Beſitzer der Leibiſcher
Mühlen, uns zur Verfügung ſtellte, um die Mühle herum.   Noch eine
gute Stunde ſchwammen wir die Drewenz hinab, dann ſaßen wir auf einer
Sandbank der Weichſel, die ſich quer der Mündung der Drewenz vorgelagert
hatte. Erſt nachdem einige Freiwillige über Bord gegangen waren, wurden
wir flott und konnten unſerem heutigen Reiſeziel, der Stadt Thorn, etwa
7 km unterhalb der Drewenzmündung, zuſteuern.   Kurz vor 2 Uhr
lagen wir vor dem Bootshauſe des Thorner Rudervereins, wo uns
Schulkameraden, die im Zweier von Bromberg heraufgerudert waren,

und Herren vom Ru-
derverein in Emp-
fang nahmen. Hier
fanden wir unſere
Landanzüge vor, die
wir mit einem ge-
miſchten Gefühl gegen
die leichte, wenn auch
nicht mehr ſaubere
Ruderkleidung ein-
tauſchten. Nach vor-
züglichem Mittags-
mahl im Artushofe
beſichtigten wir unter
freundlicher Führung

In Thorn.

mehrerer Herren das Thorner Rathaus und die Marienkirche.   Zum
Kaffee wanderten wir hinaus zur „Ziegelei“ und waren bis zum Abend
draußen in der liebenswürdigen Geſellſchaft des Thorner Rudervereins,
der uns Bromberger Schüler faſt alljährlich in freundlichſter Weiſe aufgenommen hat.

Mit Freitag, den 15. Juli, war der letzte Tag meiner letzten Fahrt
auf oſtdeutſchen Gewäſſern angebrochen, und ſchon um 6 Uhr ſchwammen
wir, begleitet von einer ſtattlichen Anzahl der Thorner Sportgenoſſen,
den heimatlichen Gefilden zu.   Heute ſetzte uns der Sonnengott ganz beſonders zu, ſo daß nach mehrſtündiger Fahrt einer der jüngſten aus dem
Zweier ſchlapp wurde, während meine eigenen Reiſegenoſſen ſich auch gegen
dieſe tropiſche Glut gefeit zeigten.   Ich war immerhin froh, als wir

um 10 Uhr vor der Schleuse „Brahemünde" lagen und um 11 Uhr
Brahnau erreichten.   Trotzdem Brombergs Mauern in der Nähe (etwa
8 km entfernt) winkten, beschloß ich Apoll nicht herauszufordern und
ließ bis 3 Uhr Rast machen.   Mit frischer Kraft legten wir uns zum
letztenmal in die Riemen, passierten die letzte Schleuse bei Karlsdorf
und begrüßten um 4 Uhr unser Bootshaus.   So kehrten wir nach zwölf-
tägiger Fahrt mit gestählten Nerven und Muskeln, erfrischtem Geist
und Gemüt heim ins Elternhaus.

IV. Spielkurse.

1.
Die Spielkurse des Jahres 1905.

Aufgestellt vom Geschäftsführer Prof. H. Raydt in Leipzig.

A. Lehrerkurse.

Nr.	Ort	Zeit der Kurse	Leiter der Kurse	Anmeldungen an
1	Aachen	13.—17. Juni	Städtischer Turnlehrer J. Delz	Turnlehrer J. Delz, Aachen, Beedstraße 17
2	Altona (Elbe)	25.—30. April	Turninspektor Karl Möller	Turninspektor Karl Möller, Altona, Norderstraße 26
3 bis 10	Bismarckhütte (Oberschlesien)	25. April bis 1. Mai und 2.—8. Oktbr.	Spielinspektor Münzer	Spielinspektor Münzer, Bismarckhütte (Oberschlesien)
	Ratibor	15.—20. Mai	" "	Schulrat Dr. Hyppe, Ratibor
	Oppeln	28. Mai b. 3. Juni	" "	Kreisschulinspektor Speer, Oppeln
	Rybnik	13.—19. Juni	" "	Kreisschulinspektor Dr. Rzesnitzek, Rybnik
	Gleiwitz	26. Juni b. 1. Juli	" "	Kreisschulinspektor Dr. Jonas, Gleiwitz
	Tarnowitz	24.—30. Juli	" "	Kreisschulinspektor Dr. Rauprich, Tarnowitz
	Beneschau	17.—22. Juli	" "	Kreisschulinspektor Klink, Hultschin
	Neustadt (Oberschlesien)	4.—9. September	" "	Schulrat Dr. Schaeffer, Neustadt (Oberschlesien)
11	Bonn a. Rh.	4.—10. Juni	Sanitätsrat Dr. H. A. Schmidt, Oberturnlehrer Fritz Schröder	Sanitätsrat Dr. H. A. Schmidt, Bonn a. Rh., Koblenzerstraße 23

Nr.	Ort	Zeit der Kurfe	Leiter der Kurfe	Anmeldungen an
12	Braunfchweig	4.—10. Juni	Oberleitung: Oberfchulrat Prof. D. Dr. Koldewey	Gymnafialdirektor Oberfchulrat Prof. D. Dr. Koldewey, Braunfchweig
13	Breslau	13.—21. Juni	Breslauer Turnlehrerverein, Vorfitzender: H. Hübner	Turnlehrer H. Hübner, Breslau, Fürftenftraße 89
14	Frankfurt a. M.	13.—19. Juni	Turninfpektor W. Weidenbufch	Turninfpektor W. Weidenbufch, Frankfurt a. M., Eiferne Hand 7
15	Greifswald i. P.	24.—29. Juli	Univerfitätsturnlehrer Dr. H. Wehlitz, Oberlehrer Dr. Meder, Gymnafialturnlehrer A. Schmoll	Univerfitätsturnlehrer Dr. H. Wehlitz, Greifswald i. P.
16	Hamburg	1.—7. April	Lehrer Ernft Fifcher	Lehrer Ernft Fifcher, Hamburg-Eilbeck, Haffelbrookftraße 13
17	Hafpe i. Weftf.	4.—10. Juni	Dr. Neuendorff, Hafpe i. Weftf., Oberturnlehrer Grittner, Hagen	Realfchuldirigent Dr. Neuendorff, Hafpe i. Weftf.
18	Königsberg i. Pr.	1.—8. Auguft	Schulrat Dr. Tribukait	Schulrat Dr. Alb. Tribukait, Königsberg i. Pr., Hintertragheim 45
19	Magdeburg	28. Auguft bis 2. September	Turninfpektor Dankworth	Stadtfchulrat Platen
20	Ohrdruf	19.—26. Juli	Gymnafialturnlehrer M. Gerfte	Landrat Wilharm, Ohrdruf
21	Pleß (Oberfchl.)	13.—19. Juni	Lehrer Steuer	Kreisfchulinfpektor Wiercinfki, Pleß (Oberfchlefien)
22	Stolp i. P.	15.—22. Juni	Dr. O. Preußner	Oberlehrer Dr. O. Preußner, Stolp i. P.

B. Lehrerinnenkurse.

Nr.	Ort	Zeit der Kurse	Leiter der Kurse	Anmeldungen an
1	Altona (Elbe)	9.—15. April	Turninspektor Karl Möller	Turninspektor Karl Möller, Altona, Norderstraße 26
2	Bielefeld	4.—10. Juni	Oberturnlehrer Fr. Schmale	Oberturnlehrer Fr. Schmale, Bielefeld
3 bis 7	Bismarckhütte (Oberschlesien)	25. April bis 1. Mai und 2.—8. Oktbr.	Spielinspektor Münzer	Spielinspektor Münzer, Bismarckhütte (Oberschlesien)
	Ratibor	15.—20. Mai	„ „	Schulrat Dr. Hyppe, Ratibor
	Oppeln	28. Mai b. 3. Juni	„ „	Kreisschulinspektor Speer, Oppeln
	Rybnik	13.—19. Juni	„ „	Kreisschulinspektor Dr. Rzesnitzel, Rybnik
	Gleiwitz	26. Juni b. 1. Juli	„ „	Kreisschulinspektor Dr. Jonas, Gleiwitz
8	Bonn a. Rh.	16.—20. Juni	Sanitätsrat Dr. S. A. Schmidt, Oberturnlehrer Fritz Schröder	Sanitätsrat Dr. S. A. Schmidt, Bonn a. Rh., Koblenzerstraße 23
9	Braunschweig	12.—17. Juni	Turninspektor A. Hermann	Turninspektor A. Hermann, Braunschweig, Campestraße 5
10	Crefeld	22.—27. Mai	Fräulein Martha Thurm	Turnlehrerin Fräulein Martha Thurm, Crefeld, Lutherkirchstraße 55
11	Frankfurt a. M.	25.—30. Septbr.	Turninspektor W. Weidenbusch	Turninspektor W. Weidenbusch, Frankfurt a. M., Eiserne Hand 7
12	Hamburg	1.—6. Mai	Lehrer Ernst Fischer	Lehrer E. Fischer, Hamburg-Eilbeck, Hasselbrookstraße 13
13	Königsberg i. Pr.	1.—8. August	Schulrat Dr. Tribukait	Schulrat Dr. Alb. Tribukait, Königsberg i. Pr., Hintertragheim 45

Nr.	Ort	Zeit der Kurſe	Leiter der Kurſe	Anmeldungen an
14	Liegnitz	13.—17. Juni	Gymnaſialturnlehrer M. Gerſte	Gymnaſialturnlehrer M. Gerſte, Liegnitz, Raupachſtraße 19
15	Magdeburg	7.—12. Auguſt	Turninſpettor Dankworth	Stadtſchulrat Platen
16	Zweibrüden (Rheinpfalz)	15.—19. Juli	Lehrer Fritz Bühler	Lehrer Fritz Bühler, Zweibrüden (Rheinpfalz)

C. Sonſtiges.

1. Herr Oberturnlehrer Karl Schröter in Barmen iſt auch in dieſem Jahre bereit, als Wanderlehrer an anderen Orten Lehrkurſe von einer Woche für Lehrer oder Lehrerinnen während der Pfingſt- oder Herbſt-ferien (Mitte Auguſt bis Mitte September) abzuhalten. Verhandlungen müſſen frühzeitig eingeleitet werden und ſind direkt mit Herrn Schröter zu führen.

2. Die Spielkurſe ſelbſt ſind koſtenfrei. Die Teilnehmer ſind jedoch zur Einzahlung von 4 M., Teilnehmerinnen 3 M. verpflichtet, wofür ihnen das Jahrbuch 1905 und die bis dahin erſchienenen kleinen Schriften und Spielregeln des Zentralausſchuſſes, dem Selbſtkoſtenpreiſe entſprechend, ausgehändigt werden. Der Ladenpreis dieſer Schriften beträgt 8 M. 40 Pf.

2.
Die deutschen Spielkurse des Jahres 1904.

Von Turninspektor A. Hermann in Braunschweig.

A. Lehrerkurse.

Ort	Zeit der Kurse	Leiter	Zahl der Teilnehmer	Stand der Teilnehmer Lehrer an — Volks-, Bürger- u. Mittelschulen	Seminaren	höheren Schulen	Sonstige	Heimat der Teilnehmer — Preußen	Sonstige deutsche Staaten	Außerdeutsche Staaten
Altona	26. Mai bis 3. Juni	Turninspektor K. Möller	24	20	—	2	2	21	3 (Hamburg)	—
Bismarckhütte (O.-S.)	27. Juni bis 3. Juli	Spielinspektor Münzer und Verbandsspielwart Krebs	56	56	—	—	—	56	—	—
Daselbst	1.—6. Septbr.	Dieselben	49	49	—	—	—	49	—	—
Daselbst	2.—8. Oktober	Dieselben	38	38	—	—	—	38	·	—
Bonn	15.—21. Mai	Sanitätsrat Dr. H. A. Schmidt und Oberturnlehrer Fr. Schröder	43	39	—	1	3	43	—	—
Bünde i. W.*	25.—30. April	Oberturnlehrer Schmale (Bielefeld)	38	38	—	—	—	38	—	—
Breslau	24. Mai bis 1. Juni	Turnlehrervereins-vorsitzender H. Hübner	49	40	—	7	2	44	—	5 (Österr.)

Ort	Zeit der Kurse	Leiter	Zahl der Teilnehmer	Stand der Teilnehmer Lehrer an				Heimat der Teilnehmer		
				Volks-, Bürger- u. Mittelschulen	Seminaren	höheren Schulen	Sonstige	Preußen	Sonstige deutsche Staaten	Außerdeutsche Staaten
Frankfurt a. M.	27. Mai bis 4. Juni	Turninspektor W. Weidenbusch	17	11	—	3	3	15	1	1
Greifswald	25.—30. Juli	Oberlehrer Dr Meder, Gymnasialturnlehrer Schmoll, Universitäts-turnlehrer Dr. Deßtiß	58	40	4 (Präparandenlehrer)	4	10	50	5	3 (Österr.)
Halle i. W.°	29. Mai bis 4. Juni	Oberturnlehrer Schmale (Bielefeld)	26	26	—	—	—	26	—	—
Hildburghausen	7.—13. April	Oberturnlehrer H. Schröder (Bonn), Seminarlehrer Detter	55	52	—	1	2	—	54 (S.-Meiningen) 1 (S.-Koburg-Gotha)	—
Königshütte (O.-S.)	16.—20. Mai	Oberturnlehrer Kloß (Polen)	26	25	—	—	1	25	—	1 (Österr.)
Minden i. W.°	18.—23. April	Oberturnlehrer Schmale (Bielefeld)	21	21	—	—	—	21	—	—
Mülhausen i. E.	8.—13. August	Oberturnlehrer K. Schröder (Barmen)	25	25	—	—	—	—	25 (Reichsland)	—
Paderborn°	11.—16. April	Oberturnlehrer Schmale (Bielefeld)	32	30	1	1	—	32	—	—

Ort	Zeit der Kurse	Leiter	Zahl der Teilnehmer	Stand der Teilnehmer				Heimat der Teilnehmer		
				Lehrer an				Preußen	Sonstige deutsche Staaten	Außer-deutsche Staaten
				Volks-, Bürger- u. Mittelschulen	Semi-naren	höheren Schulen	Sonstige			
Posen	22.–27. Aug.	Oberturnlehrer Kloß	40	27	1	12	—	40	—	—
Schmalkalden i. Th.	3. 8. Oktober	Turninspektor W. Weidenbusch (Frankfurt a. M.)	31	30	—	—	1 (der Landrat des Kreises)	31	—	—
Stolp i. P.	26. Mai bis 2. Juni	Oberlehrer Dr. Preußner	14	8	—	5	1 (Ober-meister der Kaif. Werft in Danzig)	14	—	—
Vlotho*	9.–14. Mai	Oberturnlehrer Schmale (Bielefeld)	33	33	—	—	—	33	—	—
Windenbrüd*	2.–7. Mai	Derselbe	30	29	—	1	—	30	—	—
Zweibrüden (Rheinpfalz)	24.–31. Aug.	Lehrer S. Bühler	22	16	—	—	6	3	18 (Rheinpfalz)	1 (Luxemb.)
Jahrje	31. Juli bis 6. August	Gymnasialturnlehrer Gerste (Liegnitz)	42	42	—	—	—	42	—	—
	Jahr 1904: Jahre 1890—1903:		769 5186	695	6	37	31	651	107	11
					769				769	

Im ganzen: | 5955 Personen männlichen Geschlechts bisher ausgebildet.

Anmerkung: In den mit einem * bezeichneten Städten wurden die Lehrgänge im Auftrage der Königl. Regierung zu Minden i. W. abgehalten. A. H.

B. Lehrerinnenkurse.

Ort	Zeit der Kurse	Leiter	Zahl der Teilnehmerinnen	Stand der Teilnehmerinnen — Lehrerinnen an				Heimat der Teilnehmerinnen		
				Volks-, Bürger- u. Mittelschulen	Semi-naren	höheren Schulen	Sonstige	Preußen	Sonstige deutsche Staaten	Außerdeutsche Staaten
Bonn	24.—27. Mai	Sanitätsrat Dr. med. H. A. Schmidt und Oberturnlehrer Fr. Schröder	45	41	—	2	2	44	1	—
Frankfurt a. M.	26. Sept. bis 1. Oktober	Turninspektor W. Weidenbusch	24	22	—	1	1	23	1	—
Hamburg	17.—30. April	Lehrer E. Fischer	65	56	—	—	9	3	62 (Hamburg)	—
Krefeld	24.—28. Mai	Turnlehrerin Martha Thurm	20	12	—	3	5	19	—	1 (Schweden)
Liegnitz	25.—31. Mai	Gymnasialturnlehrer M. Gerste	26 (und 4 Lehrer)	24	—	2	—	26 (4 Lehrer)	—	—
Zweibrücken (Rheinpfalz)	19.—23. Aug.	Lehrer H. Bühler	23	15	—	—	8	1 (Rheinpfalz)	21 (Rheinpfalz)	1 (England)
	Jahr 1904:		203	170	—	8	25	116	85	2
	Jahre 1890—1903:		2617	} 203				} 203		
	Im ganzen:		2820 Personen weiblichen Geschlechts bisher ausgebildet.							

V. Zentralausschuß.

1.

Die Geschäftsordnung für den Zentralausschuß zur Förderung der Volks- und Jugendspiele in Deutschland.

1. Der Zentralausschuß ist aus dem Bestreben hervorgegangen, die Leibesübungen in Volk und Schule mehr ins Freie zu verlegen. Er verfolgt insbesondere den Zweck, die Volks- und Jugendspiele und die verwandten Leibesübungen zu fördern.

2. Die Zahl der Mitglieder soll der Regel nach 50 nicht überschreiten. Zur Zahlung eines Beitrages sind dieselben nicht verpflichtet.

3. Der Zentralausschuß tritt alljährlich einmal zusammen. Die Tagesordnung muß spätestens 14 Tage vor der Sitzung in den Händen der Mitglieder sein.

4. Über die Sitzung des Zentralausschusses wird ein Bericht hergestellt. Die Beschlüsse werden nach Stimmenmehrheit gefaßt. Sie sind, wenn das Gegenteil nicht besonders ausgesprochen wird, auch für die Minderheit verbindlich. Beschlüsse können im Laufe des Jahres, wenn die geschäftlichen Verhältnisse dies erfordern, auch auf schriftlichem Wege eingeholt werden. Widerspricht in diesem Falle mehr wie $\frac{1}{6}$ der Mitglieder dem gestellten Antrage, so gilt derselbe als vorläufig abgelehnt.

5. Die Mitglieder erhalten, soweit sie dies beanspruchen, zur Erleichterung des Besuches der Versammlungen innerhalb des im Etat ausgeworfenen Betrages die ihnen bar erwachsenen Fahrkosten nebst 6 M. für Zu- und Abgang aus der Kasse des Zentralausschusses erstattet.

6. Alle Jahre scheidet ein Drittel der Mitglieder, anfangs nach dem Los, später nach dem Dienstalter, aus. Die Ausscheidenden sind wieder wählbar. Die Abstimmung erfolgt durch Zuruf oder, wenn einer der Anwesenden widerspricht, durch Stimmzettel.

7. Der Zentralausschuß wählt aus seiner Mitte einen Vorstand von sieben Mitgliedern. Die Erneuerung desselben erfolgt entsprechend der vorstehend unter
6. bezeichneten Wahlform.

8. Der Vorstand verteilt die einzelnen Ämter unter sich. Zu diesem Behuf hat
er zu wählen: den Vorsitzenden, stellvertretenden Vorsitzenden, Geschäftsführer
und Schatzmeister. Der Vorstand führt die Geschäfte nach den vom Zentralausschuß aufgestellten Grundsätzen bzw. nach den von demselben gefaßten
Beschlüssen.

9. Der Vorsitzende des Vorstandes leitet die Versammlungen des Zentralausschusses.

10. Zur Erledigung besonderer Aufgaben können vom Zentralausschuß Unterausschüsse gewählt werden. Ebenso kann der Vorstand einzelne Mitglieder des
Zentralausschusses, wenn diese sich hiermit einverstanden erklären, mit der
Erledigung besonderer Aufgaben betrauen. Die Mitglieder der Unterausschüsse, bzw. diese einzelnen Mitglieder des Zentralausschusses, erhalten für
ihre etwa notwendigen Reisen dieselbe Vergütung, wie nach Satz 5 die Mitglieder des Zentralausschusses.

11. Die Vorsitzenden dieser Unterausschüsse, bzw. die bezeichneten einzelnen Mitglieder des Zentralausschusses, haben behufs Wahrung der Einheitlichkeit in
der Tätigkeit des Zentralausschusses den Vorsitzenden desselben

    a) über die erledigten Arbeiten im laufenden zu erhalten;
    b) seine Zustimmung einzuholen, wenn es sich um grundsätzliche, noch
    nicht vereinbarte Maßnahmen handelt, oder wenn dem Zentralausschuß
    durch solche Maßnahmen wirtschaftliche Verpflichtungen erwachsen.

12. Die jährliche Abrechnung des Schatzmeisters ist von einem Mitgliede des Vorstandes nach den Büchern und Belegen zu prüfen. Über das Ergebnis ist
ein Rechnungsbericht aufzustellen. Die Entlastung erteilt der Vorstand. Dem
Zentralausschuß ist jedoch bei dessen Jahresversammlung über die Rechnung
Bericht zu erstatten. Gleichzeitig sind während der Jahresversammlung die
Bücher, Belege und der erstattete Rechnungsbericht zur Einsicht der Mitglieder
des Zentralausschusses auszulegen. Daß dies geschehen, ist von zwei Mitgliedern des Zentralausschusses unter dem Rechnungsbericht zu bescheinigen.

Altona, den 26. September 1897.

Der Vorstand des Zentralausschusses

v. Schenckendorff.

Geschäftsordnung für die Unterausschüsse.

Zur Ausführung des Satz 11 der Geschäftsordnung für den Zentralausschuß
vom 26. September 1897 werden die folgenden Einzelbestimmungen festgestellt:

1. Der Vorsitzende eines Unterausschusses kann in denjenigen Fällen, wo es sich
um einfach zu erledigende Angelegenheiten oder um vorbereitende Schritte handelt, jederzeit Beschlüsse auf schriftlichem Wege einholen. Ist nach An-

sicht des Dorsitzenden eine mündliche Verhandlung des gesamten Unterausschusses oder einzelner Mitglieder desselben erforderlich, so ist wegen der
dadurch erwachsenden Kosten die Zustimmung des Vorsitzenden des Zentralausschusses erforderlich.

2. Über die Verhandlungen des Unterausschusses ist ein Bericht aufzunehmen,
von dem dem Dorsitzenden des Zentralausschusses baldmöglichst eine Abschrift
zuzusenden ist. Derselbe gibt diese Abschrift an den Geschäftsführer des Zentralausschusses weiter, der sie in ein besonderes Aktenheft aufnimmt.

3. Dem Dorsitzenden des Unterausschusses ist es überlassen, für einzelne zu erledigende Arbeiten Berichterstatter zu ernennen. Das Ergebnis dieser
Arbeiten ist von letzterem dem Dorsitzenden des Unterausschusses zuzusenden,
der in Fällen von allgemeiner Bedeutung eine Vervielfältigung davon
jedem einzelnen Unterausschußmitgliede zur Äußerung zusendet und
sich dann zu entscheiden hat, ob eine mündliche Besprechung des gesamten
Unterausschusses oder nur einzelner Mitglieder stattzufinden hat. Diese Vervielfältigung kann auf Wunsch von dem Geschäftsleiter des Zentralausschusses
hergestellt werden.

4. Handelt es sich um den Druck von Schriften, wie beispielsweise um eine neue
Auflage der Spielregelhefte, so ist, da hierdurch dem Zentralausschuß Kosten
erwachsen, und da die Höhe der Auflage von ihm festzustellen ist, das Manuskript dem Dorsitzenden des Zentralausschusses zuzusenden, der sich
mit dem Geschäftsführer über das Weitere verständigt. Dieser sendet das
Manuskript an den Verleger und verhandelt mit ihm über die Höhe der Auflage und etwaige andere Festsetzungen. Die Zusendung der Korrekturabzüge
seitens der Druckerei erfolgt dann lediglich an den betreffenden Berichterstatter,
der die Korrektur tunlichst umgehend an die Druckerei zurückzuschicken hat.

5. In dem Vertrage des Zentralausschusses mit dem Verleger ist diesem die Ver-
pflichtung auferlegt, den Geschäftsführer des Zentralausschusses so rechtzeitig
von der Notwendigkeit der Herstellung einer neuen Auflage zu benachrichtigen,
daß einer buchhändlerischen Verlegenheit tunlichst vorgebeugt wird. Der Verleger hat hierbei anzugeben, in welcher Zeit voraussichtlich die alte
Ausgabe vergriffen sein dürfte. Der Geschäftsführer hat sich nach erfolgter
Verständigung mit dem Dorsitzenden des Zentralausschusses, dann mit dem
Dorsitzenden des betreffenden Unterausschusses in Verbindung zu setzen, und,
wenn von ihm die Erledigung nicht in der buchhändlerisch bezeichneten Frist
erfolgt ist, bei dem letzteren erneute Anregung zu geben.

6. Jedem gegenwärtigen und jedem neueintretenden Mitgliede der Unterausschüsse ist von dem Geschäftsführer ein Exemplar dieser Geschäftsordnung zu-
zustellen.

Berlin, den 6. November 1904.

Der Vorstand des Zentralausschusses
v. Schenckendorff.

2.

Wehrkraft durch Erziehung.

Bericht von dem Geschäftsführer des Zentralausschusses, Studiendirektor Prof. H. Raydt in Leipzig.

Unser im vorigen Jahre unter dieser Überschrift herausgegebenes Buch hat in der ganzen deutschen vaterländisch gesinnten Welt großen Anklang und viele Anerkennung gefunden. Die beiden Herausgeber, Abgeordneter von Schenckendorff-Görlitz und Direktor Dr. Lorenz-Quedlinburg, haben außerordentlich viel Dank- und Zustimmungsschreiben erhalten, und unsere deutsche Presse hat in ihren Hauptvertretern dem Buche die beste Aufnahme bereitet. Da die „Wehrkraft durch Erziehung" eine der wichtigsten Aufgaben unseres Zentralausschusses ist, möge kurz darüber berichtet werden.

In erster Linie hat, wie wir wohl von vornherein erwarten durften, unser Kaiser uns durch seine Zustimmung geehrt und erfreut. Die Verfügung lautet:

Seine Majestät der Kaiser und König haben uns zu ermächtigen geruht, den Zentralausschuß auf das Immediatgesuch vom 11. Juni v. J. dahin zu bescheiden, daß Allerhöchstdieselben den Bestrebungen des Zentralausschusses zur Förderung der Wehrkraft durch Erziehung besten Erfolg wünschen lassen, soweit sie darauf abzielen, immer weitere Kreise des deutschen Volkes für die Bedeutung der nationalen Wehrkraft und für ihre Erhaltung und Förderung zu erwärmen. Gleichzeitig haben Seine Majestät genehmigt, daß Allerhöchstihr Bildnis mit Eigenhändiger Unterschrift dem von dem Zentralausschuß herauszugebenden Buche „Wehrkraft durch Erziehung" vorangestellt und **Seiner Kaiserlichen und Königlichen Hoheit dem Kronprinzen die Widmung dieses Buches angetragen werde.**

Der Minister der geistlichen,
Unterrichts- und Medizinal-Angelegenheiten.
(Unterschrift.)

Der Kriegsminister.
(Unterschrift.)

In ähnlich zustimmendem Sinne oder durch anerkennende Dankschreiben haben sich noch folgende Fürstlichkeiten geäußert: die Könige von Sachsen und Württemberg, der Prinzregent von Bayern, die Großherzoge von Baden, Hessen-Darmstadt, Mecklenburg-Schwerin, Mecklenburg-Strelitz und Sachsen-Weimar, Prinz Albrecht von Preußen, der Herzog von Sachsen-Altenburg, der Regent von Coburg-Gotha, die Fürsten von Waldeck-Pyrmont, Reuß j. L., Schwarzburg-Sondershausen, Schaumburg-Lippe und der Regent von Lippe-Detmold.

Auch viele andere hohe Persönlichkeiten haben ihre Zustimmung kund-gegeben, wie der Reichskanzler, der Staatssekretär des Innern, Graf v. Posadowsky, der kommandierende General des ersten Armeekorps, Frei-herr v. der Goltz und viele andere.

Wenn die Sympathie so vieler und hervorragender Männer herzlich erfreuen und ermutigen kann, so ist es nicht minder wichtig, daß auch die ausführenden Regierungsorgane sich den Bestrebungen der Förderung der Wehrkraft durch Erziehung aufs freundlichste gegenüberstellen. Wir möchten gern manche der Schreiben zum Abdruck bringen, jedoch ge-stattet das nicht der Raum. So mögen von den Behörden nur erwähnt sein der Generalstab der Armee, die Kriegsministerien von Preußen, Bayern, Sachsen und Württemberg, die Kultusministerien von Preußen, Sachsen, Württemberg, Sachsen-Weimar, das Staatsministerium von Meiningen, das Ministerium der öffentlichen Arbeiten in Berlin, mehrere preußische Regierungspräsidenten, Landeshauptleute und Provinzialschulkollegien, der badische Oberschulrat, der Oberschulrat von Elsaß-Lothringen, die Magistrate von München, Potsdam und die städtische Schuldeputation von Berlin.

Von den größeren Zeitungen haben etwa 50 allgemeine Besprechungen gebracht, und einzelne Aufsätze des Buches wurden vollständig zum Ab-druck gebracht z. B. besonders: „Eine gefahrvolle Lücke in der Jugend-erziehung", von Graf v. Häseler; „Zwischen Schule und Waffendienst", von Dr. Kerschensteiner; „Die Förderung der Wehrkraft durch Rudern und Schwimmen", von Professor Widenhagen; „Schützt und schärft die Schüleraugen", von dem Mitherausgeber des Buches, Direktor Dr. Lorenz.

Eine der bemerkenswertesten Besprechungen war die des Generals der Infanterie v. Blume im Militär-Wochenblatt. Sie schließt mit den Worten „Lassen wir uns angelegen sein, die Wirksamkeit des Ausschusses

für Förderung der Wehrkraft durch Erziehung in jeder Weise zu unterstützen. Es ist unsere Sache, die er vertritt! Möge ihm reicher Erfolg
beschieden sein!"

In wenigen Tagen wird bei B. G. Teubner, Leipzig, eine neue dem
Kronprinzen des Deutschen Reiches gewidmete Ausgabe von „Wehrkraft
durch Erziehung" erscheinen, geschmückt mit dem Bilde unseres Kaisers.
Möge sie gute Aufnahme und weiteste Beachtung finden! Denn die Förderung der Bestrebungen des Wehrausschusses bedeutet eine Förderung
unseres Deutschen Volkes und Reiches, dem wir alle zu dienen bereit sind!

3.

Ein Spielnachmittag an allen deutschen Schulen.

Bericht von dem Geschäftsführer des Zentralausschusses,
Studiendirektor Prof. H. Raydt in Leipzig.

Die Bestrebungen des Zentralausschusses für die allmähliche Einführung
eines allgemein verbindlichen Spielnachmittages in allen deutschen Schulen
haben, so viel erfreuliche Zustimmung auch gekommen ist, doch noch nicht
den Erfolg gehabt, den wir Freunde einer vernunftmäßigen Erziehung
wünschen müssen. Unser Anschreiben an die Magistrate der größeren Städte
ist einzeln so aufgefaßt worden, als erwarteten wir, daß sie die Unterrichts-
pläne umgestalten sollten. Das war selbstredend nicht unsere Meinung.
Die betreffende Broschüre war nur deshalb auch an sie verschickt worden,
um ihr Interesse für die wichtige Sache wachzuhalten und sie anzuregen,
die notwendigen äußeren Bedingungen zu erfüllen, ausreichende Spielplätze
zu schaffen u. dgl. m. Wir werden auch weiterhin diese Bestrebung, die in
gewisser Weise eine Krönung der Förderung der Jugendspiele bedeutet, mit
allen uns zu Gebote stehenden Mitteln wirksam zu machen suchen und fordern
alle Freunde unserer Jugend und unseres Volkes auf, uns hierin zu helfen.
Die beiden orientierenden Broschüren „Ein obligatorischer Spielnachmittag
an den deutschen Schulen" und „Das Bewegungsspiel, eine dauernde Schul-
einrichtung" können nach wie vor, soweit der Vorrat reicht, von der Ge-
schäftsführung des Ausschusses, Leipzig, Löhrstr. 3/5, kostenfrei bezogen
werden. Außerdem wird im Verlage dieses Jahrbuches bald eine neue
Flugschrift erscheinen, welche die Frage noch eingehender behandeln und auch
die eingegangenen Antworten der Behörden und Stadtverwaltungen besprechen wird.

4.

Verzeichnis der an den Zentralausſchuß im Jahre 1904/05 gezahlten Beiträge.

Vom Schatzmeiſter Prof. Dr. K. Koch in Braunſchweig.

I. Staatliche und Landes-Behörden.

1. Herzoglich Anhaltiſches Staatsminiſterium . . . . M. 200
2. Kreisausſchuß Schmalkalden . . . . » 10

II. Städtiſche Behörden.

Nach dem durchſchnittlichen Verhältnis von 1 Mark für jedes Tauſend Einwohner.

a) Laufende Jahresbeiträge.

1.	Aachen	. . . .	M. 140	25.	Burgſtädt	. . . . .	M.	5
2.	Aken	. . . . .	» 8	26.	Chemnitz	. . . . .	»	50
3.	Altenburg	. . . . .	» 40	27.	Colmar (Elſ.)	. . .	»	30
4.	Angermünde	. . . .	» 7	28.	Coſel	. . . . .	»	6
5.	Aſchersleben	. . . .	» 25	29.	Crefeld	. . . . .	»	100
6.	Aue i. S.	. . . .	» 10	30.	Culm	. . . .	»	10
7.	Auerbach i. V.	. . .	» 10	31.	Danzig	. . . .	»	50
8.	Augsburg	. . . .	» 20	32.	Darmſtadt	. . . .	»	50
9.	Baden-Baden	. . .	» 15	33.	Delitzſch	. . . .	»	10
10.	Barby	. . . .	» 10	34.	Demmin i. Pommern	.	»	12
11.	Bautzen	. . . . .	» 22	35.	Deſſau	. . . .	»	20
12.	Bensheim (Großh. Heſſen)		6	36.	Deutſch-Krone	. . .	»	7
13.	Beuthen i. Oberſchl.		» 50	37.	Dirſchau	. . . .	»	10
14.	Biberach i. Württemberg		10	38.	Dresden	. . . .	»	200
15.	Biebrich	. . . . .	» 13	39.	Dülken	. . . .	»	10
16.	Bingen	. . . .	» 10	40.	Düren	. . . .	»	25
17.	Bismarckhütte i. Oberſchl.		» 20	41.	Düſſeldorf	. . . .	»	200
18.	Bitterfeld	. . . .	» 10	42.	Duisburg	. . . .	»	60
19.	Blankenburg a. H.	. . .	» 10	43.	Durlach	. . . . .	»	3
20.	Borna	. . . .	» 10	44.	Ebingen (Württemberg)		»	8
21.	Braunſchweig	. . . .	» 50	45.	Eibenſtock	. . .	»	10
22.	Bremerhaven	. . .	» 20	46.	Eilenburg	. . . .	»	15
23.	Bruchſal	. . . . .	» 13	47.	Einbeck	. . . .	»	10
24.	Buchholz i. S.	. . . .	» 15	48.	Eisleben	. . . . .	»	25

49. Elmshorn	M.	10
50. Emden	"	10
51. Ems	"	6
52. Erlangen	"	20
53. Eschwege	"	10
54. Eutin	"	5
55. Frankenhausen	"	6
56. Freienwalde	"	8
57. Friedrichsthal b. Sulzbach (Kreis Saarbrücken)	"	6
58. Gardelegen	"	10
59. Gelsenkirchen	"	100
60. Gera	"	45
61. Gießen	"	20
62. Glauchau	"	25
63. Gmünd (Schwaben)	"	20
64. Gollnow	"	8
65. Görlitz	"	100
66. Goslar	"	15
67. Gotha	"	30
68. Graudenz	"	30
69. Greifswald i. P.	"	20
70. Grimma	"	10
71. Gronau i. Westf.	"	9
72. Grünberg i. Schl.	"	20
73. Gütersloh	"	7
74. Habelschwerdt	"	6
75. Hadersleben (Schleswig)	"	10
76. Hagen i. W.	"	40
77. Hameln	"	17
78. Hamme (Landkr. Bochum)	"	14
79. Hanau	"	30
80. Hann.-Münden	"	5
81. Haspe	"	15
82. Hattingen (Ruhr)	"	8
83. Heidelberg	"	50
84. Herford	"	20
85. Hettstedt	"	10
86. Höchst a. Main	"	10
87. Insterburg	"	24
88. Johann-Georgenstadt	"	5
89. St. Johann a. Saar	"	150
90. Jüterbogk	"	8
91. Kiel	"	100
92. Kirn (Stadt)	"	6

93. Köln a. Rh.	M.	300
94. Königshütte in Oberschlesien	"	40
95. Konitz i. Westpreußen	"	10
96. Konstanz	"	25
97. Kreuzburg i. Oberschl.	"	10
98. Kreuznach	"	20
99. Krotoschin	"	10
100. Kyritz (Priegnitz)	"	10
101. Landsberg a. Lech	"	6
102. Landsberg a. W.	"	20
103. Lauban	"	14
104. Lauenburg a. d. E.	"	5
105. Leer (Ostfriesland)	"	20
106. Lehe	"	25
107. Lengenfeld i. Vogtl.	"	5
108. Lennep	"	20
109. Leobschütz	"	15
110. Leopoldshall	"	8
111. Linden	"	10
112. Lissa i. Posen	"	10
113. Lößnitz i. Erzgebirge	"	6
114. Lüdenscheid	"	25
115. Ludwigshafen	"	10
116. Marienwerder	"	10
117. Meiningen	"	12
118. Memel	"	15
119. Memmingen	"	10
120. Metz	"	50
121. Mittweida	"	15
122. Moers	"	6
123. Mülheim a. Rh.	"	45
124. Münster i. Westf.	"	30
125. Neubrandenburg	"	6
126. Neuhaldensleben	"	10
127. Neu-Ulm	"	5
128. Neunkirchen (Reg.-Bezirk Trier)	"	5
129. Neurode i. Schlesien	"	10
130. Neustadt (Oberschl.)	"	20
131. Neuwied	"	10
132. Neusalz	"	12
133. Niederhermsdorf b. Waldenburg in Schlesien	"	10
134. Nordhausen	"	20

135.	Nürnberg	M. 50	173.	Sorau (N.-L.)	M. 15
136.	Oberglogau	» 6	174.	Stade	» 3
137.	Oberhausen (Rheinland)	» 48	175.	Steele (Stadt)	» 11
138.	Oels i. Schlesien	» 10	176.	Steglitz b. Berlin	» 20
139.	Oelsnitz	» 12	177.	Stendal	» 21
140.	Oppeln	» 30	178.	Sterkrade	» 12
141.	Oranienbaum (Anhalt)	» 3	179.	Stettin	» 50
142.	Osnabrück	» 50	180.	Stolberg (Rheinl.)	» 5
143.	Osterode (Ostpreußen)	» 11	181.	Straßburg i. Elf.	» 120
144.	Ostrowo	» 10	182.	Strasburg i. Udermark	» 7
145.	Pasewalk	» 10	183.	Swinemünde	» 10
146.	Pegau	» 5	184.	Torgau	» 10
147.	Posen	» 75	185.	Trebnitz i. Schlef.	» 6
148.	Pößnet	» 10	186.	Ulm (Stadtpflege)	» 20
149.	Pritzwalk	» 10	187.	Ütersen	» 6
150.	Rastenburg	» 11	188.	Verden (Aller)	» 20
151.	Ratibor	» 31	189.	Wald (Rheinland	» 15
152.	Regensburg	» 20	190.	Waldheim i. S.	» 10
153.	Recklinghausen i. W.	» 35	191.	Wandsbek	» 30
154.	Reinickendorf b. Berlin	» 15	192.	Wattenscheid	» 15
155.	Rendsburg	» 15	193.	Weiden	» 8
156.	Rheine	» 10	194.	Weinheim (Baden)	» 10
157.	Rosenheim	» 14	195.	Weißenfels	» 28
158.	Rostock	» 30	196.	Werdau	» 15
159.	Rügenwalde	» 5	197.	Werl	» 6
160.	Saalfeld i. Thür.	» 10	198.	Wernigerode	» 10
161.	Saarbrücken	» 30	199.	Wetzlar	» 8
162.	Saarlouis	» 8	200.	Weißenburg a. Sand	» 6
163.	Sagan	» 15	201.	Wickrath	» 5
164.	Salzwedel	» 10	202.	Wiebelskirchen	» 10
165.	Sangerhausen	» 12	203.	Wismar	» 20
166.	Schmölln, S.-A. (Schul- vorstand)	» 10	204.	Witten	» 30
167.	Schneeberg i. S.	» 3	205.	Wolfenbüttel	» 15
168.	Schöneberg b. Berlin	» 20	206.	Worms	» 25
169.	Schrimm	» 6	207.	Wörlitz	» 3
170.	Siegburg	» 10	208.	Wriezen	» 7,5
171.	Siegen	» 20	209.	Zeitz	» 20
172.	Sonderburg	» 5	210.	Zerbst	» 20

b) Von 1899 auf sechs Jahre bewilligt.

1. Alt-Damm . . . . M. 6

c) Von 1900 auf fünf Jahre bewilligt.

1. Ludwigslust i. M. . . . . M. 10
2. Rudolstadt . . . . » 12

d) Von 1901 auf fünf Jahre bewilligt.

1. Fürstenwalde	M.	17
2. Cöthen	"	10

e) Für 1904 bewilligt

1. Allenstein	M.	24	37. Homburg v. d. H.	M.	20
1a. Altena i. W.	"	10	38. Husum	"	10
2. Altona (Elbe)	"	100	39. Inowrazlaw	"	18
2a. Annaberg i. Erzg.	"	15	40. Jena	"	20
3. Belgard	"	10	41. Kalf	"	21
4. Bernburg	"	34	42. Kattowitz (Oberschl.)	"	25
5. Bielefeld	"	30	43. Kempen (Posen)	"	10
6. Bonn	"	40	44. Kolberg	"	20
7. Bückeburg (Schulvorstand)	"	6	45. Königsberg i. Pr.	"	100
8. Bütow (Reg.-Bez. Köslin)	"	6	46. Landeshut (Schles.)	"	14
9. Bützow (Mecklenburg)	"	6	47. Langenberg (Rheinland)	"	10
10. Buxtehude	"	6	48. Leipzig	"	300
11. Charlottenburg	"	100	49. Leisnig	"	5
12. Coburg	"	20	50. Lemgo	"	10
13. Cöpenick	"	15	51. Gr.-Lichterfelde	"	20
14. Dortmund	"	30	52. Lindau (Bodensee)	"	5
15. Dramburg	"	5	53. Lötzen	"	5
16. Eckernförde	"	10	54. Lüneburg	"	20
17. Ehrenbreitstein	"	3	55. Magdeburg	"	100
18. Essen	"	100	56. Malstatt-Burbach	"	20
19. Eßlingen	"	27	57. Mannheim	"	25
20. Eupen	"	10	58. Marienberg i. S.	"	7
21. Flensburg	"	40	59. Markneukirchen	"	6
22. Frankenberg i. S.	"	5	60. Marzloh b. Ruhrort	"	40
23. Frankfurt a. M.	"	200	61. München-Gladbach	"	58
24. Freiberg i. S.	"	10	62. Meerane (Sachsen)	"	24
25. Gößnitz (S.-A.)	"	6	63. Merzig	"	10
26. Gumbinnen	"	10	64. Minden i. W.	"	25
27. Halberstadt	"	10	65. Mühlhausen i. Th.	"	20
28. Hannover	"	250	66. München	"	100
29. Harburg	"	10	67. Myslowitz	"	13
30. Heide i. Holstein (Schulkollegium)	"	15	67a. Netzschkau	"	8
			68. Neumünster	"	20
31. Heilbronn a. N.	"	35	69. Neu-Ruppin	"	15
32. Helmstedt	"	3	70. Nienburg a. Weser	"	15
33. Hersfeld	"	7,50	71. Nördlingen	"	5
34. Hildesheim	"	30	72. Nürtingen (Hospitalpflege)	"	5
35. Hirschberg i. Schles.	"	17			
36. Hörde	"	25	73. Oberlahnstein	"	7

74. Obenkirchen	. . .	M.	14	91. Seifhennersdorf . . .	M.	7,50
75. Offenbach	. . . .	»	40	92. Spandau	»	50
76. Oſchatz i. S.	. . . .	»	10	93. Sprottau	»	7
77. Oſchersleben	. . .	»	12	94. Stolp i. P.	»	20
78. Parchim .	. . . .	»	10	95. Teterow (Mecl.) . .	»	6
79. Peine .	. . . .	»	20	96. Thorn	»	25
80. Penig .	. . . .	»	8	97. Trier	»	3
81. Pirna	. . . .	»	15	98. Vierſen	»	30
82. Quedlinburg	. .	»	20	99. Völklingen	»	35
83. Reichenbach i. V.	. . .	»	25	100. Weimar	»	25
84. Rheydt .	. . . .	»	15	101. Weißſtein	»	10
85. Rieſa .	. . . . .	»	10	102. Wiesbaden	»	75
86. Ruhrort .	. . . .	»	20	103. Wittenberge . . .	»	12
87. Saargemünd	. .	»	20	104. Wolgaſt	»	10
88. Schlettſtadt .	. .	»	10	105. Zehdenik	»	10
89. Schweidnitz .		»	30	106. Zwickau i. S. . .	»	30
90. Schwerte . .		»	10			

III. Vereine.

1. Augsburg, Männerturnverein. H. Bachſchmied	M.	10
2. Beuthen, Oberſchleſien, Verein zur Waiſenpflege	»	15
3. Braunſchweig, Eisbahnverein. Vorſitzender: Turn-Inſpektor A. Hermann	»	50
4. Braunſchweig, Lehrerverein. Lehrer O. Dehn, Goslarſcheſtr. 1 .	»	10
5. Donnersberg, Realanſtalt am, Station Marnheim, Pfalz. Dr. E. Göbel	»	10
6. Freiberg i. S., Ärztl. Bezirksverein. Dr. med. Curt Richter, Burg-ſtraße 26	»	6
7. Görlitz, Verein f. Knabenhandarbeit und Jugendſpiel. Gymnaſial-lehrer Weiſe, Struveſtr. 24	»	30
8. Gotha, Verein d. Gothaer Ärzte. Dr. med. Lucanus . . .	»	10
9. Gräfrath, Ortsgruppe des Berg. Vereins für Gemeinwohl . .	»	8
10. Kiel, Geſellſchaft freiwilliger Armenfreunde. Paſtor Mau . . .	»	15
11. Kiel, Verein zur Förderung der Jugend- und Volksſpiele in der Stadt Kiel. Myrau, Ringſtr. 59 I	»	6
12. Lauenburg, Neuer Bürgerverein	»	5
13. Leipzig, Deutſche Turnerſchaft. Kanzleirat Otto Atzrott, Steglitz, Filandeſtr. 24	»	100
14. Mainz, Damenturn- und Spielklub. Frau Emilie Meyer-Reis, Schuſterſtr. 33	»	5
15. München, Volksbildungsverein. Rathaus München, Zimmer 61 .	»	20
16. Straßburg, Ärztl. Hygiein. Ver. in Elſaß-Lothringen. Sanitätsrat Dr. Bindert. Schatzmeiſter: Sanitätsrat Dr. Eninger, Straßburg, Hoher Steg 17	»	10

IV. Sonstige Beiträge.

1. Sanitätsrat Dr. Dittmar in Saargemünd . . . . . .   M.   5
2. von Dolffs & Helle, Fabrikanten, Braunschweig   .   »   40
3. C. Magnus, Bankherr, Braunschweig . . . .   »   5
4. Stabsarzt Dr. med. Matthes, Eisenach   . . . .   »   5
5. Major Freiherr von Stößel, Potsdam   . . . .   »   10
6. Kammerherr v. Unger, Weißer Hirsch bei Dresden   »   5
7. R. Voigtländers Verlag, Leipzig . .   . .   »   40
8. Oberlehrer Dr. Tesmer, Leipzig .   . .   . .   »   5
9. Amtsrichter Dr. Imhoff, Cöln a. Rh. . . . . »   5
10. L. Platz, Direktor des Erziehungsheimes „Am Urban" in Zehlendorf
    (Wannseebahn) . . . .   »   5

Druck von B. G. Teubner in Dresden.

Inferaten-Anhang.

Volks und Jugendspiele. XIV.

Verlag von B. G. Teubner in Leipzig und Berlin.

Künstlerischer Wandschmuck
für Schule und Haus · Künstlersteinzeichnungen

„Von den Bilderunternehmungen der letzten Jahre, die der neuen „ästhetischen Bewegung" entsprungen sind, begrüßen wir eins mit ganz ungetrübter Freude: den „künstlerischen Wandschmuck für Schule und Haus", den die Verlagsbuchhandlung von B. G. Teubner in Leipzig und Berlin herausgibt. . . . . Wir haben hier wirklich einmal ein aus warmer Liebe zur guten Sache mit rechtem Verständnis in ehrlichem Bemühen geschaffenes Unternehmen vor uns — fördern wir es, ihm und uns zu Nutz, nach Kräften!" (Kunstwart 1901. Nr. 5.)

Sascha Schneider: Wettlauf.

Bisher erschienen u. a. folgende große Blätter:

Die mit * versehenen Bilder sind 100×70, die mit † 75×55, die anderen 60×50 cm groß.
Die Preise in der zweiten Reihe verstehen sich für gerahmte Bilder unter Glas.

H. Bauer, Goethe. (Nr. 30.)	Mark 3.—	12.—
K. Bauer, Schiller. (Nr. 31.)		3.—	12.—
K. Bauer, Luther.		3.—	12.—
*J. Bergmann, Seerosen. (Nr. 13.)	6.—	19.—
*K. Biese, Hünengrab. (Nr. 1.)	6.—	19.—
*K. Biese, Im Stahlwerk bei Krupp. (Nr.12.)	6.—	19.—
*E. Du Bois=Reymond, Attische Landschaft (Akropolis). (Nr. 32.)	6.—	19.—
†C. Burckhardt, Fischer am Mittelmeere.(50.)	5.—	15.—
*W. Conz, Schwarzwaldtanne. (Nr. 14.)	6.—	19.—
*C. Dettmann, Vulkan=Werkstätten bei Stettin. (Nr. 24.)	6.—	19.—
†H. Eichrodt, Droben stehet die Kapelle. (9.)	5.—	18.—
†H. Eichrodt, Säemann. (Nr. 43.)	5.—	15.—
*R. Engels, Gudrun am Meere. (Nr. 27.)	6.—	19.—
†J. Fikentscher, Malven. (Nr. 20.)	5.—	15.—
*O. Fikentscher, Krähen im Schnee. (Nr.4.)	4.—	14.—
*O. Fikentscher, Fuchs im Ried. (Nr. 3.)	6.—	18.—
*O. Fikentscher, Eichhörnchen. (Nr. 15.)	5.—	15.—
*R. Friese, Springender Löwe.	6.—	19.—
*W. Georgi, Ernte. (Nr. 44.)	6.—	19.—
*W. Georgi, Pflügender Bauer. (Nr. 11.)	6.—	19.—
*A. Hauselin, Der Köhler. (Nr. 16.)	6.—	19.—
*H. Hein, Am Webstuhl. (Nr. 17.)	6.—	19.—
†H. Hoch, Morgen im Hochgebirge. (Nr.10.)	4.—	14.—
*H. Hoch, Fischerboote. (Nr. 3.)	6.—	19.—
*H. Hoch, Gletscher. (Nr. 49.)	6.—	19.—
*H. Hoch, Kiefern. (Nr. 36.)	6.—	19.—
*H. Kallmorgen, Südamerikadampfer im Hamburger Hafen. (Nr. 8.)	6.—	19.—
*H. Kallmorgen, Lokomotiven=Werkstätte. (Nr. 18.)	6.—	19.—
A. Kampf, Kaiser Wilhelm II. (Nr. 29.)	3.—	12.—
*G. Kampmann, Mondaufgang. (Nr. 6.)	6.—	19.—
†G. Kampmann, Bergland im Schnee.(26.)	5.—	18.—
*G. Kampmann, Abendrot.	5.—	18.—
*E. Kanoldt, Eichen. (Nr. 34.)	6.—	19.—
*E. Kulthan, Stille Nacht, heilige Nacht. (Nr. 28.)	5.—	15.—
†D. Leiber, Sonntagsstille. (Nr. 45.)	5.—	15.—
*S. Ley, Fingerhut im Walde. (Nr. 19.)	6.—	19.—
*E. Liebermann, Wem Gott will rechte Gunst erweisen. (Nr. 35.)	5.—	15.—
†C. Liner, Abendfrieden. (Nr. 54.)	5.—	15.—
*W. Maltbari, Nordseeidyll. (Nr. 55.)	5.—	15.—
*E. Orlik, Rübesahl. (Nr. 21.)	5.—	15.—
*E. Orlik, Hänsel und Gretel. (Nr. 41.)	5.—	15.—
†C. Otto, Christus und Nikodemus. (Nr.46.)	5.—	15.—
*M. Roman, Römische Campagna. (Nr. 7.)	6.—	19.—
*M. Roman, Parsium. (Nr. 25.)	6.—	19.—
*W. Schadt, Einsame Weide. (Nr. 48.)	5.—	15.—
*Sascha Schneider, Wettlauf. (Nr. 56.)	6.—	19.—
*R. Schramm=Zittau, Schwäne. (Nr. 51.)	6.—	19.—
*W. Strich=Chapell, Lieb Heimatland ade.	6.—	19.—
*W. Strich=Chapell, Herbst im Land.(Nr.23.)	6.—	19.—
†O. Träbner, Alt=Heidelberg. (Nr. 33.)	5.—	15.—
*H. W. Voigt, Kirchgang. (Nr. 53.)	6.—	19.—
*H.v.Volkmann, Die Sonn' erwacht. (Nr.2.)	6.—	19.—
*H. v. Volkmann, Wogendes Kornfeld. (22.)	6.—	19.—
†B. Welte, Junge Tannen. (Nr. 42.)	5.—	15.—
†H. B. Wieland, Sternennacht (Matterhorn. (Nr. 47.)	5.—	15.—
†E. Würtenberger, Fähnlein der sieben Aufrechten (Nr. 52.)	5.—	15.—

Verzeichnis der vom Zentralausschuß für Volks= und Jugendspiele herausgegebenen Schriften. ===

(Sämtlich im Verlage von B. G. Teubner in Leipzig, Poststr. 3, erschienen.)

Jahrbuch für Volks= und Jugendspiele.

Herausgegeben von E. v. Schendendorff und Dr. med. F. A. Schmidt, Vorsitzender des Zentralausschusses. Es sind erschienen: Jahrgang I (1892) *M* 1.—, II—IV (1893—1895) je *M* 2.—, V—XII (1896—1903) je *M* 3.— Alle Jahrgänge sind noch zu haben, I und II zusammen zum ermäßigten Preise von . . . . . *M* 2.20.

Ratgeber zur Einführung der Volks= und Jugendspiele.

(Kleine Schriften. Band 1.) Im Auftrage des Zentralausschusses neu bearbeitet von Turninspektor A. Hermann in Braunschweig. Vierte, verbesserte und vermehrte Auflage. [80 S.] 1902 . . kart. *M* —.60.

Anleitung zu Wettkämpfen, Spielen und turnerischen Vorführungen bei Volks= und Jugendfesten.

(Kleine Schriften. Band 2.) Von Dr. med. F. A. Schmidt in Bonn. Zweite, umgearbeitete Auflage. Mit Abbildungen. [144 S.] 1900. kart. *M* 1.20.

Handbuch der Bewegungsspiele für Mädchen.

(Kleine Schriften. Band 3.) Von Turninspektor A. Hermann in Braunschweig. Mit 64 Abbildungen. [173 S.] 1901 . . . . kart. *M* 1.80.

Spielregeln des technischen Ausschusses.

Heft 1. **Faustball. Kaffball** . . . . . 4. Auflage.
Heft 2. **Fußball** (ohne Aufnehmen) . 5. Auflage.
Heft 3. **Schlagball** (ohne Einschenker) . 5. Auflage.
Heft 4. **Schleuderball. Barlauf** . . . 4. Auflage.
Heft 5. **Schlagball** (mit Einschenker) . 3. Auflage.
Heft 6. **Tamburinball** . . . . 2. Auflage.
Heft 7. **Schlagball mit Freistätten** . 2. Auflage.
Heft 8. **Grenzball, Stoßball, Feldball** . 2. Auflage.
Heft 9. **Fußball** (mit Aufnehmen) . . 2. Auflage.

Westentaschenformat. Stark kartoniert je *M* —.20, 30 Stück und mehr eines Heftes je *M* —.15.

Diese Sammlung von Spielregeln wird fortgesetzt. Sie ist dazu bestimmt, einheitliche, von Fachmännern erprobte Spielregeln in Deutschland einzuführen.

Wehrkraft durch Erziehung.

Im Namen des Ausschusses zur Förderung der Wehrkraft durch Erziehung herausgegeben von E. von Schendendorff und Dr. H. Lorenz. Zweite vermehrte Ausgabe. 1905. gr. 8. [VI u. 264 S.] Mit einem Bildnis Sr. Majestät Kaiser Wilhelm II.

G. Braunsche
Hofbuchdruckerei und Verlag
Karlsruhe

für Knabenturnen

für Mädchenturnen

Mauls Turn-Bücher

Ausführliche Rundschreiben
durch jede Buchhandlung